介護者支援政策の国際比較
―多様なニーズに対応する支援の実態―

三富紀敬著

ミネルヴァ書房

まえがき

　介護者というならば，いかなる属性の人々を脳裏に思い浮べるであろうか。『朝日新聞』に拠れば「介護者」は，「家族の介護や世話……」を手掛ける人々であり，あるいは，「自宅で母親の介護……」を担う人々である（「若い介護者 ヤングケアラー支援の輪」，2016年1月27日朝刊，「介護者助ける夢の器具発明して」，同年3月7日朝刊ほか）。同時に，「介護の仕事」に就く「職員」，あるいは，「高齢者介護施設の介護職員」としても理解される（「介護の仕事に不満　動機か」，同年2月22日朝刊，「リフトで負担減　心に余裕」，同年3月3日朝刊ほか）。

　こうして介護者とは，異なる2つの存在，すなわち，日常生活上の援助を無償で担う人々に加えて，有償のもとに手掛ける人々をも意味する。2つの異なる集団が，全く同じ言語をもって言い表されるとの理解である。しかし，これでは介護者という単一の言語を目にし，あるいは，耳にした際に，それが，日常生活上の援助を無償で担う人々を指すのか，それとも，対価としての賃金を受け取りながら手掛ける人々を想定するのか，にわかには確定し難く無用の混乱を生じることになる。客観的な存在を遍く正確に伝える言語のいたって基本的な役割に期待を寄せることは，もはや望むべくもない。「家族の介護や世話……」を手掛ける人々を主題として取り上げる機会が，日本においてようやく再び広がりを見せはじめてもいるだけに，残念というほかにない。

　介護者を意味するイギリス英語（carer）はもとよりアメリカ英語（caregiver）やフランス語（aidant）も，3ヵ国において多くの言語の中では，紆余曲折を経ながら全く新たに形成されただけに，この表現が，介護者を意味するのか，それとも介護職員を示唆するのかを巡っては，いずれの国においても例外なく何がしかの混乱を招き寄せてきたことは，確かである。介護者の表現を敢えて避けながら，家族介護者（family carer, family caregiver, aidant familial）や無償の介護者（unpaid carer, unpaid caregiver, aidant bénévole）を示す表現などが新たに

考え抜かれ，一定の期間に亘って広く受容されたのも，そうした事情が国境を越えて認められるからである。しかし，3ヵ国のそれぞれを代表するマスコミが，介護者の表現について2つの明らかに異なる社会集団を等しく言い表すとして，『朝日新聞』と同じように使用してきたかと問うならば，著者は，寡聞にしてそうした事情を未だもって知らない。

　介護者とは，疾病や老齢あるいは障碍を事由にする要介護者の日常生活上の援助を，その家族や親族，あるいは隣人や友人として無償のもとに担う人々である。他方，介護職員は，対価としての賃金を手にすることから，介護者の表現には包摂されない。これが，一定の期間を要したとはいえ，国際機関や国際団体を含めて国際的に広く共有される，優れて今日的な知見である。本書が，これを拠り所にすることは言うまでもない。

　介護者を対象にする支援政策の形成は，歴史を辿るならば国によって異なる。唯一第2次世界大戦以前からの歴史を刻むのは，イギリスであり，1930年代からの出発である。社会保障と言うならば，日本においても必ず言及される『社会保険及び関連サービス──ベヴァリジ報告』(1942年，邦訳，1975年，2014年)も，介護者を視野に収める。スウェーデンにおいては1950年代からの形成であり，アメリカでは1970年代からの出発である。介護者の名を冠する単独立法の制定時期も国によって異なる。イギリスにおいて制定された介護者の認知とサービスに関する1995年法は，世界で最初の介護者に関する単独立法である。アメリカでは，全国家族介護者支援に関する2000年法が制定され，2015年には，イギリスの後塵を拝するかのように『介護者支援国家戦略』の制定などを内容にする法案も，連邦議会に提出される。フィンランドでは家族介護に関する2006年法，さらに，オーストラリアでは，介護者の認知に関する2010年法，あるいは，ベルギーでは，重い要介護度の要介護者を看る介護者の認知に関する2014年法等が，制定される。制定の時期は，見られるように国によって異なる。

　しかし，介護者支援政策の国別の相違に関心を注ぐばかりでは，一幅の絵図の全体を見失うことになり，政策の形成と展開に意を尽くした人々の短くはない足跡をすっかりと忘れ去ることにもなる。これは，避けなければなるまい。

まえがき

　介護者の担う役割はいかにも大きく，これは，国境を越えて広く共有される認識の一つである。要介護者に届けられるサービスの約85〜90％は，介護職員ではなく介護者に担われると伝えるのは，外国文献を引き合いに出すまでもなく，1990年代初頭に日本で開かれた国際シンポジウムにおける報告である（全国社会福祉協議会社会福祉研究情報センター編『老人介護の国際比較──老人介護政策国際シンポジウム報告』中央法規出版，1991年）。フランスとベルギーの両政府は，2000年代中葉もしくは2010年代初頭に，サービスの80％が介護者に担われると公式に表明する。ヨーロッパ委員会は，介護者の規模が介護労働力の少なくとも２倍を記録し，ヨーロッパ連合（EU）加盟国によって異なるとはいえ，長期介護総費用の50〜90％が，介護者の無償労働から構成されるとの推計結果を，2013年に公表する。アメリカの保健・対人サービス省も，長期介護の大部分が介護者に担われる，と早ければ1983年に公表する。「介護の社会化」等という国際的にもほかに例を見ない表現を通して，介護者の担う軽くはない役割を後景に押しやり，巡りめぐって介護者支援政策を視野の外に放り出す，日本における一部とはいえ無視するわけにいかない議論とは，全く異なる描写である。

　介護者の役割は大きく，これには自ずと負担を伴うことから，ニーズも多岐に亘る。それは，日本における介護保険の制度化を巡って交わされた議論の焦点をなす現金給付とその是非に，止まるわけではない。介護者自らの健康はもとより，同じく職業生活を含む経済生活，家族生活，そして，広く社会生活へと影響は及び，ニーズも多くの領域にまたがる。要介護者を看取ったからといって，影響が姿を消すわけではない。所得水準の低下に伴う年金保険料の未納などについて想定をするならば，影響は生涯に亘るといわなければならない。

　日常生活上の援助を無償で担うことの影響が多岐に亘ることに想いを寄せるならば，介護者について専ら貧困研究との関わりに止まる分析ではなく，広く社会的排除や社会的包摂の角度から検討を加える動向が国境を越えて広がり，介護者に関する調査研究の一段の活発化を記録しながら，加えて，支援政策の理念の転換を含む拡充に寄与するのも，歓迎に値する動向である。

　介護者が長期介護の主な担い手であるとして，介護者支援政策を最も早い時

期から提唱する国際団体は，国際社会保障協会（ISSA）であり，それは，1984年に遡る。国際連合（UN）による提起は，この前年の1983年である。その後，世界保健機関（WHO）や経済協力開発機構（OECD）も，同様の見地を明らかにする。ヨーロッパ連合（EU）のヨーロッパ雇用・社会問題担当大臣会議も，介護者支援政策を最優先課題の一つに位置付ける。2007年のことである。ヨーロッパ委員会は，支援の諸方法について言及し，やや体系的な諸方法について6年後の2013年に提示する。ニーズの多元性に想いを寄せるならば，支援も体系的に編成されるに相応しいと考え抜いた帰結である。ヨーロッパ議会の議員有志をもって構成される集団が，介護者支援政策を主題に創設され，介護者団体とも連携を取りながら提言を重ねていることとも相俟って，介護者支援に関するヨーロッパ連合の体系的な戦略文書も，そう遠くはない時期に公表されるのではないかと推測させる動きの一つである。

　本書は，介護者支援政策の国際的な展開について，フランスをはじめとする18ヵ国（イギリス，アイルランド，ドイツ，ベルギー，スイス，オランダ，ルクセンブルク，ハンガリー，スウェーデン，フィンランド，デンマーク，ノルウェー，イタリア，オーストラリア，ニュージーランド，アメリカ及びカナダ）を視野に収めながら検討した上で，フランスにおける介護者支援政策の形成と展開について，イギリスやフランス語圏に属するベルギー，スイス並びにカナダとの比較も試みながら分析することを，目的にする。

　ここで本書の章別構成について，簡単にでも紹介をすることが有益ではないかと思われる。

　介護者について専ら貧困に止まることなく，広く社会的排除との関わりにおいて分析を加える見地は，日本を除いて広く国際的に共有される。序章では，社会的排除に関するフランスはもとよりイギリス並びに日本の研究業績を視野に，幅広く歴史的な検討を加え，相対立する見解についても臆することなく自説を示している。台湾とスリランカにおける研究の実績についても僅かであるとはいえ言及し，排除政策や金融排除に関するアメリカの研究動向も忘れることなく視野に収めている。

まえがき

　介護者が社会的排除の状態に陥らない為には，要介護者への支援に加えて介護者を直接の対象にする支援が求められる。第**1**章は，介護者支援の方法について，日本でどのような議論がなされてきたのか，特に国際的な知見とも内容に照らして重なり合う1970年代末葉からの忘れるわけにはいかない提起を含めて注意深く振り返った上で，支援の出発点をなす介護者の規模と構成はもとより無償の介護に伴う影響とニーズについて，フランスを対象に包括的に分析し，これらを踏まえて文字通り多岐に亘る支援の方法について，広く国際的な視野から述べることとする。

　いかなる支援の方法を何時から採用するかは，国によって異なることから，介護者支援を主題にする類型化の作業が，福祉国家類型論の影響も受けながら蓄積される。第**2**章は，類型化の議論を幅広く整理し，これから学び取るに値する内容と信じ難い程の論点に分析を施した上で，重要な論点の一つとしてのフランスにおける介護者支援政策の開始時期に的を絞り，1962年のラロック・プランに遡りながら独自の検討を加えて，フランスにおいて未だ確定的な見解の示されていない開始時期に関する著者としての知見を提示する。

　フランスにおける介護者支援政策の特徴を揺るぎなく鮮明に描き出す為には，国際比較の手法が有益である。第**3**章ではイギリス，続く第**4**章では，ベルギーとスイス並びにカナダからなるフランス語圏との比較を通して，フランスに独自の特徴について検討する。同時に，フランスを専ら異なる存在であると理解するだけでは包括的な把握とは言い難いことから，国境を越えて広く共有される特徴はもとよりフランスに独自の特徴についても，忘れることなく指摘する。

　介護者について社会的排除の視点から分析を加えることは，支援政策の終着ではなく，あくまでも介護者の社会的包摂に向けた出発点である。終章は，社会的包摂を理念に据えた介護者支援政策の主要な方法としてのレスパイトケアを取り上げる。レスパイトケアに関する日本の実に様々な考え方と，諸外国の経験に言及しながらイギリスの短くはない期間の経験さえも知らないままの理解を批判的に踏まえた上で，フランスのレスパイトケアの現状について，特に

v

介護者によるバカンスの享受に向けた支援とその効果について，法制度の変遷も踏まえながら検討する。

著者が，介護者を主な研究主題として脳裏に刻むのは，拙著『欧米女性のライフサイクルとパートタイム』（ミネルヴァ書房，1992年）の執筆である。無償労働，すなわち，家事はもとより保育や介護が，家族形成期の喪失を含めて女性のライフサイクルにいかに大きな影響を招き寄せるかについて，全く新たに学び取ったことを契機にする。最初は，フランスを念頭に資料の収集を手掛けたものの，この国における政策の遅い出発のゆえであろうか，僅かな資料の収集に止まったことから，対象をイギリスに転じたところ，研究者はもとより民間非営利団体や政府，国民保健サービス（NHS）あるいは地方自治体の，早ければ戦後程なくからの実に膨大な資料の存在について知ることになり，以降，主にイギリスを対象にささやかながら作業を重ねてきたところである。それからおよそ20年，介護者に関する拙著としては4冊目に当たる『介護者の健康と医療機関──健康格差論の射程』（ミネルヴァ書房，2013年）の公刊を機に，主な対象としてフランスを中心としたフランス語圏の国や地域を選び取り，これらにおける動向を踏まえながら，改めてイギリスの支援者支援政策について振り返っているところでもある。フランス等との比較を通して，改めてイギリス的な特徴に想いを新たにすることも，思わぬ効用として感じ取ることが出来る。本書は，こうした作業の最初の成果である。

日本の厚生労働省は，「認知症施策推進5か年計画（オレンジプラン）」（計画期間2013～2016年，2012年）では，「家族支援」あるいは「家族への支援」と述べて，介護者の表現を避けていたように思われる。しかし「認知症施策推進総合戦略（新オレンジプラン）～認知症高齢者等にやさしい地域づくりに向けて～」（2015年）では，「介護者への支援」「介護者たる家族等への支援」と，介護者の表現を新たに用いる。これは，中央社会福祉審議会「当面の在宅老人福祉対策の在り方について」（1981年12月）に記載された「家族介護者」の表現以来のようである。介護者研究においては，イギリスのフェミニストたちが，家族や家族介護者の表現に批判的な論陣を張り，広く国際的にも学び取られて小さくは

まえがき

ない影響を記録したことが，40年近く前の議論であるとはいえ，改めて思い起こされる。日常生活上の援助は，介護者の性別構成を振り返っても直ちに了解されるように，家族構成員に等しく担われるわけではなく，支援政策が，介護者とその家族の動向を正確に見据えながら立案されるに相応しいことに照らして，歓迎に値する新しい変化である。

　もとより，この政策文書は，「認知症の人の生活の質の改善」をうたい，「……介護者への支援を行うことが認知症の人の生活の質の改善に繋がるとの観点……」を打ち出すとはいえ，介護者の「生活の質」については，日本における名立たる先達の早くからの指摘はもとより，国際的に広く共有される知見とは明らかに異なって無言のままである。日常生活上の援助の一方の当事者としての要介護者の「生活の質」は，他方の当事者としての介護職員の労働条件と定着化に伴う技能の向上，これと共に確保される要介護者との親和的な諸関係はもとより，介護者の「生活の質」にも左右されるのではあるまいか。要介護者の「生活の質」のみを論じ，介護者のそれを視野の外に置く見地は，国際的な視野で振り返るならば最早すっかりと過去の産物である。また，介護者支援の方法として明記されるのは，「仕事と介護の両立」や「家族向け認知症介護教室等の取組……」などに止まる。「介護者への支援」として示される方法は，著しく体系性を欠く。介護者の「生活の質」を問わず，ニーズを包括的に把握しようとはしない基本的な立場が招き寄せる，避けるわけにいかない帰結である。

　厚生労働省による「介護者への支援」の提起を歓迎すると同時に，日本における先達の指摘はもとより，国際的な動向とは明らかに異なる動きの見過ごすわけにいかない問題性について考え抜き，忌憚なく意見を交わしたいものである。

　一次資料に目を落としながら思考を重ねて，代表的な議論の検証と再構成とを試みる為に，これまでと同じようにフランスをはじめとするフランス語圏の国や地域の政府はもとより地方自治体，並びに家族団体などの民間非営利団体に私信を認め，資料の送付をお願いしたところ，快く応じて戴いた。関係する

機関や団体の担当者の心温まるご配慮にお礼を申し上げると共に，一次資料と格闘することの重要性について日々教えて戴いた大学院時代の恩師に，改めて感謝の念を強くする。

　図書館職員の皆様にも，忘れることなくお礼を申し述べたい。直接の訪問であれ，あるいは相互貸借の制度を介してであれ，職員のご配慮があればこそ，時代や国を越えて読み継がれるに相応しい図書を手にすることが可能であった。特に名古屋大学附属図書館医学部分館，同保健学図書室，名古屋市立鶴舞中央図書館，京都府立図書館並びに同志社大学図書館の職員の皆様には，ご配慮を賜った。

　著者は，最初の単著である『フランスの不安定労働改革』（ミネルヴァ書房，1986年）以来，30年程に亘ってミネルヴァ書房のお世話になることが出来た。出版のお願いの為に1985年に京都に出向いた当時のことを，あたかも昨日のことのように懐かしく思い出す。今回は，編集部の北坂恭子氏に専門的な立場からのご教示を頂戴した。心からのお礼を申し上げたい。

　2016年9月

　　　　　　　　　　　　　　　　　　　　　　　　　　　三富　紀敬

介護者支援政策の国際比較

——多様なニーズに対応する支援の実態——

目　次

まえがき

序　章　社会的排除研究の多岐に亘る蓄積と介護者の位置……………1
　　1　国際的に周知の著書を巡る見解の相違……2
　　　　R. ルノアール『排除された人々』(1974年) を巡る異なる理解／1960年代に誕生の社会的排除の表現／高齢者と社会的排除／社会的排除の多面的分析と予防／R. ルノアール『排除された人々』(1974年) に欠ける内容
　　2　フランスにおける介護者問題の遅い登場……12
　　　　議論の体系化と定義の問題／2010年以降における介護者の明確な位置付け／社会的排除に関する政府の公式文書と介護者／介護者の状態の包括的な分析
　　3　イギリスにおける介護者の早くからの確かな位置……19
　　　　1990年代後半に遡る介護者の位置付け／社会的排除の諸次元と介護者／社会的排除と介護者の諸階層分析／社会的排除を巡る共通の理解／社会的排除研究のイギリス的な背景／相対的剥奪研究の継承と効果／政府の公式文書における早くからの位置付け／介護者団体や家族団体の見地／台湾やイスラエルの研究者による知見の共有
　　4　日本における見えざる存在としての介護者……35
　　　　社会的排除表現の誕生を巡る重大な誤解／忘れられた人々としての介護者／ジェンダー視点の希薄性／地域分析の欠落／社会的排除と住居，並びに多重債務／就業状態にある人々の社会的排除への関心と効果

第1章　介護者のニーズと支援の体系……………………………………57
　　1　「介護者の重荷」への着目と支援の方法に関する日本の諸見解……57
　　　　「家族介護への支援」に関する初期の紹介／政府による現金給付への絞り込み／現金給付への絞り込みに対する多様な批判／制度紹介

の不充分性／1970年代末葉からの忘れ難い提起／多様な学問領域からの重要な提起／丹念な調査研究を踏まえた提起

 2 介護者の状態と多様なニーズ……73

介護者の定義を巡る議論／要介護者との親近性を示す表現の採用／無償の介護時間の長さ／介護者の規模と比率／介護者の諸構成／介護者の性別構成と介護作業の形態／介護者の健康状態と死亡率／日常生活上の援助の介護者への影響／介護者のニーズと「生活の質」

 3 介護者支援政策の領域と方法……91

介護者支援政策の7つの領域／個別的な支援条件の形成／介護者の健康と社会生活の享受／介護者の経済生活／介護者の日常生活上の援助環境／仕事と介護，勉学と介護の両立／介護者支援の社会環境／旺盛な調査を踏まえた政策提言／介護者憲章と介護者議会／介護者支援政策の法的な拠り所と支援計画／介護者支援政策の人的環境

第2章　介護者支援政策を巡る類型化論とフランスの政策開始時期……133

 1 介護者に関する多様な表現……133

介護者のフランス語表現／介護者と家族の位置，無償性と親近性／介護者のイギリス英語並びにアメリカ英語表現／介護者の表現に関する3ヵ国比較／介護者の表現に関するフランス政府と議会及び地方自治体の選択／介護者の表現に関するイギリス並びにアメリカ政府と議会の選択

 2 介護者支援政策の類型化……148

二類型化の議論／三類型化の作業／類型化の作業から学ぶこと／南欧諸国と西欧諸国との同一視の危うさ／西欧諸国の介護者支援政策の形成を巡る誤解／イギリスと北欧諸国との同一視の危うさ／フランスとスウェーデンとの相違

 3 介護者支援政策の開始時期……165

1962年のラロック・プラン／長らく不問に付されてきた家族の役割

／家族の介護負担への関心のはじまりと政策化／無償の介護労働への対価の制度化／画期としての障碍者に関する2005年法／地方自治体などの介護者支援政策／公共政策を通した介護者の可視化／介護者支援の法制度化を巡る新しい動き／介護者の法令上の定義を巡る4ヵ国比較／介護者の諸権利の拡充／介護者支援政策の開始時期とその後の拡充

第3章 介護者支援政策のフランス/イギリス2ヵ国比較 …………… 193

1 フランスにおける遅い出発の諸指標……193

介護者に関する表現の誕生／最初の介護者調査研究／介護者歴史研究の開始時期／未成年の介護者調査研究の開始時期／学生介護者調査研究の有無／未成年の介護者支援事業の開始時期／政府の介護者調査実施時期と研究史の総括／介護者支援政策の開始時期と理念／忘れられた人々としての介護者の地位との決別／負担の概念と介護者の多様な存在への関心／諸外国の介護者支援政策への関心／国際比較研究を通した学びの蓄積／介護者団体の歴史と影響力／介護者支援の諸主体と医療機関／介護者の日と介護者議会

2 遅い出発の要因とフランスの独自性……222

民法における家族の扶養義務規定／介護者団体の分立と家族団体の長期に亘る問題関心／男女平等の視点／労働基準の相違と介護者支援政策への投影

3 両国における政策の共通性……228

援助の継続可能性の確保から介護者の社会的包摂への発展／介護者支援政策の目的の転換とワークライフバランス／介護者調査の意義と効果／介護者への権利の周知

目　次

第4章　フランス語圏の介護者支援政策とフランスの位置 …………241
1　遅い出発を含むイギリスとの相違……241
1990年以降の出発／未成年の介護者問題の登場／少数民族に属する介護者調査研究への着手／介護者の定義を巡る国際的な共通性と個別性／フランスにおける8つの定義の構成要件／ベルギーにおける5つの定義の構成要件／スイスにおける5つの定義の構成要件／カナダにおける7つの定義の構成要件／イギリスにおける9つの定義の構成要件／イギリス政府の公式見解の影響に見るフランス語圏との相違

2　介護者ニーズの充足を巡る国際的な普遍性とフランスの独自性……262
介護者の担う役割と無償労働の経済的な価値の大きさ／介護者の負担と独自のニーズの包括的な把握／パートナーでありクライアントでもある介護者／フランスにおける介護者表現の独自性／家族重視のフランス的な特徴の基盤／フランスに独自なレスパイトケアの権利の法制化

終　章　介護者の社会的包摂とレスパイトケア……………………285
1　レスパイトケアの定義を巡る諸見解……286
介護者支援政策の国際的な広がりとレスパイトケアの位置／レスパイトケア発祥の時期と場所／レスパイトケアとデイサービス，ショートステイの不記載／デイサービスの記載とレスパイトケアの不記載／障碍児（者）を看る介護者への絞り込み／レスパイトケアに関する包括的な扱い／レスパイトケアとショートブレイク／レスパイトケアの理解を巡る課題

2　社会的排除関係法制と介護者の休息，休暇並びにバカンスの権利……309
余暇活動への平等な参加と介護者の生活時間／レスパイトケアのフランスにおける遅い出発／デイサービス，ショートステイや家族による一時的な受け入れ／介護者によるバカンスの享受に向けた独自

の支援措置／レスパイトケアの効果と介護者の「生活の質」の向上

略語一覧　*329*
図表一覧　*332*
日本語文献一覧　*333*
外国語文献一覧　*336*
索　引　*355*

序　章
社会的排除研究の多岐に亘る蓄積と介護者の位置

　日常生活上の援助を無償のもとに担うことは，介護者の健康はもとより職業生活や経済生活，あるいは広く社会生活に深い影を落とす。影響は，その幅広さはもとより，奥深さにおいても認められる。かくして専ら経済生活への影響に的を絞り込む貧困化論からの接近では，介護者への影響と彼女や彼の抱くニーズの分析は，一定の有益性を確かに持つとはいえ，充分とは言い難い。介護者の身体と心の病はもとより，孤立化の表現をもって語られる介護者の社会生活の劣化なども幅広く視野に収め，文字通りの意味において包括的な分析を可能にする社会的排除研究への国際的な関心が，介護者調査研究の分野においても確実に高まり，これを拠り所に介護者支援政策が，早ければ15年以上前から再構成されはじめるのも，評価に値する確かな動向である。

　そこで，社会的排除研究の短くはない期間における蓄積をフランスはもとよりイギリスと日本を対象に，包括的に把握する作業は，介護者支援政策を主題にするならば必要不可欠であり，とりわけ社会的排除研究にどうしたわけであろうか介護者を位置付けることなく，彼女や彼を見えざる存在のままに放置する国際的にも稀と言わざるを得ない日本の動向を思い起こすとき，欠かすわけにはいかない独自の意味を持つ。介護者を社会的排除研究に正当に位置付ける知見は，台湾やスリランカの研究者にも共有されていることから，両国における成果にも言及しておきたい。加えて，排除政策や金融排除に関するアメリカの研究は，フランスの1960年代に発し，一定の期間を経て広くヨーロッパのレベルにおいても手掛けられる社会的排除研究とは，全く無縁なままに開始され重ねられてきたとはいえ，その内容に照らしてヨーロッパの研究と一部重なり合うことから，忘れることなく視野に収めておきたい。

半世紀ほどの期間に蓄積された業績を視野に収めながら，社会的排除と介護者について幅広く問うことは，社会的排除に関する日本の研究動向に一定の反省を迫り，日本で繰り広げられるこの分野の研究に介護者を明確に位置付ける見地への移行を求めると共に，今日の介護者支援政策について国際的な視野から思索を重ねる上で文字通りの出発点をなすものである。また，本章に続く第1章から終章において扱う介護者のニーズとその充足，採用される支援の方法とその国別の特徴並びに共通性，さらに支援の効果について思索を重ねる上で，礎石の位置をなす。

1　国際的に周知の著書を巡る見解の相違

R. ルノアール『排除された人々』(1974年)を巡る異なる理解

　「フランスにおける住民1人当たりの所得は，世界で最も高い部類に属し，アメリカとドイツ連邦のそれに続く位置にある。フランス人の多くは心地よく消費し，同じく半数のフランス人はバカンスを享受する。……しかし，社会的不適応は，さほど知られていない現象に属するとはいえ，徐々に染み渡る害毒として増加を続けており，いかなる社会階層やいかなる年齢層といえども社会的不適応から無事とは言い難い」。「10人に1人のフランス人は，統計の示すところに従うならば社会的不適応のもとに置かれ，これに身体的あるいは精神的な遅滞を抱える人々を加えるならば，5人に1人を数え，これも今一つのフランスの否定するわけにいかない姿である」[1]。

　これは，日本の社会的排除研究においてもしばしば言及されるR. ルノアール (René Lenoir)『排除された人々──10人中1人のフランス人』(1974年)の冒頭近くに示される文章である。「さほど知られていない現象……」としての「社会的不適応」について論ずることを通して，「今一つのフランスの……姿」を明らかにすること，著書の課題は，ここにあると示唆される。著書の与えた影響は大きく，同じ年に公刊されるL. ストレリュ (Lionel Stoleru)『富める国の貧困──社会的公正とは何か』(1974年)の中で，貧困者の規模推計とも関

序　章　社会的排除研究の多岐に亘る蓄積と介護者の位置

わってしばしば引用される⁽²⁾。1938年からの短くはない歴史を記録するフランスの代表的な学術誌『社会法』（*Droit social*）の社会的排除と題する74年11月特別号においても，広く扱われる⁽³⁾。いずれも，R. ルノアールの著書の公刊された直後に早くも記録される小さくはない反響のごく一端である。

　しかし，実に多くの研究者が国境を越えて R. ルノアールの氏名や著書を引き合いに出すとはいえ，著書の内容に即した評価を僅かであれ具体的に加える研究者はと問えば，けっして多いとは言い難い。また，具体的な評価を寄せる場合であっても，その内容は，研究者の間で一致しているとは言い難く，明らかに異なることも少なくない。R. ルノアールの著書は，40年以上も前に公刊されたとはいえ，今日もしばしば言及されるだけに，研究者による異なる評価を無視しながら遠くに押しやるわけにいかない。そこで，まずは事実の確認からはじめなければなるまい。R. ルノアールの著書についてどのような理解が開陳されているのであろうか。

　R. ルノアールは，著書の本文において社会的不適応あるいは社会的不適応者の表現を用いるのであって，社会的排除あるいは排除された人々の表現を著書の表紙に記される表題としての扱いを除いて，本文ではけっして用いないとの評価が，早ければ氏の著書が世に問われた年の4年後に当たる1978年に示されると共に，その後にも継続的に確かめることができる⁽⁴⁾。他方，R. ルノアールは，社会的排除や排除された者の表現を著書の表題はもとより，本文においても回数に即して言えば稀であるとはいえ確かに使っていると指摘する研究者も，複数に亘る。早ければ90年代中葉に公刊された著書に確かめることが可能であり，この種の事実認識は，2000年代に公刊の著書からも確認される⁽⁵⁾。双方の見解とも，引用文献に注記として示すように，フランスの研究者のそれである。これら2つの完全に相対立する見解は，いずれの場合も自説の開陳に止まるのであって，異なる見地を引き合いに出しながら，これを批判しつつ自説を展開するわけではない。また，本文の中でも使用していると指摘をする場合といえども，著書のうち自説の拠り所となる頁について具体的に列記をしながら，見解の裏付けを明確に示すわけでもない。かくしていずれの見解が妥当である

3

かについて判断を下す為には、自らR. ルノアールの著書を手に取りながら確かな証拠を探し出さなければならない。

　R. ルノアールの著書に注意深く目を落とす限り、前者の見解は事実の裏付けを全く持たないと言わなければならない。R. ルノアールは、社会的排除はもとより高齢者の排除、あるいは外国人の排除などの表現を著書の表題に止まることなく、本文の中でも用いるからである。確かな事実である。R. ルノアールは、学術的な検証にも充分に耐えることの可能な著書として研究の成果を世に問う為に、比較的新しい概念としての社会的排除などの表現を本文で多用することなく、早ければ戦前に遡る1930年代はもとより、戦後の1950～60年代にも、学術書はもとより政府の政策文書にも既に広く用いられてきた社会的不適応や学校への社会的不適応などの表現を、注意深く選び取ったのではないかと推察される。かくしてR. ルノアールは、1930年代からフランス社会にすっかり定着してきた表現を本文において多用することになるのである。

　社会的排除の表現と社会的不適応のそれとを1冊の著書や雑誌の中で同時に使用する事例は、少なくとも70年代中葉に関する限り、ひとりR. ルノアールの技法に止まるわけではなく、しばしば共有される。『社会法』誌の特集号は、表題に社会的排除と示した上で、たとえば「社会的不適応に関する統計結果」と題する「付表I」を本文の中に記載する。この事実を知るとき、R. ルノアールが、「排除された人々――10人中1人のフランス人」と著書の表題にも掲げた主要な結論を裏付けるために、著書の末尾に「付表II 社会的不適応に関する統計結果（身体並びに精神障碍者を除いて）」を記載していることを、直ちに思い起こす。こうした事実に照らすならば、『社会法』誌の特集号における記載は、R. ルノアールの手法を念頭に置きながら、これに倣ったものであると評することができよう。また、フランスの隣国ベルギーで公刊された共著『社会的不適応の人間学――社会的排除のダイナミズム』（1975年）は、社会的不適応の表現をざっと数えただけでも全240頁のうち99頁程（41.3%）に用いると共に、社会的排除のそれも33頁（17.8%）に使用する。このうち前者は、学校への不適応、学校不適応児、就業上の不適応、あるいは仕事における不適応などと、

その表現も多岐に亘る(9)。こうした2つの異なる表現の同時使用は，少なくとも70年代にフランスはもとより隣国のベルギーにおいても国境を越えて共有された手法である。

　社会的排除の表現と社会的不適応のそれとが，同じ著書や雑誌の中で同時に用いられることから，これら2つの表現は，R. ルノアールによっていかなる関係に位置付けられたのであろうか。このような疑問を脳裏に浮かべるならば，ここでも2つの異なる理解が示されていることに着目することができる。その一つは，社会的排除は結果であり，社会的不適応は原因であることから，かくして両者は，同じ概念の2つの側面であるとの理解である(10)。他方，R. ルノアールは，両者を同じ意味のもとに使用していたとの見解も示される(11)。いずれの研究者といえども，R. ルノアールの著書の頁について具体的に示すなどをしながら，自らの見解の拠り所を明記しているわけではないことから，いかなる見解が的を射ているかについて知る為には，ここでも R. ルノアールの著書を文字通りの意味において注意深く読み込まなければならない。すると，次のことに着目することができよう。すなわち，R. ルノアールは，『排除された人々──10人中1人のフランス人』と著書の表題に掲げた主要な結論を裏付けるために，前述したように「付表II 社会的不適応に関する統計結果（身体並びに精神障碍者を除いて）」と題する統計表を，著書の末尾に記載する。この統計表の計数に目を落とすならば，確かに著書の標題に示される内容は見事に証明されていると解することが可能である。この事例一つに着目をするだけでも，R. ルノアールは，社会的排除と社会的不適応とを同じ意味のもとに使用していたと理解することができよう。他方，既に紹介した2つの見解のうち前者を例証する叙述は，残念ながら著書のどの頁にも見出すことはできない。

　R. ルノアールが社会的排除の表現を著書の表題はもとより本文においても用いるに当たって，当然のことながら迫られる概念規定の問題について言えば手掛けておらず，これが為に，いたって不明瞭な概念であるとの批判は，既に述べたように早ければR. ルノアールの著書が公刊された74年の4年後に当たる78年には姿を現す。社会的排除研究が継続的に活発化の様相を呈する1990年

代中葉以降にも繰り返し確かめることができるのであって，同様の批判はその後にも継続される(12)。これに異を唱える作業は，一つとして存在しない。

1960年代に誕生の社会的排除の表現

社会的排除の表現は，R. ルノアールによって初めて考案され世に問われたとの見解が開陳される。いずれもフランス以外の研究者によって示される知見であり，2000年以降に幾人もの研究者の示す見解である(13)。この中には，社会的排除に関する研究者として日本でもよく知られる D. ゴードン（David Gordon）等や，アメリカで著書を公刊したイスラエルの研究者，あるいは，池本幸生・野上裕生・佐藤仁訳『不平等の再検討――潜在能力と自由』（岩波書店，1999年）や大石りら訳『貧困の克服』（集英社，2002年）など，20冊近い訳書などを通して日本でもよく知られる A. セン（Amartya Sen）も，アジア開発銀行の発行する報告書『社会的排除――概念，応用と吟味』（2000年）の中で，R. ルノアールは，社会的排除という表現の原作者であると評する。言い換えるならば，社会的排除の表現は，1970年代に誕生したとの理解である。

しかし，こうした見解に与する研究者は，R. ルノアールの母国フランスに一人として存在せず，社会的排除の表現は，R. ルノアールの著書に先立つ1960年代に既に確かめることが可能である，との見地を遍く共有する。これが，フランスの常識とも評して良い知見である。それは，筆者の知る限りにおいても，社会的排除研究の成果が実に活発に記録されはじめる1990年代初頭あるいは中葉以降，今日まで揺ぎなく確かめることが可能な事実である(14)。フランスの研究者たちがその拠り所として一様に示すのは，J. クランフェ（Jules Klanfer）『社会的排除――西欧社会における社会から疎外された状態の研究』（1965年）等の業績である(15)。社会的排除の表現を見られるように主題に掲げ，R. ルノアールのそれに先立つこと9年も前に公刊された著書の存在である。社会的排除，あるいは排除の表現を著書の表題はともかく，著書の内部において使用する事例も，R. ルノアールに先立つ73年以前に公刊の著書に既に確かめることが出来る。これらの事実に着目する限り，フランス以外の研究者によって繰り

返し主張される評価には，些かも与するわけにいくまい。また，不要な誤解を避けるために敢えて付言をするならば，フランスの研究者に広く共有される知見と同じ評価を有する研究者は，フランスを除く国にも一部認めることが可能である。イギリス等の研究者は，R. ルノアールを表題の発案者であると主張するならば，その根拠を示すことはもとより，さらに進んでフランスの少なくない研究者による異なる提起についても，事実を踏まえて「反論」をしてほしいものである。しかし，そうした作業は，注意深く過去を振り返るならば明白であるように全く不可能であるに違いない。

高齢者と社会的排除

　高齢者が社会的排除に直面する危険性は，殆どの研究に欠落している，あるいは，高齢者に焦点を当てた社会的排除研究はいたって乏しいとの評価が，イギリスの研究者によって示される。この研究者は，こうした評価を下すに当たってR. ルノアールの著書に直接言及するわけではない。したがって，この研究者が，R. ルノアールの著書などを視野に収めていたのかどうかは，残念ながら明確ではない。しかし，不要な誤解を避けるために，R. ルノアールは，高齢者とりわけ要介護高齢者の社会的排除を危惧しながら論じており，イギリスの研究者による先の研究レビューは，少なくともR. ルノアールに関する限り的確な評価ではないと言わなければならない。すなわち，R. ルノアールは，著書の冒頭において要介護高齢者は，65歳以上人口の20％に相当する130万人を数え，この規模と比率は，徐々に上昇するに違いないとの見通しを示す。さらに，「60歳で終わらない暮らし」と題する項を独自に設けた上で，住み慣れた地域に暮らす高齢者の社会的不適応を回避する為の政策課題についても，優れて具体的に論ずる。

　こうした見地は，R. ルノアールの著書の数ヵ月のちに公刊された『社会法』誌にも継承される。この専門誌は，「要介護高齢者」と題する付表Ⅲを掲げて65歳以上人口の20％に相当する要介護高齢者の規模，すなわち，128万2,000人の計数を示すと共に，「高齢者の社会的排除」と題する論稿を掲載し，高齢

労働者の社会的排除という新しい表現も用いながら,「高齢者の社会的排除に対する戦い」について提起をする[19]。フランスで確たる学術的な評価を長年に亘って得ている『社会法』誌の内容をごく簡単に振り返るだけでも,この学術誌が,R. ルノアールが忘れることなく視野に収め論じた高齢者問題を些かも忘れ去ることなく見事に継承していることは,明白である。また,敢えて付言をするならば,R. ルノアールの著書等が公刊された70年代中葉には,氏自身も著書の中で具体的に言及するように,当時の政府が,要介護高齢者の在宅化を基本的な政策方向として打ち出し,実施に移している。コミュニティケア(community care)は,コミュニティにおけるケア(care in community)ではなく,コミュニティによるケア(care by community),すなわち,地域に高齢者と暮らす家族や親族によるケアである,と提起されたイギリスのそれと内容に照らして見事なまでに重なり合う政策が,フランスでも採用されていたのである。R. ルノアールが,こうした時代状況を忘れ去ることはありえないし,著書における在宅化政策への言及に照らすならば,一点の迷いもなく,そのような判断を下すことができる。このように考える限り,イギリスの研究者による評価は,全く根拠を持たないのであって,研究レビューの名に値しない作業であると言わなければならない。

社会的排除の多面的分析と予防

読者のみなさんはここまでは,既に理解をされたと推察するが,R. ルノアールの著書を巡る諸見解について簡単に紹介をした上で,筆者なりの考えを示してきた。以下では,特にR. ルノアールの著書を引き合いに出しながら議論を重ねているわけではないとはいえ,R. ルノアールがのちに続く研究に小さくはない影響を与えたと考えられる幾つかの論点について,検討を加えたいと思うところである。氏の貢献を余すところなく視野に収め,些かの誤りもなく正確と言うに相応しい理解を寄せる為に,欠かすわけにいかない手順であると考えるからにほかならない。氏の著書は,のちに続く研究に実に大きな影響を及ぼしたと理解すればこそであり,また,著書の今日的にも意味のある貢献

を忘れ去ることなく正当に継承する為にも，必要な作業であると考えるからである。

　R. ルノアールに拠れば貧困と社会的排除との間には，確かな相関関係が認められる[20]。資力の不足は，社会的不適応の否定するわけにいかない要因の一つであるにもかかわらず，少なくとも1,500万人が，貧困状態のもとに日々の暮らしを営んでいる。貧困の解消は，社会的不適応を念頭に据えるとき優先的に位置付けられるに値する政策課題であり，全ての人々が疾病はもとより障碍，あるいは老齢のリスクに関わる社会保障の適用対象となり，然るべく保護されなければならない。R. ルノアールは，両者の内容をこのように位置付けた上で，社会的排除の予防に向けた政策課題を提起する[21]。フランスでは，のちに最低参入所得（RMI）の制度化が図られるのも，その議論に際してR. ルノアールの提起に直接言及する事例を確かめることはできないとはいえ，議論の内容に照らすならばR. ルノアールの提起と明らかに重なり合い，これを事実上継承するものである。貧困と社会的排除に関する氏の議論は，フランスはもとより広くヨーロッパのレベルにおいても共有されると評して良い[22]。

　R. ルノアールは，いかなる社会職業階層や年齢に属していようとも社会的不適応から無縁ではないとした上で，「社会職業階層と社会的不適応」と題する「付表 III」を掲げ，学校への不適応をはじめ少年の軽犯罪，あるいは成人男性の軽犯罪は，労働者（ouvriers）と農業分野の賃金生活者に傾斜し，職員（employes），とりわけ職人や自由職業に就く人々に相対的に少ない，と社会職業階層分析の結果について示す[23]。改めて言うまでもないこととはいえ，フランスでは，労働者などの賃金水準は職員のそれに較べて相対的に低く，これは，フランスにおいて広く知られる事実の一つである。R. ルノアールの社会職業階層分析は，その後フランスはもとより広くヨーロッパ連合においても共有され，イギリスを発祥国とする健康の社会職業階層分析とその国際的な普及とも相俟って，健康関連の社会的排除分析などとしても実を結ぶ[24]。社会的排除研究には，社会職業階層分析が忘れるわけにはいかない領域の一つとして位置するのである。

R. ルノアールは社会的排除を主題にするだけに，氏の扱う分析の領域はいかにも広い。R. ルノアールは，なぜ社会的不適応が避けられないのであろうかと問うた上で，以下のような説明を加える。すなわち，住居と仕事場所との分離は，疲労と社会的不適応の諸要因を増幅させる。現代の都市は，とりわけ高齢者と障碍者に大きな負担を課す。学校は，一部の子どもと青年に社会的不適応の道を開く組織である。資力の不足は，暮らしの上に重く不利な条件を投げかけ，社会的不適応の否定するわけにいかない条件の一つを形成する。貧困地帯は，年収7,200フランを下まわる賃金を手にする労働者の家族から構成される[25]。分析は，このように学校はもとより所得，家族並びに地域に及ぶ。学校への社会的不適応と職業資格を持たない青少年はもとより未婚の母親，外国人労働者とその子弟，非衛生的な住居とホームレスについて検討を加える。

　R. ルノアールのこうした分析は，学校への不適応をはじめ不充分な所得，非衛生な住居，健康状態の悪化に起因する心の病やアルコール依存，自殺など，社会的不適応の諸形態として『社会法』誌上においても時を置くことなく継承される[26]。こうした多面に亘る分析は，フランスはもとより広くヨーロッパ連合のレベル等でも，都市の社会的排除といった新しい概念の開発等を重ねながら広く共有され，含蓄のある分析が施される[27]。

　R. ルノアールが殊のほか強調するのは，社会的不適応の予防である。治療を施すよりも予防こそ重視するに値するとして，これに要する費用を国はもとより地方自治体のそれを含めて具体的な金額として提示する[28]。予防について重要視するこの国の貧困研究の基本的な見地，と内容に照らして重なり合う。予防を特に重視する見地は，社会的排除の概念がしばしば社会的包摂のそれと対をなしながら位置付けられ論じられることに示されるように，その後の研究はもとより政策の分野においても基本的に継承されると言って良い。

R. ルノアール『排除された人々』(1974年) に欠ける内容

　氏の著書に注意深く目を落とすとき，欠けている内容にも気づかされる。氏は，家族について語り，未婚の母親を忘れることなく視野に収めながら社会的

序　章　社会的排除研究の多岐に亘る蓄積と介護者の位置

不適応の分析を手掛けているとはいえ，その著書にジェンダーの視点を確かめることは，著書の公刊された70年代中葉の時代状況をあたかも映し出すかのように不可能である。貧困状態に陥る危険性はもとより社会的排除のそれも，フランスやイギリスの政策文書，あるいはヨーロッパ連合出版局の公刊になる著書も例外なく等しく認める(29)ように，性別の格差を伴い，男性について相対的に低く，他方，女性について高い。その後の社会的排除研究において等しく共有される知見の一つである。

　R. ルノアールが高齢者による入院の回避と在宅での暮らしの継続について，少なくない頁を割きながら論じているにもかかわらず，そこに無償の日常生活上の援助を担う介護者の姿はない。氏は，著書の中で「60歳で終わらない暮らし」と題する項を独自に設けた上で，在宅サービスの拡充はもとより高齢者の住む住居の改善，デイサービスや高齢者の集う社交クラブの運営，マッサージ・サービスや足部治療などの軽い手当を施す場所の創設などについて提言をする(30)。見られるように高齢者による自宅での暮らしとその継続を担保するに相応しい政策の採用である。しかし，日常生活上の援助を要する高齢者が，自宅において暮らしを営むならば，これに要するサービスの大半は，時代や国境を超えて高齢者の家族や親族，あるいは隣人や友人から構成される介護者に担われる。しかし，介護者への言及は一言として認められない。見えざる存在として後景に退き，議論の対象としては登場しないのである。これは，ひとり R. ルノアールの著書の特徴であるばかりではなく，著書の公刊された当時のフランスにあって広く確かめざるを得ない特徴の一つである。

　介護者団体は言うまでもなく，認知症を患う高齢者とその家族の民間非営利団体も，この当時のフランスには未だ存在せず，介護者の抱える軽くはない諸問題について議論をする土壌は，ドーバー海峡を隔てた隣国イギリスとは明らかに異なって，残念ながら認められなかったのである。介護者と彼女や彼に担われる無償の労働は，高齢者の扶養を家族の責任と定めるフランス革命以来の民法規定とも相俟って，長らく見えざる存在として特段の関心さえ払われなかったのである。氏の著書に介護者の姿を確かめることが出来ないのは，そう

11

した時代状況の所産の一つであって，ひとり R. ルノアールの責任に帰するわけにはいくまい。社会的排除に関する『社会法』誌の特集号にも，介護者への言及は一切ない。フランスにおける社会的排除研究に介護者が正当に位置付けられるまでには，後に確かめるように相応の時間を要するのである。

2 フランスにおける介護者問題の遅い登場

議論の体系化と定義の問題

1960年代に端を発する社会的排除研究は，時代の変化を正面から見据えながら議論の体系化へと進む。その成果は，90年代初頭以降に相次いで世に問われる。労働世界から排除された者との表現は，既に70年代中葉に認められる[31]とはいえ，職業上の排除への特段の関心は，1981年以降における長期失業の顕著な増加を背景に際立つ程に明確となる。長期失業，すなわち，公共職業安定所（ANPE）に1年を超えて登録する失業者はもとより，非常に長期の失業者，すなわち，公共職業安定所に2年から3年以上の登録を記録する失業者は，期間の定めのある雇用はもとより派遣労働，あるいは下請けなどの，フランスで文字通り広く用いられる表現をもってすれば，不安定雇用（l'emploi précaire, l'emploi instable）の諸形態の増加とも相俟って，急速に増え続ける。失業率が，1970年代の一桁台から二桁台を記録する（1974年2.8%，79年5.9%，87年10.6%）ばかりか，長期失業の比率は，ほぼ同じ期間に際立つ程の増加を辿って失業者の過半さえも記録する（75年16.7%，89年52%）。長期失業は，所得の際立つ程の低下を招き寄せると共に，これに止まることなく本人の意に反して社会的なつながりの脆弱化を招き寄せる。長期の失業は，社会的排除の明瞭な要因にほかならない，と長い期間に亘る調査結果に即して検証される[32]。

　長期失業，とりわけ2～3年を超す非常に長期の失業は，経済的な困窮と無縁ではないことから，多重債務（surendetement）の問題を招き寄せる。90年代後半には研究者によって論じられ，銀行の口座を持たず，口座の開設を拒否されることを示す銀行からの排除（exclusion bancaire），イギリスで用いられる表

現に従うならば金融排除（financial exclusion）について取り上げられる。かくして排除は，社会的排除はもとより経済的排除（exclusion économique）並びに空間的排除（exclusion spatiale），と3つの次元において論じられる。R. ルノアールの議論を継承しながら，時代状況を見据えた新たな展開を辿るのである。R. ルノアールが，当初から予防を重視してきただけに，経済的排除に関わっては，金融上の包摂（inclusion bancaire）の表現もあわせて開発される。氏の基本的な見地を見事なまでに継承しながら，時代の変化を注意深く読み取った新しい表現の誕生である。

　長期失業は，年齢階層で言えば労働市場に新たに登場する若年者にとって無縁な事柄ではない。学校での挫折，すなわち学校からの排除が，失業率の上昇はもとより長期失業の際立つ程の増加につれて，若年者を社会的排除へと導くことになる。[33]70年代中葉に広く理解されていた学校への不適応と社会的不適応との連関[34]は，学校からの排除と社会的排除へと，その表現をやや変えるとはいえ，その内容に照らすとき，受け継ぐに値する知見の一つとして実質的に継承されながら，問題の格段の広がりに促され，一段と深い関心が払われるのである。

　社会的排除に行き着きやすい社会職業階層としては，長期失業者や職業資格を持たない若年者はもとより，移民労働者，高齢の労働者と障碍者，刑務所からの出所者，性別には女性であると指摘される。[35]このうち社会的排除と女性との関わりについて論じた成果は，ジェンダーの表現を直接には用いていないとはいえ，90年代初頭に公刊された著書においてであり，既に論じてきたようにR. ルノアールはもとより，広く60年代から70年代の研究には確かめることの出来ない新しい内容の一つである。

　研究の進展と共に定義の問題が浮上してくる。その成果は，確定的な定義が欠落しているとの強い反省の上に立ちながら，2000年代に入ると相次いで公刊される。これに従うならば，社会的排除は，専ら経済的な次元の問題を扱う不安定性（précarité），あるいは貧困の概念とは異なって，経済と社会の2つの次元について問う所に独自の特徴を持つ。すなわち，長期失業と結びついた経済

的な困窮に加えて，集団との社会的なつながりの破裂，言い換えるならば，社会的な孤立である。不安定性もしくは貧困と社会的排除との相違は，まさしく社会的な紐帯の断絶を視野に収めるか否かである。別の研究者も以下のように提起をする。すなわち，社会的排除を無所得や低所得に帰するわけにいかない。このことに着目をするならば，貧困に注意を払うに止まるわけにいかないのであって，社会への参加を示す幾つかの次元，言い換えるならば雇用，購買能力を示す消費，住居，健康，家族や友人並びに地域とのつながり，これらについて論じられなければならない。

　2つの定義は，見られるように社会的排除を貧困よりも広い概念であると位置付けた上で，家族はもとより地域との関わりを視野に収めることにおいて共通する。また，雇用について貧困研究の視角から論ずるならば，専ら所得とその水準に関心を寄せるものの，社会的排除研究の視角から検討を加える場合には，所得の有無とその水準に止まることなく，同時に，雇用を通した社会的なつながりをも視野に収めることにおいても，共通する。このことを概念規定に際して具体的に指摘をする研究者も認められると共に，社会的排除は，社会から完全に外部化される過程と状態にほかならず，これは，社会的つながりの切断を意味するとして，知見を共有する研究者たちも認められる。

2010年以降における介護者の明確な位置付け

　では，R. ルノアールが視野に収めることのなかった介護者の問題は，その後の研究においてどのように扱われたのであろうか。あるいは，60年代から70年代と全く同じように依然として見えざる存在として視野の外に置かれたままであったのであろうか。

　高齢化と社会的排除との関連は，その後も継続して論題にのぼり，労働者の加齢に伴う労働市場からの排除と並んで要介護高齢者の社会的排除の問題も広く論じられる。このうち後者について言えば，R. ルノアールと全く同じように高齢者が住み慣れた場所で自立した状態を維持し，たとえ要介護の状態に陥ったとしても，各種のサービスを支柱に在宅の暮らしを維持しなければなら

ないのであって，これは，高齢者自身の望むところでもあると論ずる[40]。しかし，日常生活上の援助の大半を無償で担う介護者の姿は，R. ルノアールの議論に事実上共鳴し，これをあたかも継承するかのように，そこに微塵もない。介護者は，隠れた存在として理解される。あるいは，生活上の事故，たとえば雇用の喪失や疾病は，経済的な困窮や精神的な負荷はもとより，広く個人生活の急変や住居の喪失さえも招き寄せかねないことから，こうした生活上の事故は，多くの場合に社会的排除の引き金になるとも論じられる[41]。しかし，生活上の事故は，雇用の喪失や疾病の当事者はもとより家族の重い悩み事であるとも評しながら，たとえば疾病の重篤化と長期化につれて避けることのできない家族による日常生活上の援助の問題は，残念ながら視野の外に置かれたまま，論じられることはない。

　介護者が社会的排除研究に明確に位置付けられるのは，2010年以降まで待たなければならない。介護者は，地方の家族団体が2009年4～10月に手掛けた調査に拠れば，日常生活上の援助のゆえに労働市場からの退出を余儀なくされて職業上の排除を迫られると共に，心と身体に極度の疲労を抱えながら孤立を深めることを通して，社会的排除の状態に陥り易い[42]。要介護者への虐待の危険性を除去することはもとより，介護者自身の社会的排除の危険性を取り除く為にも，介護者への経済的な補償をはじめ労働時間の調整，老齢退職の権利，情報の提供と介護技術訓練，カウンセリング，バカンスを含む余暇の享受，健康診断，他の介護者との交流，これらの支援策を講じ拡充しなければならない，と調査結果を踏まえながら提言をする。

　介護者を社会的排除研究に明確に位置付ける見地は，その後も雑誌の巻頭論文や調査報告書において示される[43]。同時に，これらの成果は，いずれも介護者研究の領域から示された知見であり，社会的排除研究を生業にする研究者の著書や論文に同じ理解を確かめることは，残念ながら未だ不可能である。これは，のちに述べるようにイギリスとの小さくはない相違である。介護者研究からの知見の発信とその蓄積は，イギリスの経験も踏まえながらやや期待を込めて言えば，社会的排除研究を本業とする研究者にも関心をもって受け止められ，こ

れを通して介護者と社会的排除との関連について，さらに広く深く議論されるに違いないと考えられる。

社会的排除について介護者を視野に収めながら論究する成果の登場は，既に見てきたようにイギリス等に較べて遅いだけに，こうした調査研究の動向は，政府や地方自治体の政策文書はもとより法制度にも影を落とすことになる。

社会的排除に関する政府の公式文書と介護者

社会的排除の表現が政府の公式文書に登場するのは，1987年が最初である。当時の経済社会評議会（CES，今日の経済社会環境評議会，CESE）の報告書『厳しい貧困と経済的・社会的不安定性』（1987年）は，R. ルノアールの著書にも言及しながら労働市場からの排除が，社会的排除の規定要因の一つであるとして，雇用をはじめ教育，住居並びに健康の領域における社会的排除との闘いを国家的な優先事項として位置付ける[44]。

社会的排除の概念には，ヨーロッパ評議会の公式文書も認める[45]ように，ヨーロッパ連合の数ある加盟国の中ではフランスだけが早くも90年代初頭に，学術分野はもとより政策領域においても中心的な位置が与えられる。95年の大統領選挙では，これをあたかも例証するかのように社会的排除と社会的包摂とが主要な争点になり，その3年後には，社会的排除との闘いの方針に関する1998年7月29日法が，制定される。自由や友愛の文字と共にフランスの人権宣言にうたわれた平等の享受を国家の至上命題とする限り，社会的排除との闘いは，避けて通るわけにいかない。この98年法の基本的な目的は，現行の諸権利，とりわけ雇用をはじめ健康，教育と文化，住居，最低所得，余暇及び家族の多重債務の領域における諸権利の全ての国民による享受であると定められる[46]。社会的排除への対処の焦点は，それゆえに経済的・社会的な諸権利の行使において確認される弱体化に据えられる。社会的排除を招き寄せる全ての状態を予防し取り除くことが，明記される。98年法は，たとえば貧困と社会的排除との闘い政策国家評議会（CNLE）の文書『貧困と社会的排除に関するフランス国家行動計画』（計画期間2001～2003年，2001年）においても，当然のことながら言及され

序　章　社会的排除研究の多岐に亘る蓄積と介護者の位置

(47)
る。しかし，そこには98年法と全く同じように介護者に言及する文章はない。

　社会的排除と社会的包摂に関する政府の公式文書に介護者が明確に位置付けられ，介護者支援政策に言及するのは，2006年以降である。たとえば貧困と社会的排除との闘い政策国家評議会『貧困と社会的包摂の為の国家戦略に関する報告書』（計画期間2006〜2008年，2006年）は，介護者支援政策について明記をする。
(48)
この見地は，同『社会的保護と社会的包摂の為の国家戦略に関する報告書』（計画期間2008〜2010年，2008年）にも，当然のこととはいえ継承される。こ
(49)
の国家評議会は，「誰の為に，なぜ，どのように」と題してイルド・フランス県貧困と社会的排除情報団が主催した討論会（2012年10月26日，於パリ市内）にも積極的に加わる。あるいは，自立連帯国家基金（CNSA）は，『見えざる行為者としての介護者に寄り添う』と題する2011年度の事業報告書の中で，介護者は，無償の日常生活上の援助のゆえに，労働市場への参入にしばしば否定するわけにいかない程の制約を受け，それゆえに社会的排除の危険性を抱え込むと評し，こうした認識を出発点に介護者支援政策について優れて体系的な提言を
(50)
示す。また，自立連帯国家基金は，「今日の介護者」と題し，8つの分科会に27本の報告を用意しながら開催した討論会（2014年11月5〜6日，於パリ市内）の「呼びかけ文」の中で，介護者が社会的排除の危険性を抱えていると指摘をした上で，介護者支援政策の重要性について改めて提起をする。先の事業報告書の基本的な知見と重なり合う内容である。

　同様の理解は，社会問題・保健及び女性の権利省によっても示される。すなわち，『男女平等政策』（2015年）と題する文書の中で「貧困と社会的排除との戦い」と題する項目を独自に設けた上で，家族介護者の表現を用いながら介護
(51)
者を巡る政策課題について論じている。介護者が，貧困はもとより社会的排除の危険性をその願いに反して抱え込んでいるだけに，これを正面から見据えた政策的な対応を避けるわけにいかない，と判断すればこその言及である。

　社会的排除の表現が政府の公式文書に登場するのは，1987年であり，介護者を視野に収めながら社会的排除や社会的包摂について論ずる政府の最初の文書は，既に述べてきたように2006年まで待たなければならない。後者は，前者の

17

漸く19年後における公刊である。この長い道のりを要したとはいえ、小さくはない変化は、政府の一部の文書も直接に言及するように、「家族・世代間連帯の場所、家族の為の世代間連帯の社会」と題して政府主催のもとに開かれた2006年の家族に関する討論会の与えた影響が、すこぶる大きいように考えられる。この討論会は、90年代から毎年定期的に開催された歴史を記録し、政府が、あらかじめ提出した報告書を基に政府や議会はもとより広く労使を含む各界の代表者が一堂に会して討論を重ねる、得難い機会である。スウェーデンと共に家族政策の母国と賞賛を込めて評されるフランスであればこそ、開催されてきた討論会である。長らく少子化を主題に据えることが多く、介護者を主題に開かれたのは、この2006年の討論会が最初である。

介護者の状態の包括的な分析

政府の報告書に社会的排除と介護者との関わりを問う表現は、確かに長らく存在しなかった。また、家族団体の中には、社会的排除の表現を直接に用いながら言及する事例も認められるとはいえ、それは、直接には障碍者を念頭に置く発言である。しかし、家族介護者の表現を用いながら、彼女や彼が、日常生活上の援助のゆえに職業上のつながりはもとより交友関係、余暇を含む自由な時間を心に抱く希望に反して剥奪される、と評する報告書の文言に目を落とすとき、直接には社会的排除の表現を用いていないとはいえ、介護者が社会的排除の状態に陥らざるを得ず、そうした危険性と背中合わせになりながら日常生活上の援助を続けていることを、事実上認めているように解することができる。報告書は、日常生活上の援助に伴う労働力化への影響はもとより、これに止まらず交友関係や自由時間の享受など社会的な次元にも視野を広げながら論じているからである。また、そもそも労働市場との関わりに絞り込んでも、専ら所得の有無やその水準に止まることなく、労働市場への継続的で安定的な参入を通した他者との人的なつながりを取り結ぶ場所として、それゆえに労働市場の経済的な側面はもとより、その広く社会的な側面も視野に収めながら介護者の置かれた状態について描いているからである。

序　章　社会的排除研究の多岐に亘る蓄積と介護者の位置

　報告書の文言に目を向けながら，この国の研究者が既に紹介をしたように，貧困が専ら経済的な次元を問題にするのに対して，社会的排除は，経済的な次元はもとより家族や地域との広く社会的なつながりをも視野に収めた，それゆえに貧困研究とは密接なつながりを持つとはいえ，異なる独自の学問領域として存在するとの認識を共有していることについて，改めて脳裏に浮かべることは，根拠のないことであろうか。そうではあるまい。報告書は，上に紹介した分析を拠り所に介護者支援の拡充に向けた12項目からなる提言を行い，承認される。政府は，これに沿って提言の具体化に地方自治体の協力も得ながら着手をする。

　介護者団体や広く家族団体などが，介護者の置かれた状態に関する分析に際して社会的排除との関連を問い，これを拠り所に旺盛と評するに値する程の政策提言を重ねていることは，論を俟たない。その初発の実績は，著者のこれまでの作業の限り2009年である。2008年以前に遡る実績は認められないのであろうか。さらなる一次資料の収集を迫られる課題である。

3　イギリスにおける介護者の早くからの確かな位置

1990年代後半に遡る介護者の位置付け

　フランスを発祥の地とする社会的排除研究は，イギリスにいかなる影響を及ぼしたのであろうか。この国の社会的排除研究における介護者の確かな位置を思い起こすとき，フランスとは明らかに異なる条件が，イギリスには認められる。詳しくはのちに述べるとして，まずは社会的排除研究における介護者の位置について，振り返ってみたい。

　介護者を社会的排除や社会的包摂の視角から位置付ける作業は，著書や調査報告書に目をやる限りにおいても，早ければ1990年代後半にその成果を確かめることができる。障碍者と社会政策を主題に論ずる複数の研究者は，社会的排除と社会的包摂の概念を分析の中心に据える。これに従うならば伝統的な福祉国家は，男性を稼ぎ手にする核家族と完全雇用，市民権の包括的な保障を旨と

するとはいえ，人種差別はもとより性差別，障碍者差別を伴うことは，過去を振り返るならば否定するわけにいかない確かな事実であった。この為に，障碍者の諸権利は長らく認められず，障碍者の職場からの排除が広く確認されると共に，障碍者や高齢者を看る家族の無償労働とこれに由来する負担は，女性のいたって自然な生業の一つとして何の支援もないままに広く，そして深く女性に委ねられてきた。[54]家族の無償労働は，既婚か未婚かの婚姻状態に関わりなく，女性による労働市場からの退出を所与の前提として成り立つだけに，女性による仕事を介する社会的包摂は強い期待を裏切るように，望むべくもない。

　介護者と社会的排除との関連を問う作業は，障碍者や高齢者あるいは介護者を研究の対象にする研究者が，専ら社会的排除研究の成果に啓発されながら自らの反省を交えて重ねてきたと評するならば，それは，事実と明らかに異なり，イギリスにおけるフランスとは明白なまでに異なる独自の蓄積に目を瞑ることになる，と言わなければならない。実に多岐に亘る研究業績の中には，そうした経緯を経て練り上げられ，確かな成果の一つとして公刊された事例も認められるであろう。しかし，それが全てではない。むしろ多くの場合は，社会的排除研究を生業にする研究者が，介護者を視野に収めることが必要であると自ら判断を下した上で，社会的排除研究の中に介護者を忘れるわけにいかない存在として組み込みながら思考を重ね，その成果を世に問うてきたというのが，紛れもなく真実の姿である。イギリスにおける研究の成果は，90年代後半に相次いで公刊され，著書の背扉に記された研究者は，社会的排除研究の分野で我が国にもよく知られた方々である。

　社会的排除は，我が国にもよく知られるD.ゴードン等に拠れば，イギリスに暮らす大多数の人々が享受する社会的な諸関係をはじめ習慣及び諸活動の享受の不足や否定であるとして，貧困はもとより労働市場からの排除，サービス享受の排除並びに社会的諸関係における排除の４つの次元に即して分析が施される。[55]このうち労働市場からの排除は，他の２つの次元，すなわち，サービス享受の排除並びに社会的諸関係における排除を招き寄せる重要な要因として位置付けられる。賃労働は，充分な所得を得る為の道筋であると共に，他者との

至極日常的で社会的な接触に道を開くからであり，賃労働を通して手にする充分な所得を期待し得ないのであるならば，サービスのニーズに応じた充足も利用者負担に照らして危ういからである。就業者の居ない世帯の多くは，介護や保育に少なくない時間を充てる人を含めて構成される世帯であり，こうした無償労働を手掛ける女性の非労働力化の比率は，同じ位置にある男性の6倍を記録する。(56) よく知られたごく普通の社会的な諸活動への不参加は，仕事時間の長さに由来する時間の不足に加えて，介護や保育の責任に伴う時間の不足にも起因して，不本意なままに引き起こされる。このように介護や保育の無償労働は，労働市場からの排除はもとより社会諸関係における排除の無視するわけにいかない要因の一つとして位置付けられる。

　D. ゴードンも著者の一人として加わった今一つの著書では，社会的排除の次元について貧困をはじめ労働市場からの排除，サービス享受の排除並びに社会諸関係における排除，と先の著書と同じように4つに定める。また，女性が傾斜的に担う無償の介護や保育を分析の枠組みに挿入することにおいても，(57) 先の著書と些かの相違もなく，6年前に公刊された共著の内容を正当に継承すると評して良い。

社会的排除の諸次元と介護者

　D. ゴードン等の定めた考え方に全面的な賛意を表しながら，これを採用し，分析の対象を介護者に絞り込んで立ち入った検討を加える著書も公刊される。(58) 分析は，社会的排除の諸次元に沿って進められる。低所得階層に属する人々の健康状態が相対的に良くないことに着目をするならば，負担の重い日常生活上の援助を担う介護者が，主に低所得階層に属することもさして驚くに値しまい。介護者は，全ての社会職業階層から輩出されるとはいえ，要介護者と同居をする介護者は，別居の介護者に較べるならば相対的に低い社会職業階層に属し，その週当たり介護時間も長い。家族の金銭を巡る環境は，介護者化と共に悪化する。これに性別の違いはない。低所得は，介護者が要介護者の置かれた状態に心を配り，悩み抜いた末に労働市場からの引退を余儀なくされ，あるいは，

労働時間の個別的な短縮の道を選び取った結果である。介護者，とりわけ要介護者と同居の介護者が，日常生活上の援助に伴う追加の費用を拠出することもさして珍しくはない。介護者は，経済的な窮状を前にして自らのニーズをやむなく軽視し，時として完全に無視をする。衣服などに費やす費用の節約であり，休祭日や余暇の享受を日常生活上の援助に押されながら自制し，出費を抑制する。借金の機会は，雇用所得の欠如や縮減の影響を受けて大幅に縮小される。介護者は，しばしば離職を迫られて仕事に就いていないことはもとより，老齢退職後の相対的に低い所得階層に属すること，あるいは，要介護者に費やす安くはない介護費用の分担のゆえに，家計支出を節約する機会もその期待に反して乏しくならざるを得ない。

　介護者は，しばしば孤立感にさいなまれる。夜の時間帯における昼行動物としての人間の生理的なリズムに反する日常生活上の援助とも相俟って，睡眠の中断もさして珍しくはなく，慢性的な疲労感を抱えることとも相俟って，他の人々と打ち解けながら交際しようとの意欲も萎えがちである。所得水準の低下にもかかわらず，捻出を迫られる日常生活上の援助に要する費用の拠出のもとで，費用のことを脳裏に浮かべながら地域の人々との得難い交わりを断念することも，介護者が身に付けた生活習慣の一つとしてよく知られる。なかには，いかなる公的な支援も受けていない介護者も認められる。サービスからの排除である。公的なサービスを享受した場合であっても，不充分であるばかりか，サービスの水準に問題を含むことも伝えられる。介護者の中には，とりわけ要介護者と同居する介護者にあっては，非労働力化の道を選択せざるを得ないことも確かな事実として認められる。仕事との両立の道を熟慮の末に選び取った介護者にあっても，常に日常生活上の援助に柔軟に対応できる勤務態様にあるわけではない。就業の継続は，障碍児を看る保護者でもある介護者にとっては，日常生活上の援助の期間が老親を看る介護者に較べるならば遥かに長くに亘るだけに，継続的な就業の高い必要性とは裏腹に特別の困難を伴う。これは，介護者が直面する労働市場からの排除の一環である。

　『社会的排除の理論化』（2009年）と題する著書には，「無償の介護役割と社会

的排除との関連」と銘打つ章が独自に設けられ，分析が施される[59]。介護者は，日常生活上の援助を担うことを通して自らの生活の全ての側面に影響を受ける。大切にしてきた社会的なつながりや健康の増進を念頭に，短くはない期間に亘って取り組んできた活動は，彼女や彼の願いに反してもはや可能ではない。ライフスタイルの変更を否応なく迫られて重要な社会的諸関係を失うことから，新たに背負い込むのは孤立感である。社会的排除である。日常生活上の援助は，多くの介護者にとって軽くはない金銭上の影響を伴う。厳しい生活時間上の制約から労働市場への参入をその意に反して断念せざるを得ないことも，稀な生活体験とは言い難く，介護者手当が要件を充たして支払われたとしても，その水準は，介護者の暮らしにとって明らかに不充分である。金銭的な排除である。

　体系的な排除として最後に分析が加えられるのは，介護者の位置付けである。まずは，介護者を資源として位置付ける考え方である。これに従うならば介護者は，要介護者のニーズを充足する為の一つの手段として捉えられる。介護者を一緒に働く労働者あるいは協働者とする考え方もある。社会サービスはもとより医療サービスの担い手は，要介護者の福利とその向上に的を絞りながら仕事に臨む。あるいは，介護者をクライアントとして位置付け，彼女や彼のストレスを和らげ生活の質の向上を図ることに焦点が当てられる。著者たちが賛意を表するのは，最後に示したクライアントとして把握する考え方である。要介護者のニーズに対応する支援政策が介護保障として採用されるように，介護者をクライアントとして位置付けることを起点に，介護者支援政策とその拡充を提起し，介護者の社会的包摂に向けた新たな選択肢を言外に示唆するのである。

社会的排除と介護者の諸階層分析

　社会的排除の概念を社会福祉の国際比較に応用し，介護者の問題をこの中に位置付ける成果も，イギリスの研究者を中心にする6ヵ国（イギリス以外にノルウェー，デンマーク，アイルランド，イタリア，ギリシャ），12人の研究者の協働作業として公刊される[60]。介護者の問題は，社会的排除に関する包括的な分析ではなく，労働市場からの排除に焦点を当てながら検討される。これに従うならば

ノルウェー等の北欧の国々では，多くの介護者が仕事に就き，日常生活上の援助に伴う雇用と所得への影響は，一般に僅かである。非労働力化の状態にある介護者といえども，これらの国々では，地方自治体との労働契約を締結したと見做され，介護分野に職を持つ公務員の賃金に相当する金額が支払われる。他方，イギリスの介護者はといえば，所得の喪失と追加の出費の双方において，その影響は大きい。また，イタリア等の南欧の国々では，要介護者の家に同居する移民労働者の雇い入れによって対応することが少なくない。しかし，この選択肢は，富裕な高齢者家族にのみ開かれる方法であって，多くの国民にとっては到底手の届く方法ではない。介護者の労働市場からの排除は，こうして北欧諸国を除くイギリスや南欧の国々に広く確かめることができる，と示唆される。

　黒人や少数民族に属する介護者を社会的排除研究に組み入れる成果も，比較的早い時期から蓄積される[61]。黒人や少数民族に属する人々が，貧困状態に陥ることは少なくないのであって，主に不利なインナー・シティに居住することが多い。少数民族に属する介護者もその例外ではない。社会サービスを担う職員が，そもそも黒人や少数民族に属する人々の使う言語を理解することができず，このために要介護者はもとより介護者も社会サービスの利用を断念せざるを得ない事態は，イギリスにおける社会福祉の否定するわけにいかない一コマでもあった。社会的排除研究の概念を援用するならば，サービスからの排除である。論稿では，黒人や少数民族に属する要介護者はもとより，介護者の社会的包摂が喫緊の課題であるとして，スコットランドの各地で展開される少数民族の社会的包摂事業の動向も紹介しながら，分析が施される。

　18歳未満の年齢階層に属する未成年の介護者をはじめ，18歳以上24歳以下の年齢階層にある若い成人の介護者，並びに大学に通う学生でもある介護者は，1982年に日常生活上の援助を要する若い母親からイギリス介護者連盟の事務所に寄せられた一本の電話を契機に，初めてその存在が知られた未成年の介護者の確認以降，イギリスにおいて実に丹念で膨大な調査研究が重ねられ，その後，国際的にも学び取られながら広く知られるようになった介護者の多様な存在の

序　章　社会的排除研究の多岐に亘る蓄積と介護者の位置

一部である。

　これらの介護者についても，社会的排除との関連において分析が独自に施される。これらの介護者の半数は主に母親からなる一人（ひとり）親の元に暮らし，殆どの家族は仕事に就いていない。家族の多くは，公的な給付金を糧に暮らしを営み，公営住宅に居を定めていることも少なくない。未成年の介護者が，日常生活上の援助の止むを得ない結果として学校を休むことも少なくないのであって，授業に臨んでも要介護の状態にある母親や兄弟姉妹のことが脳裏に浮かぶことから，学習に集中することができず，結果として学力の形成の上で実に不利な環境のもとに置かれる。要介護者に思いを寄せて要介護者を優先することから，友人との交友関係の継続もままならず，ときに巡りめぐって日常生活上の援助に端を発するいじめの対象にもなる。学力の形成の危うさは，学校を卒業したのちの労働市場への参入にも軽くはない負の影響を，要介護者はもとより未成年の介護者の切なる願いや期待に反して及ぼさざるを得ない。未成年の介護者は，その意に反して彼女や彼の家族と共に社会的排除に苦しむことになる。[62]黒人や少数民族に属する介護者を対象にする調査研究と共に，国際的にも高い評価の寄せられる文字通り先駆的と評するに相応しい調査研究が，世界に先駆けて旺盛に重ねられる中で生み出された知見の一つである。

　こうした知見は，社会的排除についてライフコースの視点から分析を施した成果においても，[63]同じように検証される。未成年の介護者と社会的排除に関する調査研究の進展と共に，未成年の介護者を対象にする支援事業に取り組む民間非営利団体や未成年の介護者支援計画を策定する地方自治体も，調査研究の成果に促され，これに共感の意を示しながら，未成年の介護者の直面する社会的排除の縮減と社会的包摂の拡充とを，支援事業や支援計画の目的の一つに明記することになる。[64]

　貧困がそうであるように，社会的排除も性別の格差を伴う。社会的排除のジェンダー分析の成果は，早ければ90年代後半に世に問われ，そこにも介護者が忘れることなく視野に収められる。[65]すなわち，労働市場からの排除に関わっては，労働力化は一般にイギリス女性においては家族形成期の中断期間を含み

ながら低く，他方，男性にあっては継続的で，その水準も高い。非労働力化を迫られる女性の多くは，無償の介護や保育を誘因にする。サービスからの排除であり，自宅以外において享受する公的なサービスの利用は，僅かであるとはいえ女性について劣る。日常生活上の援助を女性が担うならば，それは，至極自然な生業であり，他方，男性が担っているならば生活上の軽視するわけにいかない程の障害を伴うとして，公的な社会サービスの給付は，仮にその負担が女性と同じ程度であったとしても，介護者の性別に応じて明らかな差をつけ，男性には，サービス給付の機会が開かれるのに対して，女性には堅く閉ざされる。『社会保険及び関連サービス』(1942年)と題する『ベヴァリジ報告』の基底を貫く家族観の継承であり，こうした現実は，今日では過去の事態になったとはいえ，短くはない歴史の冷厳な一コマであった。孤立する女性の相対的な多さや社会的な支援を受ける女性のやや少ない今日の状況に照らすとき，社会的諸関係からの排除においてもジェンダー差が，否応なく確認される。社会的排除は，こうして貧困と全く同じようにジェンダー差を伴いながら，その姿を現す。これは，イギリスにおける歴史研究はもとより広くヨーロッパ諸国を対象にする比較研究においても，確かな事実として広く検証され，[66]女性による介護や保育の問題を視野に収めながら社会的排除について論究される。

社会的排除を巡る共通の理解

貧困の定義を巡っては，ニーズを充足する物的な資源の不足として広く共通の理解が与えられているとはいえ，社会的排除に関する限りD. ゴードンも率直に認めるように，様々な研究者によって異なる定義が加えられる。[67]しかし，短くはない思索の蓄積を経て共通の認識が蓄えられてきたことも，D. ゴードンに止まらず，この分野の研究者が広く認めるように否定の出来ない自明な事実である。すなわち，物的な充足に止まらず社会的・政治的なそれを含む多次元に亘って分析を手掛けることであり，現在の置かれた環境と同様に，これからの選択や機会をも等しく視野に収めた動態的な分析を特徴の一つにする。また，経済的並びに社会的な文脈に沿って，関係性についても問うのである。社

表序-1　貧困，相対的剝奪及び社会的排除の概念上の特質

貧　困	相対的剝奪	社会的排除
単一性	多面性	多面性
身体的ニーズ	身体的ニーズ	身体的ニーズ
	用具等のニーズ	用具等のニーズ
		社会参加
分配性	分配性	分配性
		関係性
静態的	動態的	動態的
個　人	個　人	個　人
家　族	家　族	家　族
		地域社会

注：空欄は，他の欄に示される特質のないことを示す。
出典：Matt Barnes, *Social exclusion in Great Britain : an empirical investigation and comparison with the EU*, Ashgate, 2005, p. 16 より引用。

会的排除は，貧困の概念ともとより重なり合う内容を含むとはいえ，それも一部に止まるのであって，貧困の概念と較べるならば，多面性と社会参加，関係性と動態的及び地域社会との関わりを問うことにおいて，明らかに異なる（表序-1）。このように考えるならば社会的排除は，資力の不足だけに絞り込む貧困分析に較べて，より多面的かつ包括的に分析をすると共に，結果のみを問う前者に較べて動的な過程を視野に収めると，90年代中葉に示されたイギリスにおいては比較的初期の議論も，その後における共通認識の一つとして継承されていると評して良いであろう。介護者は，そうした社会的排除の定義を巡る議論とも並行しながら，この分野の実に多くの研究者によって正当な地位を確実に与えられてきたのである。

社会的排除研究のイギリス的な背景

それにしてもイギリスにおける社会的排除研究は，いかなる事情から介護者を実に早い時期から視野に収め，分析の対象として位置付けてきたのであろうか。それは，研究者の高い見識もさることながら，コミュニティケアに関する1990年法を巡る議論の際に既に介護者に関する問題も対象になったことはもとより，とりわけ介護者に関する単独立法が90年代中葉に世界で全く初めて制度

化されることにも示されるように，介護者を巡る国民的な議論が，社会的排除研究の活発化する時期とも重なり合いながら，繰り広げられたからである。

イギリスにおける介護者の運動は，世界で唯一戦前の1935年に遡る。年老いた老親の介護の終了後に無年金の状態に追いやられ，自らの自然年齢と経歴のゆえに労働力化もままならないことから，その意に反してしばしば貧困状態に陥る未婚女性の問題は，1935年に結成された全国未婚年金連合（NSPA）の誕生を出発点に，広く社会の関心を呼ぶ。未婚年金連合は，未婚女性が未亡人と同じ55歳で老齢年金を受給することが出来るように求める請願書に，100万人近い署名を添え，3年後の1938年に議会にこれを提出する。議会に設けられた未婚女性の為の年金委員会は，独自の調査を踏まえ女性の年金支給開始年齢を65歳から60歳に繰り上げるとの結論を導き，この決定は，その後1940年からの制度として実を結ぶ。65歳を支給開始年齢とする男性の場合とは異なる定めであり，世界で唯一の制度の内容である。

『ベヴァリジ報告』は，国民の広い共感を得た未婚年金連合の運動とこれを契機にする年金支給開始年齢の繰上げ措置から程ない時期に策定されただけに，拙著『欧米の介護保障と介護者支援——家族政策と社会的包摂，福祉国家類型論』（ミネルヴァ書房，2010年）はもとより，同『介護者の健康と医療機関——健康格差論の射程』（ミネルヴァ書房，2013年）でも論じてきた[69]ように，老親の他界と共に日常生活上の援助を終えた未婚女性の労働力化を念頭に置く職業訓練給付について，提案をする。介護を担った未婚女性の経済的な窮状に着目をすることにおいて，2年前の1940年における女性の年金支給開始年齢の繰上げ措置と共通する。

戦後の1965年には，2年前の63年における女性介護者の窮状を伝える新聞記事の掲載と，これに対する幅広い共感の声を背景に，今日のイギリス介護者連盟の前身をなす全国組織が結成され，さらに，その2年後に当たる67年には，介護者の経済的な窮状に着目をした制度が新たに導入される。世界で数ある介護者団体の中でも最も長い足跡を記録するイギリス介護者連盟は，その後，介護者に関する単独立法の制定にも乗り出し，それは，介護者の認知とサービス

に関する1995年法として実を結ぶ。これまでしばしば紹介されてきたように，介護者アセスメント請求権の制度化を主な内容として定める法律である。

　介護者が，日常生活上の援助のゆえに経済的な窮状を余儀なくされるだけではなく，短くはない期間に亘って築き上げてきた友人や隣人との浅くはないつながりにも不本意ながらも別れを告げざるを得ないだけに，人々の営む暮らしの経済的にはもとより社会的な側面にも視野を広げながら，包括的な分析を旨とする社会的排除研究にあっては，介護者の存在を無視するわけにいかず，しかも，イギリスにおける社会的排除研究が活発化するまさしくその時期に，介護者に関する単独立法を巡る議論が国民的な関心を呼びながら繰り広げられただけに，こうした議論にも触発されながら，介護者を研究の枠組みに欠かすわけにいかない存在として文字通り明確に組み入れるのである。

相対的剥奪研究の継承と効果

　P. タウンゼント（Peter Townsend）の独自の功績にも，忘れることなく言及しておかなければなるまい。氏は，貧困研究，とりわけ相対的剥奪の概念を新たに開発しながら貧困研究に全く新しい地平を切り開いたことで，我が国にもよく知られる。同時に，氏は，一番ケ瀬康子氏等の翻訳書を通しても日本において周知であったように，1950年代後半から60年代初頭にかけて高齢者の家族生活や介護施設を主題にする著書も世に問い，「家族介護」[70]や「家族介護の制度」，あるいは「家族の担う介護の範囲」等の表現を用いながら，介護者の構成や健康，あるいは介護離職などの影響を把握した上で，「家族や親族の人たち自身が，非常に過労になる時があるかもしれない」として，「家族や親族自らが色々な方法による直接の支援を必要としている」こと，あるいは，「高齢者たちが自宅で家族や親族の人たちに日常生活上の世話をしてもらえるように援助する必要性」について認め，これに即して「1週間に一晩とか休日に家族や親族に代わって援助をすることで，ひどく苦しめられている家族や親族の人たちを楽にすることが，サービスの一つの認められた目的となりうる」[71]，との50年代後半としては全く新しい政策上の課題と展望とを示す。

このうち「……家族や親族に代わって援助をすること……」とは，要介護者のデイサービスなどの利用を通した介護者による休息や休暇の取得である。レスパイトケアとして知られるサービスの利用である。家族や友人の居ない高齢者を優先的な政策対象として位置付けるとはいえ，高齢者の日常生活上の援助に軽くはない負担を背負う家族も，忘れることなく政策の対象として位置付け，その視野に収めるのである。『ベヴァリジ報告』が，日常生活上の援助を終えた未婚女性の経済生活に着目をしたのに対して，P. タウンゼントは，現役の介護者の過労と生活時間に注意を払うのである。その後に，介護者支援政策として広く論ぜられることになる内容について，地域における介護の継続可能性の確保の観点からの最も初期の萌芽的であるとはいえ，忘れるわけにいかない実に貴重な提起である。
　こうした得難い業績を有するからであろうか，氏は，70年代末葉に世に問うた貧困に関する著書の「貧困の影響」と題する第8章の中で，貧困状態にある21の事例について1967〜69年の調査を踏まえて紹介をする。この21の半数を超す12の事例（57.1％）は，日常生活上の援助を要する人々を一員に構成される家族についてである。しかも，その半数に当たる6つの事例では，週当たり介護時間の長さをはじめ介護離職，近隣に住む息子の妻などによる介護，あるいは要介護者の友人による日常生活上の援助などに関する調査結果も，紹介される[72]。介護者の構成や介護時間，あるいは介護に端を発する影響に関する紹介であり，50年代後半などの調査を踏まえて世に問うた著書の分析と内容に照らして重なり合う。1970年代末葉の，それゆえに，イギリスにおいて社会的排除研究の開始される遥か以前に公刊された著書においてである。この著者が，イギリスの貧困研究はもとより社会的排除研究に及ぼした影響について改めて振り返るとき，氏の貧困研究に示される高齢者や障碍者はもとより，介護者も視野に収める確かな見識は，その後，この国の社会的排除研究においても忘れることなく正当に継承された，と評さなければならない。
　ところで，性別の相違は，社会的排除の基本的な特徴の一つであり，社会的排除は，性別を映し出す社会現象の一つでもある。早ければ90年代後半に公刊

序　章　社会的排除研究の多岐に亘る蓄積と介護者の位置

された少なくない著書に確かめることの出来る基本的な認識の一つである[73]。ジェンダー分析は，社会的排除の広がりと形態とを見定める上において欠かすわけにいかない。これは，イギリスで広く共有される知見の一つである。ジェンダー分析と銘打つだけに，介護であれ保育であれ無償労働を広く視野に収め，介護者について論ずることは，社会的排除研究の分野にあっても至極当然の確かな実績として積み重ねられている，とも評することができよう。

　社会的排除を多様な指標に沿って計測する作業は，イギリスにおいて実に盛んであり，その成果は90年代後半以降に公刊されると共に，ヨーロッパのレベルにおいても学び取られる。たとえば経済的資産をはじめ公的・私的サービスの利用，社会的な資源，経済的参加，社会参加，文化・教育とスキル，政治参加，健康，住居環境，犯罪と危害など10の領域にまたがる21の指標に沿って社会参加の危険性を定め，調査結果に即して分析を加えるのである[74]。介護責任も経済的参加の領域の指標として明確に位置付けられる。幅広い諸指標に沿いながら社会的排除について計数的に検証する作業を，言うまでもないこととはいえ，R. ルノアールの著書に確かめることは出来ない。

　では，イギリスにおいてなぜそうした方法が新たに開発され，研究者に広く共有される方法として定着をしたのであろうか。それは，70年代末葉における貧困研究の画期的な発展である。P. タウンゼントは，食事をはじめ衣類，燃料と照明，世帯の設備，住居条件とアメニティ，労働諸条件，健康，教育，環境，家族，娯楽並びに社会的なつながりのあわせて12の領域にまたがる60の指標に沿って，複合的あるいは多様な剥奪（multiple deprivation）について分析を加える[75]。

　この国の貧困研究は，我が国にも以前から広く知られ，P. タウンゼントも自らの著書の中で新しい理論的実証的な展開を念頭に置きながら改めて振り返るように[76]，B S. ロウントリー（Benjamin Seebohm Rowntree）が，19世紀末葉にイングランドのヨーク市で手掛けた調査において採用した定義，すなわち，身体的な能力を維持するに最低限要するに充たない所得をもって，これを貧困と定め，時代の変化と共に，あるいは研究者によって貧困線とも称される所得の

31

水準を巡ってやや異なる見解も認められるとはいえ、専ら所得水準を問い続けたことにおいて共通する。B.S.ロウントリーの手法は、アメリカ連邦政府によっても学び取られ公式に採用される。これに対してP.タウンゼントは、既に紹介をしたように多領域にまたがる諸指標に沿いながら、相対的剥奪について分析を加え、イギリス政府の定める貧困基準に批判的な理論的かつ実証的な成果を世に問うたのである。相対的剥奪は、社会職業階層別にも計数として示される。氏の知見は、イギリスにおけるその後の貧困研究に引き継がれることはもとより、社会的排除を多様な指標に沿って計測する研究にも影響を与え、この分野にも絶大な影響をもたらすのである。イギリスにおける社会的排除研究の方法は、P.タウンゼントが、100年近く営々と続く貧困研究に別れを告げながら、全く新たに開発した知見と方法を抜きに考えるわけにいかないと推測されるが、いかがであろうか。

政府の公式文書における早くからの位置付け

介護者と社会的排除との関係を問い、介護者の社会的包摂について展望する見地は、政府の文書にも確かめることが可能である。ブレア政権の『介護者支援国家戦略』(1999年) は、この種の政策文書としては世界で初めての実績であり、離職を余儀なくされた介護者が所得の縮減と職場の親密な交友関係をその意に反して損なうことから、社会的排除の低くはない可能性と正面から向き合うことになる[77]として、労働市場からの排除を切り口にしながら介護者と社会的排除について位置付けた上で、体系的な介護者支援政策の提起を通して、介護者の社会的包摂について展望する。この見地は、当然のこととはいえ、貧困と社会的排除に関する最初の年次報告 (1999年)[78] はもとより、政府の文書『精神疾患と社会的排除』(2004年) の中でも、介護者が軽くはない日常生活上の援助を担うならば、自らも精神疾患の状態に陥る可能性は倍増するとの科学的な知見などを紹介し[79]、これに依拠しながら介護者と社会的排除について明確に位置付ける。文書の内容に照らすとき、専ら精神疾患を患う人々の社会的排除について論ずるわけではなく、彼女や彼と共に生きる介護者を忘れることなく視野

に収めながら展望するのである。また，未成年の介護者が直面する学校からの排除についても知見を示しながら，障碍児と同じように未成年の介護者にも然るべき対応が必要である，として政策上の課題を提起する。[80]

同様の見地は，国民保健サービス（NHS）や地方自治体の政策文書にも明確に示される。「介護者と社会的排除」との項目を独自に設けながら詳しい分析を施し，選び取るに値する政策方向の拠り所にする政策文書も，さして珍しくはない。[81] 社会的排除は，これらに従うならば少なくない介護者の直面する冷厳な現実である。所得の低下に伴う金銭管理の難しさや，あまりに重い日常生活上の援助への拘束，日常生活上の援助を手掛けて以来続く休暇取得の未経験，あるいは，友人関係の喪失などを通して社会的に排除される。政策文書には，成人の介護者はもとより未成年の介護者と社会的排除について，特に学校からの排除に特別の注意を払いながら明記する。[82]

介護者団体や家族団体の見地

介護者の社会的排除と社会的包摂について，イギリスの介護者連盟や若い成人の介護者の諸団体等も活発に論ずる。[83] フランス語の職業における排除（exclusion professionnelle）に相当するイギリス英語の表現（workforce exclusion）等も用いながら，介護者の社会的包摂の必要性が提起される。

ヨーロッパッ介護者連盟（Eurocarers）やヨーロッパ連合家族諸団体連盟（COFACE）も，社会的排除研究の成果を正確に踏まえながら介護者の置かれた状態に分析を加え，支援政策の拡充について展望することにおいて，フランスやイギリスの諸団体と少しの相違もない。[84] 特にヨーロッパ介護者連盟は，ヨーロッパ連合加盟諸国における有償と無償の介護サービス合計のおよそ80％が，要介護者の配偶者を含む近親者や友人に担われ，有償の介護サービスがよく整備された加盟国に限っても，これらの国々における介護者の規模は，少なくとも有償の介護を担う労働力の2倍を記録するとして，介護者の担う役割の大きさについて計数をもって解りやすく示した上で，非労働力化や労働時間の個別的な短縮に伴う所得の低下はもとより，介護サービスの購入費用，離職や

日常生活上の援助に伴う対人関係の希薄化などにも言及し、社会的な包摂に向けてヨーロッパ連合のレベルにおける包括的な介護者支援政策が求められる、と提言をする。イギリスにおいて初めて開発された手法に即して介護者の役割の大きさについて具体的な計数をもって示すとはいえ、ヨーロッパのレベルにおいて独自に引き出される知見の意味は、小さくはない。あるいは、ヨーロッパ介護者連盟主催の「介護者と社会的排除の分野におけるヨーロッパ連合の活動」と題するヨーロッパ議会介護者問題グループの会合（2015年2月4日、於ブリュッセル）は、ヨーロッパ連合のレベルにおける包括的な政策の採用に向けた活動の一環であり、見られるように「介護者と社会的排除」との関連を問いながら、介護者の社会的包摂に向けたあるべき政策方向について話し合いを重ね、広く社会に問うた場所である。

イギリスはもとよりヨーロッパのレベルにおける介護者団体や家族団体が、介護者と社会的排除について共有する知見と政策上の基本的な立場は、なんとも心強いことに社会的包摂の推進を使命に設立され活動を続けるヨーロッパや、さらに広く世界のレベルの民間非営利団体の政策文書にも記される[85]。2つの団体の本部は、いずれもイギリスに置かれる。

台湾やイスラエルの研究者による知見の共有

フランスやイギリスに確かめることの可能な知見は、台湾の研究者達の手掛ける独自の作業を通しても共有される。「少数民族に属する認知症の高齢者を看る家族介護者への支援と社会的排除」（2012年）と題する論稿は、「家族介護者が、高い水準の社会的排除の状態に置かれている[86]」との結論を引き出す。また、イスラエルの研究者は、『障碍者の社会的包摂――国内及び国際的な展望』（2013年）の「あとがき」の中で、欧米諸国の障碍者政策は、90年代初頭以降、障碍者の家族、とりわけ家族介護者のニーズを視野に収めることを通して、その政策の枠組みを拡充しており、この問題は、次に予定する著書において扱うことになると述べる[87]。障碍者はもとより介護者についても、社会的排除や社会的包摂との関連において分析することを示唆しているように思われる。こうし

て介護者を社会的排除の分析枠組みの中に明確に位置付ける作業は，フランスやイギリスをはじめとするヨーロッパ諸国はもとより，広く国際的なレベルにおいても着実な進展を記録し，確たる位置を与えられるのである。

4　日本における見えざる存在としての介護者

社会的排除表現の誕生を巡る重大な誤解

　社会的排除に関するフランスやイギリスはもとより，広く国際的な研究の動向を誤りなく把握する為には，我が国のそれも当然のこととはいえ視野に収めなければなるまい。問題は，日本の研究者によってどのように把握されているかである。

　社会的排除の概念は，「……1970年代にフランスに発祥し……」，あるいは，「社会的排除という概念は，最初は1974年，フランスの社会政策において使用されたのであるが……」との事実認識を示すのは，驚くことに日本学術会議包摂的社会政策に関する多角的検討分科会，並びに原伸子氏である。しかし，この概念は，既に少なくない文献を紹介しながら述べてきたように，1960年代に産声を上げたものである。これは，概念の発祥の地フランスにおける至極常識的な知見の一つである。それにしても，なぜ無視するわけにいかない程に重大な誤りは生じたのであろうか。それは，検討分科会の委員や原氏が，専らイギリス等で公刊された英語文献に依拠するからではあるまいか。イギリス等の少なくない研究者が，明らかな事実誤認をしていることについては，既に文献も紹介しながら指摘をしてきたところである。社会的排除の概念が，「フランスに発祥し……」，あるいは「フランスの社会政策において使用されたのである……」と正しい事実認識をしているならば，これを拠り所にフランスの文献に目を通すべきであろうと考える。ルーツを辿りながら思索を重ねることは，学問の世界に限らず，広く知られたこの世の忘れるわけにいかない処世術の一つではあるまいか。しかし，日本学術会議包摂的社会政策に関する多角的検討分科会の提言（案）や提言に記載の参考文献，あるいは，原伸子『ジェンダーの

政治経済学——福祉国家・市場・家族』(有斐閣，2016年) の末尾に記載の参考文献に目を向ける限り，R. ルノアールの著書を含むフランス語の文献は 1 冊として記載されていない。

　尚，イギリスの研究者の名誉を傷つけることなく，また，巡りめぐって日本人研究者への誤解を招き寄せることのないように，正確に伝えておかなければならないが，イギリスの全ての研究者が，一人の例外もなく社会的排除の概念は，1970年代に誕生したと主張しているわけではない。たとえばランカスター大学 (Lancaster University) の上級講師は，この概念が1960年代に形成されたと研究者の固有名詞も示しながら紹介した上で，R. ルノアールの著書について紹介する。イギリスはもとよりアメリカとカナダにおいても公刊された『社会政策国際百科辞典』(2006年) に記載された「社会的排除と社会的包摂」と題する項目はもとより，国際労働機関のよく知られる定期雑誌『インターナショナル・レイヴァー・レビュー』, *International Labour Review*) に掲載の論稿 (133巻 5・6号，1994年) にも1960年代であるとはっきりと記される。こうして60年代からの議論を正確に把握する研究者は，イギリスに限った場合でさえ複数を数える。検討分科会を構成する研究者や原氏は，これらの指摘には言及していない。

　しかも，この日本学術会議の提言 (案) や提言は，有償に加えて「無償の労働」にも視野を広げるとはいえ，その内の「介護」についていえば，どういうわけであろうか「老親の介護」に問題を絞り込む。疾病を患う人々や障碍児あるいは障碍者を看る「介護」は，「無償の労働」の一部をなすにもかかわらず，見えざる存在として視野の外に放り出されたままである。これでは，障碍児や障碍者などを看る介護者の「排除」ではあるまいか。「包摂的社会政策」の見地を打ち出しながら，これに抵触する内容を自ら盛り込んでいるではあるまいか。このような結果は，なにゆえに容認されたのであろうか。

　笹谷春美氏は，検討分科会に名を連ね，「介護サービスのユニバーサル化——その問題構成と検討」と題する論稿を，日本学術会議の雑誌『学術の動向』誌に掲載する。検討分科会の提言 (案) や提言に先立つこと 2 年前に公表

される。「ユニバーサリズム（普遍主義）」は，氏に拠れば「福祉国家の基本原則」として「北欧の国々において」採用されると共に，「日本の医療・介護制度は，理念的にそれほど遠く離れているものではない[90]」と評される。しかし，日本の医療制度はともかく，その「介護制度」，すなわち介護保険制度は，広く知られるように基本的に高齢者を対象にする。「ユニバーサリズム（普遍主義）」を体現する制度ではない。だからこそ，制度化に当たってモデルとされたはずのドイツの介護保険制度とは異なり，「北欧の国々」の「介護制度」とも明らかに相違する。にもかかわらず，笹谷氏の見解が検討分科会において開陳され，結局のところ「老親の介護」に狭く絞り込んだ「介護」論を採用することになったのではないか，と推察される。「ユニバーサリズム（普遍主義）」に強い共感の意を示しながら，「老親の介護」に絞り込む姿勢は，何とも不思議であり，「無償の労働」にも視野を広げると言いながら，一部に止まるとはいえ，その欠かすわけにいかない構成要素を見えざる存在に追いやるとは，首尾一貫した議論とは言い難く，自ら望ましい目標に掲げた「包摂的社会政策」の名さえも揺るがすことになる。

忘れられた人々としての介護者

　介護者を社会的排除研究に位置付ける作業を我が国に確かめることは，残念ながら出来ない。菊池英明氏は，「社会的排除対策を主要な政策課題に掲げたイギリスのブレア政権での実践を踏まえて議論を行うこととする[91]」と明記しながら，そこに介護者に関する言及は一言として存在しない。しかし，ブレア政権が定めた『介護者支援国家戦略』はもとより，社会的排除に関する包括的な政策文書も，既に紹介をしてきたように介護者と社会的排除について明確に位置付けていたではあるまいか。介護者を視野の外に放り出すことは，読者に約束をしたはずの「……ブレア政権での実践を踏まえて議論を行うこと……」とは，全く異なる見地ではあるまいか。あるいは，別の研究者たちは，「障害者」や「ハンセン病者」，「病者」や「高齢者」を「社会的排除の現象形態」に位置付けるとはいえ[92]，そうした人々の地域における暮らしにとって不可欠の存在で

あり，社会的排除といささかも無縁とは言い難い存在としての介護者は，フランスやイギリスはもとより台湾やイスラエルの研究者の至極常識的な理解に背いて，すっかりと忘れ去られる。R. ルノアールが「高齢者や病人」を「社会的に排除された者」，あるいは「社会的に不利な立場の集団」[93]の一員として分析を加えていたことは，邦訳書を通しても間接的に紹介されている。しかし，日本における研究は，その内容に照らすとき結果的にではあれ40年以上も前に公刊されたR. ルノアールの分析に歩調を合わせる限りであって，その後に，フランスはもとよりイギリス等において優れて知的で丹念な営みを通して，広く共有される介護者については，忘れ去ったままに社会的排除研究を続ける。

　もとより，フランスやイギリスの文献に目を通しなさいと求めているわけではない。邦訳書を見るだけでも良い。たとえば邦訳書には，「障害のある大人や長期間の疾病状態にある大人がいる家庭で生活している子どもがいる。こうした家族では，……幼いうちから介護の負担を負っていることもある」[94]と，未成年の介護者とその窮状の一端が示される。同じく社会的排除に関して，「イギリスの世帯パネル調査からみちびき出された４つの指標」の一つとして「経済活動のカテゴリーが，無就労，自営，就労中，または『家族の世話』であった」[95]と述べて，日常生活上の援助が，社会的排除の諸指標に明確に位置付けられている，と正確に紹介される。邦訳書を通して紹介される知見に目をやるならば，90年代以降における研究の確かな視点の一端を正確に把握することは，可能なのである。

ジェンダー視点の希薄性

　社会的排除研究の視点が明確に組み込まれ，その枠組みの中に介護者が位置付けられながら，広く業績が積み重ねられてきたことは，既に紹介をしてきたところである。しかし，どうしたわけであろうか，日本の社会的排除研究は，ジェンダー視点に親和的であったとは言い難い。著書の副題に「貧困と排除の社会学」と付した丸山里美氏の著書[96]は，日本における少なくはないホームレス研究の蓄積を振り返っても，ジェンダーの視点からの画期的な業績である，と

評するに値する。これまで広く受け入れられてきたホームレスの規定は，氏の著書を通して重大な再検討を迫られ，定義の変更を余儀なくされるに違いない。あたかも地を這うかのように丹念な調査を踏まえての理論化と併せて，強い共感を心に抱かせる著書である。しかし，副題に「貧困と排除の社会学」と表記をしながら，著書の末尾に示される外国文献には，社会的排除に関するそれは1冊として含まれていない。

　油布佐和子氏は，論稿「貧困と社会的排除をめぐる他の問題」の中で，「まだあまり手が付けられていない課題・問題がある」として，「……ジェンダー的視点での研究の拡大の必要性……(97)」について指摘をする。氏が，いかなる経緯を経てこのような真っ当な指摘を導き出したのか，字数の限られる特集雑誌に掲載の論稿であるだけに推測も難しいとはいえ，先の検討分科会の提言（案）や提言を唯一の例外として，社会的排除に関する日本の代表的なそれを含む著書や論文が完全に忘れ去ったままの視点であるだけに，胸にしっかりと留め置くに値する指摘である。誤解を避けるために敢えて付言をするならば，現状は「……ジェンダー的視点での研究の拡大……」ではなく，「ジェンダー的視点での研究の……」着手であるように思われる。イギリスにおける社会的排除研究が，R. ルノアールの著書には盛り込まれていないジェンダー分析を新たに導入するにつれて，介護者への関心も一段と高まりを見せてきた道のりに改めて思いを寄せるならば，社会的排除研究へのジェンダー視点の導入は，介護者を忘れ去ることなく正当に視野に収める研究へと拡充されるのではないか，とささやかな期待も込めながら考えるところである。

　「日本における社会的排除の計量分析」は，阿部彩氏が文字通りの開拓者であり，その労に敬意の念を新たにすると共に，その分析結果から学び取ることは少なくない。日本における社会的排除研究の中で群を抜いて優れた業績であるように思われる。しかし，「社会的排除指標に用いられた項目(98)」には，「海外の先行業績を参考に」考案したと言いながら，イギリスにおいてP. タウンゼントの1950年代からの確たる業績を事実上継承しながら，遍く挿入される無償の介護に関するそれは，存在しない。それが，ジェンダー視点の欠落の結果で

あるかどうかは別にして、少なくともイギリスで広く認められる無償の介護に関する項目を、「社会的排除指標に用いられる項目」の一つに組み込まなければなるまい。

地域分析の欠落

社会的排除に関する日本の分析を振り返るとき、社会的排除の地域分析は、妻木進吾「貧困・社会的排除の地域的顕現：再不安定化する都市部落」（『社会学評論』62巻4号、2012年、489-503頁）等を除いて、存在しないようである。フランスでは、空間的な分離（ségrégation spatiale）をはじめ、都市における排除（exclusion urbaine）、あるいは地域における排除（exclusion sur territoire）、イギリス英語では、空間的な排除（spatial exclusion）はもとより特別排除の地域（area of special exclusion）、複合的剝奪の地域（areas of multiple deprivation）、社会的排除の地域（geography of social exclusion）、剝奪された都会の地域（deprived urban neighbourhoods）、社会的排除の地域的特徴（spatial dimension of social exclusion）等と表現される。少数民族に属する人々が集中的に住み、社会的排除の比率が際立つ程に高い地域を念頭に置く表現である。

こうした表現も、比較的新しい業績だけに目を配るに止まらず、いたって慎重に過去の名立たる業績をも振り返ってみるならば、R. ルノアールの著書に既に確かめることが出来る。氏は、貧しい地域（zone de misère）をはじめ貧困地域（zone de pauvreté）、貧困で殺風景な地域（zones de pauvreté et de dénuement）、あるいはスラム街（bidonvilles）等の表現を用いながら、地域の視点から社会的排除について分析を加える。また、イギリスについて言えば、相対的剝奪の概念を導入してこの国の貧困研究に実に大きな一石を投じ、社会的排除を主題にする著書にもしばしば引用され続ける業績を持つ P. タウンゼントは、なんと全27章1,216頁を誇る著書（1979年）の第15章を「貧困地域の諸問題」と題して、剝奪地域の問題について分析を加える。R. ルノアールが74年に手掛けた地域分析は、その興味深さもさることながら、その丁度5年後に P. タウンゼントが、19世紀の末葉から営々と続くこの国の貧困研究に文字通り新鮮な

序　章　社会的排除研究の多岐に亘る蓄積と介護者の位置

表序-2　貧困の人口属性別分布状況　　　　　　　　（％）

	標本の構成比率	国家基準の貧困構成比率	国家基準の貧困比率	相対的剥奪基準の貧困比率
就業者	78.9	32.5	3.8	16.2
失業者	7.3	9.1	11.3	30.4
障碍者	27.1	34.8	11.7	44.1
一人親家族	3.0	10.5	31.5	47.5
老齢年金世代就業者	14.9	34.2	20.9	56.2
他	1.9	9.1	44.0	52.6
計	100.0	100.0	9.1	25.9

注：表には，9項目に亘る計数が示されているが，ここではその内の4項目のみ掲載している。
出典：Peter Townsend, *Poverty in the United Kingdom, a survey of household resources and standards of living*, University of California Press, 1979, pp. 900-901より引用。

一石を投じた著書に見事な地域分析があればこそ，イギリスの研究者もさしたる迷いを抱くことなく，両氏の地域分析に共感を抱きながら継承することになったに違いない。

　参考までに付言をするならば，P.タウンゼントは，仕事の剥奪はもとより住居における剥奪，障碍者と長期疾病，障碍児，一人親家族，高齢者と題する章，すなわち，順に12章，13章，20章，21章，22章，23章と併せて6つの章を設けて，これらに関連する相対的剥奪について論じ，その分析結果の一端は，貧困の人口属性別分布として示され，そこには，見られるように障碍者に関する相対的剥奪を基準にする貧困比率も，明記される（表序-2）。障碍者などが，分析の基本的な枠組みに明確に位置することの例証の一つである。氏の著書の学術的な価値は判然とし，その影響も絶大であるだけに，イギリスの研究者たちは，社会的排除という隣国フランス発の新しい問題領域について論ずるに当たって，P.タウンゼントが扱った諸問題を何の迷いも抱くことなく，もとより，社会的排除研究の枠組みについて熟慮を重ねながら継承することになるのである。これは，あるいは結果ではあったとしても，R.ルノアールの知見を事実上継承することにもなるのである。社会的排除の地域分析は，早ければ90年代初頭には公刊されはじめる。

　それにしても，日本における社会的排除研究の地域分析の欠落は，周到な検討を経た上で，そもそも必要ではないと判断しての結果であろうか。あるいは，

R. ルノアールや P. タウンゼントにも遡って確かめることの可能な研究の蓄積について，知らないままに作業を進めたからであろうか。日本の貧困研究は，既に知られるように P. タウンゼントを含むイギリスの研究者の業績からも小さくはない影響を受けているとはいえ，そこに地域分析を確かめることは全く不可能である。この事実に着目をするならば，日本の社会的排除研究における地域分析の欠落は，フランスの1960年代にはじまり，R. ルノアールの著書の公刊を画期に蓄えられてきた研究の成果を充分には把握していないことに，起因するのではないかと考えられるが，いかがであろうか。介護者の地方自治体別の人口比率は，イギリスの国勢調査（2001年，2011年）が初めて体系的に明らかにしたように，かなりの相違を伴い，総じて所得水準の高い地域で低く，これとは逆に所得水準の低い地域において高い。週当たり介護時間別の介護者比率についても同じであり，週20時間を超す介護者の比率は，前者において低く，後者で高い。それらは，社会的排除の厳しい地方自治体においておしなべて高く，さして厳しくはない地方自治体において低いと評しても良い。社会的排除の地域分析は，介護者の状態を正確に把握し地域の実情にしっかりと根付いた支援政策を構想し実施に移す上において，有益な作業である。

　ところで，社会的排除の表現は，フランスやイギリスにおいて広く用いられるとはいえ，アメリカでは殆ど使用されていないと評される[102]。しかし，アメリカの文献に周到に目を配って見るが良い。アメリカには郊外への排除（suburban exclusion）をはじめ空間的な分離（spatial separation），排除の市街地区別政策（exclusionary zoning），あるいは排除政策（politics of exclusion）等の表現が，筆者の知る限りにおいても1960年代から70年代にかけて研究者の間で用いられ，その成果も少なくない。たとえば『排除政策』（1976年）と題する著書は，アメリカにおける都市化が，住民を所得や社会階層あるいは人種を基準に選り分け，多くの異種と評してよい程の地域を作り上げ，結果として黒人が白人から，貧窮する人々が経済的にはもとより教育の機会にも恵まれた人々から地域的に分離を余儀なくされ，明らかに異なる住居の状態が形成されることに，批判的な検討を加えた著書である。著書は，1970年を前後してアメリカで公刊された同

序　章　社会的排除研究の多岐に亘る蓄積と介護者の位置

じ分野の著書にも言及するとはいえ，R. ルノアールをはじめとしたアメリカ以外の国々の文献を引き合いに出すわけでは，もとよりない。同じ英語圏に属するとはいえ，イギリスはもとよりフランスなどの議論とは，全く無縁なままに蓄積されてきた成果である。しかし，既に紹介をしたように排除の表現が，繰り返し用いられていることは，確かな事実であり，排除の地域分析が欠かすわけにはいかない研究課題として正面から位置付けられる。またその成果が，フランスやイギリスから遠く離れたアメリカにおいて相次いで世に問われてきたことは，否定するわけにはいかない信頼に値する確かな事実である。

　社会的排除の地域分析に着手することは，社会的排除を巡る地域の課題を析出するためにも，有益であるように考えるが，いかがであろうか。フランスやイギリスはもとよりアメリカで蓄積されてきた成果を視野に収めながら，あらたな実績を記録してほしいと願うばかりである。

社会的排除と住居，並びに多重債務

　社会的排除に関する日本の研究を改めて振り返るならば，住居との関係では専ら「ホームレスや『ネットカフェ難民』」，あるいは「野宿者」に絞り込むことから，フランスやイギリスの議論とは明らかに異なる場合が少なくない。しかし，R. ルノアールの指摘に立ち返るならば，「健康に良くない，非衛生な住居」「貧困と社会的排除の最も極端な形態としてのホームレス」等の認識に示されるように，「ホームレス」や「野宿者」に些かも絞り込んではおらず，R. ルノアールの基本的な見地は，住居の問題領域においても見事に継承される。P. タウンゼントが，相対的剥奪の諸形態を論ずるに当たって住居の諸条件について広く定めていることも，改めて言うまでもない。外国文献に目を通すまでもあるまい。都留民子氏は，フランスを対象に定めた著書の中で，R. ルノアールの著書に言及しながら，「宿泊施設を転々とする不定住者などの家なし，そして不良住宅居住者」，と指摘をする。「ホームレス」や「野宿者」は，社会的排除の至極基本的な知見に従う限り，見られるように「非衛生な住居」や「不遇な住居環境」にある者，あるいは「不良住宅居住者」と同義ではない。

43

これが，筆者の知る限りにおいても1950年代後半からの貧困研究や相対的剥奪研究の知見を継承しながら蓄積されてきた，国際的に広く認められた基本的な認識の一つである。

　岩田正美氏等の理解は，フランスやイギリスはもとより，広くヨーロッパのレベルにおいても広く共有される知見に明らかに抵触すると評するならば，これは，根拠を持たない認識であろうか。そうではあるまい。

　多重債務や金融排除に言及する著書はもとより論文も，どうしたわけであろうか，日本の社会政策分野の研究者によって示されることはない。福光寛『金融排除論――阻害される消費者の権利と金融倫理の確立』（同文舘出版，2001年）や宮坂順子『「日常的貧困」と社会的排徐――多重債務者問題』（ミネルヴァ書房，2008年）が，いずれも貧困と金融排除との関連を問うているにもかかわらず，長い期間に亘って貧困を主要な課題の一つに位置付けてきたはずの社会政策分野に関する限り，研究者による金融排除への言及を確かめることは，これまでのところ不可能なようである。世界にも稀な程に高い金利の消費者金融が問題として取り上げられて久しいにもかかわらず，社会政策分野の研究者が銀行排除や金融排除に無言であり続けることは，日本における取り組みが，社会的排除研究の国際動向をそもそも正確に踏まえた上でのそれであるのかさえも疑わしくなると評するならば，根拠を持たない評定であろうか。

就業状態にある人々の社会的排除への関心と効果

　日本学術会議包摂的社会政策に関する多角的検討分科会は，「労働の『質』の問題が社会的包摂を妨げている問題として理解されていない」，と指摘する。「労働の『質』」への着目は，邦訳書に記載された「雇用……の質の問題」，あるいは，この訳書の監訳者でもある研究者の編著の分析，すなわち「労働市場への統合の質が，排除アプローチの革新である」との指摘を正確に読み取りながら継承する，と解することが出来る。検討分科会は，これを踏まえた上で，他の少なくない国内の著書などに目をやりながら，そこでは「労働の『質』の問題が……理解されていない」，との優れて批判的な評価を導き出したように

序　章　社会的排除研究の多岐に亘る蓄積と介護者の位置

思われる。検討分科会は，その上で「労働の『質』の劣化」の一形態として「長時間労働」の問題を挙げる。

この指摘は，「包摂の基盤におかれるべきなのは労働であるよりも，むしろ……住居，住所の保障と市民としての権利義務の回復にあるのではないか」として，「貧困や社会的排除」の対象を専ら「被保護層」や「野宿者」，あるいは「ホームレス」等に絞り込み，「長時間労働」を余儀なくされる人々を分析の枠組みから完全に除外する岩田正美氏や西沢晃彦氏の見解はもとより，「労働市場から追い出され，……徐々に社会から切り離されていくことが，『社会的排除』である」との定義を与えることを介して，「労働市場から追い出され……」ずに「労働市場」に地歩を固めているとはいえ，「長時間労働」を迫られる人々を分析の枠組みから完全に放り出す阿部彩氏の見解とも，見られるように全く異なる理解を拠り所にする。

　検討分科会の指摘とは対照的に，「包摂の基盤におかれるべきは労働であるよりも，むしろ……住居，住所の保障と市民としての権利義務の回復にあるのではないか」等と断ずる理解は，R.ルノアールはもとより広くフランスやイギリスに一つとして確かめることの不可能なそれである。いかがであろうか。R.ルノアールは，排除された人々に関する規模推計の結果を巻末の付表に示している。この表に目を落とすだけでも良い。「第6項　不充分な所得」として失業者並びに年収3,600フランを下まわる所得水準，両者を合わせて120万人と示されているではないか。また，P.タウンゼントの議論を敢えて引き合いに出すならば，仕事における剥奪（work deprivation）を相対的剥奪の一環に位置付け，「週50時間以上の労働」「午前8時以前の就業もしくは夜間の仕事」「2週間以下の有給休暇」と述べて，労働時間の長さと労働時間帯を「主に屋外での仕事」と並ぶ指標の一つに挙げる。両者の知見は，改めて言うまでもなく1970年代に示されたものである。これらの国境を越えて広く共有される基本的な知見は，その後，フランスはもとよりイギリスの研究者にも継承され，職業における排除等の新しい概念の開発も経ながら発展的に受け継がれていることは，論を俟たない。

45

念のために敢えて付言をするならば，『貧困と社会的排除に関するフランス国家行動計画』（2003年）は，「貧困と社会的排除は，主に就業機会の欠如に関係するとはいえ，就業状態にある人々とも無縁ではない」と指摘し，この理解を具体的な政策構想の拠り所に位置付け，このうち後者の「就業状態にある人々」との関わりでは，「安定的な雇用」のもとに働く男女比率の上昇を，政策効果の検証に関わる指標として定める。週35時間労働の法制度とバカンスの社会慣行を特徴にするフランスにあって，「長時間労働」は少なくとも政府の公文書に関する限り問題として取り上げられていないとはいえ，長期失業と歩調を合わせるかのような「不安定雇用」の増加に強い関心が注がれる。見られるように「就業機会の欠如」と「就業状態にある人々」のどちらか一方に偏るわけではなく，双方を等しく視野に収める。このうち「就業状態にある人々」については，期間の定めのない労働契約ではなく期間の定められた不安定な雇用を挙げて，検討分科会が示す「長時間労働」とはやや異なるとはいえ，両者共にフランス政府の使う文言でいえば「就業状態にある人々」，検討分科会のそれに従うならば「労働の質」，これを視野に収めることにおいて，その知見は共通する。検討分科会の委員が，この文書に目を通したのか否かについて知る機会を持たないとはいえ，上に示す「就業状態にある人々」への言及と検討分科会の基本的な見地とは，その内容に照らすならば見事なまでに重なり合う。
　「長時間労働」を含む「労働の質の問題が社会的包摂を妨げている問題として理解……」されるようになるならば，R.ルノアールはもとよりP.タウンゼントの知見を事実上継承することになり，加えて，そこには，仕事と介護の両立に悩み抜いた末に労働市場からの引退を余儀なくされ，経済的な困窮状態に陥ると共に職場はもとより地域における交友関係からの孤立さえも，その意に反して招き寄せざるを得ない問題，あるいは，「長時間労働」と深夜の時間帯を含む短くはない無償の介護時間との見えない調整に追われる日々切迫した問題も，日本における社会的排除研究の視野に全く新たに入ってくるのではないか，と期待される。

序　章　社会的排除研究の多岐に亘る蓄積と介護者の位置

注

(1) René Lenoir, *Les exclus, un Français sur dix*, Éditions du Seuil, 1974, p. 5 et p. 9.
(2) Lionel Stoleru, *Vaincre la pauvreté dans les pays riches*, Flammarion, 1974, p. 20, p. 52 et p. 306；リオネル・ストレリュ／益戸欽也・小池一雄訳『富める国の貧困──社会的公正とは何か』サイマル出版，1981年，29頁，31頁，271頁。

尚，この邦訳書は，R. ルノアールの著書名を『疎外された人々』と表している。リオネル・ストレリュ／益戸欽也・小池一雄訳，同前，29頁。
(3) *Droit social*, N. 11-Novembre 1974, pp. 1-194.
(4) Verdès-Leroux Jeannine, Les exclus, in *Actes de la recherché en sciences sociales*, Vol. 19, Janvier 1978, p. 61；Alan Goguel d'Allondans, *L'exclusion sociale, les métamorphoses d'un concept（1960-2000）*, L'Harmattan, 2003, p. 26；Saul Karsz et als, *L'exclusion, définir pour en finir*, Dunod, 2004, p. 3.
(5) Cédric Frétigne, *Sociologie de l'exclusion*, L'Harmmattan, 1999, p. 64；Serge Paugam, et als, *L'exclusion, l'état de savoire*, Editions la Découverté, 1996, p. 9；Jérôme Ballet, *L'exclusion : définitions et mécanismes*, L'Harmattan, 2001, p. 47.
(6) René Lenoir, *op. cit.*, p. 21, p. 24 et p. 100.

付表Ⅱでは，表題の下に l'exclusion の単語を用いているが，これは，障碍者を除くと言う意味の使用であって，排除，あるいは社会的排除との意味におけるそれではない。René Lenoir, *op. cit.*, p. 163.
(7) André Ombredane, N. Suares et N. Canivet, *Les inadaptés scolaires*, Hermann, 1936；A. Besson et als, *Les enfants et les adolescents socialement inadaptés : problèmes juridiques et médico-psychologiques*, Editions Cujas, 1958, pp. 1-312；Ministère de l'éducation nationale, *L'orientation et la formation professionnelles des enfants et adolescents inadaptés*, Centre national de documentation pédagogique, 1954；Mauco George et als, *L'inadaptation scolaire et sociale et ses remèdes : l'action des Centres Psychopédagogiques des établissements d'enseignement*, Bourrelier, 1959, 2e édition, 1961, 3e édition, 1964；Fernard Cortez, *Enfance, famille et société urbane : genèse et mécanisme de l'inadaptation*, Presses Universitaire de France, 1963；M. François Bloch-Laine, *Etude du problème général de l'inadaptation des personnes handicapées : rapport présenté au Premier minister*, La Documentation française, 1969, etc.

社会的不適応の表現を著書の表題に掲げるわけではないとはいえ，本文において多用する著書も公刊される。その一例を示しておこう。Jean-Pierre Launay, *La France sous-développée : 15 millions de pauvres*, Dunod, 1970, pp. 83-86, p. 119 et p. 130.
(8) *Droit social*, *op. cit.*, p. 6.
(9) Anne de Kerchove de Dentergem-Waterkeyn et Nadine Caudron-Bury, *Une anthropologie de l'inadaptation, la dynamique de l'exclusion sociale*, Editions de Université de Bruxelles, 1975, p. 16, p. 22, p. 162, p. 166, pp. 170-172 et als.
(10) Elie Alfandari, L'aide sociale et l'exclusion : paradoxes et espérances, in *Droit Social*, *op. cit.*, p. 91.
(11) Jean-Marie Albertini, Progrès économique, réussite sociale et exclusion, in *Droit*

social, *op. cit.*, p. 26 ; Andre Gueslin et Henri-Jacques Stiker, *Les maux et mots de la précarité et de l'exclusion en France au XXe siècle : actes des journées d'études du laboratoire ICT (Université Paris 7) des 12 et 13 mai 2011*, L'Harmattan, 2012, p. 11.

(12) Verdes-Leroux J, Les exclus, in *Actes de la recherché en sciences sociales*, n. 19, 1978, pp. 61-65 ; Robert Castle, *Les métamorphoses de la question sociale : une chronique du salariat*, Gallimard, 1995, p. 679 ; Alan Goguel d'Allondans, *op. cit.*, p. 26 ; Cédric Frétigne, *Sociologie de l'exclusion*, L'Harmattan, 1999, p. 64 ; Julien Damon, *L'exclusion*, Presses Universitaires de France, 2008, 4e édition, 2014, p. 10.

(13) Amartya Sen, *Social exclusion-concept, application and scrutiny*, Office of Environment and Social Development, Asian Development Bank, 2000, p. 1 ; Tim Blackman, Sally Brodhurst and Janet Convery, *Social care and social exclusion, an comparative study of older people's care in Europe*, Palgrave Publishers, 2011, p. 153 ; Christina Pantazis, David Gordon and Ruth Levitas, *Poverty and social exclusion in Britain, the millennium survey*, The Policy Press, 2006, p. 124 ; Dominic Abrams, Julie Christian and David Gordon, *Multidisciplinary handbook of social exclusion research*, John Wiley & Sons, Ltd, 2007, p. 193 ; David Byrne, *Social exclusion : the history and use of a concept*, Routledge, 2008, p. 263 ; Arie Rimmerman, *Social inclusion of people with the disabilities, national and international perspectives*, Cambridge University Press, 2013, p. 34.

(14) Serge Paugam et als, *L'exclusion, l'état de savoirs*, Editions la Découverté, 1996, p. 9 ; Cédric Frétigné, *op. cit.*, p. 65 ; Jérôme Ballet, *L'exclusion : définitions et mécanismes*, L'Harmattan, 2001, p. 43 ; Alan Goguel d'Allondans, *op. cit.*, p. 41 ; Julien Damon, *op. cit.*, p. 8.

(15) Jules Klanfer, *L'exclusion sociale, étude de la marginalité dans les société occidentales*, Bureau de recherches sociales ATD, 1965.

(16) Thomas Scharf and Norahc Keating, *From exclusion to inclusion in old age, a global challenge*, The Policy Press, 2012, p. 3.

(17) *Ibid.*, p. 2 and p. 6.

(18) René Lenoir, *op. cit.*, p. 10 et p. 91.

(19) *Droit social*, *op. cit.*, p. 7 et pp. 83-89.

(20) René Lenoir, *op. cit.*, p. 29.

(21) *Ibid.*, p. 28 et pp. 147-148.

(22) Jérôme Ballet, *op. cit.*, p. 75 et p. 173 ; Council of Europe, *Promoting the policy debate on social exclusion from a comparative perspective*, Council of Europe, 2001, p. 17 and p. 19.

(23) René Lenoir, *op. cit.*, p. 5 et p. 164.

(24) Jérôme Ballet, *op. cit.*, p. 39 et p. 173 ; Elizabeth Becker and Richard Boreham, *Understanding the risks of social exclusion across life course : older age*, Social Exclusion Task Force, Cabinet Office, 2009, p. 2 and p. 4 ; Eurostat, *Combating poverty and social exclusion, a statistical portrait of the European Union*, Publications Office of

序　章　社会的排除研究の多岐に亘る蓄積と介護者の位置

　　the European Union, 2010, p. 76 and p. 79 ; Thomas Scharf et Norach C. Keating, *op. cit.*, p. 2.
(25)　René Lenoir, *op. cit.*, pp. 17-30, pp. 97-100 et p. 163.
(26)　*Droit social*, *op. cit.*, p. 6.
(27)　Conseil national des politiques de lutte contre la pauvreté et l'exclusion sociale, *Plan national d'action français contre la pauvreté et l'exclusion sociale*, Conseil national des politiqes de lutte contre la pauvreté et l'exclusion sociale, 2001, p. 13 et pp. 31-39 ; Colette Fagan, Peter Urwin and Kathryn Melling, *Gender inequalities in the risks of poverty and social exclusion for disadvantages groups in thirty European countries*, Office for Official Publications of the European Communities, 2006, p. 53.
(28)　René Lenoir, *op. cit.*, pp. 168-174.
(29)　Colette Fagan, Peter Urwin and Kathryn Melling, *op. cit.*, p. 7 ; Elizabeth Becker and Richard Boreham, *op. cit.*, p. 12 ; Ministère des affaires sociales, de la santé et des droits des femmes, *Politique de l'égalité entre les femmes et les hommes*, Ministère des affaires sociales, de la santé et des droits des femmes, 2015, p. 26 et p. 29.
(30)　René Lenoir, *op. cit.*, pp. 91-94.
(31)　Jean Carette, L'exclusion des personnes âgées, in *Droit social*, *op. cit.*, p. 83.
(32)　Serge Paugam, *La société française et ses pauvres, l'expérience du revenu minimum d'insertion*, Presses Universitaires de France, 1993, 2e édition, 1995, p. 53.
(33)　Gilles Ferreol et als, *Intégration & exclusion dans la société française contemporaine*, Presses Universitaires de Lille, 1993, pp. 357-358.
(34)　René Lenoir, *op. cit.*, pp. 24-25 ; *Droit social*, *op. cit.*, annexes I, p. 6.
(35)　Gilles Ferreol et als, *op. cit.*, p. 294 ; Serge Paugam et als, *op. cit.*, p. 18.
(36)　Jérôme Ballet, *op. cit.*, p. 18, p. 39, p. 75, p. 143 et p. 173.
(37)　Julien Damon, *op. cit.*, pp. 3-4, p. 20, pp. 32-33 et p. 51.
(38)　Alan Goguel d'Allondans, *op. cit.*, p. 139.
(39)　André Gueslin et Henri-Jacques Stiker, *Les maux et mots de la précarité et de l'exclusion en France aux XXe siècle : actes des journées d'études du laboratoire ICT (Université Paris 7) des 12 et 13 mai 2011*, L'Harmattan, 2012, p. 12.
(40)　Serge Paugam et als, *op. cit.*, p. 194 et p. 199.
(41)　Rina Dupriet, Jacques Ladsous, Dominique Leroux et Michel Thierry, *La lutte contre l'exclusion : une loi, des avancées, de nouveuax défis*, Editions de l'Ecole nationale de la santé publique, 2002, p. 8.
(42)　UDAF49, *Les aidants familiaux en Maine et Loire, pour un renforcement du soutien aux aidants : étude réalisée par l'UDAF49 Avril-octobre 2009*, UDAF49, 2010, p. 4 et p. 21.
(43)　Philippe Pitaud, La galère des aidants : propos sur la relation aidants-aidés, in Penser la relation aidants-aidés numéro spécial 2011 de *la Revue du Creai Paca et Corse*, pp. 4-12 ; Fiammetta Basuyeu et als, *Une nouvelle approche des aidants familiaux : enquête sur la charge de l'aidant familial ou proche aidant*, Association des Paralysée

49

de France, 2013, p. 7.
(44) J. M. Wrésinski, *Grande pauvreté et précarité économique et sociale*, Journal official de la République française, 1987, pp. 7-15.
(45) Council of Europe, *Promoting the policy debate on social exclusion from a comparative perspective*, Council of Europe, 2001, p. 11.
(46) Ministère de l'Emploi et de la Solidarité, *Exclusion social et pauvreté en Europe, union nationale interfédérale des œuvres et organisms prives sanitaires et sociaux (UNIOPSS)*, La Documentation française, 2001, pp. 133-140.
(47) Conseil national des politiques de lutte contre la pauvreté et l'exclusion sociale, *Plan national d'action français contre la pauvreté et l'exclusion social 2001-2003*, Conseil national des politiques de lutte contre la pauvreté et l'exclusion sociale, 2001, p. 1.
(48) CNLE, *Rapport sur les stratégies pour la protection sociale et l'inclusion sociale 2006-2008 France*, CNLE, 2006, p. 66 et p. 72.
(49) CNLE, *Rapport sur les stratégies nationales pour la protection sociale et l'inclusion sociale, 2008-2010 France*, CNLE, 2008, p. 75.
(50) CNSA, *Rapport 2011 : accompagner les proches aidants, ces acteurs 《invisibles》*, CNSA, 2012, p. 19 et pp. 36-37.
(51) Ministère des affaires sociales, de la santé et des droits des femmes, *Politique de l'égalité entre les femmes et les hommes*, Ministère des affaires sociales, de la santé et des droits des femmes, 2015, pp. 26-27.
(52) Ministre délégue à la Securité sociale, aux Personnes âgées, aux Personnes handicapées et à la Famille, *La famille, espace de solidarité entre les générations & la société intergénérationnelle au service de la famille, rapports préparatoires à la conference de la famille 2006*, La Documentation française, 2006, p. 87.
(53) UDAF49, *Pour un renforcement du soutien aux aidants : pratiques, valeurs et attentes d'aidants familiaux en Maine et Loire, étude conduit par l'UDAF49*, UDAF49, 2009, p. 8 ; Association France Alzheimer Manche, *Aider les maladies : le répit de l'aidant*, http://www.Francealzheimer-manche.org/, 2015年7月25日閲覧。
(54) Michael Oliver and Colin Barnes, *Disables people and social policy : from exclusion to inclusion*, Longman, 1998, pp. 3-8.
(55) David Gordon and als, *Poverty and social exclusion in Britain*, Joseph Rowntree Foundation, 2000, p. 67, pp. 69-70 and p. 73.
(56) *Ibid.*, pp. 54-55 and pp. 59-63.
(57) Christina Pantazis, David Gordon and Ruth Levitas, *op. cit.*, p. 8, p. 155 and p. 287.
(58) Marilyn Howard, *Paying the price : carers, poverty and social exclusion*, Child Poverty Action Group, 2009, pp. 12-38.
(59) Sally Savage & Nicole Carvill, *The relationship between undertaking an informal caring role and social exclusion*, in Ann Taket and als, *Theorising social exclusion*, Routledge, 2009, pp. 87-94.
(60) Tim Blackman, Sally Brodhurst and Janet Convery, *Social care and social exclusion*,

序　章　社会的排除研究の多岐に亘る蓄積と介護者の位置

　　　 a comparative study of older people's care in Europe, Palgrave Publishers, 2001, p. 2, pp. 15-17, p. 27 and pp. 197-198.
(61)　Alan Barr, Carolyn Stenhouse and Paul Henderson, *Caring communities, a challenge for social inclusion*, Joseph Rowntree Foundation, 2001, p. 4, pp. 22-26 and p. 46.
(62)　Chris Dearden and Saul Becker, *Young carers' transitions into adulthood*, Joseph Rowntree Foundation, 2000, p. 8 ; Fiona Becker and Saul Becker, *Young adult carers in the UK : experiences, needs and services for carers aged 16-24*, The Princess Royal Trust for Carers, 2008, p. 41 and p. 46 ; Social Care Institute for Excellence, *The health and well-being of young carers, date of Briefing-February 2005*, SCIE, 2005, p. 3 and p. 10.
(63)　Linda Cusworth and als, *Understanding the risks of social exclusion across the life course : youth and young adulthood, a research report for the Social Exclusion Task Force, Cabinet Office*, Cabinet Office, 2009, p. 8, p. 28 and p. 37.
　　　尚，ライフコースの視点からの社会的排除研究は，一つの流れであり，独自の領域を確保する。Thomas Scharf and Norah C, *From exclusion to inclusion in old age, a global challenge*, The Policy Press, 2012, p. 9 and p. 14.
(64)　Crossroads Young carers, *Aims of crossroads Young carers project*, http://www.crossroadsyoungcarers.org.uk/young-carers/, 2015年6月15日閲覧。
(65)　Alan Walker and Carol Walker, *Britain divided : the growth of social exclusion in the 1980s and 1990s*, Child Poverty Action Group, 1997, pp. 99-110 ; David Byrne, *Social exclusion*, Open University Press, 1999, pp. 90-92 and p. 115 ; Paul Lawless, Ron Martinet and Sally Hardy, *Unemployment and social exclusion, landscapes of labour inequality*, Jessica Kingsley Publishers, 1998, pp. 154-181 ; Chrisitina Pantazis, David Gordon and Ruth Levitas, *op. cit.*, pp. 391-394 and p. 396.
(66)　Colette Fagan, Peter Urwin and Kathryn Melling, *op. cit.*, pp. 7-8, pp. 51-52 and p. 147 ; Anne Borsay, *Disability and social policy in Britain since 1750s, a history of exclusion*, Palgrave Macmillan, 2005, p. 175 and p. 181.
(67)　Dominic Abrams, Julie Christian and David Gordon, *op. cit.*, p. xiii.
(68)　Graham Room, *Beyond the threshold, the measurement and analysis of social exclusion*, The Policy Press, 1995, pp. 18-23.
(69)　拙著『欧米の介護保障と介護者支援――家族政策と社会的包摂，福祉国家類型論』ミネルヴァ書房，2010年，228-231頁；同『介護者の健康と医療機関――健康格差論の射程』ミネルヴァ書房，2013年，65-67頁
(70)　Peter Townsend, *The family life of old people, an inquiry in East London*, Routledge & Kegan Paul, 1957 ; ピーター・タウンゼント／服部良子・一番ケ瀬康子共訳『老人の家族生活――社会問題として』家政教育社，1974年；ピーター・タウンゼント／山室周平監訳『居宅老人の生活と親族関係――戦後東ロンドンにおける実証的研究』垣内出版，1974年；Peter Townsend, *The last refuse, a survey of residential institutions and homes for the aged in England and Wales*, Routledge & Kegan Paul, 1962.
(71)　Peter Townsend, The family life of old people, *op. cit.*, p. 41, p. 44, pp. 58-59, p. 62,

p. 77, pp. 193-194, p. 197 and pp. 206-207 ; ピーター・タウンゼント／服部良子・一番ケ瀬康子共訳, 前掲, 66頁, 73頁, 77-78頁, 81-82頁, 85-86頁, 254頁, 258-259頁及び271頁 ; Peter Townsend, The last refuge, *op. cit.*, pp. 405-406 and p. 411.

(72) Peter Townsend, *Poverty in the United Kingdom, a survey of household resources and standards of living*, University of California Press, 1979, pp. 311-312, p. 315, p. 323, p. 327, p. 331 and p. 334.

(73) Alan Walker and Carol Walker, *op. cit.*, pp. 99-110 ; Paul Lawless, Rom Martin and Sally Hardy, *Unemployment and social exclusion, landscapes of labour inequality*, Jessica Kingsley Publishers, 1998, pp. 154-181 ; Dadid Byrne, *Social exclusion*, Open University Press, 1999, pp. 86-90 and p. 115 ; Christina Pantazis, David Gordon and Ruth Levitas, *op. cit.*, pp. 391-394 ; Elizabeth Becker and Richard Boreham, *Understanding the risks of social exclusion across life course : older age*, Social Exclusion Task Force, Cabinet Office, 2009, p. 10.

(74) Elizabeth Becker and Richard Boreham, *op. cit.*, pp. 4-10.

(75) Peter Townsend, *Poverty in the United Kingdom, a survey of household resources and standards of living, op. cit.*, pp. 415-416, pp. 482-483 and pp. 1173-1176.

(76) *Ibid.*, p. 33.

(77) H. M. Government, *Caring about carers, a national strategy for carers*, H. M. Government, 1999, p. 25 and p. 48.

(78) The Secretary of State for Social security, *Opportunity for all : tackling poverty and social exclusion, first annual report 1999*, Cm4445, The Stationary Office, 1999, p. 106.

(79) Social Exclusion Unit, *Mental health and social exclusion, social exclusion unit report summary*, Office of the Deputy Prime minister, 2004, p. 4 and p. 9.

(80) Anne Edwards and als, *Working to prevent the social exclusion of children and young people : final lessons from the national evaluation of the Children's Fund, research report*, RR734, Department of Education and Skills, 2006, p. 52, p. 77 and p. 105.

(81) Caerphilly Social services & Aneurin Bevan Locality Health Board, *Local carers strategy 2013-2016*, Caerphilly Social services & Aneurin Bevan Locality Health Board, 2013, p. 6 ; Enfield Council, *Health & well-being, carers : Enfield joints carers strategy 2013-2016*, Enfield Council, 2013, p. 3 ; Kent County Council, *Kent adult carers strategy*, Kent County Council, 2009, p. 4.

(82) North Tyneside, *Young carers' strategy 2006-2009*, North Tyneside, 2006, pp. 26-27 ; Hertfordshire County Council, *Young carers PLS plan for Sterenage*, Hertfordshire County Council, 18 November 2010, p. 1 ; Suffolk County Council and Suffolk Children's Trust Partnership, *Supporting young carers and young adult carers in Suffolk : a multi-agency strategy for Suffolk 2010-2013*, Suffolk County Council and al, 2010, p. 10.

(83) Carers UK, *Carers manifesto*, Carers UK, 2014, p. 5, p. 11, p. 15 and p. 17 ; Together for Young Adult Carers, *The To YAC project help prevent the risk of exclusion, particularly from the labour market*. http://www.youngadultcarers.eu/, 2015年6月30日閲覧。

(84) Eurocarers, *Enabling carers to care, proposal for the EU-level strategy in support of informal care provision*, Eurocarers, 2013, pp. 2-4 ; Eurocarers, *Meeting of the European parliament interest group on carers : carers and EU action in the field of social exclusion, 4 February 2015*, Eurocarers, 2015, pp. 1-5 ; Conféderàtion des organisations Familiales de l'Union européenne, *Position de la COFACE sur fratrie et personnes dépendantes*, COFACE, 2009, p. 1.

(85) Inclusion International, *Hear our voices, people with an intellectual disability and their families speak out on poverty and exclusion*, Inclusion International, 2006, p. vii, pp. 3-5, p. 38, p. 62, p. 82 and p. 86 ; Inclusion Europe, *The European association of persons with intellectual disabilities and their families*, Inclusion Europe, 2006, p. 1.

(86) Song-lin Hung, Yin-Han Kuo, Chia-Yen Yang and Tsan-Yu Kuo, *A research on social exclusion and supports for family carers among elderly people from the ethnic minority groups with Dementia : cases in Shin-Chu city*, 2012, p. 14. http://www.social-policy.org.uk/lincolin2012/KU.20P2.pdf, 2015年8月1日閲覧。

(87) Arie Rimmerman, *Social inclusion of people with disabilities, national and international perspectives*, Cambridge University Press, 2013, pp. 181-182.

(88) 日本学術会議包摂的社会政策に関する多角的検討委員会『提言　社会的包摂：レジリエントな社会のための政策（案）』日本学術会議包摂的社会政策に関する多角的検討委員会，2014年，2頁；同『提言　いまこそ「包摂する社会」の基盤づくりを』日本学術会議包摂的社会政策に関する多角的検討分科会，2014年，2頁；原伸子『ジェンダーの政治経済学――福祉国家・市場・家族』有斐閣，2016年，202頁。

(89) John Welshman, *From transmitted deprivation to social exclusion, policy, poverty, and parenting*, The Policy Press, 2007, p. 208 ; Peter Abrahamson, Social exclusion and inclusion, in Tony Fitzpatrick, *International encyclopedia of social policy*, Routledge, 2006, p. 1250 ; Hilary Silver, Social exclusion and social solidarity : three paradigms, *International Labour Review*, Vol. 133, No. 5-6, 1994.

(90) 笹谷春美「介護サービスのユニバーサル化――その問題構成と政策」『学術の動向』2012年4月，56頁。

(91) 菊池英明「排除されているのは誰か――『社会生活に関する実態調査』からの検討」『季刊社会保障研究』43巻1号（No. 176），2007年6月所収，5頁。

(92) 好井裕明編著『繋がりと排除の社会学』明石書店，2005年，目次，同編『排除と差別の社会学』有斐閣，2009年，143頁，165頁；森田洋司監修『新たなる排除にどう立ち向かうか――ソーシャル・インクルージョンの可能性と課題』学文社，2009年，i 頁。

(93) アジェット・S. バラ，フレデリック・ラペール／福原宏幸・中村健吾監訳『グローバル化と社会的排除――貧困と社会問題への新しいアプローチ』昭和堂，2005年，3頁，13頁。

(94) テス・リッジ／渡辺雅男監訳『子どもの貧困と社会的排除』桜井書店，2010年，57頁。

(95) ディヴィッド・バーン／深井英喜・梶村泰久訳『社会的排除とは何か』こぶし書房，2010年，123頁。

(96) 丸山里美『女性ホームレスとして生きる――貧困と排除の社会学』世界思想社，2013年。

⑼⁷　油布佐和子「貧困と社会的排除に関わる調査研究の課題」『社会と調査』第14号，2015年3月，10頁。

⑼⁸　阿部彩「日本における社会的排除研究の実態とその要因」『季刊社会保障研究』41巻1号（No. 176），2007年6月，31-32頁。

⑼⁹　René Lenoir, *op. cit.*, p. 15 et pp. 28-29.

⑽⁰　Peter Townsend, *Poverty in the United Kingdom, op. cit.*, pp. 543-564.

⑽¹　Philippe Nasse, Hélène Strohl et Martine Xiberras, *Exclus et exclusions : connaitre les populations, comprendre les processus : rapport du groupe technique*, La Documentation française, 1992, p. 193 ; Serge Paugam et als, *L'exclusion, l'état de saviors*, Editions la Découverte, 1996, p. 209 ; Paul Littlewood and als, *Social exclusion in Europe, problems and paradigms*, Ashgate, 1999, p. 15 ; Janie Percy-Smith, *Policy responses exclusion : towards inclusion?* Open University Press, 2000, p. 168 ; Sako Musterd, Alan Murie and Christian Kesteloot, *Neighbourhoods of poverty : urban social exclusion and integration in Europe*, Palgrave, 2006, pp. 120-122, p. 180 and pp. 221-226 ; Kenneth A. Armstrong, *Governing social inclusion : Europeanizing through policy coordination*, Oxford University Press, 2010, p. 84 ; European Union, *The European plateform against poverty and social exclusion, a European framework for social and territorial cohesion*, Publications Office of the European Union, 2011, p. 6 ; Thomas Scharf and Norah C. Keating, *From exclusion to inclusion in old age, a global challenge*, The Policy Press, 2012, p. 6.

⑽²　Arie Rimmerman, *Social inclusion of people with disabilities, national and international perspectives*, Cambridge University Press, 2013, p. 34.

⑽³　Michael N. Danielson, *The politics of exclusion*, Columbia University Press, 1976, p. 1.

⑽⁴　岩田正美『社会的排除——参加の欠如・不確かな帰属』有斐閣，2008年，iv頁，岩田正美・西沢晃彦編著『貧困と社会的排除——福祉社会を蝕むもの』ミネルヴァ書房，2005年，6頁，237頁，日本教育学会編『社会的排除と社会教育』東洋館出版社，2006年，目次。

⑽⁵　René Lenoir, *op. cit.*, p. 163 ; M J. Wresinski, *Grande pauvreté et précarité économique et sociale*, Journal official de la République française, 1987, p. 7 ; European Union, *The European platform against poverty and social exclusion, a European framework for social and territorial cohesion*, Publications office of the European Union, 2011, p. 9 ; Rina Dupriet et als, *La lutte contre l'exclusion : une loi, des avances, de nouveaux défis*, Editions de l'École nationale de la santé publique, 2002, p. 11 ; Peter Townsend, *Poverty in the United Kingdom, op. cit.*, p. 1174.

⑽⁶　都留民子『フランスの貧困と社会保護——参入最低限所得（RMI）への途とその経験』法律文化社，2000年，15頁，49-50頁。

⑽⁷　日本学術会議包摂的社会政策に関する多角的検討分科会『提言　社会的包摂：レジリエントな社会のための政策（案）』前掲，12頁，同『提言　いまこそ「包摂する社会」の基盤づくりを』前掲，12頁。

⑽⁸　アジット・S・バラ，フレデリック・ラペール／福原宏幸・中村健吾監訳，前掲，36頁。

序　章　社会的排除研究の多岐に亘る蓄積と介護者の位置

(109)　福原宏幸編著『社会的排除/包摂と社会政策』法律文化社，2007年，16頁。
(110)　日本学術会議包摂的社会政策に関する多角的検討分科会『提言　社会的包摂：レジリエントな社会ための政策（案）』前掲，5頁；同『提言　いまこそ「包摂する社会」の基盤づくりを』前掲，12頁。
(111)　岩田正美，前掲，175頁；岩田正美・西沢晃彦編著，前掲，6頁，184頁，188頁，193頁，237頁，251頁。
(112)　阿部彩『弱者の居場所がない──貧困・格差と社会的包摂』講談社現代新書，2011年，6頁。
(113)　岩田正美，前掲，5頁，12頁。
(114)　René Lenoir, *op. cit.*, p. 163.
(115)　Peter Townsend, *Poverty in the United Kingdom, op. cit.*, p. 440 and p. 1173.
(116)　Conseil national des politiques de lutte contre la pauvreté et l'exclusion sociale, *Plan national d'action français contre la pauvreté et l'exclusion sociale*, Conseil national des politique de lutte contre la pauvreté et l'exclusion sociale, 2003, pp. 4-5.
(117)　*Ibid.*, p. 12 et annexe 2, indicateurs de suivi d'évaluation, p. 4.
(118)　日本学術会議包摂的社会政策に関する多角的検討分科会，前掲，5頁，12頁。

第1章
介護者のニーズと支援の体系

　介護者が，その願いに反して社会的排除の状態に陥らない為には，要介護者への支援に加えて介護者を直接の対象にする支援が求められる。このうち要介護者への支援と言うならば，少なくはない人々が日本の介護保険制度を脳裏に浮かべながら，容易に理解することが可能であるように思われる。しかし，介護者を直接の対象にする支援はと問うならば，介護休業制度や介護者の集い等はともかく，他の実に多岐に亘る方法について幅広く理解する人々は，日本における法制度などの現状に照らして，際立って少ないのではあるまいか。

　介護者支援の方法について，まずは，日本においていかなる議論が重ねられてきたのであろうか，日本の法制度に大きな影響を与えてきた議論はもとより，特に国際的な知見や制度とも内容に照らして重なり合う70年代末葉からの忘れるわけにいかない提起を含めて，注意深く振り返った上で，支援の出発点をなす介護者の規模と構成並びに状態とニーズについて，フランスを対象に文字通リ包括的に分析し，これを踏まえて多岐に亘る支援の領域と方法について，広く国際的な視野から検討を加えることとする。本章は，後に続く諸章における国際比較の入り口として位置付けられる。

1　「介護者の重荷」への着目と支援の方法に関する日本の諸見解

「家族介護への支援」に関する初期の紹介

　介護者に対する支援の方法，換言するならば，介護者支援の方法について，日本では政策の形成を念頭に置きながらどのような議論がなされてきたのであろうか。広く国際的な視野から議論を振り返り，かの国々における制度化の状

況について把握をする為に，まずは，日本における議論を振り返り，その今日的な意味について検討してみたい。今日的にも意味の大きな議論もなされてきたことを尊敬の念を込めて忘れることなく，今後に継承する為にも，必要な作業の一つであるように思われる。

　厚生省，現在の厚生労働省高齢者介護・自立支援システム研究会は，その報告書（1995年）の中で，「家族介護への支援」を「これからの高齢者介護の基本理念」の一つとして掲げた上で，欧米4ヵ国における「家族介護への支援」の方法に頁を割いている。よく知られるように日本における介護保険の制度化に向けた作業の一環をなし，諸外国の「家族介護への支援」に関する紹介としては，最も初期に属する作業であると評することができる。

　紹介は，ドイツにおける「家族介護への支援」に最も多くの頁が割かれる。これに従うならば，「介護人への援助」，すなわち介護者への支援として「無料介護講習」をはじめ，「代替介護」による介護者の休息時間などの確保，「現金給付」「介護用具，住宅改造補助」「介護期間を公的年金への加入期間として……取り扱う」措置，及び「在宅介護終了後，職業生活への復帰を容易にするための援助……」，これら8つの方法が示される。これらの方法は，いずれも「諸外国の高齢者保健システム」との表題のもとに紹介される。ドイツの介護保険が高齢の要介護者に対象を絞り込んでいるわけではないことに照らすならば，誤解を招かざるを得ない紹介であり，権利の行使などを促すために，ドイツでも広く制度化されていた介護者への相談や助言の機会，情報の提供あるいは介護者の交流機会等は，どうしたわけであろうか「家族介護への支援」の方法としては，完全に忘れ去られたのであろうか，示されてはいない。

　問題は，スウェーデンに関する紹介についても同様に確かめることができる。スウェーデンにおける「家族介護への支援」としては，「家族の休息のためのリリーフケア」，すなわち，デイサービスやショートステイを通した介護者の休息や休暇の機会の確保，並びに「介護者」に対する「ホームヘルパーと同額の給与……」の給付，これら2つの方法が示されるに止まる。他の方法は，完全に黙殺される。2つの方法が，先のドイツと全く同じように「高齢者保健福

祉システム」の一環を構成するに止まり，障碍者などを看る介護者とは無縁であるかのような紹介であることも，見過ごすわけにいかない問題である。

　高齢者介護・自立支援システム研究会は，「一定の現金給付が検討されてしかるべきである(5)」との基本的な見地を示す。ドイツやスウェーデンに関する紹介に当たって「現金給付」の制度を忘れることなく示すのも，そうした見地のゆえであろうか。しかし，イギリスに関する限り，「住宅改造手当，維持修繕費」のみが「家族介護への支援」の方法として紹介されるに止まる。「イギリスにおける高齢者介護に係る制度(6)」と題する表が，「コミュニティケア改革の概要」に関わって記載されるとはいえ，そこに介護者を対象にする「現金給付」の文言すら，存在しない。また，イギリスの「……介護に係る制度」は，専ら「……高齢者介護に係る制度」から成り立つわけではなく，広く障碍児（者）を対象にする制度も忘れるわけにいくまい。

　イギリスに介護者を対象にする「現金給付」，すなわち，この国における制度の名称をもってすれば介護者手当が存在しないわけではない。1975年からの歴史を刻んでいる。ドイツの「現金給付」よりも長い歴史を刻む。にもかかわらず，「現金給付」の紹介を怠るのであれば，高齢者介護・自立支援システム研究会の基本的な見地，すなわち，「一定の現金給付が検討されるべきである」との立場さえ，揺るぎかねないように思われるが，いかがであろうか。問題は，これに止まらない。「コミュニティケア改革の概要」として紹介されるイギリスの「コミュニティケア改革」の動向は，改めてその元を辿るならば，広く『グリフィス報告』と呼ばれる『コミュニティケア——実行に向けた指針　社会サービス担当大臣への報告』（1988年），並びに，この『グリフィス報告』に沿って策定され議会に提出された保健・社会サービス担当大臣の報告書『人々のための介護——次の10年におけるコミュニティケア』（1989年），これらを拠り所にする。2つの報告書のいたって基本的な見地は，介護者が日常生活上の援助を継続することができるように，支援されなければならない存在であるとの考えを，いずれも報告書の冒頭に明記することに示されるように(7)，介護者の役割を広く社会的に認知することを出発点に，多様な支援の対象として位置付

けることである。
　2つの報告書は，だからこそ介護者支援の方法として，介護技術訓練をはじめ休息や休暇の機会の保障，相談や助言，情報の提供，介護者のニーズの考慮，医療や社会サービス分野の専門職との連携及び介護者や介護者団体の代表も参画する審議会における関係事項の諮問，これらの重要性について提起する。しかし，高齢者介護・自立支援システム研究会は，既に紹介をしてきたようにイギリスに関する限り「住宅改造手当，維持修繕費」の紹介に止まる。「家族介護への支援」の方法に関する紹介としては，『グリフィス報告』などによる7つの方法を思い起こすならばいたって明白であるように，紹介の体さえもなしていないといわなければならない。『グリフィス報告』などが，専ら要介護高齢者のみを念頭に置くわけではなく，広く障碍児や障碍者も視野に収めていることは，言うまでもない。
　「諸外国の高齢者保健福祉システム」と題して紹介されるのは，ドイツやスウェーデンあるいはイギリスに加えて，アメリカについてである。しかし，アメリカに関する限り「家族介護への支援」の方法に関する限り，一つたりとも紹介されてはいない。この国には，「家族介護への支援」はそもそも存在しないのであろうか。そうではあるまい。1988年から90年にかけて公刊された代表的な議会資料に目をやるだけでよい。すると，少なくない支援の方法について知ることができる。すなわち，1986年11月24～30日は，大統領の署名を得て全国家族介護者週間と定められ，介護者問題の国民的な理解を促すことに向けた行事が，各地で繰り広げられる。第1回の介護者週間である。介護者の日あるいは介護者週間，とりわけ行政機関の参画を得た催事としては，国際的にも最も早い時期からの取り組みである。さらに，介護技術訓練をはじめ介護者の休息や休暇の取得，35州で制度化された現金給付，介護者を対象に早ければ1979年から4つの州において実施されている税額控除，相談や助言の機会，情報の提供，仕事を持つ介護者への支援，介護者グループの活動を通した介護者の交流，これらである。このうち介護技術訓練と休息などの取得は，高齢アメリカ人に関する1984年修正法やレスパイトケアに関する1986年法を拠り所にする。

また，仕事を持つ介護者への支援は，家族・医療休暇に関する1986年法を拠り所にする。高齢者介護・自立支援システム研究会が，アメリカにおける「家族介護への支援」の方法について一つたりとも紹介していないことの危うさは，連邦議会のよく知られた僅か数点の報告書の記述に照らすだけでも，明白である。

政府による現金給付への絞り込み

　高齢者介護・自立支援システム研究会の報告書と相前後して公刊されるのは，老人保健福祉審議会の中間報告（1995年）である。この中間報告は，「諸外国における家族介護への対応――介護手当を中心に」と題して6ヵ国（スウェーデン，デンマーク，イギリス，ドイツ，オーストラリア，アメリカ）の制度について紹介する。このうちオーストラリアについては，「介護者支援」が「改革戦略の主要目標」の一つとして位置付けられているとした上で，「1973年に介護する家族等に対する現金給付として創設」された「在宅看護給付（介護者への直接支給）[10]」が，紹介される。「介護者支援」の方法として示されるのは，これが唯一である。この紹介は，「一定の現金給付が検討されるべきである」との高齢者介護・自立支援システム研究会の基本的な立場と見事な程に気脈を通ずることになるとはいえ，「……介護する家族等に対する現金給付……」が，「介護者支援」の一切であるかのごとき誤解を招くことになりかねない。「現金給付」は，「介護者支援」の全てではなく，あくまでもその一部である。オーストラリアにおける「介護者支援」の動向を振り返るならば明らかであるように，この国の「介護者支援」は，イギリスの先駆的な取り組みに学びながら，これを広く取り入れてきたという経緯を辿っている。したがって，この国の「介護者支援」は，「現金給付」に止まるわけではない。介護者研究の分野では，広く知られた国際的な知見の一つである。

　「家族介護への支援」を巡るその後の議論は，現金給付の是非に集中する。現金給付の導入にいち早く反対の意思を示すのは，高齢者介護・自立システム研究会などの委員を務めた樋口恵子氏である。氏は，以下のように指摘する。

すなわち,「ドイツの制度では,……。介護期間の労災保険,年金保険,医療保険,失業保険を国費でカバーし,その介護する人の人生をひと続きのものとして大事にしているのです。このドイツの発想は,日本の現金給付の考え方にはありません」[11]。こうした理由を拠り所に,現金給付の導入に強い反対の意を示す。氏は,言うところの「ドイツの発想」に強い共感の意を示しながら,その日本への導入について議論を展開するわけではない。その理由は不明である。氏が代表を務める高齢社会をよくする女性の会も,「あらたな介護システムに関する要望」(1995年7月10日)を提出し,「……いくらかの現金と引き換えに,家族とくに女性の介護役割を固定化されることを恐れています」と,現金給付に反対の意向を明確に示す。「家族介護への支援」は,こうして専ら現金給付に絞り込まれて議論が展開されることになる。高齢者介護・自立支援システム研究会が提示した他の方法を巡る議論は,少なくとも介護保険の制度化を巡る議論においてはすっかりと姿を消すことになる。

　樋口氏の基本的な見地は,「社会福祉のジェンダー研究」を新たに提起した杉本貴代栄氏などによっても共有される[12]。

現金給付への絞り込みに対する多様な批判

　「家族介護への支援」を現金給付に絞り込む樋口氏等の議論に事実上批判的な見解が示されたことは,確かな事実である。増田雅暢氏は,ドイツについて「単に現金給付の是非が論点となった日本とは異なり,介護手当ばかりでなく,家族介護を支援する他の施策も組み合わされていることである」として,介護者による休息や休暇の取得に向けた「代替介護の給付」はもとより「家族介護者の社会保障」[13]についても,具体的な説明を加える。その上で,「わが国においても介護手当の議論にとらわれるのではなく,……介護者の負担軽減や家族による介護という無償労働を評価する観点から,総合的に評価する必要があるだろう」[14]。このように指摘をする。増田氏が,樋口氏等の議論を批判的に意識していることは,内容に照らして明白である。傾聴に値する指摘である。しかし,増田氏が「家族介護を支援する他の施策」として具体的に紹介するのは,

第1章　介護者のニーズと支援の体系

「代替介護での給付」を通した介護者の休息や休暇の享受をはじめ現金給付，年金保険料並びに労働災害保険の適用，これら4つの方法に止まる。もとより氏は，編著『世界の介護保障』（法律文化社，2008年）の中で，他の方法にも言及する。取り上げる国も10ヵ国（イギリス，フランス，ドイツ，スウェーデン，アメリカ，中国，韓国，台湾，シンガポール及び日本）と実に多い。

しかし，増田氏の執筆になる序章では，「ヘルパー役を担う人」をはじめ「私的介護の介護者（私的ヘルパー）」「ヘルパー手当（介護者給付金）」「ヘルパーへの現金支給[15]」などの語句が多用される。言うところの「ヘルパー役」や「私的ヘルパー」あるいは「ヘルパー手当」などの殆ど初めて目にする表現は，介護者や介護者手当を意味するイギリス英語のケアラー（carer）やケアラー・アロワンス（Carer Allowance），同じく介護者を意味するアメリカ英語のケアギヴァー（caregiver）の日本語訳であると推測される。しかし，増田氏の訳語では，ヘルパーとして労働契約のもとに働く人々と無償労働を担う介護者との明らかな混同を招き寄せることになる。また，イギリスの「介護者手当」は，「週16時間以上介護する者に支給される[16]」と，その給付要件について説明を加えているものの，この要件は，実際には週35時間以上である。このように誤りが散見されることから，本書では，増田氏が示す方法は，2002年に公刊された編著に沿って4つに止まると考える。

「働く女性介護者に対する支援」を主題に「介護者支援プログラム」について検討を加えるのは，橋爪祐美氏である。氏は，「介護者支援プログラム」として「介護技術の教授に関する教育プログラム」をはじめ「相談」並びに「介護休業[17]」，これら3つの方法について示す。

「ケアをする家族自体も当事者としてケアを必要とするという考え方……今日の家族支援論の多くはここに立脚すると考えられる[18]」との基本的な認識を出発点に，「家族への支援は……，介護状態への適応に向けて行われる」と，介護の継続性の担保の視点から「家族への支援[19]」とその方法について説くのは，得津慎子氏である。その上で氏は，「家族への支援」の方法として，「家族の能力を引き出すための教育的支援」をはじめ，「家族が自信と希望を共有するた

めの心理的支援」並びに「アセスメントによる家族介護能力の把握」[20]，これら3つについて示す。

　橋爪氏と得津氏には，共通する指摘を確かめることができる。それは，高齢者介護・自立支援システム研究会や老人保健福祉審議会によっては見落とされていた支援の方法，すなわち，相談や助言，介護休業など，あるいは介護者アセスメント，これらの方法のうちいずれか2つについて指摘をしていることである。これは，樋口氏や杉本氏あるいは増田氏によっても完全に見落とされていた方法である。

制度紹介の不充分性

　厚生省の研究会や審議会による1995年の提起を契機にはじまったと思われる議論について，5人の研究者による作業にも視野を広げながら検討を加えてきた。「家族介護への支援」の方法について，どのような把握をし紹介をしているかについて，その要点をまとめておこう（表1-1）。表中「介護技術訓練」から「職業生活への復帰」までの8つの方法は，厚生省の研究会によって示されたものであり，続く「失業保険加入」から「専門職との協働」に至る9つの方法は，厚生省の研究会を除く研究者によって個々に提示され論じられてきたものである。このうち後者の一部は，既に述べ表にも明示したように橋爪氏や得津氏によっても言及される。しかし，その殆どは，のちに紹介する研究者たちによる指摘である。

　表1-1から，幾つかの特徴を読み取ることができよう。すなわち，まず，諸外国における制度の紹介と言いながら，自ら視野に収めたスウェーデンやイギリス，アメリカ，それにオーストラリアに関する紹介は著しい程に不充分であり，紹介と評するには値しない作業である。ドイツについても8つの方法について紹介するとはいえ，のちに詳しく述べるように94年以前の早い時期から，複数の研究者によって把握され示されてきた支援の諸方法に関する実に幅広い提起は，完全に無視されるのである。さらに，「家族介護への支援」の方法に関する議論は，介護者への現金給付に著しく傾斜したことである。それは，樋

第1章　介護者のニーズと支援の体系

表1-1　介護者支援の方法に関する日本の諸見解（その1，1995〜2005年）

	ドイツ厚生省研究会（1995年）	スウェーデン厚生省研究会（1995年）	イギリス厚生省研究会（1995年）	アメリカ厚生省研究会（1995年）	オーストラリア厚生省審議会（1995年）	樋口恵子（1997年）	杉本貴代栄（2004年、2008年）	増田雅暢（2002年）	橋爪祐美（2005年）	得津慎子（2005年）
介護技術訓練	◎								◎	◎
休息と休暇	◎	◎						◎		
現金給付	◎	◎			◎			◎		
介護用具の貸与	◎									
住宅改造補助金			◎							
老齢年金加入	◎							◎		
労災保険加入	◎									
職業生活への復帰	◎									
失業保険加入										
相談と助言									◎	◎
情報提供										
介護休業など						◎		◎		
介護者アセスメント							◎		◎	
介護者の交流										◎
退院計画への参画										
看取り後の支援										
専門職との協働										
方法の合計（17）	8	2	1	0	1	1	1	4	3	3

注：職業生活への復帰までの事項は、厚生省の研究会によって示されているが、傍線以下の失業保険に続く事項は、厚生省の研究会によっては示されず、以下に続く表1-2のいずれかの研究者並びに表中の橋爪氏と得津氏によって指摘されたものである。

◎印は、表中の事項について認識をし提起をしていることを示し、空欄はそうした認識のないことを示す。

出典：厚生省高齢者対策本部事務局監修『新たな高齢者介護システムの構築を目指して——高齢者介護・自立支援システム研究会報告書』ぎょうせい，1995年，235-253頁，272頁；厚生省高齢者対策本部事務局監修『新たな高齢者介護システムの確立について——老人保健福祉審議会中間報告』ぎょうせい，1995年，48-49頁，156-157頁，164-167頁，179-182頁；樋口恵子編『介護が変われば老後も変わる——女性が進める介護の社会化II』ミネルヴァ書房，1997年，30頁；杉本貴代栄編著『フェミニスト社会福祉論』ミネルヴァ書房，2004年，9頁；杉本貴代栄『女性が福祉社会で生きるということ』勁草書房，2008年，59-60頁；増田雅暢「家族介護の評価と介護保険（1）」『週間社会保障』2198号，2002年8月26日，9頁；同「家族介護の評価と介護保険（2）」『週間社会保障』2199号，2002年9月2日，54-55頁；橋爪祐美『働く女性の介護生活——在宅介護者の支援へのアプローチ』風間書房，2005年，9-20頁；得津慎子編著『家族支援論——一人ひとりの家族のために』相川書房，2005年，153-155頁より作成。

口氏や杉本氏が専ら現金給付に的を絞り込みながら批判的な議論を展開したことに，端的に示される。厚生省の研究会が紹介した他の7つの方法について，両氏とも視野の外に放り出したままである。あるいは，増田氏も，現金給付の是非に傾斜する議論の経緯に批判を寄せて一定の意味を持ったとはいえ，氏が「家族介護への支援」の方法として明記するのは，現金給付を含めて僅かに4つに過ぎない。増田氏においても，厚生省の研究会の紹介した8つのうち4つの方法は，視野の外に放り出されたままである。その理由は不明である。まして，のちに紹介し検討するように1970年代末葉から営々と積み重ねられてきた他の研究者による，今日的にも意味のある先駆的と評するに相応しい作業に照らすならば，その不充分さは明白である。橋爪氏や得津氏の提起する「家族介護者への支援」の方法は，厚生省の研究会のそれに較べてさえも過半にさえ届いていないことも，否定するわけにいかない事実の一つである。

1970年代末葉からの忘れ難い提起

「最も長い時間のケアを受け持つのは家族である」として，「家族への援助」について初めて提示する時期は，高齢者介護・自立支援システム研究会による1995年の指摘を待つまでもなく，1970年代末葉から80年代中葉に遡ることができる。前田信雄氏は，「介護者」や「家族（看護者）」あるいは「看護者」などの表現も用いながら，「私の目は，家族まで統一して老人のケアを体系化しなければならない方向に向いていた」として，「スタッフ自身が家族への援助を通じ，家族が効果的に対象を世話することが決め手になる」と指摘し，「ショートスティと称するサービスは，主に……家族における介護者の重荷を軽くするためのものである」[21]と評しながら，「デイケア」と「ショートスティ」に焦点を当てた分析を施す。その際に，前田氏は，「デイケアのうえで長い歴史をもつイギリス」との評価を与えた上で，「イギリスのデイホスピタル」[22]の状況について説明を加える。前田氏の分析に触れるにつけ思い起こされるのは，P．タウンゼントが1950年代後半から60年代初頭にかけて，実に丹念な調査を踏まえて導き出した政策方向，すなわち，平日はもとより休日あるいは祝祭日

におけるデイケアやショートステイを通して，介護者が日常生活上の援助から離れる機会を保障しなければならない，との分析である。前田氏は，P. タウンゼントに直接言及するわけではないとはいえ，氏の提起は，その内容に照らすならばP. タウンゼントの示す政策方向と見事なまでに重なり合う。

　前田氏の見地は，長谷川和夫氏によっても同じように提起される。すなわち，長谷川氏は，「痴呆性老人の問題を考える時，老人本人はもちろんのことその家族達の事を忘れてはならない。デイケアでも常に2本の柱を立てて運営していかなければならないだろう。つまり痴呆性老人を援助していく柱と，家族を援助していく柱である」として，「介護者」などの表現も織り交ぜながら「家族への援助」について独自に提起する。長谷川氏は，こうした理解を拠り所にしながら「家族への援助」の方法として，介護技術訓練はもとより休息や休暇の保障，相談と助言，介護者の交流，介護者と専門職との協働，これらについて指摘をする。

　要介護者と介護者の両者を視野に収める前田氏や長谷川氏の基本的な見地は，牧里毎治氏を委員長にする兵庫県社会福祉協議会の研究委員会にも継承される。同時に，この研究委員会は，「介護者も普通の生活をするのが当然という考え方にたち，……介護者も介護される人も人間らしい生活を継続できるように働きかけていくこと……」，これこそが問われるに値するとして，「……より積極的な意味での介護の質と介護者自身の生活の質……」とが担保されなければならない，と提起をする。「介護者自身の生活の質」を問うことは，研究委員会の報告書が公刊された1991～92年の当時あって国内的にはもとより，広く国際的にも優れて先駆的な試みである。「家族への援助」は，長らく日常生活上の援助の継続性の担保に置かれ，日本においてもこの理念が広く共有されていた時代にあって，要介護者に対する「介護の質」はもとより「介護者自身の生活の質」を問うことは，実に画期的な提起であるといってよい。「ノーマライゼーションの理念」は，ややもすると要介護者のみを念頭に置きながら論じられてきただけに，この理念を介護者にも広げながら具体的に論ずる研究委員会の知見は，実に先駆的であり敬服に値する。「介護者自身の生活の質」が担保

されるならば，それが「介護者自身」はもとより，巡りめぐって要介護者に介護者を通して届けられる「介護の質」にも優れて積極的な効果を発揮することは，改めて言うまでもない。

　研究委員会の理論的な見地は先駆的であるだけに，それは，介護者支援の方法についても示される。すなわち，研究委員会は，介護技術訓練をはじめデイサービス，ナイトケアあるいはショートステイを通した介護者の休息や休暇，現金給付，介護用具の貸与あるいは住宅改造補助に加えて，相談と助言，情報の提供，介護者アセスメント，介護者の交流，要介護者の看取り後の支援，専門職との協同，これらについて提起する。このうち介護者アセスメントについては，青木信雄氏を代表とする痴呆性老人ケア研究会の作成になる「痴呆性老人介護者の介護力評価表（試案）」を報告書に記載する。介護者の属性と日常生活上の援助の状況，あるいは介護者の直面する諸困難とニーズが，評価表を通して明らかにされる。「介護者自身の生活の質」とその向上とを念頭に置く支援に向けた基礎的な情報が，これを通して整うことになる。

多様な学問領域からの重要な提起

　「介護者への支援」は，家族法研究者によっても論じられる。戒能民江氏は，「イギリスにおける高齢者介護」と題する論稿の中で「介護者への支援」について休息と休暇，介護者手当，あるいは住宅改造補助はもとより，さらに進んで相談と助言，情報の提供，介護休暇等について指摘する。介護者の日々の暮らしを多面に亘って視野に収めるからこそ，引き出される結論であるように思われる。

　天野マキ氏は，「高齢者介護の介護者支援システム」を研究の主題にするからであろうか，介護者支援の方法について，戒能氏の論稿の2年後に公刊された成果の中でより包括的な提起をする。すなわち，天野氏は，「介護者」をはじめ「家族介護者」「家族介助者」あるいは「介助者」の表現を用いながら，介護技術訓練，休息と休暇，現金給付，介護用具の貸与，住宅改造補助はもとより，さらに進んで相談と助言，情報の提供，介護休業あるいは介護者と専門

第1章　介護者のニーズと支援の体系

職者との協働，これらについて指摘をする。[30]

　天野氏と類似の指摘は，高橋流里子氏や岩間大和子氏によっても行われる。

　高橋氏は，日常生活上の援助が介護者に及ぼす影響について，「心身の不健康，ストレス」はもとより「社会との関係の希薄化と孤立化」「介護者の就業率の低下」「社会生活の制限」「余暇活動の機会の制限」，あるいは「家族・夫婦間の人間関係の葛藤」など，実に幅広く包括的に把握し，加えてカナダにおける介護者支援の動向についても注意深い観察を寄せるだけに，介護者支援の方法も多岐に亘って把握される。すなわち，介護技術訓練，休息と休暇あるいは現金給付はもとより，さらに進んで相談と助言，情報の提供，介護休業等，介護者の交流あるいは専門職との協働，これらである。氏は[31]，これらの方法を提起するに当たって以下のように述べる。すなわち，「……介護者が人間としての幸せや自己実現，また生活の質を高める権利を追及すること……」，これが必要であり，これを通して「要介護者に対する適切かつ質の高い介護の継続を保障すること……」[32]ができると共に，さらに進んで「……介護者のニーズの充足が要介護者とその家族をウエルビーイングに導くものである[33]」との見通しを示す。介護者の「生活の質」に着目する高橋氏の議論を整理するならば，牧里氏を委員長にする兵庫県社会福祉協議会研究委員会による指摘が，改めて思い起こされる。介護者の「生活の質」への着目は，牧里氏らの指摘を事実上継承するものである。同時に，高橋氏は，介護者の「生活の質」とその向上が，介護者はもとより要介護者を含む広く家族にどのように積極的な影響を及ぼすかについても論及することにおいて，牧里氏らの全く新しい提起を継承するに止まることなく，新たに一段と深い分析を加えていると評することが適切であろう。

　岩間大和子氏は，「国際比較の視点」も織り込みながら「家族介護者の政策上の位置付けと公的支援」について論ずる。氏の分析に従うならば介護者支援の方法は，介護技術訓練，休息と休暇，現金給付，年金保険加入，労働災害保険加入並びに介護者の職業生活への復帰はもとより，介護休業，介護者アセスメント及び介護者の交流と幅広い。このうち介護者アセスメントへの言及は，[34]

69

直接にはイギリスの法制度を念頭に置いたものであり，牧里氏を委員長にする研究委員会の提起に次ぐものである。

　畠中宗一氏は，「退院準備に時間を多く持てる病院は少ないようです。退院が家族の負担にならないような，退院計画を示す必要があります」と指摘して，退院計画の策定過程における介護者の参画について示唆することにおいて，すぐれて独自の提起を行う。氏は，まずもって以下のように指摘をする。すなわち，「老人ケアそれ自体が，家族支援ではないかと認識する人々がいます。……しかし，老人ケアと家族支援は，概念としてまったく重なるような関係にはないと考えます」。さらに，以下のようにも言及する。すなわち，「……今後……，ケアする家族自身を社会的に支援する体制が確立されない限り，在宅での家族ケアは成立しがたい状況になるでしょう」。これらの2つの指摘は，その内容に即して考えるならば，介護者を直接の対象にする支援，言い換えるならば介護者支援の必要性について主張する研究者が，一人の例外もなく等しく共有する内容にほかならない。同時に，畠中氏が介護技術訓練や現金給付，相談と助言，情報の提供，介護者アセスメント，専門職との協働に加えて，全く新たに退院計画の策定を介護者支援の欠かすわけにいかない方法の一つとして付け加えていたことは，イギリスなどにおける短くはない政策経験の後塵を拝し，日本においても比較的新しく展開される家族看護論の不可欠な内容の一つであるとはいえ，忘れるわけにいかない重要な指摘である。なんとなれば介護者は，要介護者の退院に伴う自宅での療養と共に，日常生活上の援助を迫られるからである。退院計画が，介護者の置かれるであろう状況もあらかじめ視野に収めながら策定されるならば，要介護者の家族も各種のサービスを利用し，過重な負担を背負い込むことなく日常生活上の援助と向き合い，介護者としての役割を優れて自発的に担うことが可能であるからにほかならない。畠中氏の知見は，このように理解される。

　松本勝明氏は，ドイツとオーストラリア及びスイスの3ヵ国における「家族介護者の支援」に関する「比較分析」に当たって，「……現金給付も含め，インフォーマルな介護の担い手である家族等に対する多様な支援策も対象にして

第1章　介護者のニーズと支援の体系

いる……[39]」と述べるように,「家族介護者支援政策」に関する氏の指摘は,「現金給付」に止まることなく多岐に亘る。すなわち,介護技術訓練,休息と休暇,現金給付,老齢年金や労働災害保険への加入はもとより,介護者の失業保険への加入,相談と助言,情報の提供,介護休業等,これらである[40]。このうち労働災害保険への加入を含む5つの方法に関する限り,高齢者介護・自立支援システム研究会の紹介してきたそれと重なるとはいえ,失業保険への加入をはじめとする4つの方法は,前出の表1-1に示したように研究会はもとより樋口氏や杉本氏,あるいは増田氏などによっても把握されないままに視野の外に放り出されてきたものであり,氏は忘れることなく拾い上げるのである。

丹念な調査研究を踏まえた提起

　早ければ70年代末葉以降に記録されるこれらの研究成果の概要を,介護者支援の方法に絞って示すならば,表1-2の通りである。少なくない研究者が,高齢者介護・自立支援システム研究会によって完全に見落とされてきた方法について提起していることに,改めて気づかされる。とりわけ介護者アセスメントはもとより退院計画策定過程への介護者の参画,並びに看取り後の支援は,牧里氏を委員長にする兵庫県社会福祉協議会の研究委員会や岩間氏,あるいは畠中氏などがそうであるように,外国研究を通して学び取り提起したものではなく,日本を対象にする実に丹念な調査研究をへて導き出された成果にほかならない。参考までに付言をするならば,牧里氏を責任者にする研究委員会の報告書が公刊された91年から92年にかけては,たとえばイギリスの介護者によるアセスメント請求権は未だ日の目を見ず,その制度化は,3～4年後の95年まで待たなければならない。実に優れた,国際的にも意味のある提起が,早ければ90年代の初頭になされていただけに,これらの提起が,どうしたことか介護保険の制度化に当たって忘れ去られたことは,いたって残念なことである。

　それにしても,国際的な視野から振り返っても意味の深い提起は,なにゆえに見過ごされてきたのであろうか。その一因は,政府の研究会や審議会の委員構成にあるように思われる。介護者支援や介護保障の分野に確たる研究業績を

表1-2 介護者支援の方法に関する日本の諸見解（その2, 1986～2011年）

	長谷川和夫（1986年）	兵庫県社会福祉協議会（1991、92年）	戒能民江（1997年）	天野マキ（1999年）	高橋流里子（1999年、2005年）	岩間大和子（2003年）	畠中宗一（2003年、2006年）	松本勝明（2011年）
介護技術訓練	◎	◎		◎		◎	◎	◎
休息と休暇	◎	◎	◎	◎	◎			◎
現金給付		◎	◎			◎		◎
介護用具の貸与		◎		◎				
住宅改造補助金		◎	◎					
老齢年金加入						◎		◎
労災保険加入						◎		◎
職業生活への復帰						◎		
失業保険加入								◎
相談と助言	◎	◎	◎	◎	◎	◎	◎	◎
情報提供		◎			◎	◎		◎
介護休業など			◎		◎	◎		
介護者アセスメント		◎						◎
介護者の交流		◎		◎	◎		◎	◎
退院計画への参画							◎	
看取り後の支援		◎						
専門職との協働		◎			◎		◎	
方法の合計（17）	5	11	6	9	8	9	7	9

注：表1-1に同じ。

出典：長谷川和夫編『痴呆性老人の看護とデイケア』医学書院，1986年，50頁，54頁，101頁，104-105頁，131-136頁；兵庫県社会福祉協議会『在宅介護をすすめるために　介護の社会化に関する研究委員会報告書I』兵庫県社会福祉協議会，1991年，14-15頁，28-29頁，33頁，39-40頁；同『介護の社会化に関する研究委員会報告書2（介護の社会化のためのケアモデルをめざして）』兵庫県社会福祉協議会，1992年，13頁，30頁，52-54頁；戒能民江「イギリスにおける高齢者介護」石井恒夫ほか編著『高齢者介護と家族――民法と社会保障法の接点』信山社，1997年所収，176頁，185-188頁；天野マキ研究代表者『高齢者介護の介護者支援システムに関する研究――家族介護者に対するレスパイト・サービスの有効性の検証を通して』東洋大学，1999年，1-2頁，5頁，14-15頁，17-18頁，29-33頁，39-40頁；日本社会事業大学社会事業研究所『介護者支援の必要性――介護者の余暇活動の試みを通して』日本社会事業大学，1999年，3頁，12-15頁，50頁；高橋流里子「カナダの保健福祉サービスと日本の家族介護者支援の実践と可能性」パム・オルゼックほか編／高橋流里子監訳『家族介護者のサポート――カナダにみる専門職と家族の協働』筒井書房，2005年，6頁；岩間大和子「家族介護者の政策上の位置付けと公的支援――日英における政策の展開及び国際比較の視点」『レファレンス』2003年1月号，37-39頁；畠中宗一『家族支援論――なぜ家族は支援を必要とするか』世界思想社，2003年，134頁，177頁，182頁，189-191頁；同編著『老人ケアのなかの家族支援・各専門職の役割とコラボレーション』ミネルヴァ書房，2006年，9頁，12頁，26頁，159頁，161頁，168頁；松本勝明『ヨーロッパの介護政策――ドイツ・オーストリア・スイスの比較分析』ミネルヴァ書房，2011年，181-186頁，191-195頁より作成。

記録する研究者は，高齢者介護・自立支援システム研究会や老人保健福祉審議会の委員として，はたして選任されていたであろうか。委員の名簿に改めて目を落とすとき，大学に職を得る研究者が少なくないとはいえ，残念ながら介護者支援や介護保障に確たる知見を有する研究者の氏名を，そこに確かめることはできない。なんとも不可思議な選任である。

ところで著者は，介護者支援の方法に関する日本国内の政策提言について調べる為に，社会福祉協議会の1978年から91年に公刊された調査報告書をはじめ，同じく71年から82年に公刊の都道府県庁の調査報告書，96年の東京都老人総合研究所調査報告，82年から2000年に公刊の認知症の人と家族の会等の調査報告書及び1951年から2010年に公刊された医学/老年学/保健学/看護学分野の併せて8種類の雑誌に掲載の論文に目を通し調べ上げたことがある。そこから引き出された結論は，以下の通りである。つまり，「医学などの研究者の理解は，全国社会福祉協議会が79年に示した理解，すなわち『介護者を含む家族に対する社会福祉施策が新たに検討されなければならない』との反省を交えた指摘と見事に重なり合う。支援の方法として列挙されるのは，実に多岐に亘る（表終-10）。……医学をはじめとする諸分野の研究者の理解は，国内の団体や自治体あるいは研究者の提言と重なり合うだけではない。諸外国の研究者や政府はもとより国際機関や国際団体が，介護者支援として列挙する方法と見事に一致する」[41]。前出の表1-2に示す結果も，拙著におけるこの評価と内容に照らして重なり合い，これを追認する結果でもある。日本における早い時期からの今日的にも意味のある提起を，忘れるわけにはいくまい。

2　介護者の状態と多様なニーズ

介護者の定義を巡る議論

日常生活上の援助を無償のもとに手掛ける人々について，いかなる表現をもって，どのような定義を加えるかを巡っては，様々な議論を経てきたといってよい。カナダのフランス語圏では，介護者を巡る幾つかの定義が認められる

と指摘され⁽⁴²⁾、ヨーロッパの国々においても政府や研究者の寄せる定義は、未だ一貫してはいないと評される⁽⁴³⁾。フランスにおいてもやや類似の特徴を読み取ることができる。

　フランス介護者連盟は、要介護者に対する家族の日常生活上の援助がいたって自然の行為であることを意味する表現（aidants naturels）を斥け、連盟の創設の翌年に当たる2004年に家族介護者（aidant familial）の表現を用いながら、以下のような定義を加える。すなわち、「介護者は、周囲の要介護者の日常生活上の援助の一部もしくは全部を無償のもとに担う人であり、定期的に行われる行為は、連続的になされることも非連続的に行われることもある。日常生活上の援助は、様々な形態を取る……」。この定義は⁽⁴⁴⁾、フランス介護者連盟を当初から支援してきた全国家族団体連合会（UNAF）によっても採用され、2006年に政府主催のもとに開かれた家族会議においても、広く紹介される。障碍者の権利と機会・参加及び市民権の平等に関する2005年2月11日法には、家族介護者の表現が幾度となく登場するとはいえ、家族介護者に関する定義は加えられないままである。その後、政府は、2006年の家族会議において定めた介護者支援の一環として、『家族介護者手帳』（初版, 2007年；第2版, 2009年；第3版, 2013年；第4版, 2015年）を公刊し、その中で定義を加える。これに従うならば、「介護者は、周囲の要介護高齢者あるいは障碍者の日常生活上の援助の一部もしくは全部を無償のもとに担う個人であり、この定期的に行われる行為は、連続的になされることも非連続的に行われることもある。日常生活上の援助は、様々な形態を取る……」。この定義は⁽⁴⁵⁾、見られるようにフランス介護者連盟の先の定義をほぼそのままに採用していると言ってよい。唯一、変更が認められるとすれば、「周囲の要介護者」の表現を「周囲の要介護高齢者もしくは障碍者」に代えて、介護者の看る要介護者の範囲を狭く理解することのないように改めたに止まる。

　フランス介護者連盟による定義は、2013年にヨーロッパ・レベルにおいて策定されたヨーロッパ介護者憲章にも採用される。すなわち、この憲章は家族介護者の表現を用いた上で「介護者は、周囲の要介護者の日常生活上の援助の一

部もしくは全部を無償のもとに担う個人であり，この定期的に行われる行為は，連続的になされることも非連続的に行われることもある。日常生活上の援助は，様々な形態を取る……」。ここに見られるように，定義は，フランス介護者連盟が2004年に公表したそれと全く同じである。

　しかし，同じヨーロッパのレベルで策定された定義であるとはいえ，ヨーロッパ介護者連盟（Eurocarers）のそれは，やや異なる。すなわち，この団体は，非公式の介護者（informal carers，フランス語の aidants informels）の表現を用いながら，「介護者は，疾病や老齢あるいは障碍の故に援助を要する家族やパートナー，友人あるいは隣人に無償のもとに日常生活上の援助を行う個人である」。このような定義を加える。2007年になされた定義である。これは，日常生活上の援助を無償の行為と定めることに関する限り，フランス介護者連盟の定義といささかの相違もない。全く同じである。しかし，要介護者化の要因を「疾病や老齢あるいは障碍」と広く，かつ具体的に示すことはもとより，介護者の範囲を「個人」と定めるのではなく，「家族やパートナー，友人あるいは隣人」と要介護者との関係について広く優れて具体的に示すことにおいて，フランス介護者連盟の定義とは異なる。このうち前者の「疾病や老齢あるいは障碍」との定義は，「周囲の要介護高齢者もしくは障碍者」と定めた『家族介護者手帳』のそれに較べても，見られるように「疾病」を要介護者化の要因の一つとして加えたことにおいて異なる。ヨーロッパ介護者連盟が，なにゆえに家族介護者を斥けて非公式の介護者の表現を採用した理由も，定義の内容から読み取ることができよう。それは，無償のもとに行われる日常生活上の援助の担い手を「家族やパートナー，友人あるいは隣人」と，広く定めていることに示される。介護者の全てが要介護者の家族や親族から構成されるわけではない事実に目をやるならば，正当な目配りである。

　家族による日常生活上の援助は，家族の至極当然の営みであるとの表現（aidants naturels）を用いながら，定義を加える作業も認められる。すなわち，「介護者は，民法典に記載される扶養の義務に基づいて家族構成員を扶養し援助する義務を負う家族介護者である」。この種の表現と定義は，フランスにお

いて別段珍しいことではない。1990年代末葉に提出された報告書が、要介護者への対応の責任は家族にある、あるいは、高齢化の問題は本質的に家族の問題にほかならない等と相次いで指摘していたことが、思い起こされる。また、経済社会評議会の報告書（2001年）は、家族による日常生活上の援助がいたって自然の行為であると述べた上で、これを文字通り体現する介護者の表現（aidant naturel）を用いていたことも認められる。先に、障碍者の権利と機会・参加及び市民権の平等に関する2005年2月11日法はもとより、『家族介護者手帳』が、いずれも家族介護者の表現を採用していると紹介した。しかし、その僅か数年前まで政府は、家族介護者の表現を明確なまでに斥け、家族による無償の援助を至極当然の行為であるとの判断に沿う表現を公式にしばしば用いていたのである。冷厳な事実の一つである。

要介護者との親近性を示す表現の採用

その後、2000年代初頭に入ると、要介護者との親近性を示す介護者の表現（proches aidants, aidants proches）が、政府機関によっても用いられる。介護者は、ヨーロッパ介護者連盟の定義にも示されるように、「家族やパートナー、友人あるいは隣人」から構成されるのであって、専ら要介護者の家族や親族によって形成されるわけではない。しかし、家族介護者の表現を用いるならば、日常生活上の援助を「家族」と同じよう担うにもかかわらず、「パートナー、友人あるいは隣人」の姿は、定義から姿を消してしまう。こうした問題を解消するために比較的新しく誕生したのが、要介護者との親近性を示す介護者の表現である。自立連帯国家基金の『2011年事業報告書』の副題は、「見えざる当事者としての介護者に寄り添う」であり、そこに示される介護者の表現は、家族介護者ではなく、要介護者との親近性を示す介護者のそれである。自立連帯国家基金は、この表現を「今日の介護者」と題する第3回自立の為の学術会議（2014年11月5～6日、於パリ市）においても用いる。また、高齢社会への適応に関する2015年12月28日法は、第35条において要介護者との親近性を示す介護者の表現を採用し、以下のような定義を加える。「市民連帯契約を結ぶ配偶者や

内縁関係の夫婦，両親や姻戚関係の人，これらの家族介護者と定められる人々に加えて，高齢者との同居者や緊密で安定した関係を保ちながら，日常生活上の援助の全部もしくは一部を無償のもとに定期的に，かつ，しばしば手掛ける人について，これを介護者（proche aidant）と定める」[53]。

　障碍者の権利と機会・参加及び市民権の平等に関する2005年2月11日法が，既に述べたように家族介護者の表現を用いていたことを思い起こすならば，そのちょうど10年後に制定された法律では，これに代えて要介護者との親近性を表す介護者の表現を主に採用し，法律の条文においては介護者に関する定義を全く初めて加えたことになる。もとより家族介護者の表現を完全に斥けることには，家族団体による強い反対が寄せられる。全国家族団体連合会は，家族や親族こそ日常生活上の援助の主要な担い手であり，介護者の表現もこの事実を判然と示すものでなければならない，と強く主張する。政府は，これをやや考慮して既に紹介したように要介護者との親近性を示す介護者の表現を上位とし，家族介護者のそれを下位の表現に位置付けるのである。

　介護者の表現とその定義について改めて振り返るならば，短くはない議論を経て以下のような共通の認識が出来つつあるように考えられる。まず，介護者の看る要介護者は，高齢者はもとより障碍児（者），疾病を患う人々，これらであり，ひとり高齢者に狭く絞り込むわけではない。もとより法律によっては，その守備範囲に即して専ら要介護高齢者にのみ言及しながら定義を加えることも，確かめることが可能であるとはいえ，それは，要介護者の範囲を障碍児（者）や疾病を患う人々も含めて広く理解することを否定するわけではない。日常生活上の援助を担うとはいえ，ケアワーカーなど専門的な職業に就く人々との混同を避けるために，定義に当たっては，必ず無償の行為であることが一様に明記される。あるいは，日常生活上の援助が，要介護者の家族や親族によるいたって自然の行為であることを意味する表現は，少なくともフランスの政府によっては最早用いられていない。また，長らく影響力をもって使用されてきた家族介護者の表現は，要介護者との親近関係を示すより広い表現に取って代わられつつあるように思われる。しかし，家族介護者の表現が，今後とも姿

を消すことはないように思われる。それは，介護者支援政策の形成と展開に小さくはない影響力を持つ全国家族団体連合会の存在である。連合会の存在感は，この国の家族政策の形成と展開を振り返るならば明らかであるように，実に大きい。傘下の県レベルの諸団体は，介護者支援政策の形成と展開に知恵を絞り，県のレベルにおける政策形成とその展開に影響力を発揮することはもとより，地域レベルにおける介護者支援に自らも実績を重ねているという事情もある。また，家族介護者の表現は，この種の問題が政策課題として比較的新しく登場する中で，ケアワーカーなどの職業人との混同を避けて，介護者の存在を正しく伝える上では，比較的わかりやすいという事情もある。

無償の介護時間の長さ

　介護者の役割は，要介護者が地域で暮らしを営む上で著しく大きい。介護者の担う無償の労働時間は，ケアワーカーのそれの２倍から３倍を記録すると指摘するのは，統計経済研究所の定期雑誌に掲載された論稿（1998年）である[54]。このフランスにおける最初の指摘に寄せられる批判的な作業は今日まで一つとして存在せず，むしろ積極的に広く継承され，要介護者を地域で支えるサービス総時間の80％近く，あるいは80〜90％，89.6％は，介護者に担われるとの知見が，少なくない研究者や団体によって相次いで公表される[55]。全国家族会議に政府から提出された報告書も，介護者の担う無償のサービスが，個別自立手当を受給する要介護高齢者に絞るならば75％を占める，と研究成果にも言及しながら[56]，介護者の担う実に大きな役割について公式に認める。同様の知見は，フランスの地域レベルにおいても認められる。

　これらの知見は，どのように導き出されるのであろうか。個別自立手当の受給者を看る介護者に即して考えてみよう。個別自立手当の受給者は，72万7,000人である。このうち介護者のみによる日常生活上の援助を受けるのは，21万730人，１日平均５時間30分のサービスであり，介護者の年間無償介護時間は，４億1,060万2,439時間である。他方，ホームヘルパーなどの専門職のみによる援助を受けるのは，７万6,150人，１日平均１時間50分のサービスであ

り，専門職の年間有償介護時間は，5,095万7,042時間である。また，介護者と専門職双方のサービスを受ける個別自立手当の受給者は，42万490人である。このうち介護者は，1日平均4時間10分の無償労働を担い，その年間無償介護時間は，6億3,847万2,016時間，一方，専門職の1日平均介護時間は1時間40分，年間では2億5,579万8,083時間である。以上を合計するならば介護時間は，無償の介護時間10億4,907万4,455時間，有償の介護時間3億675万5,125時間，合計13億5,582万9,580時間である。介護者の担う無償の介護時間は，かくして全体の77.4％，他方，専門職のそれは同じく22.6％を構成する。研究者や団体によって示される先の計数とほぼ重なり合う結果である。

介護者は，要介護者が地域に暮らし続ける上で主な役割を担い，専門職は，介護者に較べるならば補足的な位置にあるとの評価も，このような実に明解な計数を前にするとき否定するわけにいかない的確な見解であるように思われる。

フランスのこうした広く試みられ分かり易く受け入れられた分析は，ひとりフランスの占有物ではない。ベルギーやオランダ，イギリス，アイルランド，アメリカ，カナダ，オーストラリアあるいはニュージーランド，ヨーロッパ連合（EU）や経済協力開発機構（OECD）のレベルにおいても，広く共有される。各国における社会サービスの給付基準も異なることから，当然のこととはいえ国ごとの計数は異なるとはいえ，介護者の担う無償労働時間は，総介護時間の75％（オランダ），80％（ベルギー），80％近く（イギリス），80％以上あるいは70-75％（カナダ），約80％（ヨーロッパ連合），平均80％以上（経済協力開発機構加盟19ヵ国）などの結果が，示される。付言することになるが，これらの結果を否定する試算はもとより見解は，今日までどこの国においても一つとして提出されていない。「介護の社会化」などという，介護者の軽くはない負担を正面から見据えることなく，彼女や彼の担う実に大きな役割を見失いさえする恐れのある用語が，諸外国においては一度たりとも用いられていないことは，介護者の無償労働に関する正確な認識があればこその所産であるように考えられるが，いかがであろうか。

介護者による貢献の大きさは，介護者の規模の大きさや週当たり介護時間の

長さを想像させることになる。

介護者の規模と比率

フランスにおける介護者の規模は，研究者の推計(61)によれば829万6,000人である（表1-3）。16歳以上人口に占める比率は，表に見るようにどうしたわけか算出されていない。推計作業の拠り所となる調査結果や詳しい方法は示されておらず，16歳以上に属する人口の実数も統計経済研究所の『統計年鑑』に記載されていないことから，比率に関する独自の算定は残念ながら不可能である。推計結果はしばしば引用され，政府もこれに依拠して，介護者の規模は830万人であると，全国介護者の日に当たって紹介する(62)。

フランスにおける介護者比率の計数は，ヨーロッパ16ヵ国あるいは13ヵ国に関する2つの団体による分析を通して示されたことがある（表1-4）。比率は，2つの分析によって異なる。フランスの計数も然りである。また，イギリスに関する計数は，国家統計局が公表し広く受け止められているそれと明らかに異なる。なぜこうした結果になるのか，計数の拠り所をなす統計資料が双方の分析共に示されていないことから，検証は不可能である。こうしたことも考慮して，フランスの介護者比率の確定は，引き続き今後の課題とせざるを得ない。

介護者の諸構成

介護者の就業状態別構成は，就業者（47%）をはじめ失業者（7%），老齢退職もしくは早期老齢退職者（33%）及び家庭の主婦や学生などの非就業者（13%），これらである(63)。平均年齢は52歳，性別構成は，前出の表1-3に示すように他の国々と全く同じように女性が過半を占める。要介護者との関係別には，家族（83%）の他に友人や隣人（17%，2008年）から構成される(64)。家族介護者の表現をもってしては充分に伝えることの不可能な構成である。

介護者の社会職業階層別構成を直接に示す調査結果は，フランスに残念ながら未だ存在しない。しかし，介護者の社会職業階層別に見た負担の相違を表す調査結果は，認められる。これに従うならば，介護者にのみ頼る要介護者の比

第1章　介護者のニーズと支援の体系

表1-3　介護者の規模と比率及び女性の位置[1]　　　　　　　　　　　（人，％）

	実　数	比　率	女性比率
フランス（16歳以上，2008年）	8,296,000		57.0
ベルギー（15歳以上，2001年）		9.37	63.0
イギリス（5歳以上，2011年）	6,773,226	10.2 (12.5)	58.0
アイルランド（15歳以上，2011年）	187,112	5.2	61.0
オランダ（18歳以上，2003年）	約3,750,000		65.9
スイス（15歳以上，1999年）	1,365,460	23.1	
EU27ヵ国（18歳以上）	125,000,000	10.0	
ヨーロッパ13ヵ国[2]		7.7	57.0
オーストラリア（2012年）	2,694,900	11.9	54.2
ニュージーランド（15歳以上，2013年）	431,649	12.8	63.0
シンガポール（2004年）	約210,800		60.2
アメリカ（2014年）	24,360,000	10.2	60.0
カナダ（15歳以上，2012年）	8,084,063	18.1	54.0

注：(1)国名のあとの丸カッコ内に年齢階層を示していない箇所もある。また，表中空欄は不明である。
　　(2)ヨーロッパ13ヵ国は，オーストリア，ベルギー，チェコ，デンマーク，フランス，ドイツ，ギリシャ，イタリア，オランダ，ポーランド，スペイン，スウェーデン，スイス，である。
出典：UNAF, *Réalités : revue de l'Union Nationale des Associations Familiales*, N. 106-107-2014, p. 7 ; Alain Blanc, *Les aidants familiaux*, Presses Universitaires de Grenoble, 2010, p. 86 ; KCE, *Support for informal caregivers-an exploratory analysis*, KCE, 2014, p. 18 ; Carers Trust, *Key facts about carers*, Carers Trust, 2014, p. 1 ; Central Statistics Office, *Census 2011 profile 8 our bill of health-health, disability and carers in Ireland*, Central Statistics Office, 2014, p. 1 ; Alies Struijs, *Informal care, the contribution of family carers and volunteers to long-term care*, Zoetermeer, The Netherlands, 2006, p. 19 and p. 26 ; Astrid Stuckelberger and Phillipe Wanner, *National background report for Swizerland*, Eurofamcare, 2005, pp. 21-22 ; Eurocarers, *Carers in Europe, factsheet*, Eurocarers, 2009, p. 4 ; Monika Riedel and Markus Kraus, *Informal care provision in Europe : regulation and profile of providers*, European Network of Economic Policy Research Institutes, research report, N. 96, November 2011, p. 8 ; Dave Grimmond, *The economic value and impacts of informal care in New Zealand : for Carers NZ and NZ Carers Alliance*, Informetrics, 2014, p. 3 ; Kalyani K. Mehta, *Family caregiving for older persons in Singapore*, p. 7 ; http://www.fas.nus.edu. sg/rg/doc/family/family_older.ppt, 2015年10月7日閲覧 ; Gail Gibson Hunt and als, *Caregiving in the U. S.*, The National Alliance for Caregiving and the AARP Public Policy Institute, 2015, p. 15 ; Maire Sinha, *Portrait des aidants familiaux, 2012*, Statistics Canada, 2013, p. 17より作成。

率は，労働者で目だって高く，幹部・上級専門職で低い。他方，専門職の利用のみをもって暮らす要介護者の比率は，逆転して前者で低く，後者で際立つ程に高い（表1-5）。よく知られるように所得水準は，ブルーカラーとしての労働者において低く，ホワイトカラーとしての幹部・上級専門職で際立つ程に高い。介護者は家族介護者と称されるように，要介護者の家族や親族から主に構

81

表1-4 フランスを含むヨーロッパ等16ヵ国の介護者比率（2000年代中葉）　　（％）

	比　率	
スウェーデン	8.0	3.4
ギリシャ	8.7	7.8
デンマーク	9.3	5.3
オーストリア	9.8	
ポーランド	10.3	6.5
フランス	10.7	7.2
スイス	10.8	5.0
ドイツ	11.0	7.4
オランダ	11.4	4.4
チェコ	12.0	7.3
ベルギー	12.1	8.8
アイルランド	14.6	
イギリス	15.2	
スペイン	15.3	9.8
イタリア	16.2	9.5
オーストラリア	11.2	7.3
平　均		7.7

注：表出比率の左欄は出典に示す A. アンガーマン他，同じく右欄は M. リーデル他の示した計数である。空欄は不明である。

出典：Annette Angermann and Werner Eichhorst, *Eldercare services-lessons from a European comparison*, German Association for Public and Private Welfare, 2012, p. 10 ; Monika Riedel and Markus Kraus, *Informal care provision in Europe : regulation and profile of providers*, European Network of Economic Policy Research Institutes, research report, N. 96, 2011, p. 8より作成。

成されることと併せて考えるならば，労働者階層に属する要介護者の多くは，大部分を介護者に依存し，他方，幹部・上級専門職階層に属する要介護者の多くは，専門職としてのホームヘルパーの担う有償労働を利用することから，前者を看る介護者は，要介護者の家族や親族として労働者階層に属しながら，総じて負担も重く，他方，後者を看る介護者は，幹部・上級専門職の家族や友人あるいは隣人として，この社会階層に属することになる。こうした特徴は，別の調査結果からも同じように読み取ることができる。すなわち，介護者による無償の介護サービスを利用する比率は，所得水準の低い要介護者で高く，所得

第1章　介護者のニーズと支援の体系

表1-5　日常生活上の援助の源泉に関する社会職業階層別要介護者の分布（2001年）（％）

	一人の主な介護者のみ	複数の介護者のみ	一人の介護者と一人もしくは複数の専門職	複数の介護者と一人もしくは複数の専門職	専門職のみ	計
農業者	33	22	20	14	11	100
職人・商店主	38	9	21	9	23	100
幹部・上級専門職	22	8	23	8	39	100
中間専門職	28	12	21	10	29	100
職員	26	15	19	15	25	100
労働者	40	19	15	9	17	100
平均	33	16	18	11	22	100

出典：Nathalle Dutcheil, Les aides et aidants des personnes âgées, *Etudes et Résultats*, N. 142-novembre 2001, p. 9より引用。

表1-6　要介護者世帯の所得階層別無償・有償別介護サービスの利用状況（2008年）（％）

	介護者のみ	専門職のみ	介護者と専門職双方
月収1,000ユーロ未満	38	24	38
同1,000ユーロ以上1,500ユーロ未満	31	28	41
同1,500ユーロ以上2,000ユーロ未満	27	43	30
同2,000ユーロ以上	12	46	42

出典：Haut Conseil de la Famille, *La place des familles dans la prise en charge de la dépendence des personnes âgées*, HCF, 2011. p. 32より引用。

水準の高い要介護者において目立って低い。他方，専門職の担う有償の介護サービスを利用する比率は，一転して前者で低く，後者において高い（表1-6）。かくして所得水準の低い要介護者を看る介護者においては，外部の専門的なサービスを利用する機会にも乏しく，結果としてその負担も重くならざるを得ない。所得水準の高い要介護者を看る介護者の対極に置かれた介護者の，否定するわけにいかない現実の一コマである。

　介護者の要介護者との居住形態別構成に関する全国レベルの調査結果は，未だ存在しない。これまでに示されるのは，地域レベルの計数であり，調査によってその結果も実に様々である。要介護者との同居の比率は，これに従うならば低い順に24％（2009年）から43％（2012年），55％（2009年），58.9％（2012年），あるいは68％（2013年）などである。[65]同居の介護者は少なく，別居の介護者が相当数認められることを示唆する計数である。要介護者と同居の介護者の

週当たり介護時間別構成は，別居の介護者に較べるならばフランスにおいても総じて長く，これは，イギリスの調査研究において広く認められ共有される知見はもとより，アメリカの調査結果とも一致する。[66]

介護者の性別構成と介護作業の形態

　日常生活上の援助を巡る性別格差の一端は，前出の表1-3に示したように介護者の性別構成に確かめることができる。同時に，同じ介護者としての地位にあったとしても，どのような日常生活上の援助をどのように担うかを巡っても性別格差が存在する。身体介護や与薬を巡る性別格差は，総じて大きく，他方，家計管理については少ない。すなわち，日常生活上の援助を担う比率は，介護作業の形態別に身体介護について女性（83%），男性（68%），与薬について同じく（66%，45%）であるのに対して，家計管理（73%，63%）である。[67]行為者率は，見られるように3つとも例外なく女性について高い。加えて，性別の格差は順に15%，21%，10%と，身体介護と与薬で大きく，家計管理で総じて小さい。このうち前者は，要介護者の求めに応じて昼夜を問わず行うことを避けるわけにいかないのに対して，後者は，概して介護者の都合のつく時間帯に手掛けることが介護作業の形態に即して可能である。また，身体介護や与薬を迫られる要介護者の要介護度は，総じて重い。これをあたかも裏打ちするかのように，与薬を手掛ける介護者の週当たり介護時間別比率について伝える別の調査結果は，興味深い。これに従えば与薬を行う介護者の比率は，週1時間以上10時間以下11.6%，同じく41時間以上69時間以下37.8%，70時間以上34.3%などの結果である（2012年）。[68]与薬を手掛ける介護者の負担の重さを示すに充分な結果である。このように考えるならば，日常生活上の援助の形態別に見ても，性別には女性の負担が男性のそれに較べて大きいとの判断を引き出すことが出来る。

　日常生活上の援助は何時まで続くであろうか。これを前もって予想することは，事柄の性質上しばしば指摘されてきたように不可能である。平均介護年数は，4.1年であり，年数別には1年未満（22%）をはじめ1年以上2年未満

(21％),2年以上5年未満（31％),5年以上10年未満（12％）並びに10年以上（14％）である（2008年）[69]。5年を超えて日常生活上の援助を担う介護者は,見られるように4人中1人（26％）を記録する。

　介護者は,要介護者にどのように寄り添うかについて日々悩み,時には自責の念を抱きながら要介護者に向き合う。その影響は,介護者の健康はもとより社会生活と経済生活,あるいは仕事との両立など,実に幅広い領域に及び深くもある。これは,フランスにおいても他の国々と全く同じように広く共有される知見の一つである[70]。

介護者の健康状態と死亡率

　介護者の健康状態は,日常生活上の援助を手掛けてはいない人々に較べて良くはなく,むしろ悪い[71]。各地において手掛けられてきた調査が一つの例外もなく伝える結果である。もとより健康への影響が一様というわけではない。健康への影響は,週当たり介護時間の延長につれて一段と明確になる（表1-7）。要介護者の家族や隣人として要介護者と日々対面しながら,彼女や彼の日常生活上の援助を優先せざるを得ないだけに,介護者の意に反して避けるわけにいかない事態である。要介護者と日々向き合い,これを優先せざるを得ないだけに,介護者が自らの心と身体の不調を感じ取ったとしても,彼女や彼に代わって要介護者を看る人もいないことから,自らの受診の機会を遅らせたり,あるいは断念することさえも,さして珍しくはない。日常生活上の援助に端を発する介護者の受診は,これはこれで追加の費用を発生させる。介護者自身の健康の悪化は,要介護者の施設への入所を通した地域での暮らしの断念という選択肢を選び取らなければならない事態を招き寄せることも,ないわけではない。

　介護者の死亡率は,アメリカ等における調査研究の成果に従うならば,相対的に高いと指摘されてきたとはいえ,フランスに関する限りこれを実証する事実は未だ存在しない,と比較的最近まで評されてきた[72]。しかし,介護者の死亡率は,日常生活上の援助を手掛けない人々に較べて63％以上高いとの推計結果も示される[73]。相対的に高い死亡率は,介護者,とりわけ要介護者と同居しなが

表1-7　介護者の健康への週当たり介護時間別影響（2012年）　　　　　　　（％）

	比率
夜6時間を超える睡眠は不可能	
週1～10時間の介護	21.6
週41～69時間の介護	56.0
週70時間以上の介護	58.2
睡眠への影響あり	
週1～10時間の介護	21.7
週70時間以上の介護	72.7
身体的健康に影響あり	
週1～10時間の介護	73.9
週70時間以上の介護	98.2
心の健康に影響あり	
週1～10時間の介護	70.0
週70時間以上の介護	84.0

出典：Association des Paralysés de France, *Une nouvelle approche des aidants familiaux : enquête sur la charge de l'aidant familial ou proche aidant*, Association des Paralysés de France, 2013, p. 41 et pp. 45-46より作成。

ら，短くはない無償の介護に相応の時間を割かなければならない介護者にとっては，日常生活上の援助から時間的にも空間的にも離れることさえ困難であり，昼夜を問わずに緊張感の持続を迫られるだけに，介護者の切なる願いに反して，その避けるわけにいかない一つの現れであるかもしれない。

日常生活上の援助の介護者への影響

　フランスで余暇というならば，バカンスである。バカンスの享受は，1930年代中葉以降に広く社会に定着しはじめた社会慣行である。しかし，バカンスを享受することのできない介護者は，少なくない（33％，1999年，40％，2011年[74]）。その理由は，介護者がバカンスに出かけることによって要介護者が一人になることを嫌い，これを拒否する，バカンスに出発するには要介護者のショートステイ施設などへの入所が必要であり，これに要する安くはない費用を拠出することが出来ない，要介護者の健康状態が芳しくない等，様々である。介護者の

第1章　介護者のニーズと支援の体系

所得階層の低さを示唆する理由も，見られるように示される通りである。参考までに付言をするならばフランス人のバカンス出発率は，容易に想定されるように月収1,500ユーロ以下の所得階層で低く，他方，3,100ユーロ以上において高い（35％，78％，2010年[75]）。見られるように前者は，後者の半数にさえも達していない。介護者によるバカンスの自制は，要介護者の状態に気を配りその希望を優先したいという温かな心情に根ざすと共に，相対的に低い所得階層に属するがゆえに避けるわけにいかない選択の結果でもある。

　介護は文字通り日々の営みであるだけに，介護者への影響は，バカンスの時期に止まるわけではない。日常生活上の援助に追われ，これを優先せざるを得ないがために，友人や隣人とのつながりも希薄にならざるを得ない。結果として招き寄せられるのは，介護者の孤立化である。これも，週当たり介護時間の長さの及ぼす影響は大きく，友人や隣人とのつながりを含む広く介護者の社会生活への影響は，週当たり介護時間の長期化につれて一段と判然とする（週1時間以上10時間以下38％，週70時間以上84％，2012年[76]）。

　要介護者に対する介護者の金銭的な援助も，日常生活上の援助の欠かすわけにいかない一つの形態として行われる。相対的に低い所得階層に属する介護者にあっては，避けて通るわけにいかない援助であり，介護者の生活に及ぼす影響は大きい。

　仕事を持ち職場に通うことは，所得の確保はもとより交友関係を結びながら社会生活を享受する上でも，特別の意味を持つ。しかし，介護者の労働力率は総じて低い。介護者の平均年齢が高く，介護者の中には生産年齢人口には属さない人々も居ることは，否定するわけにいかない確かな事実である。しかし，介護者の週当たり介護時間別の労働力率を見るならば明白であるように，日常生活上の援助が労働力率に与える影響も，これまた厳然たる事実である。すなわち，介護者の週当たり介護時間別労働力率は，週10時間以下（42.5％），同じく11時間以上20時間以下（51.5％），70時間以上（16.7％，2012年），これらである[77]。介護離職の存在を間接的に示す結果であり，現に仕事と介護との両立に悩み抜いた末に離職の道を選択せざるを得なかった，との調査結果も伝えられる[78]。

87

パートタイム化を含む労働時間の調整を経て仕事を継続する介護者も認められる。忘れることなく注目をしたいのは，介護者の労働力状態別に見た失業率の高さ（7％，2008年）である。実数にして16歳以上人口の58万720人である。日常生活上の援助を手掛けながらも，なお求職の意思を持ち求職活動を続ける介護者は，少なくないのである。所得の確保は，介護者にとっても避けて通るわけにいかない必須の要件であることを示す一例である。

　介護者の規模と構成並びに日常生活上の援助のもたらす影響について，調査結果に言及しながら検討を加えてきた。では，社会問題保健・女性の権利省研究調査評価統計局（DREES）の調査結果からは，介護者の構成と影響についてどのように読み取ることができるであろうか（表1-8）。介護者の性別では女性が過半を占めることはもとより，女性の介護者比率は，負担の重くなるにつれて上昇する。要介護者との同居比率も，これと全く同じように負担の重くなるにつれて上昇する。要介護者と同居する介護者の週当たり介護時間は長く，負担も重いとの知見は，フランスはもとより広く国際的に共有されていると述べてきたが，この特徴は，ここでも確かめることが可能である。介護者の健康に関わっては，自らも慢性疾患を抱える介護者が2人に1人近い結果に，注目をしておきたい。これには，介護者の年齢構成が社会全体のそれに較べて相対的に高いことが影響していることも，確かであろう。同時に，「僅かな負荷」に止まる介護者であっても，表に示されるように「不安・ストレス・過労」を抱える比率は，けっして低いとは言い難いように思われる。日頃の「不安・ストレス・過労」の積み重ねが，介護者に「慢性疾患」を招き寄せる一因となったのではあるまいか。社会生活や職業生活への影響も表に示される通りであり，とりわけ「中位の負荷あり」や「重い負荷あり」の介護者の社会生活や職業生活に及ぼす影響は，歴然とした事実である。

介護者のニーズと「生活の質」

　日常生活上の援助が，介護者の日々の暮らしに及ぼす影響は多面に亘り，その度合いも軽くはないだけに，介護者のニーズも多くの領域にまたがる。介護

第1章　介護者のニーズと支援の体系

表1-8　介護者の特徴と日常生活上の援助の介護者への影響（2008年）　（％）

	全体 (100%)	負荷なし (57%)	僅かな負荷 あり (23%)	中位の負荷 あり (12%)	重い負荷 あり (8%)
介護者の特徴					
女性	53	48	53	67	75
金銭援助あり	65	60	67	73	85
要介護者と同居	42	33	53	51	59
介護者の健康					
身体的疲労	27	10	34	58	83
精神的疲労	25	8	30	56	89
不安・ストレス・過労	29	15	37	52	77
背中の痛み	29	19	31	51	62
慢性疾患	48	44	53	57	55
社会生活への影響					
日中外出の困難	22	8	25	53	71
夜間外出の困難	11	3	13	28	37
数日間外出の困難	25	10	34	55	68
自分の時間を充分確保できず	20	0	24	60	94
職業生活への影響					
休暇の取得困難	24	21	18	37	43
労働時間調整の困難	11	1	14	23	47

出典：Noëmi Soullier, Aider un proche âge à domicile : la charge ressentie, *Etudes et Résultats*, N. 799, mars 2012, pp. 4-5 et p. 8より作成。

　者のニーズは，たとえば社会協力・社会医学グループ（GCSMS）によって，彼女や彼の「生活の質」の担保を念頭に置きながら，以下のように提起される[79]。すなわち，介護者のニーズは，情報の提供をはじめ介護技術訓練，孤立を避けることも視野に収めた精神面の支援，要介護者のデイサービスやナイトケアあるいはショートステイの利用を介した休息や休暇の享受，日常生活上の援助に係る具体的な支援，財政的な支援，職業生活上の犠牲の回避と救済，介護者とその役割の社会的な認知，専門職者の養成教育はもとより継続教育への介護者問題の挿入と専門職による介護者理解の進展，並びに専門職者と介護者との連携，これらから構成される。これに類似の提起は，自立連帯国家基金などによっても広く共有される[80]。

　介護者のニーズについてフランスで共有される確かな認識は，ヨーロッパの

レベルにおいても確認することができる。ヨーロッパ介護者連盟は，以下のように提起をする[81]。すなわち，(1)社会的な認知，介護者がコミュニティケアに果たす中心的な役割を認知し，これを介護者に影響を与える全ての政策に反映させなければならない。(2)社会的包摂，介護者は社会生活を享受する権利を持つ。(3)平等な機会，介護者は，全ての生活領域において平等な機会を保障されなければならない。(4)選択，人々は，介護者になるかどうかはもとより，いかなる範囲で日常生活上の援助を担うかについて自由に選び取る権利を持つ。日常生活上の援助を必要とする人々も，自ら望む介護者を選択する権利を持つ。(5)情報，介護者は，自らの希望する情報や助言，あるいは介護技術訓練を自らの経歴ステージに適応しながら容易に入手し，あるいは参加しなければならない。(6)支援，介護者は，必要とする公的なサービスと同じく介護者としての役割に係る金銭的にはもとより実際的並びに情緒面の支援を必要にする。(7)休みの期間，介護者は，休息や休暇の機会を享受しなければならない。このために介護者と要介護者の双方に好ましい充分なレスパイトケアを容易に利用できるように整備し，これを通して介護者のニーズに適応しなければならない。(8)介護と仕事の両立，介護者は，仕事と介護との両立が可能でなければならない。このために，日常生活上の援助が就業時間においても可能である労働市場政策が求められ，また，就業時間帯における介護サービスの提供も必須の要件をなす。(9)健康の促進と保護，介護者自らの健康に関するニーズは，独自に認知されなければならない。(10)金銭的な安定性，介護者は，日常生活上の援助の結果としての貧困を避けるために，所得補償をはじめ労働災害保険，老齢年金保険のような社会保障制度の適応を受けなければならない。

　ヨーロッパ介護者連盟は，一読して明らかなように介護者のニーズについて体系的と評するに相応しい程に充分に視野の広い提起をする。同時に，フランスの先に示した提言と比較するならば明瞭であるように，介護者の担う役割の社会的な認知をはじめ情報の提供，精神面の支援，休日や休暇の取得，仕事と介護との両立あるいは財政的な支援など，少なくないニーズに共通する理解を寄せていることは，明瞭である。それにしても，なぜ共通の理解は生まれたの

であろうか。両者の見解がほぼ同じ時期に公表されたことに着目をする限り，両者が策定に当たって意見を交換したとは考えがたい。そうではなく両者共に，短くはない期間に亘って積み重ねられた調査研究や独自に手掛けた調査結果に正面から向き合い，介護者のニーズについて熟考を重ねた結果が，内容に照らして重なり合う介護者ニーズの定式化をもたらしたのではないか，と考えられる。

介護者のニーズに関する定式化が国を越えて共有されていることは，これに止まらない。カナダはもとよりインドや南アフリカについて提示される議論[82]を振り返っても，ほぼ同様の評価を与えることができる。

3　介護者支援政策の領域と方法

介護者支援政策の7つの領域

介護者支援政策の領域は，個別的な支援条件の形成をはじめ介護者の健康と社会生活，同じく経済生活，日常生活上の援助環境，仕事と介護あるいは勉学と介護の両立，これらに加えて介護者支援の社会環境並びに人的環境，これらからなる7つの領域であり，これを構成する支援の方法は，表に示すようにあわせて67を数える（表1-9）。

このうち介護者支援の人的環境については，日本においても萌芽的であるとはいえ，早ければ70年代末葉から80年代中葉にかけて論じられてきたものである。たとえば前田信雄氏は，「訪問看護事業」に言及する中で「介護者にたいし，看護の方法を教えることも大切になる[83]」と言及し，長谷川和夫氏は，「痴呆性老人のデイケアは，老人の生活指導はもとより，家族への介護指導，……そして医療が一体となった広義のケアが必要である[84]」と述べる。これらの今日では国際的にも広く共有される知見は，残念なことに前出の表1-1（65頁）に示したように，政府はもとより少なくない研究者によって完全に忘れ去られたということも，否定するわけにいかない冷厳な事実である。こうした事情も考慮に入れながら，介護者支援の人的環境を独自に設け，これに係る支援の方

法について述べようとするものである。介護者を直接の対象にするわけではないとはいえ，支援を巡る制度が介護者のニーズの充足に向けて充分に機能するためには，支援政策の欠かすわけにいかない領域の一つであるとの理解が求められよう。そうするならば，前田氏や長谷川氏の早くからの提起を忘れ去ることなく，継承することにもなり，日本における支援政策の形成にとっても小さくはない意味を持つように思われる。

表1-9　フランスなど18ヵ国における介護者支援の領域と方法[1][2]

1．個別的な支援条件の形成
　(1)　介護者の早期の確認と関係機関や団体への紹介並びに情報の共有
　(2)　介護者登録制度と登録カード，図書館登録カード，緊急カードや未成年の介護者カードの発行
　(3)　介護者手帳や未成年の介護者，学生介護者手帳の発行
　(4)　未成年の介護者を含む介護者の個別アセスメント，要介護者アセスメント時の介護者アセスメント
　(5)　未成年の介護者，学生介護者を含む介護者自己アセスメント
　(6)　介護者個別支援計画の策定，要介護者個別支援計画への介護者支援事項の挿入
　(7)　学生介護者個別支援改革の策定
　(8)　介護者ホームページの開設や各種ガイドの作成を含む各種情報の提供と助言
　(9)　介護者専用相談窓口，介護者専用Eメールの開設と運用
　(10)　介護者緊急通報システムの開設と運用

2．介護者の健康と社会生活
　(11)　介護者カフェ（介護者グループ）の設置と運営
　(12)　未成年の介護者を含む介護者フェイスブックの開設と運用
　(13)　カウンセリング
　(14)　無料の定期健康診断
　(15)　介護者の一般開業医受診の柔軟化
　(16)　レスパイトケア（休息，休暇，バカンス）の取得，介護者クリスマス演奏会
　(17)　公共交通，余暇センター，美術館等の利用料割引や無料化，タクシー料金割引
　(18)　図書館の介護者関係図書コーナーの設置と貸し出し
　(19)　未成年の介護者サマーキャンプ，同フェスティバル等の定期開催

3．介護者の経済生活
　(20)　介護者手当
　(21)　要介護者による現金給付の選択と介護者への賃金支払いもしくは補償
　(22)　介護者と自治体との労働契約締結と賃金支払い
　(23)　終末期看守り手当
　(24)　学生における介護者奨学金
　(25)　介護離職者への失業手当の給付

第1章　介護者のニーズと支援の体系

　(26)　地方税の軽減と住宅手当の給付
　(27)　年金保険料の納付免除
　(28)　介護による職業生活中断者に対する65歳からの年金満額支給
　(29)　労働災害保険への加入と保険料納付免除
　(30)　レスパイトケア費用の所得税控除
　(31)　レスパイトケア費用の個別自立手当や老齢保険国家基金，あるいは介護保険制度等による支払い
　(32)　家事使用人の採用費用の所得税控除と社会保険料雇い主負担の免除
　(33)　医療機関駐車場使用料の割引若しくは無料化

４．介護者の日常生活上の援助環境
　(34)　介護機器の無料貸与
　(35)　住宅改修補助金
　(36)　住宅改修費用の消費税割引と所得税控除
　(37)　要介護者アセスメント並びに援助計画策定過程への参画
　(38)　介護者等向け病院退院案内冊子の交付
　(39)　要介護者退院計画策定過程への参画
　(40)　要介護者の退院計画書の介護者への交付と要介護者退院時の介護者支援

５．仕事と介護，勉学と介護の両立
　(41)　介護休暇
　(42)　要介護者の入院や他界等の緊急時の休暇
　(43)　パートタイム化や在宅勤務，テレワークの選択を含む労働時間の柔軟化
　(44)　勤務時間中の介護関係私用電話の利用認定
　(45)　職場の介護者グループの形成と活動
　(46)　要介護者を看取った後の職業再訓練と職業資格の認定並びに求職活動支援
　(47)　未成年の介護者，学生介護者の学習支援
　(48)　未成年の介護者による携帯電話の教室内持ち込み認可

６．介護者支援の社会環境
　(49)　介護者調査の実施と旺盛な政策提言
　(50)　介護者憲章，未成年の介護者憲章，学生介護者憲章，賃金生活者における介護者憲章並びに介護者貧困憲章の策定と周知
　(51)　介護者議会の開催
　(52)　介護者関係立法や労働協約の制定もしくは締結と介護者の休息権を含む権利の拡充
　(53)　未成年の介護者や若い成人の介護者，学生介護者を含む介護者支援政策並びに支援実施計画の策定と施行
　(54)　介護者支援政策の策定過程並びに政策実施効果の検証過程への介護者の参画
　(55)　未成年の介護者支援指針の策定並びに未成年の介護者支援行動宣言の公布
　(56)　未成年の介護者支援認定表彰制度の設立と学校表彰
　(57)　介護者の為のレスパイトケア計画指針の策定
　(58)　介護者支援に積極的な事業者認定証の交付並びに同じく一般開業医表彰制度の運用
　(58)　介護者の権利の日（介護者の日），介護者週間，未成年の介護者の日の制定と啓発事業の定期開催

７．介護者支援の人的環境

⑽　看護師養成教育，医師を含む医療保健関係職員，自治体職員や教職員並びに職業安定所職員への未成年の介護者を含む介護者支援関係再教育の実施
⑹1　一般開業医と同職員向け介護者支援実用ガイドブックの交付と利用
⑹2　一般開業医職員による介護者支援自己点検アセスメントの策定と実施
⑹3　未成年の介護者や学生介護者を含む介護者支援コーディネーターの配置
⑹4　企業向け仕事に就く介護者問題啓発誌やガイドの発行と啓発訓練の実施
⑹5　介護者支援経営者団体の形成と活動
⑹6　教職員向け未成年の介護者，若い成人の介護者や学生でもある介護者実用ガイドの発行と活用
⑹7　介護者問題啓発資料の発行と活用

注：(1)表中下線部に傍線のある箇所は，フランスにおいても認められる方法であり，傍線のない箇所は，フランスにおいては未だ制度化されていない方法であることを示す。
　　(2)18ヵ国は，フランスのほかに以下の通りである。イギリス，アイルランド，ドイツ，ベルギー，スイス，オランダ，ルクセンブルク，ハンガリー，スウェーデン，フィンランド，デンマーク，ノルウェー，イタリア，オーストラリア，ニュージーランド，アメリカ及びカナダ。

出典：Marianne Dubois, *Rapport d'information fait au nom de la délégation aux droits des femmes et à l'égalite des chances entre les hommes et femmes sur le genre et la dépendance*, Assemblée nationale, N. 3920, Direction des Journaux officiaux, 2011, pp. 9-39 ; Novartis, *Entourage des personnes maladies : perspectives enjeux et réponses des pays industrialisés, 3ᵉ workshop en proximologie*, Paris le 16 juin 2003, pp. 5-17 et pp. 28-32 ; Fondation Leenaards, *Le proche aidant, un partenaire au coeur de l'action sanitaire et sociale, 2011 congrès international*, 13-15 septembre EPFL Lausanne, pp. 8-12 et p. 27 ; COFACE, *Outils pour l'auto-évaluation de leur besoins par les aidants-panorama des exemples de bonnes pratiques recoltes au niveau national*, COFACE, 2010, pp. 1-7 ; COFACE Handicap, *Le répit : une néecessité et un droit pour les aidants familiaux*, COFACE Handicap, 2010, pp. 4-7 ; Ministère de la santé et des sports, *Plan pour l'amélioration de la qualité de vie des personnes atteintes de maladies chroniques 2007-2011 : rapport du groupe de travail n. 2 sur le rôle des aidants et des acteurs de santé*, Ministère de la santé et des sports, 2010, p. 5, p. 8, p. 12, p. 17 et pp. 21-24 ; Marianne Dubois, *Rapport d'information fait au nom de la délégation aux droits des femmes et a l'égalités des chances entre les hommes et les femmes sur le genre et la dépendance*, Assemblée nationale, N. 3920, le 9 novembre 2011, pp. 19-20 et pp. 29-40 ; Collectif Inter-associatif d'Aide aux Aidants familiaux, *Manifeste du CIAAF pour la défence de l'aidant familial non professionnel, le 30 Septembre 2011*, CIAAF, pp. 1-8 ; UDAF49, *Pour un renforcement du soutien aux aidants : pratiques, valeurs et attentes d'aidants familiaux en Maine et Loire, étude conduit par l'UDAF49*, UDAF49, 2009, pp. 9-12 et pp. 68-71 ; CNSA, *Rapport de la caisse nationale de solidarité pour l'autonomie 2011*, CNSA, 2012, pp. 29-32 et pp. 38-39 ; France Alzheimer 04 et le CODERPPA 04, *Le guide pratique des aidants familiers dans les départment des alpes de haute provence*, France Alzheimer 04 et le CODERPA 04, 2011, pp. 1-34 ; Hannelore-Jani--Le Bris, *Aide aux aidants, prise en charge familiale du grand âgé en France*, CLEIRPPA, 1993, pp. 75-77 ; Alain Berard et als, *Le répit : des réponses pour les personnes atteintes de la maladie d'Alzheimer ou de maladies apparentées, et leur aidants*, Fondation Médéric Alzheimer, 2011, p. 38, p. 44, pp. 51-52, p. 56 et pp. 59-61 ; Union Nationale de l'Aide, des Soins et des Services aux Domiciles, *L'accompagnement des aidants familiers par les structures d'aide, de soins et d'accompagnement à domicile : rapport les recommandations de bonnes pratiques professionnelles*, Union Nationale de l'Aide, des Soins et des Services aux Domiciles, 2009, p. 25, p. 36, pp. 39-48, pp. 51-53 et p. 69 ; Union Nationale des Assoiations Familiales, *Projet de loi : Adaptation de la*

第 1 章　介護者のニーズと支援の体系

société au vieillissement, analyse et proposition de l'UNAF, UNAF, 2014, pp. 15-17 et p. 38 ; UNAF, Prise en charge de la dépendance : pour une véritable complémentarite entre solidarité publique et solidarité familiale, UNAF, 2011, p. 3 et pp. 27-31 ; Rana Charafeddine et Stefaan Demarest, Enquête de santé 2013, rapport 4 : environnement physique et social, Institut Scientifique de Santé Publique, 2015, pp. 7-8 ; Mutalité Française, UNA et Chorum, Guide des pratique de l'accompagnement des aidants familiers, Mutalité Française, UNA et Chorum, 2010, pp. 1-38 ; MSA Girond, La Guide des aidants familiaux de la Haute Gironde, MSA Gironde, édition 2012, pp. 1-14 ; Observatoir sur la Responsabilité sociétale des Entreprises et UNAF, Aidants familiaux : guide à destination des entreprises 2014, Observatoir sur la Responsabilité sociétale des Entrepises et UNAF, 2014, pp. 1-68 ; Association des Paralyses de France, Une nouvelle approche des aidants familiaux : enquête sur la charge d'aidant familiale ou proche aidant, Association des Paralyses de France, 2013, pp. 1-53 ; Conseil général Finistère, Etude connaitre les besoins des aidants, rapport final, Conseil général Finistère, 2013, pp. 1-65 ; Agence nationale de l'évaluation et de la qualité des établissements et services sociaux et médico-sociaux (Anesm), Le soutien des aidants non professionnels de personnes âgées dépendantes, de personnes adultes handicapées ou souffrant de maladie chronique vivant à domicile : recommandations de bonnes pratiques professionneles, Anesm, 2013, p. 9 ; Haut Conseil de la Famille, La place des familles dans la prise en charge de la dépendance des personnes âgées, HCF, 2011, p. 25, p. 30, pp. 33-36, p. 45, p. 48, pp. 51-58, pp. 65-66 et pp. 109-114 ; Partnariat éducative Grundtvig, L'auto-évaluation de leurs besoins par les aidants familiaux, un point de départ pour obtenir de l'aide, rapport, Partnariat éducative Grundtvig, 2013, p. 17 et pp. 36-44 ; Alain Blanc, Les aidants familiaux, Presses Universitaires de Grenoble, 2010, pp. 29-36 et pp. 44-48 ; Conseil général de Maine-et-Loire, Charte de l'aidant, Conseil général de Maine-er-Loire, 2013, pp. 1-2 ; Pascale Breuil-Genier, Aide aux personnes âgées dépendantes : la famille intervient plus que les professionnels, Economie et Statistique, N. 316-317, 1998, p. 21 et pp. 32-33 ; Maxime Bivort et Aude Garelly, Les enjeux lies à la définition d'un statut pour les aidants proches en Belgique, rapport final, Agence Alter asbl, 2008, pp. 30-35 ; Gouvernement du Canada, Quand il faut jongler entre travail et soins, comment les employeurs peuvent soutenir les aidants naturels au sein de leur personnel : rapport du groupe d'employeurs sur la question des aidants naturels, Gouvernement du Canada, 2015, pp. 23-28 et pp. 34-50 ; Canadian Caregiver Coalition, A Canadian caregiver strategy, Canadian Caregiver Coalition, 2013, pp. 1-8 ; Confédération Suisse, Soutien aux proches aidants, analyse de la situation et mesures requises pour la Suisse, rapport du Conseil fédéral, Confédération Suisse, 2014, pp. 5-7 ; Carers UK, Carers manifesto, Carers UK, 2014, pp. 8-17 ; Fiona Becker and Saul Becker, Young adult carers in the UK : experiences, needs and services for carers aged 16-24, The Princess Royal Trust for Carers, 2008, p. 4 and pp. 35-44 ; College Development Network, Student carers help college get it right, College Development Network, 2014, pp. 1-2 ; The Scottish Government, Caring together : the carers strategy for Scotland 2010-2015, The Scottish Government, 2010, p. 17 ; Scottish Social Services Council and NHS Education for Scotland, Workforce training and education plan, summary, Scottish Social Services Council and NHS Education for Scotland, 2011, pp. 3-4 ; The Scottish Government, Charter of rights for people with dementia and their carers in Scotland, The Scottish Government, 2009, pp. 1-7 ; The Scottish Government, Carers (Scotland) bill : policy memorandum, Scottish Government, 2015, pp. 17-18, p. 24 and p. 27 ; Joe Sempit and Saul Becker, Young adult carers at college and university, Carers Trust, 2014, p. 4 and pp. 10-17 ; The Open University Wales, Extending opportunities for carers, evaluation report of the access to education for carers' project, The Open University Wales, 2014, pp. 10-21 ; Sir Roy Griffiths, Community care : agenda for action, a report to the Secretary of State for social service by Sir Roy Griffiths, HMSO, 1988, p. 1, pp. 5-7, pp. 14-18 and p. 25 ; Philippa Russell, *Care matters, a guide to the carers (equal opportunities) act 2014*, The Nuffield Foundation, 2015, pp. 11-13 ; PRT for Carers, *Toolkit to identify and support young carers in primary school in Scotland*, PRT for Carers, 2013, pp. 1-15 ; Young Carers Lewisham, *Supporting young carers in primary schools, resource pack*, Young Carers Lewisham, 2012, pp. 1-24 ; Lisa Buckmer and Sue Yeandle, *Calculating carers 2011, calculating the value of carers' support*, Carers UK, 2011, pp. 1-16 ; Elizabeth Mestheneos and Judy Triantafillou, *Services for supporting family carers of elderly people in Europe : characteristics, coverage and usage*, The Eurofamcare Consortium, pp. 68-70 ; The National Alliance for Caregiving, *Third international conference on family care, October 12-14, 2002, conference report*, The National Alliance for Caregiving, pp. 3-6 and p. 9 ; Family Caregiver Alliance, *Caregiver assessment : voices and views from the field, volume II*, FCA, 2006, p. 86 and p. 99 ; Judy Triantafillou and als, *Current state of family care in Europe and policy issues*, Eurofamcare, 18th of November 2005, pp. 11-15 ; Frederique Hoffmann and Richardo Rodrigus, *Informal carers : who takes care of them?* European Centre, Policy brief, April 2010, p. 3, pp. 7-10 and p. 13 ; Annette Angermann and Werner Eichhorst, *Eldercare services-lesson from a European comparison*, German Association for Public and Private Welfare, 2012, p. 10 and pp. 16-17 ; University College London Hospital NHS, *Carers UCLH policy*, University College London Hospital NHS, 2015, p. 2 and pp. 5-10 ; South London and Maudsley NHS Foundation Trust, *Family and carers strategy 2015 to 2019*, South London and Maudsley NHS Foundation Trust, 2015, pp. 28-31 ; Susan C. Reinhard and als, *Valuing the invaluable : 2015 update*, AARP Public Policy Institute, 2015, p. 3, p. 7, p. 11 and pp. 18-19 ; Lisa Buckner and Sue Yeandle, *Valuing carers 2011 : calculating the value of carers' support*, Carers UK and University of Leeds, 2011, pp. 2-5 and pp. 7-15 ; Deloitte Access Economics, *The economic value of informal care in Australia in 2015*, Carers Australia, 2015, pp. 2-4 ; Joe Sempik and Saul Becker, *Young adult carers at college and university*, Carers Trust, 2014, pp. 4-5 ; Caroline Glendinning, *Support for carers of old people-some international and national comparison, a review of the literature prepared for the Audit Commission*, Audit Commission, pp. 1-33 ; Michel Naiditch, Protecting an endangered resource? lesson from a European cross-country comparison of support policies for informal carers of elderly dependant persons, *Question d'économie de la Santé*, n. 176-May 2012, pp. 1-11 ; Eurocarers, *Carers in Europe, factsheet*, Eurocarers, 2009, p. 14 and p. 18 ; Marja Pijl, *Developments in the support of carers in Finland, England and the Netherlands, 1998-2002*, Scialstyrelsen, 2010, p. 3, pp. 14-16, pp. 18-19, pp. 26-28, pp. 55-56, pp. 69-70 and p. 84 ; Alies Struijs, *Informal care, the contribution of family carers and volunteer to long-term care*, Zoetermeer : the Netherlands, 2006, pp. 5-11, pp. 55-61 and pp. 71-73 ; Dave Grimmond, *The economic value and impacts of informal care in New Zealand for Carers NZ and the NZ Carers Alliance*, Informe Trics, 2014, pp. 7-8 ; Monika Riedel and Markus Kraus, *Informal care provision in Europe : regulation and profile of providers*, European Network of Economic Policy Research Institutes, research report, N. 96, November 2011, p. 24 and p. 32 ; Lisa Buckner and Sue Yeandle, *Valuing carers 2015, the rising value of carers' support*, Carers UK, 2015, pp. 4-5, pp. 9-10 and pp. 14-16 ; Matt Hawkins and als, *Prevent, reduce, delay : are councils meeting their new duties to support unpaid carers?* Carers Trust, 2015, pp. 21-22 ; 拙稿「英国在宅介護者協会──在宅介護者による援助の経済的価値」『経済研究』8巻1号, 2003年8月, 67-85頁より作成。

第1章　介護者のニーズと支援の体系

　介護者支援の社会環境は，表1-9に見るように介護者支援の制度や計画に係るのであって，個々の介護者に対するすぐれて具体的な支援を扱うわけではない。諸外国の研究者が，介護者支援の方法について論ずるに際して表中の社会環境に区分した諸方法を列挙することはない。しかし，日本における介護者支援政策の形成は，諸外国の後塵を拝し，これからの課題である。そこで，支援政策はどのように形成され，いかなる形態を取っているかについて学び取ることは，日本における政策の形成とその展開を考えるとき，意味を持つのではないかと考えられる。社会環境を一つの独立した領域として設け，これを構成する諸方法をここに分類する意味は少なくないように思われる。

　以下においては，主にフランスとイギリスの2ヵ国の支援政策について紹介していきたいと考える。このうちイギリスは，介護者支援政策について唯一戦前からの最も長い歴史を記録し，戦後に限っても早い時期からの制度化を辿ることから，言及するに相応しいと判断したものである。

個別的な支援条件の形成

　介護者への支援は，日常生活上の援助を無償に担う彼女や彼の発見からはじまる。日常生活上の援助を無償で担うからといっても，彼女や彼が自らを介護者の地位にあると確かに自覚をする人々は，多くはない。要介護者の家族や友人あるいは隣人としていたって自然の行為を担うに止まると考える人が，少なくないからである。これは，母親や兄弟姉妹を看る未成年の介護者はもとより，大学に通いながら勉学と介護との両立を迫られる学生でもある介護者に，とりわけ顕著である。また，自らが介護者であると自覚をしているとしても，支援について知ることは少ない。そこで，地方自治体の社会サービス部の窓口を訪れる機会はもとより，要介護者に寄り添いながら医療機関の窓口に現れる人々について，彼女や彼が日常生活上の援助を手掛けているのどうかについて，もとより本人の了解を得ながら確かめるのである。小学校から高校までの教師が，欠席や遅刻の目立つ生徒を前にして，その引き金が日常生活上の援助に発するのではないかとの疑念を抱きながら，生徒に優しく包容力を持ちながら確かめ

ることもある。こうして確認された介護者は，もとより本人の了解を得た上で地域の介護者団体や地方自治体，医療機関あるいは学校に紹介をし，介護者に関する情報を共有するのである。多様な主体による支援の可能性は，これを通して初めて開かれる。介護者は，メーリングリストへの記載を含めて登録され，登録カードの発行を通して以降におけるスムーズな支援に向けた条件が，整えられる。登録の内容は，介護者の氏名をはじめ年齢，住所と郵便番号，電話番号とＥメール・アドレス，要介護の要因と要介護者の簡単な状態など，これらである。介護者図書カードの発行もなされる。このカードを用いるならば，通常は３週間の無料貸し出し期間は，ちょうど倍の６週間と長い。読書に費やす１日当たりの時間は，日常生活上の援助に伴って短くならざるを得ないとの判断を拠り所にする，介護者に親和的な措置である。

　介護者手帳も発行される。その主体は，国はもとより地方自治体，人権委員会や大学，介護者団体を含む家族団体である。フランスに特徴的なことは，国による編集と発行である。ニュージーランドの社会発展省やカナダのケベック州も発行しているが，フランス政府の編集になる手帳は，その３倍を超す頁数からなることに示されるように，一段と分かりやすく優れて実用的な情報が包括的に盛り込まれる。手帳は，介護者の定義にはじまり介護者の諸権利はもとより，要介護者にどのように寄り添うのか，毎日をより良く過ごすために介護者グループの存在や休息あるいは休暇の取得に向けたサービスとその利用，介護者団体とその住所並びに連絡先について，実に分かりやすい説明が加えられる[85]。介護者は，この手帳に目を落としながら日常生活上の援助と自らのより良い暮らしの再構成に向けて，サービス利用に歩み出すことができるのである。国によっては，仕事と介護の両立に絞り込んだ手帳も，発行され利用に供される[86]。同様に，未成年の介護者はもとより若い成人の介護者や学生介護者に的を絞り込んだ手帳も編集される。介護者の多様な存在とニーズとを包括的に視野に収めるからこそ，編集され公刊される手帳の一種である。

　サービスの認定とその給付は，よく知られるようにアセスメントの実施を出発点にする。介護者のアセスメント請求権は，イギリスにおける介護者の認知

とサービスに関する1995年法を通して，世界で最初に制度化される。アセスメントの内容は，日常生活上の援助の状況にはじまり介護者の心と身体の健康への影響，子育てへの影響，家族や友人関係への影響，仕事はもとより教育や職業訓練への影響，余暇活動への参加への影響等である[87]。介護者アセスメントは，アメリカにおいては15州において制度化される（2012年末現在）。翻って介護者独自の権利は，フランスにおいて未だ制度化されてはおらず，これまでに実施されてきたことは，要介護者アセスメントに際して介護者を視野に収めることである。アセスメントは，要介護者を主な対象にすることから，介護者も視野に収めるとはいえ，彼女や彼のニーズを包括的に調べ上げるには程遠いのが，否定するわけにいかない現状の一コマである。フランス政府は，要介護者の支援計画の策定に当たって介護者のニーズを体系的に考慮する，と2014年1月に初めて明らかにした[88]とはいえ，要介護者アセスメントの一環として位置付ける限り，限界を伴うように考えられる。家族団体はもとより自立連帯国家基金が，介護者のニーズの包括的な把握を念頭に置きながら，介護者アセスメントについて政策提言を相次いで行う[89]のも，そうした現状に対する批判的な分析があればこそのことである。

　自己アセスメントは，正規のアセスメントに当たって介護者のニーズが正確に把握されるように，介護者自らの準備を含めて実施される。イギリスはもとよりアメリカ等においても広く確かめることができる。介護者の個別支援計画は，介護者アセスメントに沿ってサービス給付の要件を満たす場合に策定される。介護者に独自のアセスメントが未だ制度化されてはいないフランスでは，この計画は策定されない。同様に，学生における介護者個別支援計画は，イギリスを発祥の地とする。学生介護者の発見[90]は，18歳以上24歳以下の年齢階層に属する若い成人の介護者（young adult carers）の2008年における最初の発見を出発点[91]に，いずれも未成年の介護者研究発祥の地，イギリスの研究者の業績である。他方，学生介護者の表現は，若い成人の介護者に関するそれと共に未だフランスに存在せず，この為に個別支援計画は，ここでも確かめることはできない。

介護者が情報を手にすることはもとより，助言を得ることは，要介護者と日々心穏やかに向き合うことだけを考えても，必要不可欠な支援の方法であり，これが，実に有益であることは論を俟たない。デイケアやショートステイについて知る介護者は，フランスの調査に従うならば半数にさえ届かず（40%，40%），介護者グループの存在を知る介護者は，4人中1人さえも下まわる（23%，2012年）[92]。冷厳な事実である。フランスの介護者団体や広く家族団体あるいはショートステイのサービスを手掛ける事業者の団体などは，介護者専用のホームページを開設する[93]。政府や自立連帯国家基金，あるいは自治体のホームページにも介護者の項目が用意されて，分かり易い説明が施される。イギリスの医療機関，すなわち国民医療サービスは，ホームページ上に介護者に関する詳しい情報を地域に即して掲載し，介護者専用の電話相談窓口も設ける[94]。このうち前者はともかく，後者に関する限りフランスにおいては，未だ確かめることの出来ない実績の一つである。

介護者の健康と社会生活の享受

　介護者の健康と社会生活の享受の領域では，どのような方法が整備されているであろうか。介護者の病気の予防と健康の増進は，支援の主要な柱の一つである[95]。フランスの介護者カフェは，フランス介護者連盟が発案し名付けたものであり，介護者グループと称してよい介護者の小さな集いである。2004年12月の開始であることからすれば，既に10年を超す月日を重ねたことになる。介護者カフェは，介護者が定期的に集い情報の交換を行う場所である。日常生活上の援助を同じように手掛ける人々の集いは，心の安寧を保つ上においても高い効果を発揮する。介護者カフェの効果は，介護者が地域レベルはもとより広く全国的な支援の措置に関する情報を集めることが可能であることはもとより，同じ立場に置かれた人々と対面し会話を交わすことで，介護者の孤立を避けることが可能であり，介護者のつながりを形成し強めることができる。さらに，保健衛生分野の関係者との地域レベルの連携を強めることも可能であり，その効果は大きい。介護者カフェは，介護者団体や家族団体はもとより政府や地方

第 1 章　介護者のニーズと支援の体系

　自治体のホームページ上においても紹介され，参加者の広がりに向けた取り組みも継続的に行われる。
　また，これらが専ら介護者の参加を通して運営されるのに対して，カウンセリングは，容易に想定されるように専門職者と介護者との対面を通して行われる。日常生活上の援助に伴う心の問題に専門的な立場からのサービスが提供され，介護者が心の安寧を保つ上に欠かすわけにいかない。無料の定期健康診断が，病気の早期発見と予防の上で重要でかつ不可欠のサービスであることは，論を俟たない。介護者が，前もって予想のできない事態に直面したとしても，受診の機会をスムーズに享受できるように考案されたのは，一般開業医受診予約の柔軟化であり，イギリス発の相対的に新しい措置である。
　フランス語のレピ（répit），アメリカ英語のレスパイトケア（respite care），イギリス英語のショートブレイク（short breaks）をもって表すレスパイトの概念の起源を遡るならば，それは，認知症の要介護者を看る介護者の極度の疲労や衰弱への懸念である[96]。これを放置するならば，コミュニティケア，換言すればコミュニティによるケアの存立条件としての介護者の存在が大きく揺らぎかねない。介護者の「生活の質」は，文字通り根底から大きく揺らぐ。こうした状態を避けるためには，介護者が要介護者と離れて暫しの休息や休暇の機会を享受することが求められる。デイケアやナイトケア，あるいはショートステイの整備が，要介護者はもとより介護者のニーズを念頭に進められる。このうち後者のショートステイは，フランスでは，1970年代に登場する[97]。レスパイトケアの権利が，高齢社会への適応に関する2015年12月28日法を通してフランスで制度化されたことは，既に紹介した通りである。しかし，フィンランドの介護者が，在宅介護手当（Home Care Allowance）を受けて月3回の休息あるいは休暇の機会を享受する[98]のとは異なって，フランスの同種の権利は，月当たり最低取得日数について特に定めているわけではない。
　公共交通の利用料などの割引や無料化は，イギリスはもとよりアイルランド，ドイツ，スウェーデン，あるいはフィンランドに確かめることが出来る[99]。介護者の所得階層や追加の出費を考慮するだけでも，フランスにおいても，遅くは

ない将来に制度化が期待される措置の一つである。図書館に介護者関係の書籍を揃えて広く利用に供する為に、図書を一つのコーナーに陳列する試みは、イギリスのオックスフォードシャー州などの図書館において、2010年以降に試みられたイギリスに限っても比較的新しい対応である。同じ屋根の下で要介護者と短くはない時間に亘って対面する介護者の姿を改めて想い起こすならば、介護者の健康はもとより社会生活にとっても有益な方法である。しかし、このサービスは、フランスに未だ存在しない。

　未成年の介護者を対象にして、学校の休暇期間に開かれるサマーキャンプやフェスティバルは、身体的にはもとより精神的にも成長期の只中にある未成年の少女や少年にとって、数少ない自由時間の享受の機会であり、これらに参加をした未成年の介護者の寄せる評価はいたって高い。イギリス発の催事であり、フランスにおいては未だ実施されてはいない。

介護者の経済生活

　介護者の経済生活に係って、現金給付の形態は、国によって大きく異なる。
　フランスでは、個別自立手当の枠内において要介護者の配偶者やパートナーを除く介護者に賃金を支払うことが出来る。介護者は、賃金生活者に認められた全ての権利を享受することができる。介護者は、法定最低賃金（SMIC）の時間当たり賃金の85％を基準に賃金を受け取る。但し、要介護者に社会保険料の支払い義務は、課されていない。賃金として支払われることでは、オランダと同じ制度である。イタリアでも、政府から国家補償手当が要介護者に給付され、要介護者は、これをサービスの購入はもとより家族への支払いに充当することも、法的に可能である。しかし、家族に支払うに際しての基準は定められておらず、一見するとフランスやオランダのそれに類似しているかのように見えなくもない制度は、両国のそれとは、労働契約の締結のないことと併せて大きく異なるといわなければならない。イギリスは、介護者手当を早くから制度化しており、フランスやオランダとは異なる。自治体を通して介護者に直接支払われる。その金額は、最低賃金制度との関わりを一切持たずに定められる。

福祉国家類型化論を巡る議論の正当性をあたかも例証するかのように，金額は自ずと低い。介護者と地方自治体とが労働契約を締結し，これに沿って賃金を支払うのは，デンマークやフィンランド及びスウェーデンからなる北欧諸国である。賃金の水準は，ヘルパーのそれに同じである。現金給付は，このようにヨーロッパに絞っても4つの形態に区分することができる。福祉国家類型の相違が現金給付に反映されていると評することが，可能であろうか。

このうちオランダにおいては，賃金の支払いを巡って賛否両論が交わされる。すなわち，一方の反対論では，要介護者と介護者との関係にお金が入り込み，営利的な関係に転ずる危惧を孕むとの理由のほかに，介護者は，社会的ネットワークの一環であり，これにお金を介入させることは，健全なネットワークを傷付ける。要介護者による支払いは，経済的にも困難である。これらが理由として示され，他方，賛成論において示されるのは，要介護者と介護者との感情面の対立の引き金にはなっていない。介護者の供給源の先細りがほかの国々と同じように懸念される中で，家族介護の活性化にとっても意味のある制度である。これらが理由である。

終末期看守り手当は，フランスに独自の制度であり，1日54.17ユーロが最長21日に亘って支払われる。この手当は，制度の趣旨に照らすならば終末期に係る有給休暇について独自に定めるルクセンブルクの事例のように，終末期を迎えた要介護者を看る介護者が，心穏やかに要介護者を看取ることができることを目的にする。

学生介護者に給付される奨学金は，イギリスで初めて創設された制度であり，広く学生を対象にする奨学金とは別個の制度として，学業に励む傍ら，日常生活上の援助を手掛ける学生の経済的な窮状を考慮したものである。学生介護者が，就学への強い意欲を持ちながら，なお日常生活上の援助のゆえに経済的にも困窮して単位の取得はもとより，不本意までの退学を迫られる事態も生まれているだけに，これの救済措置の一つとして個々の大学において制度化されたものである。フランスには，未だこの制度はもとより議論もはじまってはいない。

失業手当は、通常ならば仕事に就く意思があり、実際に求職活動をしている場合に限って給付される。これが一般的な規則である。しかし、日常生活上の援助を理由に離職を余儀なくされた介護者は、たとえ再就職への期待感を抱いていたとしても、求職活動を行う精神的にはもとより時間的な余裕なぞ存在しない。結果として失業給付の要件を充足しえないことから、その意に反して給付を受けることは出来ない。フランスは、離職した介護者のこうした窮状に着目をし、介護離職者に限って求職活動を行わなくとも失業給付の受給権を持つと認定する。ベルギーやオランダあるいはドイツにも類似の制度を確かめることが可能である。[103]

　日常生活上の援助が招き寄せる経済的な窮状は、専ら援助の期間に限られるわけではない。援助に伴う非自発的な労働市場からの引退やパートタイム化は、所得の確保や水準に影響を及ぼし、巡りめぐって年金保険料の支払い能力を揺るがしかねないことから、その影響は生涯に亘る。年金保険料の納付の免除は、これを視野に収めた制度である。フランスでは、個別自立手当を受給する要介護者と労働契約を結び賃金を手にする介護者は、保険料の納付を免除される。イギリスにおいても類似の制度が、2008年に制度化される[104]。日常生活上の援助が仕事に及ぼす長い期間の影響を年金制度の上で積極的に考慮に入れたこの国としては、最初の措置である。フランスと類似の制度は、ドイツをはじめベルギー、オランダ並びにルクセンブルクの諸国にも認められる[105]。労働災害保険への介護者の加入は、ドイツの制度の一環として日本でも早くから紹介されてきたところである。しかし、イギリスにこの制度は存在しない。[106]

　介護を理由にする職業生活中断者に対する65歳からの年金満額支給は、フランスの2010年11月9日付けの老齢年金改革に定められる措置である。満額支給の開始年齢を65歳以降に変更する一般規定の例外措置として採用される。介護者自身の老齢期における経済的な窮状に配慮を加えた措置の一環である。要介護者のデイケアやショートステイの利用を通した介護者の休息や休暇の取得は、関係する経費を介護者が負担するならば、その費用の半額は必要経費の一部と見做されて、介護者に係る所得税控除の対象になる。また、これらの経費の一

部は，ドイツなどの介護保険制度がそうであるように保険を通して支払われる。フランスにおいては，ドイツとは制度を異にすることから，費用の一部は個別自立手当を通して支払われる。

　要介護者あるいは介護者が家事使用人を採用して家事援助や対人援助の一部もしくは全部を担ってもらうならば，採用に伴う経費の半分もしくは全部は，所得税から控除されると共に，家事使用人の雇い主としての社会保険料の支払いも免除される。もとより最低賃金制度は，厳守しなければならない。著しい程に高い失業率が続く中で雇用創出の新しい方法として考え出された産物である。介護者の負担を軽減する効果を期待することができる。

介護者の日常生活上の援助環境

　支援の方法は，介護者による日々の援助環境に係っても確かめることができる。

　介護機器の利用は，日常生活上の援助を手掛けるに際して実に有用である。しかし，当然のこととはいえ購入費用を伴うことから，制度として導入されるのは，介護機器の無償貸与である。また，住居における段差の解消や手すりの設置は，要介護者はもとより介護者にとっても，有益である。住宅改修補助金の交付は，これに着目をした制度である。フランスでは，個別住宅援助（APL）と呼ばれる。加えて，住宅改修費用の消費税割引と所得税控除は，改修を促す経済的な手段として用意される。

　要介護者がアセスメントの過程を経て介護サービスの給付要件を満たすならば，次に策定されるのは，要介護者の介護計画である。この計画が要介護者のニーズに充分に合致するためには，日々の寄り添いを通して要介護者の暮らしぶりを充分な程に知る介護者の参画を欠かすわけにいかない。介護計画策定過程への介護者の参画は，アセスメントの過程におけるそれと共に，こうした理解に沿ってイギリスにおいて最初に着手される。家族や隣人あるいは友人の介護者化は，要介護者の医療施設からの退院を契機に開始され，あるいは再開される。医療機関の作成する退院案内冊子が，介護者にもとより無料で配布をさ

れるならば，退院を前後する暮らしの小さくはない変化とこれに合せて介護者として予めなすべき事項について，理解を寄せ事前の準備をすることができる。これは，介護者はもとより，巡りめぐって要介護者の地域における暮らしの開始にとっても，願ってもない効果を期待させる。退院計画策定過程への介護者の参画も，その元を辿るならばこれと同じ着想を拠り所にする。要介護者が病院を出て地域に暮らそうとするならば，当然のこととはいえ在宅サービスの利用も不可欠の要件として登場する。退院計画策定過程への介護者の参画は，要介護者の退院時における介護者への支援と併せて有用である。これらもイギリス発の方法であり，その後，国境を越えて広がりを見せることになる。

仕事と介護，勉学と介護の両立

　仕事と介護の両立はともかく，勉学と介護の両立というならば，未成年の介護者はもとより若い成人の介護者に関する調査研究が未だ乏しく，これらの表現も定着しているとは言い難い日本にあって，にわかには理解し難い問題ではないかと思われる。しかし，欧米などでは，仕事と介護の両立について論ずるならば，あわせて勉学と介護の両立も忘れるわけにいかない支援の領域として言及されはじめている。未成年の介護者の発見に伴う変化である。

　介護休暇は，フランスにおいて3つの形態のもとに制度化される。家族支援休暇の名称で制度化され，高齢社会への適応に関する2015年12月28日法に沿って，その名称を介護者休暇と変えた制度は，要介護者を家族に抱える賃金生活者を対象に3ヵ月，更新を認めるとはいえ勤務期間を通して12ヵ月を超えないことを条件とする。無給の休暇である。家族連帯休暇も，期間は3ヵ月，1回に限って更新が認められるとはいえ，これも無給である。父母参加休暇は，年齢階層にして20歳未満の障碍児の世話を目的に，14ヵ月の期間における最長310日の無給休暇である。緊急時における休暇取得の権利は，イギリスについていえば2004年の制度化である。

　パートタイム化は，オランダにおいて広く認められた権利であるとはいえ，フランスに関する限り国家公務員の分野に限定される。もとより在宅勤務やテ

レワークの選択を含む労働時間の柔軟化は，フランスでも労働協約交渉を経て認められる。この国の仕事に就く介護者の多くが，フルタイムの就業形態にある（男性90％，女性75％，2008年）だけに，仕事と介護の両立を図る為には，パートタイム選択権の行使を含む労働時間の柔軟化の意味は，大きい。選択権の行使によるパートタイム化であるだけに，それは，優れて自発的であり，これを例証するようにフルタイムへの復帰も保障される。

勤務時間中の介護関係私用電話の利用は，フランスにおいて認可される。要介護者の容態に予期せざる変化が生まれ，介護者が，これへの対応を迫られる事態を視野に収めた措置である。未成年の介護者による携帯電話の教室内持ち込みの認可は，イギリスにはじまり，フランスでは未だ議論にはなっていないとはいえ，先の勤務時間中の介護関係私用電話の利用認定と同様の趣旨に沿う方法である。

介護者の就業状態別構成に占める就業者の比率に照らすならば，仕事と介護の両立を迫られる賃金生活者は，けっして少ないとは言い難い。同一の企業はもとより事業所に一定の介護者が認められることに着目をし，これらの賃金生活者が仕事と介護の両立を迫られる姿にも後押しをされながら形成され，活動を続けるのは，職場における介護者支援グループである。地域に開かれる介護者グループと同様の効果はもとより，特に仕事と介護の両立に関わる知識や工夫の職場に即した習得を期待することができる。日常生活上の援助の経験を再就職に生かそうという動きも，認められる。家族生活助手（ADVF）や社会生活補助（AVS），あるいは医療精神援助（AMP）の職業資格の取得に向けた職業再訓練に参加をするかつての介護者の労働力化に向けた求職支援の取り組みである。政府の編集と発行になる『家族介護者手帳』にも，頁を割いて分かり易い説明が施される。これらの職業資格が総じて賃金水準の低い労働者層によって保有されることを考えるならば，この支援政策が，幅広い社会職業階層から構成される介護者全てを視野に収めるわけでないことは，言うまでもない。

未成年の介護者や勉学と介護の両立を迫られる学生は，日常生活上の援助に追われるあまり友人関係を損ない，学習の時間も充分に確保するわけにいかな

い。日常生活上の援助を優先せざるを得ないことから，不本意ながら遅刻や欠席も繰り返される。巡りめぐって学力の形成には，明らかに負の影響が押し寄せる。こうした状況を放置するわけにいかないとイギリスではじまり，フランスにおいては2010年代中葉と比較的最近のことであるとはいえ開始されたのは，学習支援である。未成年の介護者を対象にするサマーキャンプやフェスティバルについては，既に紹介した通りであるが，学習支援は，これらと並び欠かすわけにはいかない日常的な支援の一つである。

介護者支援の社会環境

　介護者支援政策の形成と展開の上では，幅広い国民による介護者問題の理解を通した介護者とそのニーズへの共感が求められる。介護者の状態とニーズを明らかにするべく，丹念な調査が繰り返され，その結果は広く公表される。国民による共感は，介護者関係立法の制定を通した介護者の権利の制度化として遠からず実を結ぶことになる。介護者支援政策は，確たる法的な拠り所を保ちながら支援計画や支援指針，あるいは支援実施計画に具体化され，具体的なサービスの形態のもとに介護者に親和的な職員に担われながら介護者に届くことになる。

　介護者の規模と構成に関する調査は，早ければ1980年代初頭から中葉にかけて政府の調査機関によって手掛けられ，以降，定期的に実施される。介護者団体や家族団体などが研究者の協力も得ながら手掛けるのは，介護者とその貢献並びに生活に関する幅広い，かつ継続的な調査である。その意義は小さくはない。幾つかの結果について紹介しておこう。

　終末期を迎えた要介護者を看取りながら，日常生活上の援助を終える人々が居ると同時に，新たに介護者としての役割を担う人々も誕生する。人生のいずれかの時期に日常生活上の援助を担う人々は，国によってやや計数を異にするとはいえ，2人に1人前後（60％，イギリス，46％，カナダ）を記録する[013]。日常生活上の援助は，少数のごく限られた人々の営みではなく，誰もが直面するであろうことが，この推計作業を通して明らかにされる。かくして介護者支援政

策の採用と拡充とが国民的な課題であることを，調査結果を介して示すことになる。

　介護者の規模と週当たり介護時間別構成に関する調査結果を利用しながら，年間無償介護時間の長さを算出し，有償介護時間との総計に占める前者の著しい高さについては，既に紹介したところである。この年間無償介護時間に法定最低賃金の定める時間当たり賃金額や，職業資格を持たない職種の時間当たり賃金額を掛け合わせて，その貨幣評価額を算出する作業も，国を越えて広く行われる。フランスについていえば，介護者の担う年間無償介護時間を全て有償の介護に置き換えたとすれば，年間70億ユーロから110億ユーロを記録する。(114)イギリスでは，介護者の担う無償介護時間が年間1,190億ポンドにのぼり，これは，国民保健サービスの年間経費（988億ポンド，2009～2010年）を優に上回る（120.5％）ことが明らかにされ，この結果は，フランスはもとより広くヨーロッパのレベルにおいても紹介される。(115)いずれも，介護者がいかに大きく貢献するかについて，その経済価値の算出を通して実に分かり易く伝え，国民に共感をもって受け止められるには，有益な作業である。同様の推計作業は，筆者の知る限りにおいてもアメリカはもとよりアイルランドやオーストラリアあるいはニュージーランドで手掛けられ，(116)介護者問題の幅広い理解を得る上で確かな拠り所となっている。長らく見えざる存在であり続けた介護者への国民的な関心を広め，共感をもって受け止められる上で，有益な作業である。このうちアメリカでは，レスパイトケアに関する2015年法の前文において介護者の担う無償労働の経済価値（4,700億ドル）が，メディケイドの年間費用（4,490億ドル）を上回るとの推計結果について記載する（104.7％，2013年）。この種の推計作業が，すっかりと定着していることの確たる例証である。

　介護者が，広く国民経済の上で実に大きな役割を担うだけに，これが介護者の日々の生活はもとより生涯に亘って与える影響は，大きい。こうした影響は，介護者の健康はもとより社会生活，仕事と経済生活，と幅広く調査において取り上げられる。その影響について丹念な注意が払われるだけに，介護者の多様な存在も研究者の協力を得ながら明らかにされる。障碍児や障碍者の親でもあ

る介護者（parent carers）や，仕事を持つ介護者，少数民族に属する介護者，年齢階層に係っては未成年の介護者，若い成人の介護者，学生介護者，男性介護者などの表現は，介護者の多様な存在とそのニーズに注意深い関心を払う中で形成され，広く国際的にも共有される表現として定着するのである。要介護者と介護者とが，サービスの給付に強い希望を抱きながら，なお軽くはない利用者負担を避けるために，その利用を断念するなどの事実に着目をしながら，手掛けられるのは，介護者の所得階層別あるいは社会職業階層別の構成に関する調査である。

　介護者化は，その就業状態はもとより子どもの養育，単身生活の持続化傾向などの家族状態に加えて，要介護者の住居との近接性にも左右される。しかし，女性の労働力率の上昇はもとより老齢退職の増加，離婚の増加，親子の地理的に離れた住まいのもとで，潜在的な介護者は，将来的に減少が続くと予想される。この広く国際的にも共有される知見は，フランスの研究者はもとより家族団体によっても，今のところ地域レベルの調査を通してであるとはいえ具体的に示される(117)。

旺盛な調査を踏まえた政策提言

　介護者支援政策の形成と拡充を巡る提言は，こうした丹念な調査を踏まえて旺盛に行われる。

　フランスでは，イギリスやアイルランドなどとは異なって介護者調査が公表されるのは，1990年代中葉と遅く，体系的な提言が最初に行われるのは，1993年まで待たなければならない(118)。2000年代中葉から2010年代初頭になると，介護者団体や家族団体による提言が，相次いでなされる。たとえば介護者の為の全国的な措置として，情報の提供と介護技術訓練をはじめ，経済的な支援，社会保護や老齢退職の権利に係る社会的諸権利の創設，介護者ニーズの評価制度の導入，休息や休暇の権利，介護休暇や労働時間の調整，相談やカウンセリングの機会，これらが提起される(119)。15年前の93年に初めて体系的に示された提言の内容を継承することはもとより，さらに，その後における調査研究の成果を正

第 1 章　介護者のニーズと支援の体系

当に踏まえながら拡充された内容である。地方自治体などの調査報告書にも，内容に照らして重なり合う提言を確かめることができることはもとより，家族高等評議会（HCF）や自立連帯国家基金の介護者に関する提言にも確かめることの可能な内容である。

　提言は，地域の家族団体によっても地域で手掛けた独自の調査を踏まえながら行われる。日常生活上の援助の80〜90％は介護者に担われ，この水準は，個別自立手当を受給する要介護者を看る介護者に絞っても75％を記録する，と全国レベルの知見を共有し紹介した上で，以下のような提言をする。すなわち，（1）介護者の役割を公的に認知し，高い評価を加えること，（2）介護者支援を保健衛生はもとより社会保護あるいは就業など，幅広い分野において具体化すること，（3）情報の提供や介護者ニーズの調査などを手掛ける県レベルの部局を設置すること，（4）介護者支援を手掛ける団体や施設に財政的にはもとより専門的・人的な援助を行うこと，（5）介護者やその支援を担う職業人の為の電話相談窓口やインターネットサイトを独自に設け運営すること，（6）介護者の休息や休暇の機会に係るレスパイト・サービスを地域において多様化し，利用の機会を増やすこと，これらである。短くはない期間に亘って地域に根を張りながら活動を蓄積する，フランスの家族団体ならではの提言である。

　提言は，ヨーロッパ介護者連盟によっても行われる。その内容の幾つかを紹介するならば，以下のようである。（1）介護者の広く社会への貢献について認識をし，社会的に認知しなければならない。（2）様々な領域はもとより生涯に亘る介護者の社会的な包摂が図られてしかるべきである。（3）日常生活上の援助に要する利用し易く，信頼に足る情報が提供されなければならない。（4）日常生活上の援助に伴う介護者の情緒面への影響を緩和する為に，カウンセリングなどの機会が用意されるに相応しい。（5）デイサービスやショートステイの利用は，要介護者はもとより，とりわけ週の殆どを日常生活上の援助に費やす介護者にとって極めて重要である。（6）医療保健サービスに介護者を位置付け，彼女や彼の健康を促進しなければならない。（7）仕事を持つ介護者が介護と仕事の両立を図ることが可能な措置は，介護者が自らの生活費

111

を稼ぎ出すに止まらず、広く国民経済にとっても重要である。（8）離職に伴う老齢年金権の喪失や介護に伴う追加の出費など、日常生活上の援助に起因する社会保障上の権利の喪失などを回避するに相応しい対応が、取られなければならない。（9）介護離職を余儀なくされた介護者が、労働市場に再び戻るに際して、職業資格を引き上げることの可能な措置が、採用されなければならない。（10）介護技術の介護者による習得のために、介護技術訓練が実施されなければならない。（11）医療と社会サービスの連携が求められる。ホームヘルパーの要介護者や介護者による雇用は、介護者にとってとりわけ重要である。（12）医療や介護の分野に働く賃金生活者が介護者の担ういたって重要な役割について充分な理解を寄せ、介護サービスにおける対等のパートナーとして接することが可能であるように、職員の養成教育や継続教育を行わなければならない。（13）老齢の介護者や未成年の介護者など、介護者の多様な存在と独自のニーズを忘れることなく考慮しなければならない。

　ヨーロッパ連合（EU）のレベルにおける社会政策や医療政策に係る諸計画を包括的に視野に収め、将来的には介護者に関するヨーロッパ連合指令の採択も目指しているだけに、提言の視野はいたって広い。同時に、その内容に照らすならばフランスにおける提言と重なり合うことも、否定するわけにいくまい。また、国連女性の地位委員会などが策定に関わった報告書、すなわち、『介護と高齢者——ジェンダーの視点』（1997年）や『高齢女性と支援制度——新しい挑戦』（1998年）、あるいは『高齢化に関する第2回世界会議報告』（2002年）等に盛り込まれた体系的な提言を継承することも、これまた確かである。

　提言は、議会に上程される法案に沿っても行われる。高齢社会への適応に関して2014年から15年にかけてフランスの議会に上程された法案について、家族団体は、一つひとつの条文に即した検討を加え具体的な提言を纏め上げる。介護者の休息権が盛り込まれていることは、正真正銘の前進であるとの評価も加えながら、法案の修正についても条文に沿いながら具体的に提起する。介護者支援政策に関する提言が、フランスにおいてもいかに丹念に、しかも、すこぶる具体的になされているかを示す一例である。

提言は,各種の選挙に際して介護者マニフェストとして策定され公表されることもあるとはいえ,これは,イギリス発の実績であり,フランスにこれを確かめることは未だ不可能である。

介護者憲章と介護者議会

介護者憲章は,実現に値するニーズや権利について分かり易く簡潔に示したものであり,未成年の介護者憲章や学生介護者憲章を含めて,これもイギリス発のフランスを含めて広く国際的に学び取られた実績の一つである。介護者のニーズや権利を,日常生活上の援助を実際に担う人々はもとより広く社会に解りやすく伝え,介護者団体がその実現に向けて動き出す上では,有益な資料である。介護者団体や家族団体はもとより,医療機関や地方自治体などが,広く国際的な経験や地域の実情も周到に踏まえながら,策定する。

介護者に関する2016年法(スコットランド)は,介護者憲章について介護者に関する幾つかの単独立法の中では全く初めて視野に収める。介護者憲章は,介護者の権利について明記する文書であるとし,制定や改訂に当たっては介護者やその団体への諮問を経なければならないと定める。これまで制定主体の任意に委ねられていたものが,初めて法的な拠り所を明確に得ることになる。介護者団体などへの諮問は,自治体のレベルでも広く行われており,2016年法は,こうした実績を踏まえて,その法制化を図ったものである。

フランスの地方自治体は,地域の家族団体と共に憲章を策定する。他の介護者憲章と同じように10項目から構成される。(1)家族介護者は,周囲の要介護者の日常生活上の援助の一部あるいは全部を無報酬のもとに手掛ける人々であり,この規則的な援助は,恒久的になされることも,そうではない場合もあり,幾つかの形態を取る。(2)障碍を抱え,あるいは要介護状態にある人は,彼女や彼の家族や親密な関係にある周囲の人の中から家族介護者を選択する可能性を,いつも保持しなければならない。家族介護者は,職業生活と日常生活上の援助の両立のために,日常生活上の援助をフルタイムで担うのか,それともパートタイムで担うかについて選択する権利を持つ。(3)障碍を抱え,あ

るいは要介護の状態にある人と介護者の選択は，要介護者と介護者に関する国はもとより地方自治体の責任を免除するものではない。（4）家族は，障碍を抱え，あるいは要介護の状態にある人にとって連帯の特別な場所である。（5）家族介護者の位置は，医療や社会保護政策の全ての領域において認知され，広く考慮に入れられる。家族連帯は，国家次元の連帯を補足し，より良い調和を図るべく発展させられるに値する。（6）家族介護者は，障碍を抱え，あるいは要介護の状態にある人を看るに当たって，社会生活の全ての領域に係る社会的な諸権利を享受しなければならない。介護者は，労働はもとより住宅と交通などの利用，あるいは老齢退職などの領域において均等に処遇されなければならない。（7）要介護者の生活の質と介護者のそれとは，密接不可分な関係にある。疲労や過重なまでの負担，あるいは疾病を予防する全ての政策は，介護者が要介護者のニーズの充足に充分に対応することを可能にする。（8）休息や休暇の権利は，基本的に必要な制度であり，緊急時の一時的な支援はもとより，バカンスを含む休息や休暇といった多かれ少なかれ長い期間に亘る支援を通して保障される。（9）全ての家族介護者は，日常生活上の援助を容易にする全ての情報を入手することが可能でなければならず，より質の高い介護技術の形成に向けた訓練への参加が，保障されなければならない。（10）介護者は，健康診断を毎年受けることができる。その費用は，地方自治体が負担する。地方自治体は，要介護者と介護者のニーズ評価に取り組む。

　介護者の生活の質やバカンスへの参加などを盛り込んでいることに着目をするならば，この憲章が，介護者の社会的包摂を基調に据えながら策定されていることは，明白である。

　連帯の表現がしばしば登場するのは，いかにもフランスならではである。これを除くならば，他の国々はもとよりヨーロッパレベルの介護者憲章の内容とさして大きな相違はない。策定の主体である地方自治体は，憲章に自らの意思で示す介護者の諸権利の実現に向けて計画を策定し，実施に移すことになる。計画の効果の検証に当たっては，介護者憲章に明記される内容が当然のこととはいえ揺るぎのない基準として位置付けられる。

オーストラリアでは，介護者の認知に関する2010年法の中に10項目からなる介護者憲章を記載する。早ければ2004年に制定の同名の州法に盛り込まれた憲章を正当に踏まえ，さらに拡充した内容である（西オーストラリア州，2004年，クィーンズランド州，2008年，ノースサウス・ウェールズ州，2010年）。憲章を法律に盛り込む試み，あるいは言及する実績は，フランスはもとよりスコットランドを除くイギリスの各地域においては，未だ確かめることのできない作業である。

　未成年の介護者憲章や学生における介護者憲章は，フランスに未だ確かめることはできないとはいえ，賃金生活者における介護者憲章の策定は，世界広しといえども，これまでのところフランスに独自である。仕事と介護の両立に関する内容が介護者憲章の欠かすわけにいかない一部として示されることは，先に見た通りである。しかし，賃金生活者における介護者憲章を独自に策定することは，企業における一段と進んだ具体的な取り組みを念頭に置いたものであり，その意味は小さいとは言い難い。介護者憲章の策定は，そもそもの由来を辿るならばイギリス発であるとはいえ，賃金生活者における介護者憲章は，アメリカはもとよりイギリスやオーストラリア，あるいはニュージーランドに較べても高い労働基準を確保するフランスであればこその，優れて独自の産物であろうか。

　介護者貧困憲章は，イギリスにおいても比較的新しく，2009年の策定と公表である。介護者の貧困状態への下落を防ぐ為に，政府は，介護者手当の改善を急がなければならないとして，イギリス介護者連盟によって定式化される。この憲章は4項目からなり，認知症団体をはじめとする15の民間非営利団体による理解が示され，積極的に支持される。

　介護者議会は，イギリスのスコットランドにおいて2011年から毎年開催される独自の取り組みである。その後，ウェールズにおいても2015年から開かれる。介護者支援政策の直面する課題について，介護者の代表はもとより行政や議員の参加を得て討論を重ねる。国境を越えて各地で開かれる介護者問題討論会に類似の催しであるとはいえ，行政や議員の参加に示されるように，介護者議会で討論された内容が政策の拡充に反映される度合いは，通常の討論会に較べる

ならばいたって大きい。2011年から15年にかけて開かれた5回の介護者議会の議事録とその後におけるスコットランド行政府の対応を振り返るとき、揺るぎなく導き出される結論である。

　介護者支援政策は、それが単独立法であるか否かを問わず、法律の拠り所を得て構想され実施に移される。フランスの家族団体が、議会に上程された法案の条文に即して評価を加え、必要な修正意見を公表すると先に紹介した営みも、介護者支援政策を巡るこうした事情があればこそである。

介護者支援政策の法的な拠り所と支援計画

　介護者支援政策が確たる位置を確保していることは、介護者に関する単独立法などの制定に加えて、男女平等はもとより社会的包摂に関する法制度にも確かめることができる。フランスの女性の権利と男女の平等な機会委員会から国民議会に提出された報告書は、日常生活上の援助が性別には主に女性に担われる現状に照らすならば、家族の連帯が性別に平等ではなく、女性に不平等であるとして、これを視野に収めた介護者支援政策の拡充について提起すると共に、高齢社会への適応に関して2014年から15年にかけて議会で議論の重ねられた法案についても、詳細な検討を加えた上で、仕事と介護の両立はもとより介護者の健康に係る定期健康診断について提言をする。あるいは、イギリスの社会的包摂担当大臣の貧困と社会的包摂に関する第1回年次報告書は、介護者が日常生活上の援助のゆえに社会から孤立し、労働市場からの非自発的な引退を引き金にする老齢期の不安定性に照らすとき、介護者は、社会的排除の状態に陥りやすいのであって、『介護者支援国家戦略』(1999年)に沿って、介護者により良い支援を届けなければならないと指摘する。介護者と社会的排除との関連を問い、日常生活上の援助を担う彼女や彼の社会的包摂について、世界の中でも最も早くに展望するイギリス政府の見地は、その後、ヨーロッパ連合によっても共有される。介護者支援政策が、幅広い政策領域や法制度の中で確たる位置を占めていることの例証である。

　法的な拠り所の明確な介護者支援政策は、政府や地方自治体あるいは医療機

関，さらには，大学を含む教育機関による支援実施計画の策定へと進む。このうち教育機関による策定は，当然のこととはいえ未成年の介護者や学生でもある介護者を念頭に置く。計画は，イギリス政府が世界で初めて策定し，その後も定期的な改定を加える『介護者支援国家戦略』（初版，1999年，第2版，2008年），あるいは，最近の事例でいえば同じくイギリスの国民保健サービスや地方自治体，もしくは大学による『介護者支援計画』(129)のように，対象を介護者に絞り込む計画が認められると共に，他の関係する計画の中に介護者支援を明記し，施策を具体的に示す形式との両者に区分される。フランスは，後者に属する。たとえば『認知症対応計画』(2001年) は，前述したようにヨーロッパ諸国の中では最初の策定であり（オランダ，2004年；ノルウェー，2007年；イングランド，2009年；デンマーク，ポルトガル，ベルギーのフランダース地方，2010年；北アイルランド，ウェールズ，チェコ，2011年；フィンランド，マルタ，2012年；スコットランド，ルクセンブルク，2013年，ほか）(130)，その中には介護者支援政策が明記される。また，社会問題・労働・連帯省の策定になる『男女平等計画』(2004年) にも，介護者支援政策が忘れることなく明記される。(131)ヨーロッパ委員会の『男女平等戦略』（計画期間2010～2015年）が，育児休暇や介護休暇の取得における性別格差とその是正に言及していることに照らすならば，(132)フランスの『男女平等計画』における介護者支援政策の明記は，ヨーロッパ諸国の中でも先駆的な取り組みであると評することができるであろうか。

先に大学が，他の教育機関と同じように介護者支援政策の実施計画を策定すると述べた。日本の実情を想い起こすならば，にわかには信じがたく，やや説明を求められるのではないかと思われる。グラスゴー大学では，介護者でもある学生支援政策をイギリスの数ある大学の中でも，最初に策定した大学として知られる。2011年12月の策定である。(133)介護者でもある学生の表現が初めて用いられるのは，2009年であることを想い起こすならば，その僅かに2年後のことである。教育の機会均等を基調に据えた政策である。これ以降，ロンドン大学やリーズ大学，サルフォード大学など各地の大学で同様の政策が採択され，これに沿う支援実施計画も策定され実施に移される。大学の支援政策は，大学に

勤務する職員や教員の日常生活上の援助を視野に収めた政策に加えて，介護者でもある学生を対象にする政策の双方から構成されるものの，2011年以降における動きの中で特に注目を浴びるのは，このうち後者である。大学による支援政策や支援実施計画の策定を考える時，全国学生連盟（NUS）や傘下の学生組織の果たした役割を忘れるわけにいかない。日常生活上の援助を手掛けながら大学に通う学生について丹念な調査を行い，学生のニーズを正確に踏まえながら政策提言を行うのである。大学の介護者支援政策の文面と全国学生連盟の提言とを重ね合わせてみるとき，後者の与えた影響は少なくないことに改めて気づくことになる。

　介護者は，支援政策の策定過程に参画をする。併せて計画の政策効果の検証過程にも加わる。いずれも制度的に担保された過程である。介護者のニーズを計画に反映し，ニーズの計画実施期間における充足を担保する上では，効果的な参画である。

　未成年の介護者支援の指針は，高校までの教育機関によって策定される。これもイギリスで最初に試みられ，国際的な広がりを辿るとはいえ，これをフランスに確かめることは，未だ不可能である。介護者支援に積極的な事業者への公認証の交付は，仕事と介護の両立が必要不可欠の課題であることを考慮しながら，事業者への啓発をかねて考え出された方法である。

　介護者の権利の日や介護者週間，あるいは介護者月間など，国によって名称や期間あるいは時期をやや異にするとはいえ，毎年期間を定めて啓発事業を開催することは，広く各国において認められる。その経緯に照らすならば，介護者団体の発意に沿って実施され，年を追って広がりを見せる場合のほかに，政府が発意をし介護者団体や家族団体の賛同を得ながら行われる場合がある。フランスは，このうちの後者に属し，介護者の日は2010年からの開始である。この種の取り組みは，少なくない国々に確かめることができる。カナダでは，介護者支援を目的に形成された専門職者のネットワークが，最初の介護者週間を2003年にはじめ，4年後の2007年には，ケベック州政府がこれを認知，以降，公的な認知を受けた介護者週間として継続的に取り組まれる。あるいは，アメ

第1章 介護者のニーズと支援の体系

リカでは介護者団体が,全国介護者週間を1994年にはじめ,3年後の97年には,B. クリントン(Bill Clinton)大統領が,この取り組みの意義を認める公式の文書を公表し,これを契機に家族介護者月間として定期的に取り組まれる[136]。いずれの場合も全国的な広がりをもって展開されるとはいえ,唯一イタリアでは,カルピ市(Ville de Carpi)における実施に止まる[137]。介護者問題が,この国において社会問題の一つとして公的には未だ認知されていないことの例証である。介護者が担う実に大きな役割とこれに伴う窮状について,広く国民的な理解を得ることはもとより,介護者が,暫しの時間とはいえ日常生活上の援助から離れ,同じ社会的な地位にある人々と時間と空間とを共有しながら語り合い,安らぎの時間を共有する意味でも,有益な催事である。

介護者支援政策の人的環境

　介護者と対面し支援政策の実施に向けてサービスを提供するのは,医師をはじめ看護師や保健師,ソーシャルワーカーやホームヘルパー,教師,病院や診療所もしくは学校の職員,あるいは公共職業安定所の職員である。これらの人々が介護者の置かれた環境とニーズに熟知し,ニーズの充足に相応しい知識と技術を持つならば,介護者の早期の確認にはじまる支援は,スムーズに着手され,支援に対する介護者の高い満足感を引き出すことができる。医療や社会サービス,教育並びに職業紹介の分野で働く人々のこうした位置について,政府の報告書として初めて指摘をするのは,イギリスのグリフィス報告(1988年)である。すなわち,「地方保健局が,どのように介護者を支援するかについて明確に示さなければならない」とした上で,「地域看護師と保健訪問員の職業技術は,要介護者と介護者のニーズの充足を考えるならば,計り知れない程に重要な位置にあり,役割を持つ[138]」と指摘する。この国の戦後における介護者支援政策が,萌芽的であるとはいえ1967年にはじまることを改めて想い起こすならば,それから21年後の提起である。グリフィス報告が,国民保健サービスとコミュニティケアに関する1990年法の拠り所をなしたことに照らしても,報告の提起は,その後広く受け止められ,医療はもとより社会サービス,教育並び

に職業紹介の分野に働く職員を対象にする介護者関係教育を通して主体的に学び取られ，日々の仕事に生かされていくことになる。

同様の提起は，イングランドのタームサイド州によっても，グリフィス報告から3年後の91年に公刊された調査報告書の中で示される。すなわち，州政府は，介護者問題が文字通りの意味において社会問題の一つをなすと指摘し，介護者が社会的孤立や睡眠の乱れを含む健康問題，経済的な負担並びに仕事と介護の両立問題に直面していると指摘した上で，全てのサービス供給主体が連携しながら支援に向けて対応しなければならない，と結ぶ[139]。供給主体の連携を打ち出していることに着目をするならば，イングランド北西部のタームサイド州政府は，サービスを担う職員への介護者問題教育の必要性を視野に収めていたように思われる。イギリスにおけるその後の推移を注意深く振り返るならば，専門職員の養成教育はもとより継続的な再教育には，介護者問題が組み入れられ正当な地位を与えられる，と評してよい。提言は，州内はもとより広くイギリスの各地において学び取られるのである。

フランスでも，イギリスの後塵を拝するとはいえ同様の確たる進展を確かめることができる。自立連帯国家基金は，「正真正銘の介護者支援政策」について論ずる中で，医療と社会サービス分野に働く職員の役割はいたって大きく，その「養成教育と継続教育に介護者野問題を組み入れなければならない[140]」と指摘する。また，介護者の社会的な孤立や極度の憔悴は，医療補助部門の専門職者によって共有されなければならないのであって，適切な支援に向けて職員を対象にする教育訓練が行われて然るべきである，との指摘もなされる[141]。地域圏政府の障碍者並びに要介護高齢者に関する地域圏計画に沿う検討から，引き出された指摘である。あるいは，一般医をはじめ看護師，看護助手，ソーシャルワーカーは，介護者支援の確たる主体であるとの指摘も，その後になされる[142]。これらの指摘が，自立連帯国家基金や地方圏政府によってもなされていることを考えるならば，医療保健関係職員や自治体職員などを対象にする介護者問題教育が，フランスにおいても，イギリスの後塵を拝するとはいえ，2010年代初頭に入って実施されはじめていると考えてよい。

第 1 章　介護者のニーズと支援の体系

　介護者の存在を確かめる上においては，診療所あるいは病院の窓口で患者に対応する職員の役割は，いたって重要である。介護者が診療所などを訪ねる頻度は，要介護者に付き添ってであれ，あるいは自らの体調の不良を理由にしてであれ総じて高く，それは，彼女や彼が地方自治体社会サービス部の窓口に姿を見せる頻度に較べるならば，遥かに高い。診療所などが，介護者の確認の上で殊のほかに重要な位置にあると評される所以である。一般開業医やそのもとに働く職員に対する介護者問題教育に加えて，支援に向けたすぐれて実用的な『ガイドブック』が無償で配布され，日々の職務に活用される。同時に，日々の職務が介護者支援にどの程度の効果を発揮し支援の実績を上げているかについて自ら点検し，業務の改善につなげていく為の自己点検アセスメントも策定され配布される。いずれもイギリス発の方策である。しかし，これらは，フランスにおいては未だ学び取られていない。

　企業や医療機関，大学を含む教育機関が介護者支援に文字通り組織的に取り組む上では，個々の取り組みを包括的に視野に収め全体を統括するコーディネーターの存在を必要にする。介護者支援コーディネーターの配置も，イギリス発の試みである。

　介護者問題の啓発は，仕事と介護の両立を迫られる賃金生活者も少なくない中にあって，企業においても喫緊の課題である。改めて紹介をするならば，フランスにおける賃金生活者の15％，実数にして400万人近くは，日常生活上の援助を手掛けながら仕事に就く賃金生活者である。企業に向けた啓発誌が発行され，啓発訓練が実施されるのも，相応の背景を持つのである。フランスの全国家族団体連合会の協力を得て編集された『家族介護者――企業向けガイド』(2014年) は，介護者の定義にはじまり，規模と負担，仕事を持つ介護者の規模，企業にとっての問題点，介護者に係る多様な主体，企業として可能かつ有効な対応，企業内及び業種内の労使交渉，これらの主な項目について解りやすい説明を加え，末尾には，自立連帯国家基金の介護者に関する21項目の提言やヨーロッパ介護者憲章なども紹介される。企業向けの啓発が功を奏しはじめていることは，企業レベルの労働協約を見ても明らかである。たとえばエール・フラ

ンス社は、障碍者の雇用に関する2011年締結の協約の中に、日常生活上の援助を担う従業員を対象にする介護者支援の諸方策について明記する。休暇や労働時間の調整に加えて住居の改修にかかる援助について記載される。他方、イギリスでは、介護者のための企業主（Employers for carers）と銘打つ団体が形成され、専用のホームページを開設して先駆的な企業レベルの取り組みについて簡潔に紹介をすると共に、ガイドの発行はもとより啓発訓練にも取り組んでいる。同様の取り組みは、スコットランド介護者に親和的な企業主（Carer Positive Employer in Scotland）によっても、手掛けられる。いずれもイギリス介護者連盟との連携を支えになされた取り組みである。国境を越えて広がる先駆的な取り組みの一端である。

　未成年の介護者をどのように発見し、優れて個別的な支援をどのように手掛けるか、これには、専門的と言うに相応しい相応の知見と技量とが求められる。教職員に向けた優れて実用的なガイドブックが、長年に亘って未成年の介護者支援に取り組んできた、いずれもイギリスの介護者トラスト（Carers Trust）や子ども協会（Children's Society）、あるいは地域の介護者支援センターなどによって公刊され、利用に供される。このうち子ども協会の発行するガイドブックは、未成年の介護者が社会的排除の状態に陥る諸要因を理論的に解りやすく説明した上で、各地で蓄積された先進事例について幅広く紹介する。介護者支援センターや未成年の介護者グループは、イギリス各地で地域に根ざして短くはない活動を蓄積してきただけに、その策定になるガイドブックは、優れて実用的である。これらの先駆的な実績は、他の国々でも学び取られているとはいえ、フランスについてはこれからの課題である。

　介護者問題は、改めて言うまでもなく広く国民的な課題であるだけに、国民による幅広い理解を通した介護者への共感の醸成を欠かすわけにいかない。フランスの地方自治体等が、介護者支援政策の展開を念頭に置きながら啓発活動に乗り出すのも、こうした事情を考えるならば確かな根拠に裏打ちされる、歓迎に値する動きであると評して良い。

第 1 章　介護者のニーズと支援の体系

注
(1) 厚生省高齢者介護対策本部事務局監修『新たな高齢者介護システムの構築を目指して——高齢者介護・自立支援システム研究会報告書』ぎょうせい，1995年，75頁。
(2) 同前，103頁，236-237頁，239-240頁，272頁。
(3) 同前，229頁。
(4) 同前，249頁。
(5) 同前，37頁。
(6) 同前，242-243頁。
(7) Sir Roy Griffiths, *Community care : agenda for action, a report to the secretary of state for social services by Sir Roy Griffiths*, NHSO, 1988, p. vi ; The Secretaries of State for Health, Social security, Wales and Scotland, *Caring for people, community care in the next decade and beyond*, HMSO, 1989, p. 4.
(8) Sir Roy Griffiths, *op. cit.*, p. 1, pp. 5-7, p. 14, p. 18 and p. 25 ; The Secretaries of State for Health, Social security, Wales and Scotland, *op. cit.*, p. 9, p. 17, p. 19, p. 35, pp. 42-43 and p. 73.
(9) Subcommitte on human services of the select committee on aging, House of Representatives, *Exploding the myths : caregiving in America, a study by the subcommittee on human services of the select committee on aging*, House of Representatives, comm Pub, No. 100-665, U. S. Government Printing Office, 1988, p. vii, pp. 53-59 and pp. 61-63 ; The Pepper Commission, *A Call for action, U. S. Bipartisan commission on comprehensive health care, final report*, U. S. Government Printing Office, 1990, p. 15 and p. 17.
(10) 厚生省高齢者対策本部事務局監修『新たな高齢者介護システムの確立について——老人保健福祉審議会中間報告』ぎょうせい，1995年，171頁，178頁。
(11) 樋口恵子編『介護が変われば老後も変わる——女性が進める介護の社会化Ⅱ』ミネルヴァ書房，1997年，30頁。
(12) 杉本貴代栄編著『フェミニスト福祉政策原論——社会福祉の新しい研究視角を求めて』ミネルヴァ書房，2004年，5頁，9頁；杉本貴代栄『女性が福祉社会で生きるということ』勁草書房，2008年，59-60頁。
(13) 増田雅暢「家族介護の評価と介護保険（2）」『週間社会保障』2199号，2002年9月2日，54-55頁。
(14) 同前，55頁。
(15) 増田雅暢編著『世界の介護保障』法律文化社，2008年，4頁，11-13頁。
(16) 同前，29頁。
(17) 橋爪祐美『働く女性の介護生活——在宅介護者の支援へのアプローチ』風間書房，2005年，3頁，19-20頁。
(18) 得津慎子編『家族支援論——一人ひとりと家族のために』相川書房，2005年，ⅱ頁。
(19) 同前，155頁。
(20) 同前，155頁。
(21) 前田信雄『病める老人を地域でみる——デイケア，訪問看護，ナーシングホーム』垣内

123

出版，初版，1979年，再版，1982年，第4版，1984年，1-2頁，27-28頁，115頁，140頁。
⑵ 同前，91-92頁。
⑶ Peter Townsend, *The family life of old people, an inquiry in East London*, Routledge & Kegan Paul, 1957, pp. 206-207 ; Peter Townsend, *The last refuge, a survey of residential institutions and homes for the aged in England and Wales*, Routledge & Kegan Paul, 1962, p. 411.
⑷ 長谷川和夫編著『痴呆性老人の看護とデイケア』医学書院，1986年，50頁，101頁，131頁。長谷川氏と同じ知見は，青木信雄氏によっても示される。青木信雄編・監訳『デイケアの理念と実際』全国社会福祉協議会，1989年，7頁。
⑸ 兵庫県社会福祉協議会『介護の社会化に関する研究委員会報告書1（在宅介護をすすめるために）』兵庫県社会福祉協議会，1991年，24頁。
⑹ 兵庫県社会福祉協議会『介護の社会化に関する研究委員会報告書2（在宅介護をすすめるために）』兵庫県社会福祉協議会，1992年，12頁。
⑺ 兵庫県社会福祉協議会『介護の社会化に関する研究委員会報告書1（在宅介護をすすめるために）』前掲，14-15頁，28頁，33頁，39-40頁，同『介護の社会化に関する研究委員会報告書2（在宅介護をすすめるために）』前掲，13頁，30頁，63-64頁，85頁。
⑻ 兵庫県社会福祉協議会『介護の社会化に関する研究委員会報告書2（在宅介護をすすめるために）』前掲，43頁。
⑼ 戒能民江「イギリスにおける高齢者介護」石川恒夫ほか編『高齢者介護と家族——民法と社会保障法の接点』信山社，1997年，176頁，185頁，187-188頁。
⑽ 天野マキ『高齢者介護の介護者支援システムに関する研究——家族介護者に対するレスパイト・サービスの有効性の検証を通して』東海大学，1999年，14-15頁，17-18頁，23頁，29頁，31頁，39-40頁。
⑾ 日本社会事業大学社会事業研究所『介護者支援の必要性——介護者の余暇活動の試みを通して』日本社会事業大学社会事業研究所，1999年，3頁，12-13頁，15頁，17頁；パム・オルゼック，ナンシー・ガバマン，ルーシー・バリラック編／高橋流里子監訳『家族介護者のサポート——カナダにみる専門職と家族の協働』筒井書房，2005年，3頁，5-6頁。
⑿ 日本社会事業大学社会事業研究所，前掲，10頁。
⒀ 同前，50頁。
⒁ 岩間大和子「家族介護者の政策上の位置付けと公的支援——日英における政策の展開及び国際比較の視点」『レファレンス』2003年1月号，38-39頁。
⒂ 畠中宗一編著『老人ケアのなかの家族支援——各専門職の役割とコラボレーション』ミネルヴァ書房，2006年，161頁。
⒃ 同前，12頁。
⒄ 同前，42頁。
⒅ 畠中宗一『家族支援論——なぜ家族は支援を必要とするのか』世界思想社，2003年，177頁，182頁，189頁，191頁；畠中宗一編著，前掲，26頁，161頁。
⒆ 松本勝明『ヨーロッパの介護政策——ドイツ・オーストリア・スイスの比較分析』ミネルヴァ書房，2011年，6頁。

第 1 章　介護者のニーズと支援の体系

(40) 同前，182-185頁，191-192頁，194-195頁。
(41) 拙著『欧米の介護保障と介護者支援——家族政策と社会的包摂，福祉国家類型論』ミネルヴァ書房，2010年，321頁。
(42) Sylvie Riopel, *Document synthèse et mise à jour vers un statut légal pour les proches aidants*, Regroupement des aidantes et aidants naturels de Montréal, 2015, p. 7.
(43) Eurocarers, *Carers in Europe : fact sheet*, Eurocarers, 2009, p. 2.
(44) Alain Blanc, *Les aidants familiaux*, Presses Universitaires de Grenoble, 2010, p. 47.
(45) Ministère de la Santé et des Solidarités, *Le guide de l'aidant familial*, La Documentation française, 2007, p. 11 ; Ministère du Travail, des Relations sociales, de la famille, de la solidarité et de la ville, *Le guide de l'aidant familial*, La Documentation française, 2009, p. 11 ; Ministère des affaires sociales et de la santé, *Aidant familial, le guide de réference*, La Documentation française, 2013, p. 11 ; Ministère des Affaires sociales, de la Santé et des Droits des femmes, *Aidant familial : votre guide pratique*, La documentation Française, 2015, p. 11.
(46) COFACE, *Charte européenne de l'aidant familial*, COFACE, 2013, p. 2.
(47) Eurocarers, *Carers in Europe : fact sheet, op. cit.*, p. 4.
(48) Valérie Luquet, *Les aidants et l'aide aux aidants*, Centre de Liaison, d'Etudes d'Information et de Recherche sur les Problèmes des Personnes Âgées, 2011, p. 3.
(49) Gillot D, *Pour une politique de la famille rénovée, rapport au Premier ministre et ministre de l'Emploi et de la Solidarité*, 1998, p. 46 ; Guinchard-Kunstler P, *Vieillir en France : enjeux et besoins d'une nouvelle orientation de la politique en direction des personnes âgées en perte d'autonomie, rapport au Premier Ministre*, La documentation Française, 1999, p. 46.
(50) Bonnet M, *Les personnes âgées dans la société, rapport au Conseil Economique et Social*, Journaux officiels, 2001, pp. 46-47.
(51) CNSA, *Rapport 2011, accompagner les proches aidants, ces acteurs 《invisibles》*, CNSA, 2012, pp. 18-37.
(52) CNSA, *Être proche aidant aujourd'hui, 3es rencontres scientifiques de la CNSA pour l'autonomie, 5 et 6 novembre 2014-Paris, CNSA, dossier de participant*, CNSA, p. 2.
(53) Assemblée nationale, *Project de loi relative à l'adaptation de la société au vieillissement, adopté par l'Assemblée nationale en première lecture, 17 septembre 2014*, Direction des Journaux officiels, 2014, p. 36.
(54) Pascale Breuil-Genier, Aides aux personnes âgées dépendantes : la famille intervient plus que les professionnels, *Economie et Statistique*, N. 316-317, 1998-6/7, p. 21.
(55) Sébastien Gand et als, *Aider les proches aidants, comprendre les besoins et organizer les services sur les territoires*, Presses des Mines, 2014, p. 12 ; Association des Paralysées de France, *Enquête sur les obstacles à la prise de conscience et à l'évaluation de leur besoins par les aidants familiaux : France*, Association des Paralysées de France, 2011, p. 2 ; Haute Conseil de la Famille, *La place des familles dans la prise en charge de la dépendance des personnes âgées*, Haute Conseil de la

Famille, 2011, p. 30 ; UDAF49, *Pour un renforcement du soutien aux aidants : pratiques, valeurs et attentes d'aidants fámiliaux en Maine et Loire, étude conduit par UDAF49*, UDAF49, 2009, p. 12.

(56) Ministre délégue à la Sécurité sociale aux Personnes âgées, aux Personnes handicapées et à la Famille, *La famille, espace de solidarité entre les générations & la société intergénérationnelle au service de la famille, rapport préparatoires à la conférence de la famille 2006*, La Documentation française, 2006, p. 46 et p. 86.

(57) Haut Conseil de la Famille, *La place des familles dans la prise en charge de la dépendance des personnes âgées*, Haut Conseil de la Famille, 2011, annexe, N. 6, p. 9.

(58) Noëmie Soullier et Amandine Weber, L'implication de l'entourage et des profession-nels auprès des personnes âgées à domicile, *Etudes et Résultats*, N. 771, aout 2011, p. 5.

(59) Claire Lamy et als, *Les besoins et attentes des aidants familiaux de personnes handicapées vivant à domicile : étude réalisée à la demande du Consiel général du Rhône*, CREAI Rhône-Alpes, 2009, p. 17.

(60) Alies Struijs, *Informal care, the contribution of family carers and volunteers to long-term care*, Zoetermeer, The Netherlands, 2006, p. 11 ; ASBL, *Les aidants proches*, ASBL, 2015, p. 1 ; Virginie Gimbert et Guillaume Malochet, *Les défis de l'accompagnement du grand âge*, La documentation Française, 2011, p. 135 et p. 137 ; Société Canadienne de la Sclérose en Plaques, *Proches aidants et pauvreté : Forum des parties prenantes*, 7. 12. 2009, p. 4 ; Centre de Santé et de Services sociaux Cavendish, *Au-delà de la reconnaissance : les aidants et les droits de la personne au Canada- note de politique*, Coalition Canadienne des proches aidants, 2015, p. 2 ; Eurocarers, *About us-Eurocarers guiding principles*, Eurocarers, 2015, p. 1 ; 経済協力開発機構・浅野信久訳『高齢者介護』新社会システム総合研究所，2006年，114頁。

(61) Alain Blanc, *op. cit.*, p. 86.

(62) Ministère des Affaires sociales et de la Santé et des Droits des femmes, *Journée nationale des aidants, le 6 septembre 2015*. http://www.social-sante.gouv.fr/actualite-presse.42/communique. 2322/journee-nationale-des-aidants:/8095.html，2015年10月16日閲覧。

(63) Alain Blanc, *op. cit.*, p. 86.

(64) Luc Broussy, *Dix mesures pour adapter la société française au vieillissement*, Dunod, 2014, p. 171.

(65) Groupe de Réglexion et réseau pour l'Accueil Temporaire des personnes en situation de Handicap, *Enquête nationale sur les besoins et attentes des personnes âgées dépendantes et de leur proches aidants en matière de relais*, GRAT, 2010, p. 18 ; Conseil général Finistère, *Etude connaitre les besoins de aidants, rapport final*, Conseil général Finistère, 2013, p. 23 ; Muriel Deporte et Anne-Fleur Mouliere, *Les besoins en accompagnement/formation des aidants naturels de personnes polyhandicapées, étude menée dans le cadre du plan régional des métiers au service des personnes handicapées et des personnes âgées dépendantes*, Région Nord-Pas de Calais, 2010, p. 12 ; Conseil

général du Finistère, *Etude connaitre les besoins des aidants : rapport final*, Conseil général du Finistère, 2013, p. 23 ; Christian Marie et als, *Les personnes handicapées vieillissants à domicile et leur proches aidants, études réalisées auprès des ressortissants de l'Agirc et l'Arrco en Ile-de-France et Rhône-Alpes*, Agirc et Arrco, 2014, p. 57.

(66) Gail Gibson Hunt and als, *Caregiving in the US*, The National Alliance for Caregiving and the AARP Public Policy Institute, 2015, p. 25

(67) Claire Lamy et als, *Les besoins et attentes des aidants familiaux de personnes handicapées vivant à domicile : étude réalisée à la demande du Conseil général du Rhône*, CREAI Rhône-Alpes, 2009, p. 10.

(68) Association des Paralysés de France, *Une nouvelle approche des aidants familiaux : enquête sur la charge de l'aidant familial ou proche aidant*, Association des Paralysés de France, 2013, p. 42.

(69) Anne Rouinsard et France Pommier, *Etude nationale connaitre les aidants et leur attentes*, Ifop, 2008, p. 21.

(70) Agence nationale de l'évaluation et de la qualité des établissement et services sociaux et médico-sociaux (Anesm), *Le soutien des aidants non professionnels de personnes âgées dépendantes de personnes adultes handicapées ou souffrant de maladie chronique vivant à domicile : recommandations de bonnes pratiques professionnelles*, Anesm, 2013, p. 6 ; Claire Lamy et als, *op. cit.*, p. 18 et pp. 22-27 ; UDAF Côte d'Or et UDAF Bourgogne, *Aide familiale et personne âgée en perte d'autonomie : observatoire régional de la famille de Bourgogne*, UDAF Côte d'Or et UDAF Bourgogne, 2006, pp. 39-42.

(71) Christian Marie et als, *op. cit.*, p. 61.

(72) Haut Conseil de la Famille, *op. cit.*, p. 24.

(73) UDAF49, *Pour un renforcement du soutien aux aidants : pratiques, valeurs et attentes d'aidants familiaux en Maine et Loire, étude conduit par UDAF49*, UDAF49, 2009, p. 8.

(74) *Ibid.*, p. 59 ; Conseil général Isère, *Retours de l'enquête d'aide aux aidants, groupe suivi N. 1*, Conseil général Isère, 2012, p. 3.

(75) Centre d'analyse stratégique, Les vacances de Français : favoriser le départ du plus grand nombre, *La Note d'analyse*, N. 234, juillet 2011, p. 3.

(76) Association des Paralysés de France, *Une nouvelle approche des aidants familiaux : enquête sur la charge de l'aidant familial ou proche aidant*, Association des Paralysés de France, 2013, p. 47.

(77) *Ibid.*, p. 38.

(78) Anne Rouinsard et France Pommier, *Étude nationale connaitre les aidants et leur attentes*, Ifop, 2008, p. 26 ; Haut Conseil de la Famille, *op. cit.*, p. 21.

(79) Groupement de Coopération sociale et Médico-Sociale, *Contribution à l'amélioration et au développement des relais aux proches aidants : mieux relayer les aidants*, GCSMS, 2012, pp. 19-20, pp. 24-29 et pp. 42-46.

(80) Caisse nationale de solidarité pour l'autonomie, *Rapport 2011 accompagner les*

proches aidants, ces acteurs 〈〈*invisibles*〉〉, CNSA, 2012, p. 28 ; Calire Lamy et als, *op. cit.*, pp. 31-42.

(81) Eurocarers, *Carers in Europe, fact sheet, op. cit.*, p. 18.

(82) Regroupement des aidants naturels du Québec, *Mémoire du Regroupement des aidants naturels du Québec, présenté lors des consultations particulières de la Commission de la santé des services sociaux* 〈〈*L'autonomie pour tous Livre blanc sur la création d'un assurance autonomies*〉〉, Regroupement des aidants naturels du Québec, 2013, pp. 29-31 ; Sylvie Riopel, *Vers un statut légal pour les proches aidants*, Regroupement des Aidants et Aidants Naturels de Montréal, 2015, p. 6 ; Carers Worldwide, *Report on consultation on the needs of carers in India and South Africa, November 2011 to March 2012*, Carers Worldwide, 2012, p. 9.

(83) 前田信雄『病める老人を地域でみる』前掲, 185頁。

(84) 長谷川和夫編著, 前掲, 104頁。

(85) Ministère des Affaires sociales et de la Santé, *Aidant familial, le guide de référence*, La Documentation française, 2013, pp. 1-155.

(86) Canadian Caregiver Coalition, *Tip & tools for caregivers : balancing work and caring responsibilities*, Canadian Caregiver Coalition, 2015, pp. 1-2 ; Commission Canadienne des droits de la personne, *Guide sur la conciliation des responsibilities professionnelles et des obligations familiales des proches aidants : stratégies de collaboration pour un milieu de travail compréhensif et performant*, Ministre des Travaux publics et des Services gouvernementaux, 2014, pp. 1-14.

(87) Department of Health, *Draft national minimum eligibility threshold for adult care and support : a discussion document*, Department of Health, 2013, p. 16.

(88) Ministère des affaires sociales et de la santé, Ministère délégue aux personnes âgées et à l'autonomie, *Projet de loi d'orientation et de programmation pour l'adaptation de la société au vieillissement : réunion de concertation aidants, accueil temporaire et accueil familial*, Direction des journaux official, le 9 janvier 2014, p. 9.

(89) UDAF49, *op. cit.*, p. 68 ; CNSA, *Rapport de la caisse nationale de solidarité pour l'autonomie 2011*, CNSA, 17 avril 2012, p. 39.

(90) University of Salford, *We care : policy for students with caring responsibilities, effective from April 2015*, University of Salford, 2015, p. 8.

(91) Fiona Becker and Saul Becker, *Young adult carers in the UK : experiences, needs and services for carers aged 16-24*, The Princess Royal Trust for Carers, 2008, p. 6, pp. 17-18, p. 22 and als.

(92) Conseil général Loire en Rhône-Alpes, *Enquête aide aux aidants, bilan départemental*, Conseil général Loire en Rhône-Alpes, 2013, p. 12.

(93) http://www.aidants.fr, http://accueil-temporaire.com, http://www.unapeiorg, http://www.apf.asso.fr, http://www.aidantonomie.fr, http://www.handeo.fr, http://www.magazin-declic.com, http://etreaidant.com, http://www.vivreenaidant.fr, http://www.lesitedesaidants.fr, http//www.e-aidants.com, http://www.universitedesaidants.fr, http:

第 1 章　介護者のニーズと支援の体系

//www.lesitedesaidants.fr, http://www.aidantslesnotres.fr, http://www.prochedemalade. com, http://www.aveclesaidants.fr, http://www.etreaidant.com, http://www.aidantattitu de.fr, http://www.lamaisondesaidants.com, http://www.aideauxaidants.com, http://www. agevillage.com, http://www.vivreenaidant.fr, http://www.entreaidants.fr, http://www. notretems.com, 2015年10月15日閲覧。

(94) Marja Pijl, *Developments in the support of carers, in Finland, England and the Netherlands, 1998-2002*, Social styrelsen, 2003, p. 28 ; NHS, *For carers*, http://www.nhs. uk/Conditions/social-care-and-support-guide/, 2015年10月15日閲覧。

(95) Rana Charafeddine et Stefaan Demarest, *Enquête de santé 2013, rapport 4 : environnement physique et social*, Institut scientifique de Santé Publique, 2015, p. 30.

(96) Haut Conseil de la Famille, *op. cit.*, p. 30.

(97) *Ibid.*, p. 56.

(98) Marja Pijl, *op. cit.*, p. 10 and p. 14.

(99) Alies Struijs, *Informal care, the contribution of family carers and volunteer to long-term care*, Zoetermeer, The Netherlands, 2006, p. 60.

(100) Haut Conseil de la Famille, *op. cit.*, p. 66.

(101) KCE, *Support for informal caregiver-an exploratory analysis*, KCE, 2014, pp. 49-50.

(102) Alies Struijs, *op. cit.*, pp. 62-63.

(103) KCE, *op. cit.*, pp. 49-50.

(104) Carers UK, *Our history*, Carers UK, 2015, p. 5.

(105) KCE, *op. cit.*, p. 48.

(106) *Ibid.*, p. 51.

(107) Conseil général du Puy-de-Dôme, *Réseau d'aide aux aidants : guide destiné à l'entourage des personnes âgées dépendantes*, Conseil général du Puy-de-Dôme, 2014, p. 23.

(108) Ministère des Affaires sociales et de la Santé, *Aidant familial, le guide de référence*, *op. cit.*, pp. 37-45.

(109) Carers UK, *Our history*, *op. cit.*, p. 4.

(110) Marja Pijl, *op. cit.*, p. 60.

(111) Olivier Veber, *Société et vieillissement, rapport du groupe, n. 1*, Ministère des Solidarité et de la Cohésion sociale, 2011, p. 68.

(112) Ministère des Affaires sociales et de la Santé, *Aidant familial, le guide de référence*, *op. cit.*, pp. 105-111.

(113) Carers UK, *Facts about carers*, Carers UK, 2014, p. 2 ; Maire Sinha, *Portrait of caregivers, 2012 : results from the General social survey*, Statistics Canada, 2013, p. 3.

(114) Haut Conseil de la Famille, *op. cit.*, p. 36.

(115) Lisa Buckner and Sue Yeandle, *Valuing carers 2011, calculating the value of carers' support*, Carers UK, 2011, pp. 1-16 ; Virginie Gimbert et Guillaume Malochet, *Les défis de l'accompagnement du grand âge*, La documentation Française, 2011, p. 135 ; Eurocarers, *Carers in Europe : fact sheet, op. cit.*, p. 9

(116) Susan C. and als, *Valuing the invaluable : 2015 update*, AARP Public Policy Institute, 2015, p. 1 and p. 19 ; Langevin, *A bill to amend title XXIX of the public health service act to reauthorize the program under such title relating to lifespan respite care*, H. R. 3913, 114th Congress, November 3, 2015 ; The Carers Association, *Carers in Ireland-a statistical and geographical overview*, The Carers Association, 2009, p. 49 ; Dave Grimmond, *The economic value and impacts of informal care in New Zealand*, Carers NZ and NZ Carers Alliance, 2014, p. 8.

(117) Union Départementale des Associations Familiales des Pyrénées-Atlantiques, *Aide familiale et personne en perte d'autonomie : une approche du ressenti des personnes de départment sur les conditions de prise en charge de la dépendance de leur parent*, Union Départementale des Associations Familiales des Pyrénées-Atlantiques, 2007, p. 6 ; Valerie Luquest, *Les aidants et l'aide aux aidants : dossier documentaire*, CLEIRPPA, 2011, p. 8 ; Virginie Gimbert et Guillaume Malochet, *Les défis de l'accompagnement du grand âge*, *op. cit.*, p. 140.

(118) Hannêlore Jani-Le Bris, *Aide aux aidants, prise en charge familiale du grand âge en France*, CLEIRPPA, 1993, p. 28 et pp. 75-77.

(119) UDAF49, *op. cit.*, pp. 75-77 ; Union Nationale des Associations familiales, *Prise en charge de la dépendance : pour une véritable complémentarite entre solidarité publique et solidarité familiale*, UNAF, 2011, pp. 26-31.

(120) Calire Lamy et als, *op. cit.*, p. 41 ; Muriel Deporte et Anne-Fleur Mouliere, *Les besoins en accompagnement/formation des aidants naturels de personnes polyhandicapées, étude menée dans le cadre du plan régional des métiers au service des personnes handicapées et des personnes âgées dépendantes*, Régional Nord-Pas de Calais, 2010, p. 47 ; Conseil général Finistère, *Etude connaitre les besoins de aidants, rapport final*, Régional Nord-Pas de Calais, 2013, p. 56.

(121) UDAF49, *op. cit.*, p. 12 et pp. 68-69.

(122) Eurocarers, *Enabling carers to care, proposal for an EU-level strategy in support of informal care provision*, Eurocarers, 2014, pp. 4-5.

(123) Union Nationale des Associations Familiales, *Projet de loi : adaptation de la société au vieillissement, analyse et proposition de l'UNAF*, UNAF, 2014, pp. 15-38.

(124) Conseil général de Maire-et-Loire, *Charte de l'aidant*, Conseil général de Maire-et-Loire, 2013, pp. 1-2.

(125) Age Village, *Charte du salarié aidant en entreprise*, Age Village, 2014, p. 1.

(126) Marianne Dubois, *Rapport d'information fait au nom de la délégation aux droits des femmes et à l'égalite des chances entre les hommes et les femmes sur le genre et la dépendence*, Assemblée nationale, N. 3920, Direction des Journaux officiaux, 2011, p. 19, pp. 37-39 et p. 50 ; Jacques Moignard, *Rapport d'information fait au nom de la délégation aux entre les hommes et les femmes sur le projet de loi (n. 1994) relative à l'adaptation de la société au vieillissement, le 9 juillet 2014*, Direction des Journaux officiaux, p. 47, p. 49 et p. 120.

第 1 章　介護者のニーズと支援の体系

(127)　The Secretary of State for Social Security, *Opportunity for all : tackling poverty and social exclusion, first annual report 1999, Cm4445*, The Stationary Office, 1999, p. 107, pp. 120-121 and p. 130.
(128)　European Union, *The European platform against poverty and social exclusion, a European framework for social and territorial cohesion*, Publications Office of the European Union, 2011, p. 14.
(129)　University College London Hospital NHS, *Carers UCLH policy*, University College London Hospital NHS, 2015, pp. 1-15 ; South London and Maudsley NHS Foundation Trust, *Family and carers strategy, 2015 to 2019*, South London and Maudsley NHS Foundation Trust, 2015, pp. 1-32.
(130)　Alzheimer Europe のホームページ。http://www.alzheimer-europe.org/, 2015年10月15日閲覧。
(131)　Ministère des affaires sociales, du travail et de la solidarité, *Le charte de l'égalité pour l'égalité des hommes et des femmes, la France s'engage*, Ministère des affaires sociales, du travail et de la solidarité, 2014, pp. 154-156 et p. 167.
(132)　Commission européenne, *Strategie pour l'égalité entre les femmes et les hommes 2010-2015*, Commission européenne, 2010, p. 14.
(133)　University of Glasgow, *Student carers, first at Glasgow University, 5 December 2011*. http://www.gla.ac.uk/news/archiveofnews/2011/december/healdline_2/8061_en.html, 2015年3月5日閲覧。
(134)　National Union of Student, *Learning with care, experiences of student carers in the UK*, National Union of Student, 2013, pp. 1-48 ; Alessandra Berti, *Student carers report, experiences of student parents and students with caring responsibilities at the University of Bristol*, University of Bristol Students' Union, 2013, pp. 1-11.
(135)　Coalition Canadienne des Proches Aidants, *Semaine annuelle des proches aidants*, CCPA, 2014, p. 2.
(136)　Brookdale, *National family caregiver month*, National Family Caregivers Association, 2010, p. 3 ; The White House, *Presidential pr-clamation-national family caregivers month*, The White House, 2013, October 31, 2013.
(137)　Partneriat éducatif Grundtvig, *L'aute-évaluation de leur besoins par les aidants familiaux, un point de départ pour obtenir de l'aide, rapport*, Partneriat éducative Grundtvig, 2013, p. 17.
(138)　Sir Roy Griffiths, *Community care : agenda for action, a report to the Secretary of State for Social Services by Sir Roy Griffiths*, HMSO, 1988, p. 18 and p. 25.
(139)　Tameside M. B. C., Tameside M. B. C.'s Research on carers, *Towards a strategy for carers, final report*, Tameside M. B. C. Policy research Unit, 1991, p. 1, p. 8 and p. 91.
(140)　Caisse nationale de solidarité pour l'autonomie, *Rapport 2011, accompagner les proches aidants, ces acteurs 《invisibles》*, CNSA, 2012, p. 30 et p. 32.
(141)　Muriel Delporte et Anne-Fleur Mouliere, *Les besoins en accompagnement/formation des aidants naturels de personnes polyhandicapées, étude menée dans le cadre du plan*

régional des métiers au services des personnes handicapées et des personnes âgées dépendantes, Régional Nord-Pas de Calais, 2010, p. 44.

(142) Sébastien Gand et als, *Aider les proches aidants, comprendre les besoins et orgniser les services sur les territoires*, Presses des Mines, 2014, p. 29.

(143) Observatoir sur la Responsabilité sociétale des Entreprises et Union nationale des associations familiales, *Aidants familiaux : guide à destination des entreprises*, Observatoir sur la Responsabilité sociétale des Entreprises et UNAF, 2014, pp. 1-68.

(144) Air France, *Accord sur l'emploi des personnes handicapées 2012-2014*, Air France, 2011, p. 19 et p. 21.

(145) Employers for carers, http://www.employersforcarers.org/, 2015年7月20日閲覧。

(146) Carer Positive Employer in Scotland. http://www.carerpositive.org/, 2015年7月15日閲覧。

(147) Jenny Frank, *Making it work : good practice with young carers and their families*, The Children's Society, 2002, p. 22 and als.

(148) Surrey Young Carers, *Supporting young carers in school, a manual for school staff*, Surrey Young Carers, 2014, pp. 1-30 ; Carers Trust and The Children's Society, *Introduction to supporting young carers in schools : a step-by-step guide for leaders, teachers and non-teachers staff*, Carers Trust and The Children's Society, 2015, pp. 1-11 ; PRT for Carers, *Toolkit to identify and support young carers in primary school in Scotland*, PRT for Carers, 2014, pp. 1-15 ; Edinburgh Young Carers Project, *School resource pack*, Edinburgh Young Carers Project, 2012, pp. 1-33.

(149) Conseil général Isère, *Isère Magazine-décembre 2011, Aider un proche dépendant*, Conseil général Isère, pp. 16-24.

第2章
介護者支援政策を巡る類型化論とフランスの政策開始時期

　前章に紹介した支援の多岐に亘る方法が，何時，どのように採用されるかは，国ごとに一律ではなく，国による小さくはない相違を伴う。これは，広く経済政策や社会政策の学問領域にも認められる特徴と重なり合う。国別の相違を伴うことから，介護者支援政策を主題にした類型化の議論も，福祉国家類型化論の影響を受けながら産声を上げ，支援政策の遅い出発を記録する国の一つにフランスを位置付ける研究も，認められる。そこで，この遅い出発を検証する為に，介護者に関する多様な表現についてフランス語とイギリス英語並びにアメリカ英語との比較を試みた上で，類型化の議論について検討を加えてみたい。

　この種の議論に教えられ，そこから大いに学び取る内容も認められるとはいえ，批判的な検討を要する論点が含まれることも，これまた確かである。さらに，類型化論の重要な論点としてのフランスにおける介護者支援政策の開始時期については，研究者によって異なる見解が示され，定説と評するに値する見解はフランスに存在しないことから，1962年のラロック・プランに遡って検証したいと考える。検討の結果は，フランスの複数の研究者のそれとは異なる独自の結論であるとはいえ，確たる根拠の明示を通して臆することなく幅広い検証に耐えうる評価を示しておきたいものである。

1　介護者に関する多様な表現

介護者のフランス語表現

　介護者に関するフランス語の表現は，1990年代初頭に初めて現れるとの見解が示される。また，2000年代初頭に登場するとの異なる理解も確かめることが

できる。しかし，文献を丹念に調べ上げるならば明らかであるように，フランス語の表現は，前者の指摘に較べても少なくとも４年，後者のそれと比較するならば14年以上は遡る1986年に，確かめることが可能である。

　フランス語の表現は，もとより幾つかに絞り込まれているわけではない。全国家族団体連合会の雑誌『家族の実情』（106-107号，2014年）に掲載された「家族介護者に関する経済的視点」と題する記事は，介護者を示す表現を僅か２頁の中で４つ用いる。フランスを代表し国際的にも知られる新聞『ル・モンド』紙は，「目に見えない介護者——要介護者問題の真の挑戦」（2013年10月27日）と題する記事の冒頭において，介護者を示す表現を５つ列記し，全国家族団体連合会ブーシュ＝デュ＝ローヌ県支部の機関誌『情報』（78号，2014年５月）や，民間非営利団体としての介護者の家（Maison des Aidants）も，「見えない介護者——日常生活上の援助における真実の試練」と題する全く同名の記事の冒頭において，『ル・モンド』紙と同じ５つの表現を挙げる。G. セヴァステアン（Sébastien Gand）ほか『介護者支援——ニーズを理解し地域でサービスを組織する』（2014年）も，介護者に関する表現が５つを数えると著書の冒頭において言及する。また，自立連帯国家基金は，「介護者，この見えざる主役に寄り添う」と題する2012年に公刊の事業報告書の中で，介護者に関する様々な表現として６種類を示し，この基金の主催になる第３回自立の為の科学会議（2014年11月５～６日，於パリ）では，７種類の表現が用いられる。６種類もしくは７種類のうち５種類は，『ル・モンド』紙などのそれと重なり合うとはいえ，今一つもしくは２つは，『ル・モンド』紙には示されていない表現である。あるいは，全国在宅介護・看護サービス連盟（UNA）は，介護者に関して７つの表現をホームページ上に，同じく５つの表現をフランス共済組合（Mutualité Française）等との共同出版になる『家族介護者支援のための実用ガイド』（2010年）の中に記載する。このうち前者について言えば『ル・モンド』紙に較べて新たに２つ，自立連帯国家基金と比較をするならば一つの表現が，新たに付け加えられる。多岐に亘る表現は，こうしてフランスの内外によく知られる団体や機関に絞っても広く確かめることができる。

これらの事実は，フランス語の表現が未だ確定していない現状の一端を示していて興味深い。もとより4〜7種類程度の表現は，のちに具体的に列記をするように，介護者に関するイギリス英語やアメリカ英語の表現にも同様に認められる。しかし，上に列記したフランスの事例は，その全てではない。仏英米3ヵ国の文献に幅広く目を通すならば明らかであるように，フランス語の表現は，4種類や7種類に止まらないのであって，これらよりも遥かに多い。

最も簡便なフランス語の表現は，「援助する」あるいは「支援する」を意味する動詞（aider）とつながりのある名詞（aidants）を用いる。イギリス英語の動詞（care）と名詞（carers）との関係に内容に照らして重なり合う表現である。しかし，日常生活上の援助は，有償と無償の双方において存在し，このうち無償の介護者は，『ル・モンド』紙も記事の表題に掲げるように長らく「見えざる存在」であったことから，有償の「介護者」，すなわち，労働契約のもとに就業をする介護や医療分野の労働者あるいは職員を示す表現（aidants professionnels, aidants professionnels formels）との混同を招きかねない。また，「援助する」等を意味する動詞とつながりのある名詞は，世帯主でもある自営業者の妻であり，自営業者のもとで家内労働者として労働法の保護規定とは無縁なままに就業する女性に関する表現の一部として，ヨーロッパ委員会の1997年における決議，すなわち，「自営業者の妻でもある家内労働者（conjoints aidants）の地位に関する決議」のフランス語版にも明記され，その経緯と内容は，ヨーロッパ委員会就業・労使関係及び社会問題総局『自営業者の妻でもある家内労働者——ヨーロッパ委員会の2つの円卓会議（於ブリュッセル，1997年2月7日，6月23〜24日）報告』（1998年，1-60頁）としても，広く公刊される。自営業者の妻でもある家内労働者との表現は，筆者の知る限りにおいてもヨーロッパ委員会によって早ければ1994年に既に用いられる。

介護者と家族の位置，無償性と親近性

こうした状況のもとで余儀なくされるであろう表現の混同を回避して，無償の介護者の姿を広く正しく伝える為に，その主な担い手である家族の存在に着

目する表現も現れる（aidants familiaux, aidants dit familiaux）。18歳未満の年齢階層に属する未成年の介護者（jeunes aidants, aidants jeunes, enfants aidants）に家族の文字を添えた表現，すなわち，未成年の家族介護者の表現（jeunes aidants familiaux, aidants familiaux jeunes）が誕生し用いられるのも，これと同じように日常生活上の援助を巡る家族関係に着目をした理解を拠り所にする。家族に止まらず，さらに無償を意味する単語をこれに付け加える表現（aidants familiaux bénévoles）も認められる。あるいは，家族に加えて職業ではないとの語句を注意深く加えた表現（aidants familiaux non professionnels）もある。介護者の存在について誤解を招くことなく正確に伝えようと，思案に思案を重ねた苦労さえも偲ばれる。

　これらの家族介護者，あるいは無償の家族介護者など，家族を冠する表現の使用を殊のほか強く主張するのは，全国家族団体連合会である。無償の介護者に占める家族構成員の比率の高さに注目をしてのことである。(5)職業として日常生活上の援助を担うわけではない，すなわち，無償の介護者（aidants non professionnels）の中心的な存在であることに着目をする限り，確たる根拠に裏打ちされたもっともな主張である。しかし，家族といえども，家族構成員の性別や要介護者との家族内の位置関係などに関わりなく，家族が文字通り均等に日常生活上の援助を担うわけではないことに着目する限り，家族介護者の表現は，適切であるとは言い難い。こうした批判は，イギリスのフェミニストが早ければ1978年に発し，広く国際的にも学び取られた論点の一つであるとはいえ，同様の指摘は，フランス国内には存在せず，このこともあって全国家族団体連合会に代表される家族諸団体が，介護者に関するフランス語の表現を巡る主張を展開するに当たって，イギリスのフェミニストが初めて世に問うた論点に言及することもないままに，家族介護者の表現に固執し続ける。

　家族が要介護者の日常生活上の援助を手掛けることは，いたって当たり前であり，ごく自然の営みであるとの表現（aidants naturels, aidants dit naturels）も認められる。この表現は，未成年の介護者についての表現（jeunes aidants naturels）にも同じように確かめることが出来る。民法に定める扶養義務の規

第2章　介護者支援政策を巡る類型化論とフランスの政策開始時期

定を拠り所にし，その意味内容に照らすならば，家族同士が支えあうという同義的な責任を呼び戻す表現である。これを報告書の主題に掲げ，その冒頭において定義を試みるなどの使用例も認められる。この種の表現が専ら例外的にのみ用いられているわけではないことの一例である。これを恰も例証するかのように，地方自治体の政策文書に登場することも，さして珍しくはない。

　この表現には，批判も寄せられる。この表現は，無償の介護者が専ら要介護者の家族から構成されるとの理解を拠り所にする。しかし，これは事実とは異なる。にもかかわらず，この表現を用いることは，無償の介護者の一部を視野の外に放り出す結果を伴う。さらに，家族は要介護者と特別な関係にあるとはいえ，同時に，日常生活上の援助は，自発的に選択された行為であり，この事実を無視するわけにいかない。しかも，各種の介護者調査が広く確かめてきたように介護者は，日常生活上の援助の中で自らの健康はもとより経済状態，あるいは，広く社会生活を窮状と言うに相応しい程の環境に追いやられることも少なくない。親や兄弟姉妹の日常生活上の援助を手掛ける未成年の介護者が，授業の最中にあってさえ愛する要介護者の姿を脳裏に浮かべて，授業に集中することさえ出来ず，しばしば友人関係さえも失いかねない状況に陥ることも忘れるわけにいかない。

　家族によるいたって自然な行為であるとの解釈を介護者に関する表現に込めるならば，日常生活上の援助は，これという政策的な対応を要しない当然の生業であると理解をし，巡りめぐってこうした言いがたい程の窮状に目を塞いで放置することになりかねない。フランス介護者連盟が，この表現を一切認めないと連盟の創設から2年後の2005年に公式に表明するのも，このように考えるならば容易に共感をもって歓迎に値する意思の表明である。

　家族による日常生活上の援助をいたって自然の行為であると一段と強調する表現（aidants naturels familiaux）も認められるとはいえ，これは，フランス語圏に属するカナダのケベック州における使用例であり，フランス国内に一つとして確かめることはできない。同様に，日常生活上の援助を自然の行為と見做す表現に無償の語句を加えた事例（aidants naturels non rémunérés）も，カナダ

に認められるとはいえ，フランスには存在しない使用例である。

　要介護高齢者の一部といえども孤立状態に置かれ，家族の援助に期待を寄せることさえままならない人々にとっては，友人や隣人の存在は，決定的とも言い得る程に重要である。これに着目をした表現（aidants non familiaux）もある。しかし，要介護者の家族ではないと示すことから，職業として日常生活上の援助を担う人々，すなわち職業人と誤解される場合も，その意に反して招き寄せかねない表現である。

　家族はもとより広く友人や隣人による日常生活上の援助を視野に収めた表現（aidants informels）も，認められる。介護労働者に関する表現（aidants formels）と対比をして用いられることが，少なくない。このうち前者の表現が，類似のそれであるとはいえ，イタリアで広く認められる外国人労働者の一階層を示す表現（aidants informels immigrés）と明らかに異なることは，言うまでもない。後者の表現の一部に含まれるアンフォルメルとは，不法を意味するのであって，イタリアに不法に入国をしながら介護労働者として日々就労を重ねる人々を指す。前者と全く同じ複数の単語をその内に示すとはいえ，その意味は明らかに異なる。

　日常生活上の援助の無償性に着目をする表現（aidants bénévoles）もある。この表現が，家族や親族はもとより友人や隣人を広く包括することは，言うまでもない。未成年の無償の介護者の表現（jeunes aidants bénévoles）も，これに同じ着想の産物である。

　近いや親しい，周囲のなど，要介護者との親近性に着目をする表現（proches aidants, aidants proches, aidants familiers, entourage aidant）も，幾つか認められる。英語で言えば，「近くの」や「親密な」を意味する単語（nearby, close）を付け加えた表現に相当すると言えよう。また，こうした表現の一部に家族のそれを付け加えた事例（proches aidants familiaux）も認められる。これらのうち最初に例示をした表現（proches aidants, aidants proches）は，2010年を前後する時期に誕生したことに示されるように，介護者に関する表現の中では最も新しいそれであり，後に紹介をするように2014年に上程された法案に盛り込まれ，議論

を経て翌年の2015年12月に採択された法律上の文言となることを契機に、格段の広がりを見せる表現である。これに、日常生活上の援助を職業としての行為ではないとの意味を慎重なまでに付け加えた表現（aidants proches non professionnel）も、認められる。これらの表現が、家族や親族はもとより友人や隣人を広く視野に収めていることは、言うまでもない。しかし、介護者の大半が要介護者の家族から構成されている事実を正確に示す表現こそ求められるのであって、先の表現（proches aidants, aidants proches）は、家族介護者の存在を無視しているとの強い批判が、全国家族団体連合会から寄せられていることも、否定するわけにはいかない冷厳な事実である。

　報酬を得てはいないとの表現を加えた事例（aidants non rémunérés, aidants familiaux non rémunérés）も認められるとはいえ、これは、ベルギーのフランス語圏に認められる使用例であり、同様の表現をフランスに確かめることは出来ない。また、看護をする人との名詞を一部に用いた複数の表現（soignants non professionnels, soignants informels）をもって介護者とする事例は、フランス語圏に属するスイスに確かめることが可能であるとはいえ、同じ表現をフランスに認めることは不可能である。

　日常生活上の援助を無償のもとに担う人々の特徴を念頭に据えながら形成された表現も、既にすっかりと過去のことに属するとはいえ、なかったわけではない。それは、患者の近親者（proche du patient）をはじめ、無報酬の援助の間柄（relation d'aide non rémunérée）、要介護患者への支援（soutien du pateien dépendant）、並びに安心感を持ち信頼を寄せる人（personne de confidence）、これらである。しかし、いずれも介護者を意味する名詞をその内に含まないことから、ここではひとまず除外をしておきたい。イギリス英語やアメリカ英語との比較を主題にする作業であるからにほかならない。

　介護者に関するフランス語の表現を巡って、今日まで共有される認識は、ないわけではない。それは、2つ確かめることができる。その一つは、日常生活上の援助の無償性であり、サービスへの対価を伴わない労働である。いま一つは、非職業的な行為としての日常生活上の援助である。介護者に関するフラン

ス語の表現は、無償性や非職業性を意味する用語を直接その内に含むか否かに関わりなく、両者を意味する表現として用いられる。しかし、表現は、順に紹介をしてきたように今日でも14を数える。

介護者のイギリス英語並びにアメリカ英語表現

では、イギリス英語とアメリカ英語の場合は、いかがであろうか。まず、イギリス英語では、家族による日常生活上の援助やその無償性に着目した表現など、内容に照らすならばフランス語のそれと一部重なる7つを確かめることが出来る (carers, family carers, unpaid carers, informal carers, informal unpaid carers, unpaid family carers, non-professional carers)。イギリス看護協会（BNA）などのよく知られた団体が、ケアラーズ (carers) の表現を看護助手 (health care assistants、アメリカ英語の nurse's aide に同じ）と同義の意味において今日も用いる状況にあって、これとの混同を避けるためにケアラーズの単語の前に家族や無償を意味する単語を用いる事例が、見られるように少なくない。いずれも、職業として日常生活上の援助を担う労働者を示す3つの表現 (professional carers, paid carers, paid professional carers) とは、明確に区別し対比しながら用いられる。これもフランス語の表現と内容に照らして重なり合う。移民家族介護者 (migrant family carers) の表現も認められるが、これは、介護サービスを担う移民労働者と明確に区別しながら、移民歴に浅く言語上の問題も抱える介護者の独自の問題を明らかにするべく、家族介護者の表現を援用した所産である。ちなみにイギリスにおける政策形成の影響を強く残すオーストラリアでは、イギリスで用いられるそれとほぼ重なり合う7つの表現 (carers, family carers, unpaid carers, informal carers, informal〔unpaid〕carrers, unpaid family carers, unpaid informal carers) であり、職業として日常生活上の援助を担う労働者を示す2つの表現 (paid formal carers, formal carers) と対比しながら用いられる。

また、アメリカ英語では、イギリス英語に込められたと同じ理解を拠り所にする表現 (caregivers, family caregivers, unpaid caregivers, family unpaid caregivers, informal caregivers, voluntary caregivers) に加えて、介護者が家族はもとより要

第2章　介護者支援政策を巡る類型化論とフランスの政策開始時期

介護者の友人から構成されることを示す表現（family/friend caregivers, family-and-friend caregivers, informal family caregivers）, 家族以外の友人や隣人からも構成されるとの意味を特に強調する表現（non-kin informal caregivers）, あるいは, 介護者の行為が職業としてのそれではないことに着目をする表現（non-professional direct caregivers）も, 認められる。ナーシングホームやホスピスの介護サービスはもとより, 在宅介護を担う労働者を表す表現の一部（direct caregivers, professional direct caregivers）や, これらの労働者から形成される労働組合を示す表現, もしくは, これらの労働者を対象にする職業訓練研究所の名称などの一部に, 「介護者」に関する表現を含みながら広く使用される現状（Direct Caregiver Alliance, Direct Caregiver Association, Caregiver Training Institute）, また, 介護助手や介護施設のマネージャーに対する職業訓練を旨とする団体（American Caregiver Association）や, この団体が発行する職業資格証明書の一部にケアギヴァーの表現（Caregiver Certification）が, 1985年以来今日まで長く用いられている現状に照らして, これらとの混同を避けて介護者の存在と現状とを正しく伝える為に, 関係する表現も多岐に亘るのである。

　これらの名称からケアギヴァーの表現が除かれるとの動きは, 今日も微塵として存在しない。全国家族介護者月間（National Family Caregivers Month）として, 歴代大統領の公式の宣言を受けながら毎年11月に取り組まれる催事に, 介護者ではなく家族介護者の名称が付され今日も営々と引き継がれるのも, 介護分野に職を持つ労働者との混同をはっきりと避け明確に区分する効果を狙ってのことである。

　1970年代末葉の連邦議会においても使用されていた家族介護提供者の表現（family care-providers）はもとより, 類似の表現（caretakers, informal helpers, informal care providers）も, その後はすっかりと姿を消し今日に至っている。

　介護者を示す多様な表現は, イギリスの場合と全く同じように, 職業として日常生活上の援助を担う労働者を示す表現（professional caregivers, formal caregivers, employed caregivers）とは, 対比しながら用いられる。

　ちなみにカナダのケベック州には, 家族による介護をいたって自然な営みで

あることを示すフランス語の表現（aidants naturels）も使われ，こうした事情を考慮してカナダ政府の翻訳局やケベック政府は，このフランス語に相当する表現の一例として，家族による日常生活上の援助を至極当たり前の行為と見做すアメリカ英語の表現（natural caregiver）を示す等の状況も確かめられるとはいえ，このアメリカ英語の表現は，ケベック州はもとより広くカナダにおいて殆ど使用されていない。また，国際連合女性の地位委員会は，家族による日常生活上の援助が自然の行為であることを含意するアメリカ英語の表現（'natural' caregivers）を2008年に用いたことがあるとはいえ，これは，性別の役割分業に対する強く幅広い批判の中での使用であり，女性の役割をそのように固定化する観念の危うさを指摘した文書におけるものであることから，この表現に同意した上で使用しているわけではない。それは，ナチュラルの単語にコーテーションマークを付けていることからも容易に想定することが可能であるように思われる。あるいは，アメリカの研究者による共著『家族介護に関するフェミニストの展望——ジェンダー視点の政策』（1995年）は，"natural caregivers"や"natural carers"の表現を用いながら性別役割分担に安住したままの政策に優れて批判的な議論を展開する[9]。著者たちが，国際連合女性の地位委員会と全く同じ見地にあることは，介護者の表現にコーテーションマークを付していることに照らしても，容易に想定することができよう。

これらの事実は，日常生活上の援助を女性はもとより家族のいたって当たり前の生業であると見做す表現が，連邦レベルの政府や議会によって一度たりとも用いられていないことと併せて考えるならば，アメリカにおいて市民権を得てはいないことを例証するに充分である。

介護者の表現に関する3ヵ国比較

このように介護者を示すイギリス英語は7，同じくアメリカ英語は10を記録する。こうして見るとフランス語の表現は，両国のそれを4つから7つ上回ることになる（表2-1）。イギリスで少なくとも80年代末葉までに幅広い議論を経て，すっかり姿を消した表現（caretakers, care takers, informal care-givers）な

第2章 介護者支援政策を巡る類型化論とフランスの政策開始時期

表2-1 介護者に関するフランス語、イギリス英語並びにアメリカ英語の表現比較[1]

フランス語（14表現）	イギリス英語（7表現）	アメリカ英語（10表現）
aidants	carers	caregivers
aidants familiaux	family carers	family caregivers
aidants familiaux bénévoles	unpaid family carers	family unpaid caregivers [2]
aidants familiaux non professionnels		
aidants non professionnels	non-professional carers	non-professional caregivers
aidants naturels		
aidants non familiaux		non-kin informal caregivers
aidants informels	informal carers	informal caregivers
aidants bénévoles	unpaid carers	unpaid caregivers
proches aidants		
proches aidants familiaux		
aidants familiers		
entourage aidants		
aidants proches non professionneles		
	informal unpaid carers	
		voluntary caregivers
		family/friend caregivers
		informal family caregivers

注：(1)空欄は、該当する表現のないことを示す。
(2)以下のほぼ同様の表現も認められる。unpaid family caregivers.

出典：CG de Aube, *Actualisation des schémas départementaux sociaux 2012-2014, volet personnes âgées*, CG de Aube, 2013, pp. 351-352 ; Catherine Ollivet, *Table ronde l'aide aux aidant*, Coordination d'Ile-de-France Alzheimer, 2015, p. 3 ; Marie-Eve Joël, *Aider ou former l'aidant*, Université Paris Dauphine, 2011, pp. 1-3, pp. 6-7 et p. 10 ; Union Nationale de l'Aide, des Soins et des Services aux Domiciles, *Aide aux aidants*, Union Nationale de l'Aide, des Soins et des Services aux Domiciles, 2014, pp. 2-3 ; Nancy R. Hooyman and Judith Gonyea, *Feminist perspectives on family care : policies for gender justice*, Sage Publications, 1995, p. 8, p. 11 and pp. 121-122 ; Marika Morris, *Gender-sensitive home and community care and caregiving research : a synthesis paper final report*, commissioned by the Women's Health Bureau, 2001, p. 5 ; UNICEF, *Children without caregivers risk, exclusion*, UNICEF, 2005, pp. 11-12 ; UN Division for the Advancement of Women, *The equal sharing of responsibilities between women and men, including caregiving in the context of HIV/AIDS, report of the expert group meeting Geneva*, UN Division for the Advancement of Women, 2008, p. 11より作成。

どを改めて想い起こすとき、フランスにおける際立つ程の多さは、この国における介護者研究の遅い出発を示唆するようである。

　参考までに経済協力開発機構をはじめ国際労働機関（ILO）、世界保健機関（WHO）、国連児童基金（UNICEF）、ヨーロッパ連合などの国際諸機関や国際団体が、介護者についてどのような表現を用いているかと問うならば、フランス語は11の表現（aidants, aidants familiaux, aidants bénévoles, proches aidants, aidants proches, aidants familiaux non rémunérés, aidants non rémunérés, aidants non professionnels, aidants informels, aidants naturels, aidants sans statut professionneles）、イギリス英語はこれよりも4つ少ない7つの表現（carers, family carers, unpaid informal carers, informal carers, unpaid carers, informal family carers, informal long-term carers）、アメリカ英語は同じく5つ少ない6つの表現（caregivers, family caregivers, non-professional caregivers, informal caregivers, unpaid caregivers, familiar caregivers）である。フランス語の表現の多さは、こうして国際レベルにおいても不動の事実として確かめることができる。

　未成年の介護者に関するフランス語の表現は、既に紹介をしたように5つを数える。他方、イギリス英語とアメリカ英語の表現は、いずれも2つである（young carers, young unpaid carers/young caregivers, young family caregivers）。両国共に成人の介護者を示す表現（adult carers/adult caregivers）と対比しながら用いられる。また、18歳以上24歳以下の年齢階層に属する若い成人の介護者に関するイギリス英語の表現（young adult carers）は、未成年の介護者研究における確かな蓄積を経た後に新たに誕生して国際的にも学び取られると共に、アメリカ英語にもその一環として誕生し広く用いられる（young adult caregivers, young adult family caregivers）。C.レビン（Carol Levine）ほか「若い成人の介護者――研究対象ではなかった人口に関する最初の検討」（『アメリカ公衆衛生雑誌』95巻11号、2005年11月、2071-2072頁）を初発にする比較的新しい動向である。アメリカでは、祖父や祖母を看る18歳以上40歳以下の年齢階層を念頭に孫の介護者の表現（grandchild caregivers）も、新たに形成される。未成年の介護者に関する研究の発祥国、イギリスを含むヨーロッパ諸国はもとよりオーストラリ

第2章　介護者支援政策を巡る類型化論とフランスの政策開始時期

アやニュージーランド等にも存在しない全く新しい表現である。他方，若い成人の介護者の表現は，フランスには未だ存在しない。これらの事情も，フランスにおける介護者研究の遅い出発を示唆する。

介護者の表現に関するフランス政府と議会及び地方自治体の選択

　介護者に関する各種の表現は，フランスの議会や政府によってはどのように用いられているのであろうか。幾つもの表現が用いられているであろうことは，容易に想像されるし，議会資料に目を通すとき，少なくない表現の使用は，確かな事実である。これを例証する為に，議会や政府の用いる表現を順に列挙しておきたい（aidants, aidants familiaux, aidants non professionneles, aidants naturels, aidants informels, proches aidants, aidants proches, aidants familiers, entourage aidants, aidants bénévoles）。見られるように合計10の表現を確かめることができる。これらのうち家族による日常生活上の援助をいたって自然の行為であることを示す表現（aidants naturels）は，介護者や家族介護者などの表現と共に2005年の法律はもとより，同じ年の会計検査院の報告，2008年の『認知症対応計画』（第3次，計画期間2008～2012年），2010年の議会報告や保健高等衛生局の報告書，あるいは，2013年の社会問題保健省計画などにしばしば記載される。

　経済社会環境評議会も，1999年の報告書において家族介護者などの表現を用いて介護者問題を議論の俎上に初めて載せたのち，その後もしばしば介護者を議論の主題に載せているが，家族による日常生活上の援助を優れて自然の営みであることを示す表現を家族介護者のそれらと共に用いるのは，2001年の報告においてであり，2004年と2007年及び2011年の報告書に，この種の表現の記載を確かめることはできない。経済社会環境評議会が，経営者団体や労働組合並びに家族団体の代表を交えて構成され，議論が重ねられる場所であり，とりわけ家族団体の意向を尊重した帰結ではないかと考えられる。

　社会問題保健省は，2014年に議会に提出の法案とこれに関連する報告書などでは，日常生活上の援助を家族の自然の行為であることを示す表現を用いることなく，要介護者との親近性を示唆する表現（proches aidants）を介護者のそ

れ（aidants）と共に使用する。[14]障碍者と高齢者の臨時的な受け入れ施設の定義及び組織に関する2004年7月13日付け政令が，家族介護者と無償の介護者（aidants bénévoles）の表現を用いていたことを想い起こすならば，その丁度10年後に提出された法案とそれに関連する報告書は，日常生活上の援助を自然の営みであることを示唆する表現はもとより，無償の介護者の表現なども退けていると評することができる。

　社会問題保健省による不使用は，この種の表現に寄せられる筆者の確かめただけでも2000年に遡る批判，すなわち，家族，とりわけ女性による無償の営みを何の摩擦や抵抗もない行為と見做す表現への強い批判が[15]，ようやくフランスにおいても実を結びはじめたことを示唆する。この表現は，既に言及したようにフランス介護者連盟も設立の当初から認知しておらず，こうした流れは，その後も一部であるとはいえ研究者に継承され[16]，連帯社会統一省が2011年に提出した報告書にも，日常生活上の援助を家族による至極当たり前の行為と見做す表現の孕む問題性について，指摘をしてきたところである[17]。社会問題保健省の2014年提出の法案が，要介護者との親近性を示唆する表現を家族介護者や介護者のそれと共に，もとより後者の上位に位置付けながら採用し，介護を家族の当然の行為と見做す表現を明確に斥けたことは，4半世紀程の期間に確たる調査研究の成果を拠り所にしながら重ねられてきた批判が，ようやくフランスにおいても政策形成のレベルにおいて確たる実を結びはじめたことを示唆するように思われる。

　では，地方自治体や地方機関における使用は，いかがであろうか。結論を先に述べることになるが，中央の議会や政府よりも1つ少ない9つの表現（aidants, aidants familiaux, aidants non professionnels, aidants naturels, aidants informels, proches aidants, aidants proches, aidants familiers, entourage aidants）を用いる。これらは，いずれも介護職に就く労働者（aidants professionels）と区別され対比された表現である。地方自治体などが用いるこれら9つのうち，日常生活上の援助をいたって自然の行為であると見做す表現は，早ければ1999年のマルヌ県『老年改革』（計画期間1999〜2004年）に既に確かめることが出来るこ

とはもとより,その後も,県や地方機関の計画文書に家族介護者の表現などと共にしばしば用いられる。[18]

介護者の表現に関するイギリス並びにアメリカ政府と議会の選択

　介護者に関する表現は,イギリスとアメリカの政府や議会によってどのように用いられているであろうか。イギリスについて1986年から2012年までの報告書に目を通すならば,3つを数える (carers, informal carers, voluntary carers)。このうち要介護者の隣人や友人が看る場合に限定して用いられる表現 (voluntary carers) は,89年以降になると一度も利用されることなくすっかりと姿を消す。他の2つの表現には,要介護者の家族や親族はもとより友人や隣人も含まれるとの理解が,社会に受け入れられ広がった結果である。また,アメリカの1988年から2012年に公刊された政府や議会の報告書に目をやる限り,6つである (caregivers, family caregivers, informal caregivers, caretakers, informal care providers, unpaid providers)。このうち介護の提供者を表す2つの表現 (informal care providers, unpaid providers) は,2009年までの使用に止まり,2010年以降は使われていない。フランス語の表現が10を数えていることを想い起こすとき,イギリスはその3分の1以下,アメリカは同じく3分の2以下と,両国共に少なく,フランス語の表現の多さを,ここでも感じ取ることが出来る。

　では,地方自治体や国民保健サービス地域基金の場合は,いかがであろうか。ここでは,資料の制約からイギリスに止めざるを得ないものの,1989年から2011年に公刊された報告書や計画に目を通す限り,表現は一本化される (carers)。フランスの地方自治体や地方機関が採用する9つの表現に較べるならば,後者の際立つ程の多さは,明白である。

　介護者のニーズを問い,日常生活上の援助を無償で担う人々を直接の対象にする政策が,フランスでは相対的に遅れているのではないかと推測させるに足る事実は,介護者に関するフランス語の余りにも多岐に亘る表現から伺うことができる。かかる表現の誕生は1986年,とイギリス英語やアメリカ英語のそれを想い起こすならば,比較的新しい。介護者が,『ル・モンド』紙も指摘をす

るように長い間隠れた存在であったことを示唆するようである。フランス語の表現は，その数も著しく多く，イギリス英語やアメリカ英語の比ではない。介護者の存在とそのニーズに対する社会の理解も進みがたく，政策の立案と実施とを後押しする声も弱いのではないかと推測させる。加えて，介護者に関するフランス語の表現が産声を上げたとしても，家族による日常生活上の援助をいたって自然の営みであると示唆をする表現が，早くから研究者はもとより議会や政府あるいは地方自治体によっても，寄せられたであろう批判を事実上軽んじながら頻繁に使用されてきた事実は，介護者への支援の必要性を事実上軽んじた結果であると評しても過言ではあるまい。介護者の存在について語り，そのニーズに言及をしたとしても，支援の領域と程度とは，自ずと狭く浅くならざるを得ないのではあるまいか。

2 介護者支援政策の類型化

二類型化の議論

介護者を直接の対象にする支援を国際的な視野から評価する研究業績は，フランスにおいて少なくない。慎重な検討を加える為にも，まずは，議論の整理からはじめよう。

スウェーデンとスイス及びイギリスの3ヵ国は，スペインをはじめとする南欧3ヵ国（ほかにイタリア，ポルトガル）とは異なって，要介護者はもとより介護者も支援の対象として位置付け，なかでもスウェーデンとイギリスは，介護者の享受する生活の質の向上に意を注いでおり，家族に伝統的なまでに依存する南欧3ヵ国とは異なる。イギリスは，介護者に関する最初の単独立法を制定した国としても知られる。[19]

国際比較の作業を通して6ヵ国を二類型に区分する限りにおいて，上の見解と同じであるとはいえ，取り上げる諸国とその位置付けを異にする作業もある。スウェーデンを含む北欧諸国とオランダは，介護者の担う無償の介護を有償の介護サービスの補完として位置付け，1960年代末葉から政策的な対応を重ねる。[20]

第**2**章　介護者支援政策を巡る類型化論とフランスの政策開始時期

　他方，イタリアをはじめとする南欧諸国とフランス，ドイツ及びイギリスは，無償の介護を私的な性格の所産と理解することから，介護者のニーズの充足を目的にする正真正銘の介護者支援政策は，これらの国々に存在しない。後者の国々が介護者支援を視野に収めるのは，漸く2000年代の中葉を迎えてからである。

　この見解に全面的な賛意を表するのは，藤森宮子氏である。氏は，上の見解を紹介すると共に，「2000年代の半ば頃からフランス，ドイツ，英国，イタリアなどの国々」でも，「『家族介護者を援助する』必要性が認識されるようになった[21]」と評して，フランスについてだけ『認知症対応計画』（計画期間2008～2012年）を事例として引き合いに出し，そこに記載される介護者の休息や休暇の取得に向けた措置などについて紹介をしながら，自らの見解を裏打ちする事例に位置付ける。

　5ヵ国比較の作業を通して二類型を導く研究もある。類型化の基準は2つである。その一つは，専門的な介護サービスの利用の容易さであり，いま一つは，介護と仕事との両立保障の程度である[22]。この基準に沿って検討を加えるならば，一方のスウェーデンとオランダ，今一方のイギリスとイタリア及びドイツの二類型に区分することが出来る。たとえばスウェーデンは，近親者の終末期介護を目的にする有給休暇が制度化され，賃金の80％に相当する金額を休暇期間の経済的な補償として手にすると共に，休暇期間中の社会的な諸権利と復職の権利とが保障される。オランダでは，介護責任を負う労働者には，年に10日の有給休暇が制度化され，賃金の70％に相当する金額が支払われる。他方，イギリス等の3ヵ国は，現金給付に傾斜しがちである。たとえばイギリスでは，月額300ユーロの介護者手当が，週35時間などの要件を付した上で給付される一方で，介護者の負担はいたって重く，その3人に1人近く（30％）は，週20時間以上を日常生活上の援助に充てる。かくして無償の介護は，要介護者に給付されるサービス総量の88％を占める程に高い水準を記録する。専門的な介護サービスの認定基準が高く定められ，要介護者のサービス利用料金とその水準とも相俟って，利用も容易とは言い難い現状から招き寄せられた結末である。

三類型化の作業

　以上に示される二類型の作業に対して，三類型化の試みも手掛けられる。類型化の基準は，無償の介護が女性の労働力化に及ぼす影響である。要介護者はもとより介護者への政策的な支援が，結果として女性の非労働力化を招いてはいない国として，スウェーデンとデンマークを挙げることが可能であり，この対極には，イタリアが位置する。フランスは，両者の中間に位置する。家族による無償の援助は，これら5ヵ国の状況に照らすならば家族老齢政策（politique familiale de la vieillesse）の一環に位置付けられるに相応しい。

　以上とは内容を異にする三類型化の作業もある。スウェーデン等の北欧諸国を第一類型とし，この対極にイタリアを位置付けた上で，ドイツとフランスを両者の中間に位置する第二類型と区分する作業である。スウェーデンの介護者は，自治体と労働契約を締結したとして賃金を手にすることが可能であり，有給の介護休暇や労働時間の調整も制度として，その存在が認められる。他方，イタリアでは，伝統的に家族が殆ど唯一で重要な役割を担い，外国籍の介護労働者が驚く程に多いのも，介護の私的な性格が古くから強調され，今日も強固に根づいているからである。ドイツとフランスは，北欧諸国に較べるならば遅れをとっていると評して良い。

　比較の対象となる国々はやや異なるとはいえ，これと類似の結論を導く作業もある。スウェーデンとデンマークの2ヵ国における無償の介護は，限定的である。たとえばデンマークでは，所得のいかんに関わりなくサービスの無料の利用が可能であることから，要介護者の家族といえども日常生活上の援助を求められることはない。介護者の週当たり平均介護時間は，1～3時間である。地方自治体には，レスパイトケアの提供が義務付けられ，その費用は全て国の負担である。第二類型に属するルクセンブルクとドイツの2ヵ国は，専門的なサービスの提供が優先されるとはいえ，そうしたサービスの利用の実際に照らすならば不充分であることから，介護者による日常生活上の援助を避けるわけにいかない。ルクセンブルクでは，ドイツと同じように直接には要介護者に給付される手当を介護者に報酬として利用することが可能である。最後の第三類

型に属するイタリアは、家族に大きく依存することから先の研究でも指摘をされたように家族の負担はいたって大きく、不法移民を供給源にする介護労働者の存在も大きくならざるを得ない。

　三類型化の作業の中では、ヨーロッパ諸国にアメリカやカナダを加えて結論を導く成果も、確かめることが出来る。フランスにおける国際比較の作業の中では、珍しい成果である。北欧諸国とオランダは、介護者に対する政策的な支援が発達しており、介護者のニーズに対応するサービスはもとより、仕事を持つ介護者への支援も制度の内容に照らすならば注目に値する。フランスの状況は、これらの国々に較べるならば満足するわけにいかない。イギリスやアメリカ及びカナダの3ヵ国では、実に多くの介護者調査研究が早くから手掛けられているのに対して、フランスはと問うならば、かなり遅く1990年代末葉を待たなければならない。

類型化の作業から学ぶこと

　以上、2002年から2012年の期間に公表された7つの研究成果について、その概略を簡単に紹介してきた。福祉国類型化論や家族政策に絞り込んだ類型化の作業なども思い起こしながら、おおいに教えられる内容も少なくない。たとえばフィンランドの社会福祉に関する1982年法を思い起こしてみたい。この82年法は、地方自治体が介護者支援に責任を負うと定める。さらに、この国の介護者支援に関する2005年法は、介護者が月に最低3日間、日常生活上の援助から離れて自分の時間を享受することについて定める。要介護者が、デイサービスやリハビリテーションに通うことに伴う介護者自身の時間の享受とは、区別して独自に定められた権利である。アメリカやカナダは言うに及ばず、イギリスやドイツにも確かめることの出来ない制度である。また、介護サービス計画は、要介護者はもとより介護者の参画も得て両者の共同のもとに策定される。フィンランドにおける介護者支援について簡単に振り返るだけでも、北欧諸国を独自に類型化する作業には、その揺るぎない基盤を有することに照らして、おおいに賛意を示すことができる。

オランダ政府は、家族介護を政策文書に位置付けることを通して、介護者支援が政策範疇の一つであることを公式に表明する。2001年のことである。家族介護は、社会にとって重要であり、公的な問題である。家族のストレスは防止されなければならないのであって、この為に介護者支援は拡充されるに相応しい。また、家族介護は、優れて自発的な営みであって、些かも強制されてはならない。このように位置付ける。また、政府は、ソーシャル・サポートに関する法律を2007年に施行し、この中に介護者支援を地方自治体の担うべき業務の一つにこの国としては初めて位置付ける。週8時間以上の日常生活上の援助を3ヵ月以上に亘って担う場合について、激しい介護（intensive care）と区分をし、あるいは、週当たり介護時間別の長さが介護者の健康に与える影響を較べるに際して、週1時間以上4時間以下をはじめ週5時間以上8時間以下、週9時間以上16時間以下及び週17時間以上、と4つに分類するのは、オランダ社会調査研究所（Netherland ISR）などであり、この国の全国介護者連合も、この調査手法に依拠しながら介護者の状態に関する分析を手掛けるように、この国において広く受け入れられた手法である。政府の健康管理・公衆衛生評議会（CPHHC）の公刊になる報告書も、言うまでもなくこの区分を採用する（表2－2）。この手法は、参考までに言えばデンマークのコペンハーゲン大学教授が、介護者へのインタビューに際して週3時間以下、同じく4時間以上7時間以下、8時間以上10時間以下及び11時間以上と区分をしたことと、内容に照らしてやや重なり合う。

　イギリスの国家統計局（ONS）が、1985年の調査開始以来5年ごとに重ねる定期調査と、その後の国勢調査（2001年、2011年）において、週当たり介護時間を1時間以上19時間以下、同じく20時間以上49時間以下、50時間以上と3つに区分をした上で、介護者の週当たり介護時間別構成と健康や労働力化への影響を調べる方法はもとより、オーストラリア統計局（ABS）が、『障碍と高齢及び介護者調査』（SDAC, 1998年、2003年、2009年、2012年）の中で、主な介護者の週当たり介護時間を週20時間未満、同じく20時間以上39時間以下及び40時間以上と3つに区分をしていること、ニュージーランド統計局が、『障碍調査』

第2章　介護者支援政策を巡る類型化論とフランスの政策開始時期

表2-2　オランダの介護者の週当たり介護時間別等の高いストレス比率

(%)

	比率
週当たり介護時間別	
1時間以上4時間以下	7
5時間以上8時間以下	18
9時間以上16時間以下	33
17時間以上	46
要介護者の介護度別	
適度以下の要介護度	16
厳しい要介護度	27
他に代替可能な人材などがいない	49
計	26

出典：Alies Struijs, *Informal care, the contribution of family carers and volunteers to long-term care*, Council for Public Health and Health Care, The Netherlands, 2006, p. 35より引用。

（1996年，2001年，2006年，2013年）の中で介護者の週当たり介護時間について9時間以下をはじめ10時間以上29時間以下，30時間以上49時間以下，50時間以上159時間以下などと区分をしていること，アイルランド統計局（CSO）が，『障碍と介護者調査』（2002年），並びに『障碍，介護者及びボランティアワーク調査』（2006年，2009年，2011年）の中で，介護者の週当たり介護時間を週1時間以上14時間以下，同じく15時間以上28時間以下，29時間以上42時間以下及び43時間以上と区分をしていること，アメリカの全国介護者連盟が，アメリカ高齢者連合（AARP）との共同のもとに重ねてきた国内では最も包括的な調査『アメリカの介護』（1999年，2004年，2009年，2014年）の中で，週8時間以下をはじめ同じく9時間以上20時間以下，21時間以上39時間以下及び40時間以上と区分をしていること，あるいは，カナダ統計局（Statistics Canada）が，『社会調査』（GSS，1996年，2002年，2007年，2012年）の中で，週1時間以下をはじめ同じく2時間以上4時間以下，5時間以上9時間以下，10時間以上14時間以下，15時間以上19時間以下，20時間以上29時間以下及び30時間以上と区分をしながら，介護者の規模と構成及び影響について調べる方法に較べるならば，明らかに週

当たり介護時間に関する短い区分である。

　これらの方法が，6ヵ国においてすっかりと定着していることを改めて思い起こすならば，こうした区分は，一方の2ヵ国と他方のイギリスに代表される6ヵ国における介護者の週当たり介護時間の区分における小さくはない相違，すなわち，オランダとデンマークにおける相対的な短さと，他方，イギリスを含む6ヵ国における驚く程の長さを含むかなりな長さとを示唆すると言って良い。統計上の区分が，政府の採用する政策と無縁なままに定められるわけではないことを脳裏に思い浮かべるならば，オランダの介護者支援政策が1960年代末葉にはじまったとの指摘に賛同するか否かはともかく，この国を北欧諸国と同じ類型に区分をする研究成果に，迷うことなく賛意を表することができよう。

南欧諸国と西欧諸国との同一視の危うさ

　同時に，にわかには肯定し難く，疑問を率直に呈しておかなければならない論点も，非力とはいえ提示しておかなければならない。臆することなく指摘をしておきたい。

　イタリア，あるいはイタリアを含む広く南欧諸国の位置付けは，既に紹介した議論を振り返るならば明らかであるように論者によって異なる。一方では，イタリアを含めて三類型化を手掛ける2つの作業では，いずれもイタリアを北欧諸国や西欧諸国とは異なる類型として明確に区分をする。他方では，イタリアをはじめとする南欧諸国を含めて二類型化を手掛ける3つの作業，これに藤森氏のフランス人研究者の知見にそのまま依拠した論稿を加えるならば，4つの作業では，その内の3つが，イタリア，あるいはイタリアを含む広く南欧諸国をフランスなどの西欧3ヵ国と全く同じ類型として区分をし，北欧諸国にオランダを加えた今一つの類型の対極に据える。

　しかし，イタリア，あるいは広く南欧諸国を西欧諸国と同じ類型に区分をする根拠は，いったい存在するのであろうか。事実に即して考えるとき，それは乏しいと言わなければならない。区分の根拠として示されるのは，介護者のニーズに対応する正真正銘の政策の採用であり，イタリアなどの南欧諸国と西

欧3ヵ国には，北欧諸国やオランダとは異なって，こうした政策は存在しないとの指摘である。しかし，考えてみたい。イタリアでは，エミリア・ロマーナ（Emilia Romagna）地方における2010年代前半の法制度を除いて，介護者のニーズに対応する政策は，今日もそもそも制度として存在していない。他方，西欧3ヵ国は，イギリスの介護者に関する世界で最初の単独立法の制定に象徴されるように，介護者のニーズの充足を目的にする政策を公式に表明し実施に移している。もとより西欧3ヵ国の政策が，介護者のニーズの充足にどの程度貢献しているか，したがって，これら西欧3ヵ国の政策が，言うところの正真正銘の政策であるか否かの判断は，必要であり，避けて通るわけにいかない。しかし，関係する政策を政府として一切掲げていない国と，そうではなく，これを繰り返し公式に明示し，さして短くはない期間に亘って法的な拠り所も得ながら実施してきた国々とを，そもそも同一視するわけにはいくまい。介護者の支援を政策に掲げ実施に移すからこそ，彼女や彼のニーズのなんらかの充足に功を奏していると判断をし，そうした効果は，同種の政策をそもそも掲げてはいない国々に期待するわけにいかないからである。しかも，西欧諸国の場合には，イギリスがそうであるように介護者の社会的包摂を支援政策の目的に掲げているという事情もある。

　同様の指摘は，イギリスに代えてフランスを取り上げても可能であろうか。フランスに個別自立手当（APA）があるように，イタリアには介護手当が1980年に制度化される。このうち後者の制度は，当初障碍者を対象にしていたものの，その後，65歳以上の高齢者にも在宅や施設入居の別を問わずに給付される。両国の制度は，一見するところ類似するように見えなくもない。しかし，制度は明らかに異なる。フランスの手当は，要介護度に沿って最高月額1,212.50ユーロから最低月額519.64ユーロであるのに対して，イタリアは，月額一律472ユーロである（フランスの38.9〜90.8%，2008年現在）。手当の利用は，フランスの場合に介護計画に沿って行われるのに対して，イタリアでは，いかなる制約も課せられることなく，受給者の自由な使用に委ねられる。また，フランスでは，地方自治体の担当者による継続的な調査を通して手当の実効性の検証が

行われ，その担保が制度的に確保されるのに対して，イタリアには，そうした追跡は原則として実施されない。さらに，フランスでは，手当の受給者が，介護労働者を直接に雇い入れてサービスの提供を受けることも，介護計画の策定時に明記することを条件に制度として可能である。これに要する費用は，所得税控除の対象になる。介護計画に沿う手当の利用は，所得税控除の措置に沿っても担保される。

　両国におけるそうした制度上の相違は，実態のそれとして姿を現わす。イタリアの場合には，フランスの最も軽い要介護認定の水準さえも下まわる金額に止まり，受給者の文字通り自由な利用に委ねられて，手当の使途を明らかにする地方自治体の調査も一つとして存在しないことから，手当は，家族の追加収入として受け止められる。手当は，年金収入と共に財布に入れられて，介護サービスの購入に当てられる保証はない。他方，フランスでは，対人サービス分野の雇用創出を重視する90年代以降の雇用政策の動向とも相俟って，手当を拠り所にした介護計画に沿うサービスの利用が進む。「脱家族化」は，一方のイタリアにおいて期待し難く，他方のフランスにおいて進むことになる。

　イタリアを西欧諸国とは区別をして位置付ける必要性は，労働力状態別に見た介護者と非介護者の構成に照らしても認められる。イタリアを含む南欧3ヵ国の介護者比率は，仕事を持たない主婦層に際立つ程に高く，他方，スウェーデンとデンマークの2ヵ国はもとより，フランスを含む西欧3ヵ国では，明らかに低い（表2-3）。両者の相違は著しく大きい。また，この結果が既に示唆するように，南欧3ヵ国における就業者中の介護者比率は，明らかに低い。無償の介護の負担に耐えかねて非労働力化を迫られる結果である。他方，これも計数に示されるように就業中の介護者比率は，北欧諸国で際立つ程に高く，西欧3ヵ国がこれに続く。要介護者へのサービスはもとより，仕事と家族生活の両立を含む介護者支援が，どの程度に効果を発揮しながら行われているかに左右される結果であるとは言えないであろうか。フランスにおける先の指摘，すなわち，介護者のニーズに対応する正真正銘の政策の採用を判断の基準に据えたとしても，イタリアを含む南欧諸国を西欧諸国と同一視するわけにいくまい。

第2章　介護者支援政策を巡る類型化論とフランスの政策開始時期

表2-3　労働力状態別の介護者並びに非介護者構成の国際比較[1][2]　　　(%)

	老齢退職		就業		失業		主婦（夫）	
	介護者(A)	非介護者(B)	(A)	(B)	(A)	(B)	(A)	(B)
スウェーデン	12.9	16.3	75.4	73.9	1.4	3.5	0.8	1.1
デンマーク	19.1	22.2	59.0	60.6	7.0	5.9	1.3	1.7
オランダ			71.0	77.0				
イギリス	10.6	7.3	77.9	80.9	1.4	0.9	5.3	5.0
ドイツ	23.5	20.5	48.2	53.8	9.7	11.2	11.9	8.9
フランス	24.0	25.5	51.6	52.7	4.3	6.1	13.8	9.3
ベルギー	22.3	25.6	39.0	42.7	10.5	6.0	16.5	13.0
イタリア	36.2	35.5	33.5	35.8	3.2	4.0	24.5	22.3
スペイン	10.0	13.8	33.0	45.1	5.9	7.5	43.9	25.7
ギリシャ	18.7	23.3	31.4	47.2	2.4	2.8	46.0	25.1
18ヵ国平均	20.3	21.9	49.5	52.4	4.4	4.5	17.9	12.3

注：(1)表中下欄の18ヵ国平均は，表中の10ヵ国の他に諸国（オーストラリア，オーストリア，チェコ，アイルランド，韓国，ポーランド，スイス，アメリカ）を加えたものである。イギリスは1991～2007年，オランダは2008年，他の国は2004～2006年を対象にし，経済協力開発機構が，オランダを除いて各国の調査統計をもとに推計した結果である。空欄は不明である。
　(2)オーストラリアは，18～64歳層について就業の介護者63.1%，非介護者73.4%，失業の介護者3.9%，非介護者4.2%，主婦（夫）の介護者33.0%，非介護者22.4%である。Australian Bureau of Statistics, *A profile of carers in Australia*, 4448.0, Table1.2.
出典：Francesca Colombo and als, *Help wanted? providing and paying for long-term care*, OECD, 2011, p.92；Debbie Oudijk and als, *In the spotlight : informal care in the Netherlands*, Netherlands Institute for Social Research, 2010, p.10より作成。

各種の調査を拠り所に導き出された計数が，冷厳な事実として物語る。

西欧諸国の介護者支援政策の形成を巡る誤解

　藤森氏が，フランスの研究者の業績を主な根拠にする主張，すなわち，西欧3ヵ国では，「……2000年代の半ば頃から……『家族介護者を援助する』必要性が認識されるようになった」と評して，「フランスの第3次アルツハイマー等認知症対応計画（2008～2012）[29]」を引き合いに出す議論について，考えてみたい。

　まず，「フランスの第3次アルツハイマー等認知症対応計画（2008～2012）」は，政府や地方自治体の全ての政策領域における計画がそうであるように，政策上の「必要性」の「認識」を拠り所に具体的な政策目標と方法とを計画期間

に沿って定め，その期間内に実施に移される。例証として氏の示す「計画」は，そうした意味において「……『家族介護者を援助する』必要性……」の「認識」に止まるわけではない。また，フランスの研究者の引き出した結論への傍証として示される「計画」は，氏も紹介をするように「第3次」のそれである。2001～2005年を計画期間に定める第1次計画に遡って事実を確かめてみたい。「……『家族介護者を支援する』必要性……」は，第1次計画に既に明記され，デイケアやショートステイ等の形態を支えにするレスパイトケアなどが，介護者支援（soutien aux aidants）の表記に沿いながら，計画に示されると共に，計画の初年に当たる2001年から既に実施に移される。氏が，例証として引き合いに出す時期よりも7年は遡って示される計画である。

参考までに付言をするならば，フランスは，数あるヨーロッパ諸国の中で最初に『認知症対応計画』を策定した国である。第1次計画がそれである。第3次計画にのみ言及するばかりでは，フランスの国際的にも名誉ある実績を忘れ去ることにもなる。

さらに，フランスにおける介護者支援は，アングロサクソン諸国の後塵を拝するとはいえ，2000年から実施されるとの評価も，フランスの複数の研究者によって既に示される。氏は，これらの成果についても知らないようである。

氏の議論の危うさは，会計検査院などの文書に照らしても明らかになる。すなわち，会計検査院は，介護者を対象にする支援の強化を2005年の報告書の中で提起する。この事実は，会計検査院の報告書は言うまでもなく，家族問題担当大臣宛ての報告書などにおいても紹介される。支援の強化を2005年に提起する事実を疑念なく直視するならば，支援それ自体は，2004年以前に実施されてきたと解することが出来よう。

西欧3ヵ国では「……2000年代の半ば頃から『家族介護者を援助する』必要性が認識されるようになった」と既に紹介をした見解の危うさは，ドイツとイギリスについて一段と明白である。1995年に制度化されたドイツの介護保険に介護者支援の諸方法が盛り込まれていることは，日本における介護保険の制度化に当たって広く紹介され議論の的となってきたところである。これに先立っ

第2章　介護者支援政策を巡る類型化論とフランスの政策開始時期

て1989年に定められ、3年後の92年から実施に移されたドイツの年金改革では、週10時間を超えて日常生活上の援助を手掛ける介護者の年金保険料の支払い免除について定める。保険料の水準は、平均賃金の75％に相当する所得水準を基に算出され、これらの介護者は、保険料を支払ったものと見做される。介護者の年金受給権は、こうして92年から制度的に保護される。

　イギリスにおいて「……『家族介護者を援助する』必要性が認識されるようになった」のは、フランスやドイツに較べるならば遥かに早い。この国における介護者支援の最初の制度化は、後に詳しく述べるように1940年に遡る。さらに、『ベヴァリジ報告』としてイギリスはもとより日本を含めて広く国際的にも影響を及ぼした『社会保険及び関連サービス』（1942年）は、老親を看取った未婚女性を対象にする職業訓練手当について提言をする。「……2000年代の半ば頃」に先立つこと60年以上も昔の事実である。

　介護者の名を冠する世界で最初の単独立法が、イギリスで1995年に制度化された事実について、フランスの国内はもとより広くヨーロッパのレベルにおいても幾度となく紹介されてきたという事実もある。

　「2000年代の半ば頃からフランス、ドイツ、英国、イタリアなどの国々」でも、「『家族介護者を援助する』必要性が認識されるようになった」との藤森氏の指摘は、『海外社会保障情報』誌（104号，1993年9月）に掲載の氏の論稿に照らしても、根拠を持たない。氏は、この中で「介護者への援助」にも言及し、「ショートステイ・サービス・センターなど、家族を一時的に助ける援助策の普及がフランスでは遅れている」と指摘する。「ショートステイ・サービス」が、「介護者への援助」の一環であるとの的確な理解を拠り所にしており、これに着目をするならば、フランスにおいても「介護者への援助」が「遅れている」とはいえ、厳然と存在していることについて、氏は、93年の論稿において認めていたことになる。最近の論稿、すなわち、2013年に公刊の共編著における指摘は、20年前の93年における全く正しい自ら下した分析を忘れ去り、フランスのとある研究者の評価に心を引かれた結末である。参考までに敢えて付言をするならば、氏の論稿が掲載された『海外社会保障情報』誌（104号）には、

159

土田武史「ドイツの長期ケアと介護保険」も同時に掲載され（78-89頁），土田氏は，その中で1989年の医療改革法や92年の年金改革法による介護者支援について詳しい紹介を施している。

　介護者を対象にする全国レベルの支援計画が，フランスには実際のところ存在せず，これは，ある国々における政策対応とは異なるとの評価が下されていることは，否定するわけにはいかない厳然たる事実の一つである。言うところの計画が，専ら介護者を対象にする独自の計画であると言うならば，確かにフランスにそうした計画はない。しかし，この種の単独計画を策定し公表するのは，イギリスとこれに倣ったアイルランド，オーストラリア，それにニュージーランドの4ヵ国に止まり，スウェーデンなどの北欧諸国にも存在しない。そうとはいえ，フランスに介護者を対象にする計画がないわけではない。先の評価は，『認知症対応計画』の策定と実施一つに照らすだけでも，その根拠を持たない。同時に，フランスをイギリスやドイツと共に同一の類型に区分をする作業に，賛意を表するわけにいくまい。介護者支援の歴史をごく簡単に振り返っただけでも，そのように言うことが出来よう。西欧3ヵ国を完全には同一視せず，その相違について注意深く示唆をする議論が認められることも，確かな事実である。

イギリスと北欧諸国との同一視の危うさ

　イギリスをスウェーデンやオランダなどと同じ類型に区分をし，これら3ヵ国を南欧3ヵ国の対極に位置付ける議論については，類型化論の冒頭に紹介してきたところである。イギリスが，スウェーデンと同じように介護者の生活の質を問うてきたことは，類型化の議論に目を落とすまでもなく，これまでにたびたび論じられ，拙著『イギリスのコミュニティケアと介護者——介護者支援の国際的展開』（ミネルヴァ書房，2008年）はもとより同『欧米の介護保障と介護者支援——家族政策と社会的包摂，福祉国家類型化論』（ミネルヴァ書房，2013年）でも述べてきており，確かな事実である。しかし，イギリスが，北欧諸国やオランダと同じように無償の介護を有償の介護の補完として位置付け，

だからこそ，要介護者に止まらず介護者の生活の質の向上も謳っているであろうかと問うならば，コミュニティケアをコミュニティにおけるケア（care in community）ではなく，コミュニティによるケア（care by community）であるとイギリス政府によって早くから明記された見解はもとより，精神障碍児の介護者に関する独自の調査を通してコミュニティケアは家族によるケアではなく，障碍児の母親によるケアであるとの結論を導き出した1980年代後半の忘れ難い成果を振り返るだけでも，補完としての無償の介護の位置付けを残念ながらイギリスに確かめることはできない。地域におけるケアではなく，そこに暮らす要介護者の家族，性別で言えば女性によるケアが，精神障碍者の介護政策を踏まえながら国際的にも最も早く明確に結論付けられ，その後の高齢者介護政策にも揺るぎなく継承されたことを振り返るならば，スウェーデンやオランダと異なって無償の介護に政策的な力点が置かれたと言うべきであろう。かくして介護者の生活の質を問うからといって，それが，直ちに無償の介護の補完性を意味するわけではない。言い換えるならば，等しく介護者の生活の質を政策的に問うからといっても，その水準は，国や時代によって異なるのである。国や時代ごとの検証を経ることなしに結論を導くわけにいくまい。性急な作業の先に待ち受けるのは，誤った結論である。

　介護者の生活の質を要介護者のそれと併せて計画に明記するのは，イギリスに止まるわけではない。『ル・モンド』紙は，「悪性腫瘍——患者の生活の質の改善の為の処方」と題する記事の中で介護者の生活の質にも言及し，その保障について提起をする（2014年6月2日）。これは，政府や地方自治体の策定する諸計画の内容を正当に踏まえた指摘である。たとえばフランスの『悪性腫瘍対策計画』（計画期間2003〜2007年）や『認知症対応計画』（2008〜2012年）等及び地方自治体の計画は，要介護者はもとより介護者の生活の質について明記をする。フランスの状況をこのように把握するならば，介護者の生活の質を尺度にしながら，専らイギリスについてだけスウェーデンやオランダと同じ類型に区分をするに止まるわけにいくまい。議論の一貫性を保つ為には，イギリスと同じように介護者の生活の質を政府や地方自治体として明記するフランスを視野の外

表2-4 要介護高齢者を看る主な介護者等に関する8ヵ国比較（件）

	家族	別居家族	ホームヘルプ	その他
スウェーデン（1975年）	46	21	23	10
デンマーク（1988年）	28	28	44	0
フィンランド（1987年）	46	19	19	16
イギリス（1976年）	64	21	13	15
ドイツ（1978年）	67	33	14	18
オーストラリア（1988年）	73			
ニュージーランド（1984～85年）	75			
アメリカ（1982年）	74		10	

注：要介護高齢者は，デンマークとオーストラリア（70歳以上），ニュージーランド（60歳以上）を除いて65歳以上である。主な介護者の定義は国により異なる。空欄は，不明である。表中国名に続く年次は，調査年次を示す。
出典：Patrick Hennessy, *Caring for frail elderly people, new direction in care*, OECD, 1994, p. 36より引用。

に放り出すわけにいかないのではあるまいか。しかし，先の類型化論は，フランスについて語ることはない。こうした事実に照らしても，この類型化論に与するわけにいくまい。

　主な介護者の構成は，だからこそ北欧諸国とイギリスやオーストラリア等の国々とでは明らかに異なり，前者では，ホームヘルプ・サービスの比率が相対的に高く，他方，後者においては，家族や親族に担われる比率が高い（表2-4）。コミュニティケアに関する考え方の基本的な相違に伴うごく自然な結末である。

　イギリスでは，障碍者や日常生活動作に支障を抱える高齢者が，21世紀に入ると200万人を超え増加の傾向を辿るにもかかわらず，地方自治体のアセスメントを経て在宅サービスを受ける家族は，減少する。1992年を境に今日まで一貫して続く傾向であり，これは，拙著『イギリスのコミュニティケアと介護者――介護者支援の国際的展開』で既に指摘をしてきたように，要介護者と介護者に対するアセスメント基準の相次ぐ引き上げの結末である。介護者の負担は，自ずと重くならざるを得ない。それは，国家統計局『国勢調査』の結果に端的に示される。イングランドとウェールズ及びスコットランドの介護者総数は，2001年から2011年の10年間に10.4％の増加である。これを週当たり介護時間別

第 **2** 章　介護者支援政策を巡る類型化論とフランスの政策開始時期

に見るならば，週1時間以上19時間以下の介護者2.0％，同じく週20時間以上49時間以下36.0％，週50時間以上23.9％のいずれも増加である。見られるように週20時間以上49時間以下はもとより週50時間以上の介護者の伸びが，際立つ程に大きい。週50時間を超す介護者の3人に1人は，年齢階層でいえば65歳以上に属する。

　週当たり介護時間別の介護者の伸び率が大きく異なることから，週1時間以上19時間以下の介護者が介護者総数に占める比率は，2001年にはじまる10年間に低下を辿り（67.8％，62.6％），他方，週20時間以上49時間以下と週50時間以上の介護者の比率は，いずれも上昇する（11.1％，13.7％，21.1％，23.7％）。3人中1人以上の介護者は，週20時間以上の介護者によって占められる（32.2％，37.4％）。

　5歳以上17歳以下の年齢階層に属する未成年の介護者は，同じ10年間に介護者全体よりも大きな伸びを辿る（18.7％）。これらの年齢階層のおよそ12人に1人は，週50時間を超えて日常生活上の援助を担う（8.4％）。これが健康状態に影を落とすことは，『国勢調査』の伝えるところであり，健康状態が良くないと答えた比率は，5歳以上17歳以下で日常生活上の援助を担っていない場合（イングランド3.0％，ウェールズ3.3％，以下同じ）に対して，週1時間以上19時間以下（5.6％，5.3％），週20時間以上49時間以下（10.1％，9.6％），週50時間以上（15.6％，14.2％）の結果である。この結果に照らすとき，未成年の介護者が介護者総数よりも大きな伸びを示し，その内のおよそ12人中1人が週50時間を超えて無償の援助を手掛けている事実の意味は，心に重くのしかかる程に重い。

　週20時間以上，とりわけ週50時間以上の介護者の生活の質が担保されているかどうかと問うならば，イギリスの介護者連盟が，社会的排除の概念を援用しながら介護者の健康状態はもとより経済生活，さらには広く社会生活の危うさについて繰り返し指摘をしてきたように，優れて否定的な回答を導かざるを得ない。これは，無償の介護を有償の介護サービスの補完としては位置付けていないことの結末であり，政策文書に幾度となく明記されてきたはずの介護者の生活の質が，サービスの給付基準や自己負担額の引き上げにつれて，実際には

163

担保されてはこなかった現れである。このように考えるとき，スウェーデンとイギリスとは同じ類型に属するとの見解に与するわけにいかない。

フランスとスウェーデンとの相違

　イギリスをスウェーデンと同じ類型に属すると評する議論はともかく，フランスをスウェーデンと同一の類型に区分する議論は，フランス国内に存在しない。もっともである。むしろ強調されるのは，両国における相違である。すなわち，スウェーデンの民法は，フランスのそれとは異なって夫婦を除いて家族構成員の相互支援について定めていない。あるいは，スウェーデンを含む北欧諸国やオランダとフランスの介護者を対象にする支援について検証しながら，後者における政策対応は，前者のそれに較べるならば程遠い状況にあるとの評価も下される。

　フランスにおける介護者への支援が，既に紹介をしてきたように早ければ2000年以降に実施されるとの評価が，複数の研究者によって示される。この評価は，このまま受け入れることができるであろうか。地方自治体の策定した計画に注意深く目を通すならば明らかであるように，介護者の地域レベルにおける集いが，専ら自助的な催事ではなく，地方自治体の支援も受けながら1992年にムルト・エ・モーゼル県（Meurth-et-Moselle）において定期的に開催されるという事実はもとより，介護者支援の概念は，1990年代以降に発展したとの指摘も，複数の地方自治体の計画に確かめることが出来る。日本のとある研究者が，フランスの研究者の引き出した結論を信じ込み，フランスでは「……2000年代の半ば頃から『家族介護者を援助する』必要が認識されるようになった」との見解を表明し，その後も取り下げてはいない現状も併せて考えるならば，フランスの研究者による指摘を信じ込むあまりに，これを正論であると受容するわけにいくまい。節を改めて検証してみたい。

3　介護者支援政策の開始時期

1962年のラロック・プラン

　介護者支援政策を示すイギリス英語の表現（policies on caring for carers, caring for carers policy, policies to support family carers, carers policy）や，同じくアメリカ英語の表現（policies for caregivers, caregiver-friendly policies, caregiver policy）に相当するフランス語のそれは，英米両国よりも多い事例として示すことが出来る（policies d'aide aux aidants, politique d'aide aux aidants, politique de soutien aux aidants, politique nationale d'aide aux aidants familiaux, politique publique d'aide aux aidants, politique d'accompagnement des aidants familiaux）。1970年代の初頭には，看護を手掛ける家族への支援の表現（aide aux familles soignantes）が用いられたことも，記憶に残る。介護者の表現が初めて登場する1986年より15年を遡る時代の産物である。この表現は，今日では用いられていない。「国家次元の」や「公的な」等を意味する単語が，上に紹介をしたように介護者支援政策の表現に挿入されていることは，フランス政府の経済活動への介入がアメリカやイギリスに較べて大きいだけに，フランスに独自とも考えられる表現として容易に了解することが可能であり，興味深い事実の一つである。結果は，介護者支援政策を示すフランス語の表現の相対的な多さである。

　介護者支援との表現に止まることなく，介護者支援政策を示すフランス語の表現は，政府や議会のレベルでは，遅くとも99年の首相宛てに提出された報告書の中にも見ることが出来る。フランス語の表現は，90年代末葉までは高齢者との関わりにおいて用いられるものの，2000年代初頭以降に入ると家族老齢政策（politique familiale de la vieillesse）の一環として位置付けながら使用する事例も現れる。

　介護者支援政策は，高齢者政策や家族老齢政策と関わりながら論じられてきただけに，人口・家族高等諮問委員会『高齢者政策──高齢化問題調査検討委員会報告』（1962年），通称ラロック・プランの検討から着手することが，望ま

165

しいであろう。これは，日本の社会保障研究者がフランスの社会保障研究に当たって一つの例外もなく採用してきた手法にも適う。

　政府による高齢化への対応は，少なくとも戦後の1945年から60年代初頭までに関する限り，老齢退職の問題であり，そこに認められるのは，高齢退職政策 (politique des retraites) であって，広く高齢者政策ではない。高齢退職政策の扱う問題は，その名称に即して容易に推察されるように老齢退職年齢と年金給付水準の2つの限りである。戦後の15年程の期間に優先的に扱われたのは，スウェーデンと共に早くから深刻なまでの少子化に直面したフランスにあって，出生率の上昇である。結果として高齢者人口は，委員会の座長を務めたラロックが反省を込めて語るように，戦後の15年間における社会政策を通して犠牲を余儀なくされる。[45]

　委員会は，こうした反省を拠り所に人口をはじめ高齢化，高齢者の就業，老齢年金制度並びに社会的保護について仔細に検討を加えた上で，高齢者政策 (politique de la vieillesse) について初めて提起をする。その領域は，就業にはじまり所得，社会的保護，医療，情報の提供と教育及び多岐に亘る行政諸機関等の連携，これらである。委員会は，高齢化の歴史分析や国際比較はもとより，6つの領域に関するヨーロッパ8ヵ国（イギリス，オランダ，デンマーク，スウェーデン，ベルギー，ドイツ，ルクセンブルク，イタリア）の状況も調べ上げながら，ありうるべき政策について提言を行う。このうち介護について言えば，最も優先してなすべきことは，在宅サービスでなければならないと位置付ける。[46]今日まで続く基本的な政策方向に関する最初の指摘にほかならない。高齢者のニーズの充足に向けて家事援助サービスを組織的に拡充することはもとより，家事援助サービスを担う労働者への職業訓練の実施，住宅手当の算出に当たって高齢者が居るかどうかの考慮，所得税額の算出に際して高齢者との同居を考慮に入れた家族減額制度の導入，これらについて提起をする。

長らく不問に付されてきた家族の役割

　ところで，フランスでは，高齢者政策について語り，高齢者の在宅化を念頭

第**2**章　介護者支援政策を巡る類型化論とフランスの政策開始時期

にサービスや設備の拡充について論じながら，高齢者の在宅化を担う家族の役割に関する限り語ろうとはしない，との批判が研究者から寄せられたことがある。[47]これは，直接には1970年代から80年代中葉までの期間における法令を念頭に置いた知見であり，ラロック・プランを直接の対象に据えたわけではない。しかし，批判は，その内容に照らすならばラロック・プランにもそのまま妥当すると言って良い。では，委員会は，なにゆえに家族の役割について黙して語ろうとしなかったのであろうか。その理由は，報告書から読み取ることが出来る。より望ましい世代間の関係を考えるとき，同じ地方に住居を構えて暮らす子どもを持つことは，高齢者にとって好ましい。子どもや孫との親しみ溢れる日常的な対面は，高齢者にとって精神的な安寧を保ち，老齢と向き合う上で積極的な効果を持つ。効果は，若い世代にとっても同様であって，高齢者の暮らしへの対応を迫られることもなく，身体的な疲労を招き寄せることもない。[48]委員会はこのように評する。容易に読み取ることが出来るように，世代間の関係について優れて楽観的である。自ずと家族の負担について論ずることなぞ，到底期待を寄せることは出来ない。加えて委員会は，家族の同居に肯定的な立場を取らないのであって，高齢者を自立へと導き，そうした状態を継続する手段を高齢者自身に提供することこそ必要である，と指摘する。[49]高齢者の自立について在宅サービスの拡充を通して見通すことから，家族の負担なぞ脳裏に浮かぶこともない。

　在宅サービスは，1959年から62年にかけて重要な転換期と評するに相応しい時期を迎える。フランス最初のサービスは，振り返ってみるならば1920年代に遡る。しかし，これは，専ら母親を対象にしたサービスであり，容易に想定されるように少子化を念頭に置いた家族政策の所産である。1955年から60年には，家事援助サービスが誕生するとはいえ，その主な目的は，疾病を患いながら一人で暮らす高齢者への病院施設への入院の回避に置かれる。家事援助サービスは，ラロック・プランを受けて高齢者といえども疾病を患う一人暮らしの世帯にもはや制限されなくなる。[50]適用は，経済的な困窮状態にはない高齢者にも拡大される。資力調査を経ることなく，全ての高齢者に制度への門戸が開かれる

のである。

　ラロック・プランの提言は，第4次経済計画（計画期間1961～65年）から第7次経済計画（1976～80年）に至るまで一貫して継承される。看護サービスが在宅サービスの新しい方法として新たに導入され，高齢者の孤立を避ける為にバカンス家族の家も新たに設けられて，高齢者のバカンス享受に向けた支援も開始される。いずれも，1971年9月24日付け通達に示される措置である。これが，在宅サービスの季節を問わない拡充に効果を発揮したことは，言うまでもない。

　では，障碍者政策との関わりでは，いかがであろうか。ラロック・プランの7年後に首相宛てに提出された報告書『障碍者の不適応の全般的問題に関する研究』（1969年，1-72頁，i-v頁）は，障碍児や障碍者の抱える多様な諸問題について明らかにした上で，必要な政策課題について論ずるとはいえ，障碍児や障碍者と暮らす家族に関する限り，家族的な諸関係の緩みについていたって短く指摘するに止まる。家族の負担に関する指摘は一言としてなく，まして介護者について論ずることはない。ラロック・プランが，先に指摘したように世代間の関係に言及していることを改めて思い起こすならば，家族や介護者への見地は，ラロック・プランに較べてさえも後ろ向きであると評することが出来よう。

家族の介護負担への関心のはじまりと政策化

　高齢者が在宅サービスの利用にしばしば消極的な姿勢を示し，巡りめぐって彼女や彼の子どもにその負担が及ぶと指摘するのは，第6次経済計画（計画期間1971～75年）策定委員会である[51]。在宅サービスの展開過程とその検証を経て漸く引き出すことが可能な知見であり，ラロック・プランには確かめることの出来ない全く新しい指摘である。さらに，第8次経済計画（計画期間1981～85年）策定委員会は，家族が高齢期を迎え要介護状態にある両親の世話にしばしば大きな役割を担い，こうした事実に着目をするならば，家族政策と高齢者政策との連携が図られなければならない，と指摘する[52]。計画期間初年の1年前に当たる1980年に公刊された報告書に示される。しかし，そこに述べられるのは，

いずれも在宅サービスの拡充の限りであって，要介護高齢者の子どもを含む家族のニーズに着目しながら，子どもや家族を直接の対象にする政策対応について提示をするわけではない。日常生活上の援助を手掛ける家族は，そうした責任のゆえに大きな困難に遭遇すると指摘をするのは，社会保障担当大臣に提出された88年の報告書である。1960年代はもとより70年代初頭や80年代中葉に提出された政府や議会の少なくない報告には，一つとして確かめることの出来ない全く新しい指摘である。88年の報告書は，先に現状認識を拠り所にショートステイの不充分な現状についても言及した上で，家族が，他の人々と同じように日常の余暇はもとよりバカンスを享受することを念頭に，ショートステイの拡充について提起をする。家族支援を目的にした措置の欠如について憂いながらの新しい提起である。介護者支援の表現を拠り所にするわけではないとはいえ，要介護者を看る家族のニーズに想いを寄せ，そうした家族を直接の対象にする政策対応について提起することにおいて，政府や議会関係の報告書としては，最初の1988年における提起である。

　家族支援に代えて介護者支援の表現を最初に用いるのは，人口・家族高等評議会が90年2月に主催したセミナーにおいてであり，第10次経済計画（計画期間1989～92年）委員会が翌91年に提出し，広くショプラン報告と称される報告書も，介護者支援の表現を繰り返し用いる。政府の報告書としては最初の使用であり，家族はもとより友人や隣人による日常生活上の援助は，その時間の長さに照らすならば専門的な介護サービスよりも遥かに長いと指摘しながら，アングロサクソン諸国に較べるならば遥かに遅れている介護者支援の現状に反省の意を示す。同じ91年に国民議会に提出された報告書も，介護者支援の表現を用い，家族などによる無償の介護時間は，84年の調査に従うならば有償介護時間の3倍を記録すると指摘し，ショートステイに関する1989年7月10日法は，要介護者の家族や親族には適用されないと批判を加えながら，その改正について提起をする。

　介護者支援の表現の政府や議会による使用は，時期からすれば1990年以降に属し，その後，年を追ってその頻度を増すとの指摘も，このように振り返るな

らば的を射ていると評して良い。さらに，介護者支援政策の表現は，既に紹介をしてきたように99年に首相宛てに提出された報告書に記載される。

無償の介護労働への対価の制度化

　介護者の無償労働が経済的に評価され，対価として賃金の支払われる制度が，フランスで産声を上げる。すなわち，要介護特別手当（PSD）は，97年の制度化である。この手当は，直接には60歳以上の要介護者に資力調査を経た上で給付される。要介護者は，これを介護サービスの購入に充てることはもとより，内縁関係を含む夫婦を除く家族を雇い入れる原資として充当することが制度として初めて認められる。家族の担う介護サービスへの賃金としての利用であり，家族の介護労働が全く新しい制度を介して公的に認知されたことになる。要介護特別手当は，制度の誕生から4年後の2001年には，個別自立手当に名称を変え制度としても拡充される。手当の給付を定めるに当たって資力調査が廃止されたことから，60歳を過ぎた全ての高齢者による申請が法的に認知される。

　障碍者と高齢者の介護施設やサービスを通した一時的な受け入れに関する2004年5月17日付け命令は，介護者による休息や休暇の享受について家族介護者の表現を用いながら定める。北欧のフィンランドのように月に少なくとも3日のレスパイトケアなどと定めるわけではないとはいえ，介護者のレスパイトケアに関する初めての法令による定めである。障碍者や高齢者の一時的な受け入れが，専らこれらの人々へのサービスとしてだけ位置付けられ，長らく介護者を視野の外に放り出していたものが，漸く介護者を要介護者と共に意識し，介護者のレスパイトケアの機会として要介護者の一時的な受け入れを理解するのである。2004年の命令は，法令におけるその画期をなす。

　2000年代初頭から中葉にかけては，介護者支援政策の拡充を求める提言が相次ぐ。経済社会評議会の2001年報告書や国立行政学院（ENA）の2002年報告書，会計検査院の2005年報告書，あるいは『世代間の連帯』と題して首相に提出された2006年の報告書などが，それである。提言は多岐に亘り，介護者の担う役割の公的な認知をはじめ介護者の個々の実情に沿う支援の強化，レスパイトケ

第2章　介護者支援政策を巡る類型化論とフランスの政策開始時期

アの多様な形態での拡充，介護者の利用する公共交通環境の改善，介護者の為の老齢年金の制度化，介護者を対象にする介護技術訓練の拡充，離職を余儀なくされた介護者に対する復職の支援，個別自立手当の給付に伴う介護計画の策定に介護者のニーズ評価を計画的に組み入れること，これらである(59)。家族政策は，介護者の負担を視野に収めなければならないとして，家族政策の再構成を2002年の提言の中で求めていること(60)は，フランスにおける家族政策の短くはない歴史を振り返るとき，新鮮な記憶の一つとして脳裏に刻み込まれなければならない。

ところで，16の諸団体から構成される介護者支援団体間連合（CIAAF）は，活発な提言が政府に寄せられる最中の2004年に結成され，介護者の生活の質の改善に向けた共同作業を手掛けると共に，介護者の担う役割を公的に認知し，これに沿って介護者支援政策を政府として拡充し幅広く展開するよう，その力を結集しはじめる。連合による力の結集が程なく実を結びはじめたことは，連合の結成から2年後の2006年に政府の主催のもとに開かれた全国家族会議を通して明らかになる。

この全国家族会議に政府から示された提言は，2000年代初頭から中葉における各種のそれと内容に照らして重なり合う。この提言は，会議における幅広い討論と参加諸団体代表の意見表明を経て介護者支援政策の新しい展開として実を結ぶ(61)。すなわち，家族支援休暇が提言に沿って新たに制度化される。最低2年の勤続を重ねた賃金生活者ならば，勤務期間中に3ヵ月の休暇を最長1年に亘って取得することが出来る。政府は，2006年から2011年の期間にデイケアの施設を2,500ヵ所，ショートステイの施設を1,100ヵ所，新たに創設することとし，これを物的な基盤としながらレスパイトケアの権利を新たに制度化する。介護者に対する情報の提供と介護技術訓練の実施も拡充される。『家族介護者手帳』（初版，2007年，第2版，2009年，第3版，2013年，第4版，2015年）が発行され，社会問題保健省の編集のもとに介護者の諸権利を解り易く解説すると共に，進んでサービスの利用に歩み出すという目的に沿って編集され公刊される。全国介護者の日も政府によって2010年から新たに設定される。介護者が，要介護

者と日々向き合う中で蓄えた経験と知見を広く社会的に評価をして，労働市場への再参入などにも活かす取り組みもはじめられる。

画期としての障碍者に関する2005年法

　障碍者の権利と機会・参加及び市民権の平等に関する2005年2月11日法は，介護者支援政策の展開の上で重要な画期をなす。この法律は，全101条に及ぶ条文の中で介護者に関する3つの表現（aidants, aidant naturel, aidants familiaux）を用いながら，介護者支援について明記する。[62]家族連帯休暇やレスパイトケアの権利，介護者に対する情報の提供や介護技術訓練，日常生活上の援助に携わった経験の社会的な評価を通した再就業機会の確保など，既に紹介をした諸権利が示される。障碍補償手当（PCH）も新たに定められる。この手当は，介護労働者の直接の雇い入れはもとより，介護者に支払う賃金として活用することも，制度として可能である。[63]介護労働者の雇用は言うまでもなく介護者に対する賃金支払いの場合にも，障碍者は，雇い主として法的な地位に置かれることになる。先の高齢者に対する要介護特別手当や，これを名称はもとよりその内容も改めて誕生した個別自立手当に並ぶ制度である。

　障碍者政策を振り返るとき，1974年に制定された障碍者法の意義は少なくない。しかし，そこに介護者の表現を見つけることは出来ない。障碍者の平等な社会参加をうたい，介護者支援政策の拡充を基調に据えた2005年法の意義は，およそ30年前の74年法に較べるならば格段に大きい。介護者に関する新たな定めは，日常生活上の援助を無償のもとに担う人々はもとより，巡りめぐって彼女や彼の看る障碍児（者）の暮らしにも積極的な影響を呼び込むことになる。

　病院の改革と患者及び保健衛生に関する2009年7月21日法は，自立連帯国家基金のなすべき業務の一つに介護者支援を位置付ける。国家基金は，2007年から介護者支援を業務の一環として既に手掛け，『認知症対応計画』（2008〜2012年）に沿ってレスパイトケアの拡充にも乗り出してきた実績を持つ。しかし，介護者支援が国家基金の業務の一つとして法律に明記されるのは，2009年を待たなければならなかった。2006年の全国家族会議に示された介護者支援政策は，

その確たる実施に向けた組織的な条件をさらに整えることになる。介護者支援政策は，政府の各種計画にも盛り込まれる。『緩和療法発展計画』(第1次，計画期間1999〜2002年，以下同じ)をはじめ『貧困と社会的排除に関するフランス国家行動計画』(2001〜2003年)，『認知症対応計画』(2001〜2005年)，『高齢連帯計画』(2002〜2005年)，『悪性腫瘍対策計画』(2003〜2007年)，『自閉症対策計画』(2005〜2007年)，『難病対策計画』(2005〜2008年)，『より良く老いる為の国家計画』(2007〜2009年)，『慢性疾患患者の生活の質改善計画』(2007〜2011年)，『血管障害事故国家行動計画』(2010〜2014年)，『健康国家戦略』(2013年公表)，『障碍者と要介護高齢者に関わる職業地方計画の策定に向けて——報道関係資料』(2008年公表)，『社会的保護と社会的包摂の為の国家戦略(2008〜2011年)に関する報告』(2008年公表)，これらである。また，ヨーロッパ連合に提出された『社会的保護と社会的包摂の為の国家戦略(2008〜2010年)に関する報告』(2008年公表)も，介護者支援を明記する。これらの計画のうち『貧困と社会的排除に関するフランス国家行動計画』の策定は，社会的排除との戦いの方針に関する1998年7月29日法を拠り所にする。各種の計画に介護者支援を明記する最初の実績は，見られるように1999年に遡る。いずれの計画も，要介護者の在宅化は介護者の存在を通して可能であり，介護者の負担はいたって大きいとの認識を支援の出発点に据えることにおいて，共通する。

地方自治体などの介護者支援政策

　地方自治体や地方保健衛生局も，対象とする分野を一部異にするとはいえ各種の計画を策定し，介護者支援政策をそこに明記する。「介護者支援の拡充」[64]をうたう地方自治体としての最初の計画は，筆者の知る限りマルヌ県『高齢化対応計画』(第1次，計画期間1999〜2004年，以下同じ)やイゼール県『障碍者の為の基本計画』(1999〜2004年)，同『高齢者，障碍者と障碍児の自立政策』(2011〜2015年)などである[65]。介護者支援は，他の自治体においてもオートサヴォアール県『障碍者の為の計画』(2007〜2012年)，ローヌ県『高齢者と障碍者の自立に向けた保健計画』(2009〜2013年)，同『認知症対応計画』

(2008～2012年)，エソンヌ県『男女平等計画』(第2次，2012～2014年)，ブレスト市『男女平等行動計画』(2012年)，パドカレ県『高齢者の為の計画』(2008～2012年)，同『障碍児と障碍者計画』(2011～2015年)，同『パドカレ県でより良く老いる』(2014～2015年)，ロワール県『障碍者の為の計画』(2010～2014年)，同『高齢者の為の計画——老年学：2015年の挑戦』(2013～2015年)，リムーザン地方評議会『リムーザン保健衛生福祉分野の教育訓練地方計画』(2007～2012年)，ノール・パドカレ地方評議会『要介護高齢者と障碍者に関わる職業地方計画』(2009～2011年)，ロワール地方保健衛生局『地方保健戦略計画』(2011～2015年)，サントル地方保健局『医療福祉団体地方計画』(2012～2016年)等として策定され，介護者支援を例外なく計画に明記する。

その拠り所は，介護者が日常的に直面する諸々の困難である。日常生活上の援助のゆえに心と身体の疲労感を抱え，社会的にも孤立する。日常生活上の援助を巡る性別の格差は小さいとは言い難く，男女平等の見地に照らすならば，その課題は大きい。とりわけ家族生活と職業生活との両立を迫られた場合には，解決の迫られる問題は，小さくない。要介護者がニーズを提示するならば，サービスの給付をもってこれに応ずるように，介護者が独自のニーズを抱えることに着目をするならば，その充足に向けた支援が求められる。このような認識を拠り所に計画が策定され実施に移される。

しかし，未成年の介護者を念頭に置く計画は，『パリジャン』紙(2014年7月10日)が，マスコミとして初めて未成年の介護者問題を取り上げる中で指摘をするように，政府はもとより地方自治体や地方機関にも一つとして存在しない。未成年の介護者は，政府の調査を手掛かりにする推計作業に拠るならば20万人を数えるとも指摘されているにもかかわらず，否定することの出来ない冷厳な事実の一つである。

1999年に策定され公表された地方自治体の計画に「介護者支援の拡充」と述べられていたことは，記憶されるに相応しい事実の一つである。この記述に従うならば，介護者支援は，1998年までに既に実績として記録されていたことに

なるからである。政府が，99年に策定した計画の中に介護者支援の表現を確かめることが可能であることと併せて，忘れることなく記憶に止めていたいものである。計画を立案し，そこに明記された政策の実施を検証するために，介護者支援方針県委員会を設置する地方自治体も認められる。この地方自治体は，99年以来の政策対応の一環として委員会の設置に踏み切る。

公共政策を通した介護者の可視化

政府や地方自治体による計画の策定状況とその内容に目を落とすとき，「介護者は，公共政策の中でますます可視化された存在として位置付けられる。介護者支援を視野に収めてはいない計画は，ごく稀である」と，脆弱な状態の人の為の調査・行動・情報地域センター全国連合（CREAI Association Nationale）が，2013年の報告書の中で与えた評価は，充分に的を射た的確な評価にほかならない。

介護者支援の拡充に向けた提言は，2010年代初頭から中葉にも旺盛に行われる。それは，2000年代初頭から中葉にかけてなされた提言や日の目を見ることになった法制度化の進展を正当に踏まえながら，さらに，包括的な提言を構想する所に，その特徴を読み取ることが出来る。自立連帯国家基金をはじめ家族高等評議会（HCF），あるいは，経済社会環境評議会などが，いずれも2011年に行う提言である。それぞれ独自に練り上げられ，全く同じ年に公表された提言であるにもかかわらず，その内容に照らすとき重なり合う項目の多さに驚きの感さえも覚える。

自立連帯国家基金『介護者，この見えざる主役に寄り添う』と題する報告書は，最も包括的である。それは，2007年以降に自ら手掛け実績を記録した介護者支援の領域に止まるわけではない。国家基金は，介護者の規模や介護者支援政策の動向，政策を巡る主要な論点などについて整理をする。介護者のニーズは，介護者の役割を広く社会で認知することをはじめ，要介護者の疾病や障碍はもとより既存のサービスについて理解するニーズ，レスパイトケアを通して日常生活上の援助から離れ，自分自身の為の時間を享受するニーズ，心の安寧

を保つニーズ，住宅の改築や介護機器の購入代金を含む経済的支援を受けるニーズ，及び優れて実際的な支援のニーズ，これらから構成される。介護者支援政策は，多岐に亘るこれらのニーズの充足に向けて再構成されるに値するとして，あわせて21項目からなる提言が示される。2000年代初頭から中葉になされた提言ではやや影の薄かった内容などに絞りながら，その幾つかを紹介するならば，介護並びに医療関係者を対象にする職業訓練と，これを通した介護者への理解の促進，介護者の生活の質の維持，介護者の健康維持に向けた健康診断を含む措置の採用，地域的に，あるいは介護者の看る要介護者の状態別に不均等に進む介護者支援の結果としての不均等な介護者支援の是正，介護者自身によるニーズ評価の制度化とその結果の活用，仕事を持つ介護者の為のワークライフバランスの進展，これらである。

　議会も，これらと相前後しながら介護者支援政策の課題について指摘をする[69]。すなわち，介護者支援政策は，仕事と介護との両立をはじめ介護技術訓練，レスパイトケアあるいは個別自立手当などの領域に見るように数年に亘って実績を残してきた。しかし，介護者は，いかにも重要な役割を担いながら，その権利は未だに不充分であるというほかにない。特に介護者が，日常生活上の援助に費やした時間を老齢退職に当たって考慮に入れること，及び要介護者を看取ったあとの介護者の再就業に特段の考慮が払われて然るべきである。

　提言は，介護者団体はもとより広く家族団体あるいは労働組合，さらには，在宅介護サービスを担う事業者の全国団体によっても行われる。

介護者支援の法制度化を巡る新しい動き

　これらの2010年代初頭から中葉における少なくない提言は，実は新しい法制度化に向けた政府の動きを正面から見据えた産物にほかならない。

　介護者支援政策の現状に対する反省と幅広い改革に向けた政府の意向は，早ければ2010年に公式に表明されると共に，2011年から2013年にかけては，人口の高齢化へのフランス社会の適応省庁間代表の策定になる報告書などが，公表される。介護者支援政策の拡充に向けて，そこに示される内容は，改革という

第2章　介護者支援政策を巡る類型化論とフランスの政策開始時期

名に相応しい。

　介護者は，日常生活上の援助において中心的な役割を担う。介護者の担うサービスは，その人数と労働時間の長さを基に算出をするならば，年間70億ユーロの経済的な価値を有する。しかし，その権利は不充分であり，そもそも存在しない場合も認められる。この為に，多数の介護者を不安定な状態に追い込み陥れている。支援政策は，強化されなければならない。⁽⁷⁰⁾

　『認知症対応計画』（計画期間2008～2012年）に沿う介護者の為の介護技術訓練の実績を振り返るならば，2010年7月までに4,000人ほどの参加者といかにも少ない。これは，ごく一例に過ぎない。そこで，介護者の社会的な地位を新たに定め，その法的な資格を明確にしなければならない。⁽⁷¹⁾

　介護者の健康には，特段の配慮が払われなければならない。介護者の定期健康診断やカウンセリングはもとより，介護者の心と身体の不調をいち早く見つけ出すためには，介護はもとより医療分野の専門職を対象にする啓発訓練も職員の職業訓練の欠かすわけにいかない一環として実施するに値する方法の一つである。レスパイトケアが介護者の心と身体の健康に効果を持つことは，国を問わず広く知られた知見であり，介護者の健康の視点から位置付けられて然るべきである。⁽⁷²⁾

　介護者の半数近く（41％）は，仕事に就く。仕事を持つ介護者の多くは，就業形態で言えばパートタイムではなくフルタイムで働く（男性90％，女性75％）。しかし，家族連帯休暇など介護者に開かれた権利は，介護者の置かれた状況とニーズに適合的であるとはいえず，かくして利用も少ないことから，改められなければならない。⁽⁷³⁾

　介護者支援政策を所轄する専門の部署は，県のレベルにも求められる。⁽⁷⁴⁾全ての県に介護者支援の担当部局と窓口を設けなければならない。介護者支援のより良い組織化がこれを通して進められ，支援の地域的に不均衡な状態の解消が図られなければならない。

　介護者支援政策の拡充に向けて2010年から2013年に公式に表明された政府の意向は，2014年2月から9月並びに翌2015年2月から9月に議会に提出された

法案と付属の報告書に，ほぼそのままの形で継承される。どのような法案が示されたのであろうか。継承性を確かめる為にも，簡単にでも振り返ってみよう。

　介護者に関して2005年法の第4条をはじめ9条，12条，79条及び80条に登場する3つの表現，言い換えるならば日常生活上の援助をいたって当たり前の行為と見做す表現 (aidant naturel) や家族介護者などの表現 (aidants familiaux, aidants)，あるいは，障碍者や高齢者の一時受け入れの定義と組織に関する2004年5月17日命令に用いられた家族介護者の表現をいずれも斥け，これに代えて要介護者との親近性に着目をした表現 (proche aidant) を第一義的に用いながら，介護者に関する定義を行い，その法的な地位を明確にする(75)。すなわち，介護者は，日常生活上の援助の全てもしくは一部を担うことから，定期的に非職業的な支援を手掛ける個人を指し，内縁関係を含む夫や妻，友人あるいは緊密で安定した関係にある人から構成される。家族介護者は，ここから容易に推測されるように介護者の一部を構成するとはいえ，その全てではない。この定義は，家族介護者の表現を斥けて要介護者との親近性を意味する表現の採用に踏み出したことを裏打ちするように，血縁関係のない友人や隣人をその内に含みながら，日常生活上の援助に定期的な継続性を求めており，そこに定義の特徴を読み取ることが出来る。付属の報告書では，今一つの表現 (proches aidants, aidants non professionnels) を条文の解説に用いながら定義に関する正確な理解を促している(76)。家族介護者の表現を主に採用するならば，日常生活上の援助を要介護者の家族と同様に無償で担うにもかかわらず，隣人や友人であるというだけで法律の適用から除外されることを明確に，かつ，批判的に意識しながらの表現の採用であり，定義の内容である。

　要介護者との親近性に着目をした表現の法律への記載は，国際的な視野から振り返るならば，スイスの規則，すなわち，在宅介護網に関する2008年6月26日法の適用に関する2009年12月16日規則をはじめ，カナダのケベック州の立法，すなわち，高齢者を看る介護者支援基金の創設に関する2009年法，並びに，ベルギーの単独立法，すなわち，重い要介護度の要介護者を看る介護者の認知に関する2014年5月12日法，これら3つの実績に次ぐと評することができよう。

第2章　介護者支援政策を巡る類型化論とフランスの政策開始時期

　介護者は，これら4つの法律もしくは法案に従うならば，第1に，家族介護者の表現を斥けて要介護者との親近性に着目する表現を採用しており，第2に，非職業的な，それゆえに無報酬の援助を手掛ける個人を指すと共に，第3に，定期的あるいは恒常的に日常生活上の援助を担うとの要件を充たさなければならない。この限りにおいてこれらの法律や法案に些かの相違もない。同時に，ケベック州の法律とフランスの法案が共に高齢者を看る介護者に絞り込むのに対して，スイスの規則とベルギーの法律は，介護者の定義に際して要介護者の年齢階層を高齢者に狭く限定しない。さらに，ケベック州とベルギーの法律が，要介護者を看る全ての介護者を視野に収めるわけではなく，重い要介護の状態にある人々を看る介護者，これをベルギーの法律に即して言えば少なくとも週20時間を超えて日常生活上の援助を手掛ける介護者に限定しながら定義を加えるのに対して，スイスの規則とフランスの法案は，こうした要件を設けることなく定義を加える。

介護者の法令上の定義を巡る4ヵ国比較

　介護者に関する単独立法の制定は，既に知られるようにイギリスにおける介護者の認知とサービスに関する1995年法を初発とし，その影響は，オーストラリアにおける介護者の認知に関する2010年法，あるいは，アメリカの生涯に亘るレスパイトケアに関する2003年法にも示される。そこで，これら3つの法律に示される介護者の定義をフランスの法案に盛り込まれたそれと比較をするならば，第1に，介護者に関して要介護者との親近性に着目をする表現は，フランスの2014年法案に止まり，イギリスとオーストラリア並びにアメリカの法律は，これに相当する表現を採用することなく，最も広く用いられる表現（carers, family caregivers），すなわち，フランス語に相当する語句（aidants, aidants familiaux）の英語表現を条文に採用する。より正確に言えば，介護者に関して要介護者との親近性に着目をする表現は，フランス語に独自であって，イギリス英語はもとよりアメリカ英語にも存在しない。イギリスを含む3ヵ国の法律における不採用は，その帰結にほかならない。第2に，イギリスの1995年法と

フランスの2014年法案は，非職業的な支援に加えて定期的な支援との要件を定義に当たって加えているのに対して，オーストラリアの2010年法とアメリカの2003年法は，これら2つのうち前者について同じように採用するとはいえ，後者，すなわち，定期的な支援との要件を除外する。第3に，イギリスの1995年法が相当量に及ぶ日常生活上の援助を要件の一つに加えるのに対して，オーストラリアの2010年法とアメリカの2003年法並びにフランスの2014年法案は，この要件を盛り込んではいない。第4に，フランスの法案が，介護者の看る要介護者を専ら高齢者に絞り込んでいるのに対して，イギリスの1995年法とオーストラリアの2010年法並びにアメリカの2003年法は，高齢はもとより疾病，あるいは障碍など要介護の要因を狭く特定することなく，3つの要因を包括的に把握しながら介護者の定義を下している。かくして要介護者の年齢階層は幅広い。イギリスにおいてその後に制定された介護者関係の諸立法，すなわち，介護に関する2014年法，子どもと家族に関する2014年法及び社会サービスと福利に関する2014年法（ウェールズ）は，改めて言うまでもなく1995年法における定義を継承する。

　法案の第35条に盛り込まれた介護者の定義に目を落とすとき，解説に用いられた今一つの表現も了解することが出来よう。介護者の広く社会的な認知は，彼女や彼が担う優れて重要な役割に鑑みながら，繰り返し求められてきた内容の一つである。法案に盛り込まれた定義は，これに応えたものである。定義には，後に紹介する介護計画の介護者ニーズを視野に収めた再構成やレスパイトケアに関する条文と併せて積極的な評価が寄せられる[77]。介護者の表現は，改めて振り返るならば要介護高齢者の介護と個別自立手当に関する2001年7月20日法には，登場しない。この2001年法では，要介護者の家族構成員との表現に止まる。介護者の表現は，漸く2005年法にたびたび登場するとはいえ，定義の加えられないままの記載の限りである。2014年法案における表現と規定とを2005年法までのそれらと比較するならば，前者は，介護者に関して法律の条文を通して最初の定義を与えている。定義に込められた狙いや内容を併せて考える時，先の評価は，もっともな根拠を有すると言わなければならない。

第**2**章　介護者支援政策を巡る類型化論とフランスの政策開始時期

　要介護者との親近性に着目をした介護者の表現を用いながら定義を加える立場は，フランスでは比較的新しい動きである。たとえば経済社会環境評議会は，介護者に言及する報告書を2001年から2014年の期間にかけて4つ公表する。しかし，介護者に関するフランス語の表現は，この10年余りの期間に絞ってさえ報告書によって異なる。すなわち，『社会における高齢者』(2001年) は，日常生活上の援助を家族のいたって当たり前の生業と見做す表現 (aidants naturels) を用いるのに対して，『長寿命化の介護制度への影響』(2007年) は，一転して家族介護者の表現 (aidants familiaux) を用いる。また，『高齢者の要介護化』(2011年) は，介護者 (aidants) と家族介護者 (aidant familial) の双方を用いる。これら3つのうち2007年と2011年の報告書に用いられた表現は，障碍者の為の在宅補償手当に関する2005年2月19日付け命令はもとより，補償手当の子どもによる受給に関する2008年5月7日付け命令，病院改革と患者，健康及び居住地に関する2009年7月21日法に用いられる家族介護者のそれと重なり合う。これらに対して，『高齢社会への適応に関する方向と計画法案——経済社会環境評議会の見解』(2014年) においては，法案の内容に基本的な賛意を表しながら要介護者との親近性に着目した表現を，法案のそれに倣って採用する。親近性に着目をした表現の採用は，こうして見るならば介護者に関する表現の比較的短い期間における変化を正当に踏まえている，と評して良いようである。

介護者の諸権利の拡充

　明快で包括的であり容易に利用することの出来る情報の提供は，介護技術訓練の機会と併せて介護者のニーズの一つである。

　介護と医療の分野に働く専門職者は，これまでを振り返るとき介護者の負担を充分に感じ取ってきたとは言い難く，介護計画の立案は，介護者の状態をしばしば無視してきたと言っても過言ではない[78]。そこで，介護計画の策定に当たっては，介護者の置かれた状態を視野に収め，そのニーズについて体系的な評価を加えなければならない。この提起には，介護者のニーズを充分に考慮に入れた介護計画の策定の為には，介護計画に関する全国基準が定められて然る

べきであり，介護者もそれを待ち望んでいるとの現状に対する批判を踏まえた協賛の声も寄せられる(79)。

　介護者のレスパイトケアの権利（droit au répit）は，個別自立手当の枠内において認知される(80)。2005年法にも盛り込まれてはいない内容であり，法律による初めての承認である。正真正銘のレスパイトケアの権利の創設をうたった『高齢連帯計画』（2007～2012年）が公表され，レスパイトケアの権利の制度化を約束した全国家族会議の提言が示された2006年から数えて8年，漸く法文化された内容である。個別自立手当の申請時には，条文に従うならば介護者の置かれた状態を評価し，介護計画の策定に当たって介護者支援の必要性について記載する。レスパイトケアの権利は，介護者自身が入院を迫られた場合にも緊急時の対応として，その行使が認められる。入院期間における要介護者の施設への経過的な入居が認められるならば，介護者は，心と身体を休めながら自らの治療に専念することが可能となる。レスパイトケアの水準を引き上げ，デイサービスやショートステイに通う要介護者の安全性の確保も，条文に明記される。自らの休息や休暇の取得を心に願いながらも，要介護者の安全に危惧の念を抱き，その利害を最優先するがゆえに，レスパイトケアの取得に躊躇する介護者の心情に暖かく寄り添い，その心情を正確に踏まえた条文である。これが，介護者はもとより要介護者に益することは，言うまでもなく，レスパイトケアの権利を展望するならば，その実際的な保障に道を開く措置として小さくはない意味を持つ。

　個別自立手当が制度化されて10年以上の歳月が流れる中で，この手当に批判が寄せられてきたことも確かな事実である(81)。そこで，手当額の上限を引き上げ，これを通して在宅介護サービスの一段の強化を図り，個別自立手当の「新しい階梯」(82)に道を開くことが計画される。

　家族連帯休暇は，家族生活と職業生活の両立に向け制度として改善される(83)。介護者のニーズは，労働時間の調整に当たって新たに考慮に入れられる。後者の内容が条文に示されるに際しては，家族休暇を主題にする労使交渉の継続について定めた労働生活の質に関する職業間全国協定の締結（2013年6月）が，

念頭に置かれる。介護者が，日常生活上の援助と職業生活との両立を図ることが出来るようにするための，これら2つの内容は，性別には介護者の多数を占める女性の地位をとりわけ考慮した結果である。

介護者を対象にする介護技術訓練や介護者カフェ，あるいは介護者の集いなども介護者支援の拡充に関わる措置の一つとして広げられる。自立連帯国家基金の役割も，2007年以降における支援の実績に積極的な評価を加えながら拡充される。

介護者の健康には，特段の注意が払われる。疲労やストレス，孤立などは，日常生活上の援助に伴う見過ごすわけにいかない重大な結末である。定期健康診断を通して予防の措置が採用される。[84]介護と医療分野の専門職者は，要介護者に寄り添う介護者と対面する機会を得るならば，要介護者はもとより介護者に特徴的な健康のリスクをも視野に収めなければならない。

法案は，高齢社会への適応に関する2015年12月28日法として成立する。要介護者との親近性に着目をしながら介護者に関する定義を加え，その表現を法律の題目や条文に用いた事例としては，ベルギーの重い要介護度の要介護者を看る介護者の認知に関する2014年5月12日法，並びにカナダのケベック州における介護者支援基金の設立に関する2009年10月8日法などに次ぐ実績である。

介護者支援政策の開始時期とその後の拡充

介護者支援政策の形成について1962年のラロック・プランに遡って検討を加えてきた。ショプラン報告（1991年）は，改めて言うまでもなく「在宅化の効率性」を高める為に，「介護者支援の発展が必要である」[85]と記す。「介護者支援の発展」との叙述に着目をするならば，「介護者支援」は，報告書の公刊された91年よりも前に既に存在し，これを踏まえた上で「介護者支援の発展」を第10次経済計画（計画期間1989～92年）の期間内に進めなければならないと提起したに違いない，と読み込めないわけではない。しかし，ショプラン報告の記述に，このような解釈を加えることを正当に裏付けるに値する客観的な事実を，筆者は残念ながら把握しているわけではない。このために，上に述べた解釈の

183

採用は，ここでは慎重に保留しなければならない。

　もとよりショプラン報告の言う「介護者支援」が，提出された91年当時に存在していたことを例証する事実は把握しており，示すことが可能である。たとえば対人サービス団体のネットワークとして1945年からの歴史を重ねる農村環境在宅援助全国連盟（ADMR Union Nationale）は，高齢者を看る家族の負担を軽減し，負担の重さに由来する心と身体の喪失感を回避する為に，革新的なサービス，すなわち，日中はもとより夜間における要介護者の見守りをはじめ一時預かり施設の拡充，警備センターにつないだ緊急通報システムなどを1990年代初頭に導入する。その諸方法に目をやるとき，レスパイトケアを含み，いずれの方法も日常生活上の援助を担う家族の負担の軽減を念頭に考え出されたであろうことは，明白である。その実施状況に照らすならば，専ら費用負担の点から広がりに欠けていたとはいえ，ショプラン報告に言う「介護者支援」を例証するに充分な事例の一つである。

　介護者支援政策は，1997年に制度化された要介護特別手当を通して新しい領域を広げる。なんとなれば手当は，介護者に支払われる賃金としても活用することが可能であると定められ，介護者の担う無償のサービスが経済的な評価を与えられていると判断されるからである。老齢退職政策の表現に別れを告げて高齢者政策を新たに提起しながら，包括的な検討を加え，その後の政策形成に多大な影響を記録したラロック・レポートから，数えること35年のちのことである。99年を計画期間の初年とする国や地方自治体の計画には，「介護者支援の拡充」などの表現が盛り込まれていたことも，既に紹介をしてきたところである。これらの事実に着目をするならば，介護者支援政策が2000年代の半ば以降との主張はもとより2000年を画期に実施されるとの見解にも，到底与するわけにいかない。フランスのよく知られる一次資料はもとより地方自治体のレベルにおける同様の資料を拠り所にする限り，フランスの複数の研究者の見解とは異なるとはいえ，一点の迷いもなく示しておきたい結論である。

第2章 介護者支援政策を巡る類型化論とフランスの政策開始時期

注

(1) Union Nationale d'Aide des Soins et de Services aux Domiciles, *L'accompagnement d'aide, de soins et d'accompagnement à domicile, rapport les recommendations de bonnes pratiques professionnelles*, UNA, 2009, p. 20 ; Union Départementale des Associations Familiales du Val-De-Marne, *Compte rendu, forum des adhérents 17 janvier 2015*, UDAF du Val-De-Marne, 2015, p. 4.

(2) Henri Féquignot, *Vieillesse de demain, vieillir et être vieux*, Libraire Philosophique J. Vrin, 1986, p. 9.

(3) Marie-Eve Jöel, Point de vue économique sur les aidants familiaux, *Réalités familiales, revue de l'Union Nationale des Associations Familiales*, N. 106-107, 2014, pp. 27-28 ; *Le Monde* du 27 octobre 2013 ; UNAF13, *Info*, n. 78, Mai 2014, p. 2 ; La Maison des Aidants, *Les aidants invisible, le véritable défi de la dépendance*, La Maison des Aidants, 2014, p. 1 ; Sébastien Gand et als, *Aider les proches aidants, comprendre les besoins et organizer les services sur les territoires*, Mines, 2014, p. 12.

(4) Caisse nationale de solidarité pour l'autonomie, *Rapport 2011, accompagner les proches aidants, ces acteurs 〈〈invisible〉〉*, CNSA, 2012, p. 18 ; CNSA, *Etre proche aidant aujourd'hui, 3ᵉˢ rencontres scientifiques de la CNSA pour l'autonomie, 5 et 6 novembre 2014-Paris, dossier du participant*, CNSA, 2014, pp. 11-12, p. 25, p. 54 et etc.

イギリスで2001年に公刊された編著では、介護者に関して合計6つのイギリス英語とアメリカ英語の表現が用いられる（carers, family carers, informal carers, unpaid carers, care givers, informal care givers）。イギリスで刊行される著書や論文としては極めて例外的な使用である。こうした事例をほかに確かめることは出来ない。12人の著者のうちイギリスの研究機関などに籍を置く者は7人、ほかはデンマーク、ノルウェー、アイルランド、イタリア、ギリシャについて各1人である。こうした事情が影響したと考えられる。

Tim Blackman and als, *Social care and social exclusion, a comparative study of older people's care in Europe*, Palgrave Publishers, 2001, p. 1, p. 14, pp. 196-197 and p. 205.

(5) Union Nationales des Associations familiales, *Prise en charge de la dépendence, pour une véritable complémentarité entre solidarité publique et solidarité familiale état des lieux et positions de l'UNAF*, UNAF, 2011, p. 27.

(6) Haute Autorité de Santé, *Maladie d'Alzheimer et maladies apparentées : suivi médical des aidants naturels, recommandations de bonne pratique*, HAS, 2010, p. 5.

(7) Olivier Veber, *Société et vieillissement, rapport du groupe n. 1*, tome II, annexes, Ministère des Solidarités et de la Cohésion social, 2011, p. 210 ; Valerie Luquet, *Les aidants et l'aide aux aidants*, CLEIRPPA, 2011, p. 2.

(8) John C. Hogenbirk et als, *Comment les télésoins à domicile peuvent-ils soutenir les soins non constitutes?, examen des connaissances actuelles et évaluation du potential, rapport final*, Université Laureutienne, 2005, p. 13.

(9) Nancy R. Hooyman and Judith Gonyea, *Feminist perspectives on family care : policies for gender justice*, Sage Publications, 1995, pp. 121-122.

(10) Commissariat Général du Plan, *Dépendance et solidarités mieux aider les personnes

âgées, rapport de la commission présidé par Pierre Schopflin-La France, l'Europe-Xeme plan 1989-1992, La documentation française, 1991, p. 24, p. 91 et p. 168 ; Direction des Journaux officiels, *Egalité des droits et des chances, participation et citoyenneté des personnes handicapées*, Les éditions des Journaux officiels, 2005, p. 16, p. 18 et p. 189 ; Cour des comptes, *Les personnes âgées dépendantes, rapport au président de la république suivi des réponses des administrations et des organisms intéressés*, Les éditions des Journaux officiels, 2005, pp. 63-64 et p. 344 ; Ministère des Affaires sociales et de la Santé, *Plan Alzheimer et maladies apparentées 2008-2012*, Ministère des Affaires sociales et de la Santé, 2008, pp. 13-16, p. 18, p. 21 et p. 26 ; Valérie Rosse-Debord, *Rapport d'information déposé en application de l'article 145 du Réglement par le commission des affaires sociales en conclusion des travaux de la mission sur la prise en charge des personnes âgées dépendantes*, Assemblée nationale, N. 2647, 23 juin 2010, pp. 45-46 et pp. 69-70 ; Haute Autorité de Santé, *Maladie d'Alzheimer et maladies apparantées : suivi médical des aidants naturels, recommandations de bonne pratique*, HAS, 2010, p. 7 ; Comité des sages, *Un projet global pour la stratégie nationale de santé, 19 recommandations du comité des sages*, Ministère des Affaires sociales et de la Santé, 2013, p. 8.

(11) Cayet Janine, *La prise en charge des personnes vieillissementes handicapées mentales en souffrant de troubles mentaux*, Conseil économique et social, 1998, p. II-40 et p. II-93.

(12) Conseil économique et social, *Les personnes âgées dans la société*, Conseil économique et social, Direction des Jornaux officiels, 2001, p. 28 et p. 30.

(13) M. Maurice Bonnet, *Pour une prise en charge collective, quell que soit leur âge, des personnes en situation de handicap, avis et rapports du conseil économique et social*, Direction des Journaux officiels, 2004, pp. II-42-43 ; Conseil Economique et Social, *L'impact de l'allongement de la durée de vie sur les systèmes d'aides et de soins*, Direction des Journaux officiels, 2007, p. 22 ; Monique Weber et Yves Verollet, *La dépendance des personnes âgées, les avis du conseil économique, social et environnement*, Les éditions des Journaux officiels, 2011, p. 17.

(14) Ministère des Affaires sociales et de la Santé, *Rapport de restitution de la concertation sur le projet de loi : adaptation de la société au vieillissement*, 12 février 2014, p. 32 ; Ministère des Affaires sociales et de la Santé, *Projet de rapport annexe à la loi d'orientation et de programmation pour l'adaptation de la société au vieillissement*, version du 13 février 2014, p. 7, p. 40 et p. 42 ; Daniel Prade et Monique Boutrand, *Projet de loi relative à l'adaptation de la société au vieillissement, avis du Conseil économique, social et environnement*, Les éditions des Journaux officiels, 21 février 2014, p. 11.

(15) Jaen-Pierre Lavoie, *Familles et soutien aux parents âgées dépendants*, L'Harmattan, 2000, p. 13 et p. 106.

(16) Romeo Fontaine, *Le soutien familial aux personnes âgées dépendantes, analyses micro-économetriques des comportements individuels et familiaux de prise en charge*, thèse

(17) Olivier Veber, *op. cit.*, p. 210.
(18) Le Marne Conseil Général, *Schéma gérontologique départemental*, Le Marne Conseil Général, 2006, p. 11 ; Agence Régionale de Santé Aquitaine, *Construisons ensembre un projet de santé pour les Aquitains-Plan stratégique régional de santé*, ARS Aquitaine, 2010, p. 86 et p. 113 ; Haute Garonne Conseil Général, *Schéma gérontologique départemental de la Haute Garonne, 2010-2015*, Haute Garonne Conseil Général, 2011, p. 65, p. 117 et pp. 156-157 ; Conseil Général de la Haute-Savoie, *Plan d'action bien vieillir en Haute-Savoie, 2013-2017, schéma gérontologique départemental*, Conseil Général de la Haute-Savoie, 2013, p. 32 ; Conseil Général de l'Orne, *Territoires en action-octobre 2013*, Conseil Général De l'Orne, 2013, p. 4 et pp. 7-8.
(19) Oumarou Danni, *Enquête auprès aidants familiaux des personnes âgées en perte d'autonomie*, master professionnel : droit économie sociale et solidaire, Université de Poitiers, juin 2007, pp. 39-40.
(20) Michel Naiditch, Comment pérenniser une ressource en voie de raréfaction? enseignements d'une comparaison des politiques d'aide aux aidants des personnes âgées dépendantes en Europe, IRDES, *Questions d'économie de la Santé*, n. 176-Mai 2012, pp. 1-2 et p. 7.
(21) 藤森宮子「見えにくい家族介護者への支援　新たな動きが介護政策のすきまを埋める」石田久仁子・井上たか子・神尾真知子・中嶋公子編著『フランスのワーク・ライフ・バランス――男女平等政策入門：EU，フランスから日本へ』パド・ウィメンズ・オフイス，2013年所収，93頁。
(22) *Aides aux aidants : les faux-pas de la France*, http://www.elserevue.fr/2012/aides-aidants-les-faux-pas-de-la-france, 2014年6月8日閲覧。
(23) Ecole nationale d'administration, *Les politique sociales et l'entourage des personnes âgées dépendantes*, ENA, 2002, pp. 16-18.
(24) Novartis, *La letter de la proximologie*, juillet-août 2006, N. 35, pp. 5-6 et pp. 8-9.
(25) Ligue des droits de Homme, *Les aidants informels dans l'entreprise discrimations, bonnes pratiques : un aperçu européen*, Ligue des droits de l'Homme, 2005, pp. 4-6.
(26) Sébastien Grand et als, *Soutenir et accompagner les aidants non professionnels de personnes âgées : de l'évaluation des besoins à la structuration des services sur un territoire, rapport final*, réalisé pour la Caisse National de Solidarité pour l'Autonomie par le Centre de Gestion Scientifique de Mines-Paris Tech, Centre de Gestion Scientifique, 2012, p. 17 et p. 30.
(27) Barbara Da Roit et Blanche Le Bihan, La prise en charg des personnes âgées dépendantes en France et en Italie, familialisation ou defamilialisation du care? *Lien social et Politique*, N. 62, Automne 2009, p. 45.
(28) Debbie Oudijk and als, *In the spotlight : informal care in the Netherlands*, The Netherlands Institute for Social Research, 2010, p. 3 ; Debbie Verbeek-Oudijk and als,

Who cares in Europe? a comparison of long-term care for the over 50 in sixteen European countries, The Netherlands Institute for Social Research, 2014, p. 33 ; MEZZO, *National association for carers and voluntary help*, The Netherlands, MEZZO, p. 2 ; Myra Lewinter, *Combining caring and work : informal carers in Denmark*, p. 10.
(29)　藤森宮子，前掲，93頁。
(30)　Ministère de l'Emploi et de la Solidarité, Ministère délègue à la Santé, Secrétariat d'état aux Personnes Agées, *Programme pour les personnes souffrant de la maladie d'Alzheimer et de maladies apparentées, dossier de presse*, Ministère de l'Emploi et de la Solidarité, 2001, p. 4 et p. 10.
(31)　Groupement de Coopération sociale et Médico-Sociale, *Contribution à l'amélioration et au développement des relais aux proches aidants, mieux relayer les aidants*, Groupement de Coopération sociale et Médico-Sociale, p. 7 ; Marie-Eve Joël, *Brève histoire de l'aidant informel*, http://www.lien-social.com/spip.ph?article, 2014年1月14日閲覧。
(32)　Annie Fouquet, *Les solidaritiés entre générations, rapport remis au minister en charge de la famille*, La Documentation française, 2006, p. 49.
(33)　Susan Tester, *Community care for older people, a comparative perspective*, Macmillan Press, 1996, p. 87.
(34)　Novartis, *La letter de la proximologie*, juillet-aôut 2006, N. 35, p. 3.
(35)　藤森宮子「フランスの高齢者介護制度と改正論議」『海外社会保障情報』104号，1993年9月，19頁，27頁。
(36)　Groupe de travail n. 2 sur le rôle des aidants et des acteurs de santé, *Plan pour l'amélioration de la qualité de vie des personnes atteintes de maladies chroniques 2007-2011, rapport du groupe de travail n. 2 sur le rôle des aidants et des acteurs de santé*, Ministère de la Santé et des Sports, 2010, p. 8.
(37)　Virginie Gimbert et als, *Les défis de l'accompagnement du grand âge, perspectives internationals pour éclairer le débat national sur dépendance*, La Documentation française, 2011, p. 135.
(38)　拙著『イギリスのコミュニティケアと介護者――介護者支援の国際的展開』ミネルヴァ書房，2008年，128頁。
(39)　以下の文献から著者が算出した。Carers UK, *2011 census : health and provision of unpaid care, local authorities in England and Wales*, Carers UK, 2013, p. 1 ; National Records of Scotland, *2011 Census : key results on population, ethnicity, identity, language, religion, health, housing and accommodation in Scotland-release 2A*, National Records of Scotland, 2013, p. 40.
　　イングランドとウェールズ，スコットランド及び北アイルランドに関する計数も，同じ傾向を示す。介護者総数は，2001年から2011年の10年間に11％の伸びを示す。週50時間以上に亘って日常生活上の援助を手掛ける介護者は，同じ期間に25％の増加である。Carers UK, *Facts about carers*, Carers UK, 2014, pp. 1-2.
(40)　Novartis, La letter de la proximologie, *op. cit.*, p. 5 ; Le Monde, *Les aidants invisible*,

第2章　介護者支援政策を巡る類型化論とフランスの政策開始時期

le véritable défi de la dépendance, Le Monde du 27 octobre 2013.
(41) Conseil général de Meurthe-et-Moselle, *5ᵉᵐᵉ schéma gérontologique 2009-2013*, Conseil général de Meurthe-et-Moselle, 2009, p. 48 ; Conseil Général de Rhône, *Schéma départemental 2009-2013 accompagner vers l'autonomie personnes âgées et personnes handicapées*, Conseil Général de Rhône, 2009, p. 151.
(42) Commissariat Général du Plan, *Personnes âgées, rapport des commission du plan 1971-1975*, La Documentation française, 1971, p. 116.
(43) Fréderic Lesemann et als, *Les personnes âgées dépendence-soins et solidarité familiales, comparaisons internationals*, La Documentation française, 1993, p. 127 ; Paulette Guinchard-Kunstler, *Vieillir en France, enjeux et besoins d'une nouvelle orientation de la politique en direction des personnes âgées en perte d'autonomie, rapport à Monsieur le Premier ministre*, La Documentation française, 1999, p. 59.
(44) Ecole nationale d'administration, *op. cit.*, p. 16.
(45) Haut comité consultatif de la Population et de la Famille, *Politique de la vieillesse, rapport de la commission d'étude des problèmes de la vieillesse*, La Documentation française, 1962, p. 259.
(46) *Ibid.*, pp. 271-272.
(47) Xavier Gaullier, Quel avenir pour le maintien à domicile des personnes âgées, *Revue française des affaires sociales*, Avril-juin 1986, p. 25.
(48) Haut comite consultatif de la Population et de la Famille, *op. cit.*, p. 113.
(49) *Ibid.*, p. 220.
(50) Bernard Ennuyer, *Repenser le maintien à domicile, enjeux, acteurs organization*, Dunod, 2006, pp. 99-102.
(51) Commissariat Général du Plan, *Personnes âgées, rapport des commission du 6ᵉ plan 1971-1975*, La Documentation française, 1971, p. 102.
(52) Commissariat Général du Plan, *Vieillir demain, rapport du groupe prospective personnes âgées, préparation du huitienne plan 1981-1985*, La Documentation française, 1980, p. 21.
(53) Theo Braun et Michel Stourm, *Les personnes âgées dépendantes, rapport au secrétaire d'État charge de la sécurité sociale*, La Documentation française, 1988, p. 23, p. 25 et p. 73.
(54) Claudine Attias-Donfut, *Personnes âgées et famille : un cycle de transmissions descendants et ascendants in Haut Conseil de la Population et de la Famille, Actes du séminaire du politique et du social dans l'avenir de la famille, Paris 6-7 Février 1990*, La Documenttation française, 1992, p. 66.
(55) Commissariat Général du Plan, *Dépendance et solidarité mieux aider les personnes âgées, rapport de la commission presidée par Pierre Schopflin, op. cit.*, p. 13, pp. 91-92 et pp. 153-154.
(56) *Ibid.*, p. 24 et p. 92.
(57) Assemblée nationale, *Rapport d'information sur les personnes âgées dépendantes,*

Vivre ensemble, par M. Jean-Claude Boulard, Direction des Journaux officiels, 1991, p. 40 et p. 42.

(58) Conseil Général du Rhône, *Schéma départemental 2009-2013, accompagner vers l'autonomie, personnes âgées et personnes handicapées*, Conseil Général du Rhône, 2009, p. 151 ; Valerie Luquet, *Les aidants et l'aide aux aidants*, CLEIRPPA, 2011, p. 1.

(59) Annie Fouquet, *Les solidarité entre générations, rapports remis au ministre en charge de la famille*, La Documentation française, 2006, p. 107 et pp. 119-120 ; Conseil Economique et Social, *Les personnes âgées dans la société, avis du conseil économique et social présente par Maurice Bonnet rapporteur au nom de la section des affaires sociale*, Journaux officiels, 2001, pp. 29-31 ; Cour de Comptes, *Les personnes âgées dépendants*, Cour de Comptes, 2005, p. 12 et p. 36.

(60) Ecole nationale d'administration, *op. cit.*, p. 8.

(61) UDAF49, *Pour un renforcement du soutien aux aidants, pratiques, valeurs et attentes d'aidants familiaux en Maine et Loire*, UDAF49, 2009, p. 10.

(62) Direction des Journaux officiels, *Egalité des droits et des chances, participation et citoyenneté des personnes handicapées*, Les éditions des Journaux officiels, 2005, p. 14.

(63) Journaux officiels, *Loi n. 2205-102 du 11 février 2005 pour l'égalité des droits et des chances, la participation et la citoyenneté des personnes handicapées*, JO, n. 26 du février 2005, p. 8.

(64) La Marne Conseil Général, *Schéma gérontologique départemental*, La Marne Conseil Général, 2006, p. 11.

(65) Conseil Général de l'Isère, *Le schéma départemental de l'Isère en faveur des personnes handicapées*, Conseil Général de l'Isère, 2006, p. 4.

(66) Le Conseil Général de la Loire, *Le schéma départemental 2008-2012 en faveur des personnes âgées*, Le Conseil Général de la Loire, 2008, p. 119.

(67) Association Nationale des CREAI, *Les politiques territoriales en faveur des personnes âgées à travers les schéma départementaux et régionaux d'organisation médico-sociale*, Association Nationale des CREAI, 2013, p. 83.

(68) Caisse nationale de solidarité pour l'autonomie, Rapport 2011, *op. cit.*, pp. 18-37.

(69) Sénat, *Statut des aidants familiaux*, publiée dans le JO Sénat du 05/08/2012, pp. 5-13.

(70) *Question orale sans débat n. 09895 de Mme Maryvonne Blondin (Finistère-SOC)*, le JO Sénat du 05/08/2010, p. 2001 ; *Réponse du Secrétariat d'Etat auprès de la ministre des solidarités et des cohésion sociale*, le JO Sénat du 15/12/2010, p. 12214 ; Axel Rahola, *Synthèse du débat national sur la dépendance, la dépendance, débat national*, Ministère des Solidarité et de la Cohésion social, 2011, pp. 42-43 ; Olivier Veber, *Société et vieillissement, rapport du groupe n. 1*, Ministère des Solidarité et de la Cohésion Sociale, 2011, p. 65.

(71) Question orale sans débat n. 09895 de Mme Maryvonne Blondin (Finistere-SOC), *op. cit.*, 2001 ; Olivier Veber, *Société et vieillissement, rapport du groupe n. 1*, tome II, annexes, Ministère des Solidarité et de la Cohésion sociale, 2011, p. 232 ; Réponse du

第2章　介護者支援政策を巡る類型化論とフランスの政策開始時期

　　Secrétariat d'Etat auprès des la ministre du solidarité et de la cohésion sociale, *op. cit.*, p. 12214.
(72) Olivier Veber, *Société et vieillissement, rapport du groupe, n. 1, op. cit.*, p. 65 ; Olivier Veber, *Société et vieillissement, rapport du group n. 1*, tome II annexes, *op. cit.*, p. 231 ; Groupe de travail n. 2 sur le rôle des aidants et des acteurs de santé, *Plan pour l'amélioration de la qualité de vie des personnes atteintes de maladies chroniques 2007-2011, rapport du groupe de travail n. 2 sur le rôle des aidants et des acteurs de santé*, Ministère de la Santé et des Sports, 2010, pp. 9-11.
(73) Olivier Veber, *Société et vieillissement, rapport du groupe, n. 1, op. cit.*, p. 65 et pp. 68-69 ; Luc Broussy, *L'adaptation de la société au vieillissement de sa population : France : année zéro : rapport à Mme Michele Delaunay*, Mission Interministérielle sur l'adaptation de la société française au vieillissement de sa population, 2013, p. 25 et p. 158 ; Premier Ministre, *Une loi d'orientation et de programmation pour l'adaptation de la société au vieillissement*, Journaux officiels, 2013, p. 10.
(74) Olivier Veber, *Société et vieillissement, rapport du groupe n. 1, op. cit.*, p. 67 ; Luc Broussy, *op. cit.*, p. 159.
(75) Manuel Valles et als, *Projet de loi relative à l'adaptation de la société au vieillissement*, Assemblée Nationale, N. 1994, le 3 juin 2014, p. 61 ; Assemblée Nationale, *Projet de loi relative à l'adaptation de la société au vieillissement, adopté par l'assemblée nationale en première lecture*, Assemblée nationale, 17 septembre 2014, p. 36.
(76) Manuel Valles et als, *op. cit.*, p. 19.
(77) Monique Boutrand et Daniel Prada, *Projet de loi relative à l'adaptation de la société au vieillissement, avis de conseil économique, social et environnement*, Les éditions des Journaux officiels, 21 avril 2014, p. 97.
(78) Manuel Valles et als, *op. cit.*, p. 118.
(79) Conseil économique, social et environnement, *Rapport de restitution de la concertation sur le projet de loi "adaptation de la société au vieillissement"*, Direction des Journaux officiels, 12 février 2014, p. 33.
(80) Ministère des Affaires sociales et de la Santé, *Rapport de restitution de la concertation sur le projet de loi : adaptation de la société au vieillissement*, Direction des Journaux officels, 12 février 2014, p. 42.
(81) Monique Boutrand et Daniel Prada, *op. cit.*, pp. 53-57.
(82) Manuel Valles et als, *op. cit.*, p. 12.
(83) Ministère des Affaires sociales et de la Santé, *Projet de rapport annexe à la loi d'orientation et de programmation pour l'adaptation de la société au vieillissement, version du 13 février 2014*, Direction des Journaux officiels, p. 42 ; Ministère des Affaires sociales et de la Santé, *Projet de loi relative à l'adaptation des la société vieillissement, dossier de presse*, Ministère des Affaires sociales et de la Santé, 3 juin 2014, p. 8.

(84) Ministère des Affaires sociales et de la Santé, *Rapport de restitution de la concertation sur le projet de loi : adaptation de la société au vieillissement*, Direction des Journaux officiels, le 12 février 2014 p. 34.

(85) Commissariat Général du Plan, *Dépendance et solidarité mieux aider les personnes âgées, rapport de la commission présidée par Pierre Schopflin, op. cit.*, p. 13.

第3章
介護者支援政策のフランス/イギリス2ヵ国比較

　国際比較の作業は，国を越え学問の領域を越えて早くから営々と積み重ねられ，今日も共有するに値する手法の一つとして確たる地位を確保する。フランスにおける介護者支援政策の特徴を揺るぎなく鮮明に把握する為にも，この手法は，実に有益ではあるまいか。支援政策の領域では，世界で唯一1930年代からの歴史を刻み，戦後においても1960年代からの出発を画するイギリスとの比較を，多岐に亘る諸指標に沿って試みるならば，フランスにおける政策の遅い出発について揺るぎない結論を得ることができよう。同時に，イギリスの後塵を拝するとのみの特徴付けに止まるならば，フランスにおける支援政策の全体像はもとより，イギリスのそれをも誤って描くことになりかねないことから，フランスに独自の特徴はもとより，イギリスとの国境を越えて広く共有される特徴も忘れることなく指摘しておかなければなるまい。これは，フランスにおける支援政策の形成と拡充に意を注いだ人々の見識と努力の結晶を，忘れることなく脳裏に刻むことにもなると思われる。

1　フランスにおける遅い出発の諸指標

介護者に関する表現の誕生

　介護者を示す今日広く用いられる表現（aidants, carers）が最初に姿を見せるのは，フランスについて1986年，イギリスについて拙著『介護者の健康と医療機関──健康格差論の射程』（ミネルヴァ書房，2013年）でも述べてきたように，フランスに10年先立つ1976年である。この表現が公文書に記載されるのは，それぞれ1991年と81年であり，アメリカの82年に較べるならば，フランスはこれ

よりも9年遅く、イギリスは1年早い。介護者の表現が法律に記載されるのは、フランスについて障碍者の権利と機会・参加及び市民権の平等に関する2005年2月11日法であり、他方、イギリスでは、障碍者のサービスと諮問及び代表性に関する1986年法であることから、前者における登場は、後者よりも19年のちのことである。また、未成年の介護者の表現が法律に記載されるのは、フランスについて未だ確かめることは不可能であり、他方、イギリスはといえば、子どもと家族に関する2014年法をはじめ介護に関する2014年法並びに社会サービスと福利に関する2014年法（ウェールズ）である。成人の介護者（adult carer）や要介護者の親でもある介護者（parent carer）と並んで用いられる表現（young carer, child carer）である。また、介護者の表現が、家族団体の名称の一部に加えられるのは、フランスで2003年、イギリスで1981年である。前者は、今日のフランス介護者連盟（Association Française des aidants）の発足時の名称、すなわち、フランス疾病者・要介護者・障碍者を看る介護者連盟（略称AIDANTS）と記され、後者は、今日のイギリス介護者連盟（Carers UK）の81年当時の名称である介護者連盟（Association of Carers）に採用される。イギリスは、このようにフランスよりも22年早い時期における採用である。

　介護者を示す表現の使用を自制しなければならないとの議論は、イギリスに確かめることが可能であるとはいえ、フランスにこれを確認することは出来ない。この種の議論は、拙著『イギリスのコミュニティケアと介護者——介護者支援の国際的展開』（ミネルヴァ書房、2008年）の中で批判的に紹介し検討を加えてきたように、障碍者の自立を目指す運動団体から発せられ、政府も介護者を示す表現を公文書の中で使用するに及んで、研究者をも巻き込みながら1990年代初頭から2010年代にかけて展開される。介護者団体はこれをもとより黙視するわけではない。介護者団体による実に丹念な調査を拠り所にし、地を這うような支援活動と法制度の誕生を求める運動が功を奏し、介護者に関する単独立法が相次いで制定される中で繰り返された議論である。しかし、同種の議論がフランスにおいても確かめることが可能であろうかと問うならば、介護者団体の発足が、後に具体的に指摘をするようにイギリスの遥か後塵を拝するフラ

第3章　介護者支援政策のフランス/イギリス2ヵ国比較

ンスにあっては、こうした動向を確認することは未だもって出来ない。

最初の介護者調査研究

　介護者に関する最初の調査研究は、フランスでは、『家族労働、近隣の連帯と高齢者の在宅化』(1988年) を引き合いに出しながら、「80年代」に開始されたと評する見解が、国立統計経済研究所の雑誌に掲載された論稿に示されるように一定の影響力を示すとはいえ、これに安住することなく丹念に文献を辿るならば明らかであるように、これよりも僅かとはいえ2年早い86年に実施され、同じ年に公刊された調査報告書を初発にする。他方、イギリスでは、議会に設けられた未婚女性の為の年金委員会の調査報告書 (1939年) に遡る。戦後に限っても、B.S. ロウントリー『高齢化と高齢者介護の問題に関する調査委員会報告』(1947年)、あるいは、P. タウンゼント『高齢者の家族生活——ロンドン東部の調査』(1957年) を挙げることができる。両氏が共にイギリスを代表し、もとより日本を含めて国際的にもよく知られる研究者であり、いずれの成果も国の内外を問わず頻繁に紹介されてきたところである。また、障碍児 (者) を看る介護者に関する調査研究も、J. ティザード (J. Tizard) ほか『精神障碍者とその家族』(1961年) にはじまり、M. ベイリー (Michael Byley)『精神障碍者とコミュニティケア』(1973年)、あるいは、D. ウィルキン (David Wilkin)『精神障碍者の介護』(1979年) として、継続的にその成果が世に問われる。家族の負担、正確に言えば主に女性の負担が多面的に分析されると共に、介護者支援の必要性とその方法とが明らかにされる。このように要介護者の状態別に蓄積された調査研究の成果は、その後、80年代に入ると雇用機会均等委員会 (EOC)『高齢者と障碍者を看る介護』(1980年)、同『誰が介護者の世話に当たるか』(82年)、同『高齢者と障碍者の介護』(84年) を画期に、要介護者の状態別に主題を絞り込むことなく包括的な分析が施される。これは、高齢者あるいは障碍者に関する研究分野が分立するフランスにあっては、未だに確かめることの出来ない調査研究の成果である。

介護者歴史研究の開始時期

　介護者に関する歴史研究は，拙稿「イギリスの高齢者及び障がい者調査と介護者」（静岡大学『経済研究』16巻3号，2012年2月）において，上野千鶴子氏や武川正吾氏，あるいは樋口恵子氏の見解を批判的に意識しながら述べたように，フランスではC. カプアノ（Christophe Capuano）『1940年代末葉から80年代末葉における罹病者，障碍者並びに要介護高齢者を看る家族介護者，公共政策及び家族負担の由来に関する中間報告』(2010年)，C. カプアノほか『家族介護者のはじまり——20世紀後半のフランスにおける高齢者，障碍者及び精神疾患者の家族介護の変化』(2012年) と題する研究報告書である。ローヌ・アルプス歴史研究所（LARHRA）に籍を置く研究者の実に膨大で得難い業績である。氏の扱う時期は，報告書の主題や副題にも示されるように20世紀の後半である。研究の要旨は，「今日の介護者」と題して自立連帯国家基金の主催のもとに開かれた第3回自立の為の科学討論会（2014年11月5～6日，於パリ）におけるC. カプアノ氏の報告「隠れた存在から光の当てられる存在へ——1950年代から今日に至る家族介護の歴史」等を通しても広く紹介される。

　他方，イギリスでは，拙著『欧米の介護保障と介護者支援——家族政策と社会的包摂，福祉国家類型論』（ミネルヴァ書房，2010年），同『介護者の健康と医療機関——健康格差論の射程』（ミネルヴァ書房，2013年）において既に示してきたように，女性史研究や老年史研究に早くから位置付けられる。初発の成果については，E. ロバーツ（Elizabeth Roberts）『女性の位置——労働者階級の女性に関するオーラルヒストリー，1890-1940年』(1984年) にはじまり，同『女性と家族——オーラルヒストリー，1940-1970年』(1995年)，B. ヒル（Bernard Hill）『孤立する女性——1660-1850年のイングランドにおけるスピンスターズ』(2001年) などを，挙げることが出来る。扱う時期は，著書の副題に明記されるように19世紀以前にまで遡ることから，フランスの歴史研究に較べるならば遥かに長い。このこともあってイギリスの歴史研究は，古文書を拠り所にするに止まることなく，時代を生きた女性たちの証言を基に構成される。古文書に記されることのなかった女性の日々の姿に光を当て，初めて明るみに出すオーラ

第3章　介護者支援政策のフランス/イギリス2ヵ国比較

ルヒストリーの手法である。家事や保育あるいは介護など，見えざる労働の殆どを担い続けてきた女性の姿に光を当てるために，考え出された手法である。イギリスの女性史研究の分野において独自に開発されて国際的にも高い評価を得たとはいえ，フランスには，未だ確かめることの出来ない研究の手法である。

　ラロック・プランは，『社会保険及び関連サービス』（1942年）として国際的にも広く知られる『ベヴァリジ報告』のフランス語版であるとも称される。ラロック・プランは，前の章において言及したように世代間の関係について優れて楽観的であることから，老齢世代を看る現役世代の負担，言い換えれば家族の負担について論ずるわけではない。それゆえに高齢者政策について優れて体系的に論ずるとはいえ，介護者を視野に収めることはない。他方，『ベヴァリジ報告』は，拙著『欧米の介護保障と介護者支援——家族政策と社会的包摂，福祉国家類型論』，同『介護者の健康と医療機関——健康格差論の射程』の中で，イギリスの研究者の評価を批判的に意識しながら論じてきたように，要介護者を看取って日常生活上の援助を終えた未婚女性の労働力化を念頭に，失業給付と同額の職業訓練給付の制度化について提案をする。ラロック・プランが，『ベヴァリジ報告』のフランス語版であるとのよく知られる評価は，介護者を念頭に置く政策構想に絞り込みながら検討をする限り，その根拠を失う。

未成年の介護者調査研究の開始時期

　未成年の介護者に関する調査研究は，フランスに未だ存在しない。他方，イギリスにおける最初の調査は，拙著『イギリスの在宅介護者』（ミネルヴァ書房，2000年）の中で各地における調査をくまなく振り返りながら結論を得ているように，1988年に遡る。未成年の介護者が，介護者団体に母親から寄せられた一本の電話を契機に初めて発見されてから，6年後の実績であり，その後に各地で旺盛に手掛けられる調査の先駆けをなす成果にほかならず，ひいては『国勢調査』（2001年，2011年）に18歳未満を含む全ての年齢階層の介護者に関する調査項目が挿入され，国際的にも先駆的な調査結果を世に問う出発点を画するとも評することの出来る調査の実施にほかならない。フランスの状況は，ドイツ

の調査，すなわち，成人の家族介護者に関する少なくない調査研究とは対照的に，日常生活上の援助を担う子どもの状況は，何も把握されていないとの反省を出発点に初めて調査を手掛け，調査結果は，イギリスの遥かに先行する成果と多くの点で重なり合うとの結論を引き出した，2000年代後半の作業（BNC Nursing, 7：15, 2008年，1－9頁）と較べても，その後塵を拝することになる。イギリスには，未成年の介護者を研究領域に掲げる大学の研究機関が，イングランド中部のラフバラ大学（Loughborough University）と，同じく中北部のノッティンガム大学（University of Nottingham）とに存在するものの，フランスに類似の組織を確かめることは未だ出来ない。S. ベッカー（Saul Becker）ほか『ヨーロッパにおける未成年の介護者──イギリス，フランス，スウェーデン及びドイツの比較予備調査』（ラフバラ大学未成年の介護者調査研究グループ，1995年，1－94頁）は，そうした研究機関による比較的初期の成果であり，フランスを含むヨーロッパ4ヵ国を視野に収めた国際比較研究である。

　未成年の介護者に関する調査研究の進展，とりわけ2008年以降における若い成人の介護者に関する研究の開始を契機に，介護責任を負う学生（students with caring responsibilities），あるいは，学生介護者（student carers, carer students）の表現が，幼い子どもの親でもある学生を示す表現（student parent）と共に，比較的最近の所産として新たに誕生する。学生介護者を示すイギリス英語の誕生は2009年のことであり，前年の2008年に独自の調査を踏まえて示された大学に籍を置く若い成人の介護者（young adult carers at university）との，やや長い表現に工夫を加えた所産である。未成年の介護者の存在が初めて認められてから27年，未成年の介護者に関する最初の調査から21年のちのことである。2009年には，若い成人の介護者がその意に反して直面する教育上の困難とそのニーズを正当に踏まえた包括的な提言が，成人の障碍教育等の分野における専門的な諸団体によって相次いでなされる。学生介護者の表現は，介護者に関する政府の文書の中では，早くもスコットランド行政府『スコットランドの為の介護者支援計画，2010-2015年』（2010年）に登場し，イングランド高等教育基金評議会『高等教育機関への進学と学生の成就国家戦略』（2014年）はもとより，

イギリス介護者連盟『介護者マニフェスト』(2014年)にも確かめることが出来る。表現の誕生の早くも翌年,もしくは5年後のことである。

学生介護者調査研究の有無

　学生介護者に関する最初の全国調査は,2012～13年にかけて実施され,その成果は,全国学生連盟 (NUS)『介護責任を負いながら学ぶ——イギリスにおける学生介護者の経験』(2013年,1-48頁) として公表される。また,介護者連盟と並んで支援政策の立案に影響力を持つ介護者トラストの公刊になる『大学に学ぶ若い成人の介護者』(2014年,1-24頁) や,同じく『介護責任を負う学生への支援——高等教育機関に進む介護責任を負う学生支援に関する諸大学の見解と実際の対応』(2014年,1-60頁) は,イングランド域内の数ある大学の協力を得ながら調べ上げられた成果である。

　学生介護者に関する公式の統計は未だ認められないとはいえ,学生の3.5～6％が,日常生活上の援助を手掛けながら勉学に勤しむとの推計作業も,『国勢調査』(2011年) や国民保健サービス情報センター『世帯における介護者調査』(2009-2010年) 等を拠り所に,手掛けられる。大学によっては,介護責任を負いながら学ぶ学生を対象にした支援政策,換言するならば,学生介護者政策 (student carers' policy, policy for carers-students) を全国学生連盟の要望に応える形で独自に策定し,ホームページ上等でも広く周知をしながら実施に移している。

　その内容に照らすならば,先の提言を正当に踏まえていると評して良い。仕事と介護の両立を迫られる大学の教員や職員を対象にする政策とは独自に策定された,介護責任を負う学生を正面から視野に収めた政策である。グラスゴー大学 (The University of Glasgow) によって2011年2月に初めて策定され,その後スコットランドはもとよりイングランドやウェールズの大学にも徐々に広がりをみせる政策である。政策を構成する手段は,学業と介護の両立に伴う多様なニーズに即して多岐に亘り,こうした学生を対象にする奨学金制度も,通常の奨学金制度とは別に支援制度の一環として新たに創設される。

イギリス発の学生介護者の表現はもとより，学生介護者政策は，オーストラリアやニュージーランド及びアイルランドにおいて早くも学び取られ実施に移される。同様の動向は，学生介護者を示すアメリカ英語（student caregivers）の誕生に確かめることが可能であるように，アメリカにもオーストラリア等と同様の動きが認められる。他方，学生介護者の表現は，フランスにおいて未だ誕生しておらず，大学が独自の支援策を構想するわけでもない。

　もとより一見すると類似の表現が，フランスに認められないわけではない。それは，障碍を持つ学生や悪性腫瘍を患った青少年の世話に当たる学生を示す表現（étudiants aidants, étudiants aidants bénévoles）である。フランス語のエテューディアンは，英語のステューデント，同じくエイダンは英語のケアラーと同義である。しかし，これらの表現は，障碍を持つ学生などが機会均等の原則に沿いながら大学生活をスムーズに送ることが可能であるように，大学の呼びかけに応えてボランティア・ワークとしての援助を手掛ける学生を念頭に置いたものである。イギリス発の表現とは異なる。イギリスにおける世界に先駆けた未成年の介護者研究の開始はもとより，これを踏まえて2008年に新たに開発された若い成人の介護者概念と，これを契機にする学生でもある介護者とそのニーズへの周到なまでの関心を思い起こすとき，フランスにおける関係する表現の未形成は，未成年の介護者等に関するフランスの調査研究が，イギリスはもとより広く欧米諸国の中でもいたって遅い出発を記録していることの，避けるわけにはいかない結末の一つである。

　フランスにおけるこうした状況は，ヨーロッパ委員会の助成を得て発足した「若い成人の介護者の為に」と題する調査計画（Together for Young Adult Carers）の進展状況からも読み取ることが出来る。計画の着想は，以下のようである。すなわち，未成年の介護者はもとより若い成人の介護者は，イギリスとアイルランドの両国では，確かな調査研究を通してその存在と窮状とが明らかにされる。しかし，他のヨーロッパ諸国はと言えば，その規模と特徴に関する確かな調査は存在しない。未成年の介護者や若い成人の介護者は，イギリスなどにおける調査研究の成果を踏まえるならば，ひとりイギリスに固有の現象で

はなく，他の国々においても相応の規模のもとに存在すると考えられ，短くはない期間における支援の蓄積とこれを支える法制度にも学びながら，他の国々における支援の展開が構想されて然るべきである。調査を踏まえて最初に公刊されたのは，『若い成人の介護者の為に』(2014年，1-9頁) と題する小冊子である。そこで扱われる国々は，イタリアをはじめアイルランド，オランダ，ドイツ及びスコットランドの4ヵ国と1地域であり，フランスは，未だに調査の対象として位置付けられていない。

未成年の介護者支援事業の開始時期

未成年の介護者に対する最初の支援事業は，フランスにおいて2014年の出発である。複数の地域ではなく，一地域における展開である。他方，イギリスは，1992年に遡る。支援事業を展開する地域は，時期を重ねるにつれて増加する (37ヵ所，1995年，110ヵ所，1998年，176ヵ所，2014年)。いずれも民間非営利団体による支援では共通するとはいえ，開始の時期と地域的な広がりに焦点を絞り込むならば，その開きは歴然とする。

フランスには，県や地方機関の策定になる若年者支援計画がある。地方自治体の策定する計画としては比較的新しい部類に属するとはいえ，15歳以上29歳以下，あるいは16歳以上25歳以下の年齢階層を対象に，住居と健康，教育や労働市場など包括的な生活領域に沿う政策対応について明記をする。しかし，そこに未成年の介護者や若い成人の介護者の表現はない。他方，イギリスの地方自治体による未成年の介護者支援計画の策定は，早ければ1992年に遡る。地方自治体の計画は，その後，政府の『介護者支援国家戦略』(1999年，改定版，2008年)，ウェールズ行政府『介護者支援計画』(2001年，改定版，2007年，三訂版，2013年)，スコットランド行政府『介護者支援計画』(1999年，改定版，2010年)，同『未成年の介護者支援計画』(2010年)，あるいは北アイルランド行政府『介護者支援計画』(2002年，改定版，2006年，三訂版，2012年) の策定と実施を経て一段と体系化される。

同じくイギリスの子どもと家族に関する2014年法，並びに社会サービスと福

利に関する2014年法(ウェールズ)は,18歳未満の年齢階層に属する未成年の介護者によるアセスメント請求権について独自に定め,地方自治体は,介護負担が心と身体の成長期にある未成年の介護者に適切であるか否かはもとより,教育,職業訓練,レクリエーションあるいは仕事に寄せる未成年の介護者のニーズも視野に収めたアセスメントを行わなければならない,と明記する。未成年の介護者の社会的包摂を政策理念に掲げるからこそ,導き出されたアセスメントの内容である。また,介護に関する2014年法は,未成年の介護者が18歳の誕生日を迎えた以降における支援の必要性を念頭に置いたアセスメントの実施とその内容について,初めて定める。このうちアセスメントの内容に関しては,就業や就業希望はもとより,教育,職業訓練,あるいはレクリエーションへの参加を含む。これも一見して了解されるように,日常生活上の援助の継続可能性に止まることなく,社会的包摂の理念に沿う内容である。

　介護者の均等な機会に関する2004年法は,アセスメント請求権の地方自治体による周知義務を新たに定めるに当たって,全ての年齢階層の介護者を念頭に置くと明記するにもかかわらず,実際には未成年の介護者が見過ごされてきた。また,コミュニティケアと健康に関する2002年法(スコットランド)は,介護者のアセスメント請求権について介護者の年齢階層に関わりなく行使することが出来る,と条文の一つに明記するにもかかわらず,未成年の介護者による請求は芳しい程の実績を残してはこなかった。こうした現状に対する強い反省が,2014年の2つの法律には込められる。未成年の介護者担当ソーシャル・ワーカー(young carers social worker)を独自に配属する地方自治体も認められたとはいえ,それは,数ある地方自治体の中で唯一ロンドン・ルーイシャム自治区だけの実績に止まり,未成年の介護者を対象にするアセスメントは,これに象徴されるように実際には進んでこなかったのである。2つの法律は,介護者トラストや子ども協会(The Children's Society)による早ければ2002年以降の,未成年の介護者に的を絞り込んだ独自の実に丹念な調査と,これを踏まえた政策提言を議会として事実上受け入れた結晶である。これら2つの新しい法律に照らすとき,国際的にもイギリスに独自の実績であり,子どもに関する1989年法

はもとより，1995年を画期に積み重ねられてきた介護者諸立法に新しい地平を築いたことになる。

こうした両国における相違は，地方自治体のホームページに記載される情報からも伺うことが出来る。すなわち，介護者や未成年の介護者に関する情報が，地方自治体のホームページ上に紹介されているか否かについて，両国のいずれも20の地方自治体を任意に選定して調べるならば，介護者についての情報は，両国の地方自治体に一つの例外もなく掲載されるにもかかわらず，未成年の介護者に関する限り，フランスの20の地方自治体において一つの例外もなく全く示されていないのに対して，イギリスについては，漏れなく全ての地方自治体において関係する情報が紹介され，情報の入手を契機にする支援への参加が促される。提供される情報は，イギリスについて格段に豊富である。

政府の介護者調査実施時期と研究史の総括

さらに，介護者に関する政府機関の最初の全国調査は，フランスでは国立統計経済研究所（INSEE）『1999年に家に暮らす障碍者・要介護者調査』（2002年）であり，イギリスでは，国家統計局の1985年調査が初発である。国勢調査を通した介護者調査は，イギリス政府が2001年と2011年に実施した国際的にも全く最初の，今日まで独自であり続ける実績であり，フランスにこれを確かめることはできない。85年に着手され5年ごとに繰り返される調査が，16歳以上の年齢階層を対象にするのに対して，国勢調査は，日本におけるそれを想定するならば容易に理解されるように，全ての年齢階層を対象にする全数調査であることから，5歳以上15歳以下の年齢階層に属する未成年の介護者も，新たに明らかにされる。各地の少なくはない調査を通して繰り返し明らかにされてきた10歳以下はもとより15歳以下の年齢階層に属する介護者について，全数調査を介して政府機関として初めて追認し，新しい議論と政策展開の土台を提供することになる。

介護者に関する調査研究の歴史がフランスでは相対的に浅いことから，従来の蓄積を振り返る成果は，少なくとも著書や報告書について目を配る限り，い

ずれもアルツハイマー医療基金の刊行になる『介護者への支援：国際的な視野からの分析——認知症と共に生きる』（2003年，1-208頁），同『認知症や関連疾患を患う人々を看る介護者のレスパイトケアに関するフランス及び外国文献の分析と検討』（2008年，1-129頁）が，数少ない成果である。このうち後者について言えば，報告書の主題は，表題からも容易に伺うことが出来るように介護者に対する多様な支援の一つとしてのレスパイトケアであり，また，調べ上げた421の文献のうちフランス語の文献は，137である（32.5%）。他方，イギリスはと問うならば，短くはない蓄積を振り返りながら調査研究の今後を展望する著書が，早くも1990年から94年にかけて幾冊が公刊され，その後における調査研究の揺るぎない拠り所として位置付けられる。[6]その最も大きな契機は，85年に実施され，3年後の88年に公表された国家統計局の全国調査である。これらの著書の扱う論点は，介護者の規模と構成はもとより介護者の直面する諸問題とニーズ，支援の諸方法等と幅広い。イギリスにおける調査研究レビューの幅の広さをあたかも例証するかのように，これらの著書には，少数民族に属する介護者を主題にする成果も含まれる。イギリスにおけるレビューの早い時期からの取り組みと併せて，忘れるわけにはいかない実績の一つである。

　フェミニストによる介護者研究について言えば，1978年にイギリスにおいて世界で最初の論稿が公刊され，その後に広がりを示す。拙著『介護者の健康と医療機関——健康格差論の射程』に述べたところである。イギリス発の知見は，その後各国に学び取られる。たとえばアメリカでは，1960～70年代にはじまるフェミニストの分析が専ら母親としての役割に焦点を当てていたのに対して，これが80年代中葉以降には，イギリスの代表的なフェミニストの業績にも学びながら女性の介護役割へとその視野を広げ，フェミニストとしての介護者支援政策を提起する。このようにイギリス生まれのフェミニストによる介護者研究の国際的な影響は，比較的短い期間であるにもかかわらず著しく大きい。他方，こうした揺るぎのない実績は，これまでのところフランスに確かめることは出来ない。

　少数民族の介護者に関する調査は，拙著『イギリスの在宅介護者』において，

第3章　介護者支援政策のフランス/イギリス2ヵ国比較

イギリスの複数の代表的な論者の見解を批判的に意識しながら解明したように，イギリスで1986年に最初に実施される。98年に至る13年の期間における調査は，「表Ⅵ-付　少数民族の在宅介護者に関する調査一覧（1986～98年）」に示したように，あわせて51を数える。ざっと数えただけで1年に4ヵ所で調査が重ねられ，これが13年に亘って続けられた計算になる。他方，この種の調査は，フランスの研究者によっては未だ実施されていないことはもとより，国立統計経済研究所の前述の調査（2002年）について言えば，人種やエスニシティー等のカテゴリー区分を採用していない。フランス介護者連盟の調査（調査期間2013年6月26日～10月14日，公表12月10日），あるいは，認知症団体の仕事に就く介護者調査（同じく2016年3月15日～5月15日，公表9月21日）も，介護者の属性に関わって人種に関する項目は設けていない。各地で取り組まれる地域レベルの介護者調査も，広く目を配ってみても同様である。

　両国における調査の実績における小さくはない相違から推測されるように，イギリスでは短くはない蓄積を記録するとはいえ，フランスでは，少数民族の介護者に関する最も初期の論稿，すなわち，M. カロル（Mayer Carole）『高齢化の試練に直面する移民要介護者問題——介護者の枯渇防止に関するトルコ地域社会の事例』（ストラスブール大学，2013年），並びにストラスブール教育・社会職業グランゼコール（ESTES）の報告書『移民高齢者を看る家族介護者——二重の不可視性』（2014年3月，1-22頁）の公刊を契機に，ようやく議論の主題の一つとして確かな位置を確保したところである。議論の内容に目をやる限り，介護者の不足や少数民族に属する介護者の不可視性を論ずることにおいて，イギリスの議論と重なり合う。しかし，それは，少数民族に属する要介護高齢者の存在とそのニーズについてフランスで論じはじめられた時期が，2000年以降であることを思い起こしても，その10年以上のちのことである。

介護者支援政策の開始時期と理念

　介護者支援あるいは介護者支援計画の表現を政府が公文書の中に初めて示すのは，フランスで1991年のショプラン報告，他方，イギリスにおいては，これ

よりも10年早い81年に遡る。

　では，最初の介護者支援政策は何時からかと問うならば，フランスは，既に自説として探り当てた1991年である。国際連合（UN）『高齢化に関するウィーン国際行動計画――1982年7月26日～8月6日，於オーストリアのウィーン』(1983年）が示すように，国際連合が，介護者のニーズに言及しながら介護者支援政策について国際機関として初めて明記した勧告を提起し採択したことに照らすならば，その8年後，同じく国連女性の地位委員会『第4回世界女性会議の追跡――女性の地位や男女平等に影響を及ぼす諸問題の登場と新しい取り組み』(1998年）の中で提起をした，介護者支援政策の包括的な方法を思い起こすならば，その7年前のことである。

　他方，イギリスは世界広し，と言えども唯一，戦前に遡る。すなわち，年老いた老親や近親者を看取ったあとに無年金の状態に追いやられ，その意に反してしばしば貧困状態を余儀なくされた未婚女性たちの運動を契機に，女性の年金支給開始年齢を65歳から60歳に変更した1940年にまで遡る[7]。先の国際連合の勧告と比較をするならば，その40年以上も前の歴史的な事実である。女性たちは，年金支給開始年齢の55歳への変更を求めていたものの，これは，政府に斥けられて男性よりも5歳早い60歳とされたのである。性別に異なる年金支給開始年齢という国際的にも稀な制度は，実は老親を看取った未婚女性たちの運動が，100万人程の署名を議会に提出して世論の支持を得た実績に示されるように，介護者の窮状に寄せる懸念と介護者への共感を出発点にするのである。『ベヴァリジ報告』(1942年）が，日常生活上の援助を終えた未婚女性を唯一の対象にする職業訓練給付を提起したことも，記憶に止めておかなければならない。1935年に産声を上げた全国未婚年金連合の幅広い運動があり，これに応えた1940年の政府の対応があればこそ，未婚女性の生活費は自らの就労を通して確保しなければならないとの伝統的な家族観とも相俟って，『ベヴァリジ報告』に盛り込まれた提言にほかならない。さらに，戦後の1967年には，親の介護の為に離職を余儀なくされた女性を対象にする年金保険料の支払い猶予制度の創設や，同じく，日常生活上の援助を担う女性を対象にする税制上の措置が初め

て制度化される。これも，その元を辿るならば老親を看取った未婚女性が，1963年に戦後の社会に発した初めての声を出発点にし，今日の介護者連盟の前身に当たる団体の65年における結成とその後の活動を経て制度として実を結んだものである。

　介護者支援政策の拠り所とする理念が，介護者の社会的包摂と定められることにおいて，両国の相違は認められない。しかし，その初発の時期が何時であるかと問うならば，両国における小さくはない違いについて忘れることなく指摘をしなければならない。イギリス政府は，世界に先駆けて策定した『介護者支援国家戦略』(1999年) の中で，障碍児の社会的包摂による両親の介護負担の軽減を示すと共に，これに加えて介護者の社会的包摂を掲げる。他方，フランスはと言えば，貧困並びに社会的排除との闘い政策国家評議会『社会保護と社会的包摂の為の戦略に関する報告　フランス2006〜2008年』(2006年) を待たなければならない。

　介護者の地位を法的に承認するのは，フランスの2005年法と2015年法であり，イギリスにおいては，これらに10年から20年程先立つ1995年の法律，すなわち，介護者に関する世界で最初の単独立法としての，介護者の認知とサービスに関する1995年法である。このうち後者の95年法は，障碍者のサービスと諮問及び代表性に関する1986年法の規定，すなわち，地方自治体が，障碍者に対するアセスメントに際して介護者による日常生活上の援助の継続可能性について調べ上げることを義務付けた規定から，さらに進んで，介護者のアセスメント請求権について要介護者のそれとは独自に定めたものである。イギリスにおける介護者の法的な地位は，介護者と障碍児に関する2000年法はもとより，介護者の機会均等に関する2004年法，とりわけ社会サービスと福利に関する2014年法（ウェールズ）並びに子どもと家族に関する2014年法を通して，拡充される。

忘れられた人々としての介護者の地位との決別

　介護者を「見えざる存在」，あるいは「忘れられた人々」など，社会による認知の遅れを示唆する表現は，両国に等しく確かめることが出来る。数ある社

会問題の中では比較的新しい部類に属し，広く社会の理解と共感を得る為に国を問わず相応の時間を要したからである。広く国際的な視野で振り返るならば，「東アフリカの未成年の介護者」と題するフォーラム（2013年1月7日，於ケニアのナイロビ）は，東アフリカに住む未成年の介護者が，その存在をしばしば無視され，結果として孤立を余儀なくされた集団であると特徴付けた。こうした冷淡なまでの現状に別れを告げて，しかるべき対応を呼びかけたこと，あるいは，無償の介護者は，介護サービスの多くを担うとはいえ，「見えざる人口」に属すると評した『公衆衛生フロンティア』誌（*Frontiers in Public Health*，第2巻，2014年）に掲載のイスラエル人研究者の論稿などは，比較的最近の事例として記憶に新しい。フランスでは，『ル・モンド』紙（2013年10月27日）が，既に紹介をしてきたように「見えざる介護者」との表現を記事の表題に掲げる。自立連帯国家基金の2011年事業報告書の表題は，「見えざる行為者としての介護者に寄り添う」である。全く同じように全国介護者の日（2010年10月6日）の指定に際して，労働・連帯・公務省が公表した報道関係資料においても，「しばしば寡黙で，見えざる介護者」との評を冒頭に掲げる。あるいは，介護者のレスパイトケアに特段の財政支援を展開する農業保険金庫（CAA）は，「介護者——今日まで殆ど見えざる行為者」との評価を与える（2014年）。家族団体連合会の定期雑誌『家族の現実』（*Réalités familiales*）の介護者に関する初めての特集号（106-107号，2014年）の冒頭を飾った会長の論稿は，「830万人の見えざる介護者」との項目を立てながら論ずる内容である。また，「未成年の介護者に関する大きな障壁」と題する記事を掲載した『ローズマガジン』誌（*Rose Magazine*）（2014年7月8日）は，未成年の介護者を「見えざる未成年」と特徴付ける。幅広い使用を証明するに充分な事例ではあるまいか。

　これらの一連の事実は，「家族介護者の隠れた費用と見えざる貢献」と題して介護者問題に関する特集を組んだ『カナダ高齢化雑誌』（*Canadian Journal on Aging*，26巻増刊号，2007年）や，2010年代中葉の時期に至っても「見えざる未成年の介護者」，あるいは「隠れた未成年の介護者の一群」と特徴付ける，カナダの反省を込めた調査研究の動向と，文言はもとより内容に照らしても見事に

第3章 介護者支援政策のフランス/イギリス2ヵ国比較

重なり合う。

　イギリスでも介護者研究の歴史を振り返るとき，『忘れられた人々——ロンドン・サザック自治区の3つのマイノリティ地域に住む介護者』（キングス・ファンド，1990年）をはじめ『ロンドン・サザック自治区の未成年の介護者——コミュニティケアの隠れた表情』（ラフバラ大学，1996年），『見えざる家族——介護責任を負う未成年の介護者の居る黒人家族のニーズ』（ポリシー・プレス社，2002年），あるいは『知らない，見えない——介護者の国民保健サービスにおける経験』（介護者連盟，1998年）の公刊が，思い起こされる。このうちキングス・ファンドの著書は，早ければ1970年代中葉からロンドンの民間非営利団体によって着手されはじめた支援の試みにもかかわらず，広く社会には依然として「忘れられた人々」であり続けた少数民族の介護者について論じた成果であり，1986年にはじまる少数民族の介護者調査の中でも顕著な業績の一つである。イギリスの豊富な介護者研究の中では，黒人やインド出身あるいは少数民族に属する介護者研究の先駆けをなし，のちに切り開かれる自ら障碍者でもある介護者（disabled carers）研究の先鞭としても位置付けることが可能であり，双方の分野において共に画期をなす成果である。

　『ル・モンド』紙や『ローズマガジン』誌などの記事に先立つこと10年以上，早ければ四半世紀近く前の調査報告書であり，しかも，たとえば『ル・モンド』紙や自立連帯国家基金の事業報告書が，未成年の介護者に関する限り事実を知らないままに，専ら成人年齢に属する全ての介護者を念頭に「見えざる」との叙述を用いたのに対して，キングス・ファンドらが世に問うた報告書は，副題にも明瞭に刻まれるようにいずれもエスニック・マイノリティに属する介護者や未成年の介護者を「忘れられた介護者」と称するのであり，隠された介護者の集団（hidden army of carers）とも呼ばれていた人々を「忘れられた介護者」と称したのである。言い換えるならば，数の上では大多数を占める白人の介護者の発見は，80年代の後半あるいは90年代までに既に進み，着実な地歩を築き上げてきたことを，言外に示唆をする。また，介護者支援における国民保健サービスの役割を問う報告書が，介護者団体の幅広い調査活動の中では全く

初めてのそれとして1998年に世に問われたことを振り返るならば，民間非営利団体はもとより政府や地方自治体による支援とその出発点をなす介護者の確認は，やや遅い出発を画する国民保健サービスにおいても90年代末葉までに既に実績を上げはじめていたことを示唆する。

アメリカの連邦議会包括的な健康管理委員会，通称ペッパー委員会（Pepper commission）が，隠れた見えざる介護者（shadow caregivers）の表現を全ての介護者を念頭に，1990年の報告書の中で用いたことを思い起こすならば，イギリスにおける介護者の確認とこれを出発点にする支援への着手は，アメリカに較べても早くから進んでいたと評して良いように考えられる。

こうした「見えざる存在」や「忘れられた人々」などの共通する表現にもかかわらず，その意味する所は，フランスとイギリスの両国において小さくはない相違を伴う。

家族社会学の分野であまりにもよく知られるアメリカのパーソンズとその家族論（1955年）を批判的に意識しながら，世代間の連帯の存在について主張する議論は，フランスとイギリスの両国に広く認められる。しかし，世代間の連帯の再発見は，フランスについて言えばC. コロ『住居と高齢──地域開発省の為の調査研究』（1970年），L. ラッセ（Louis Roussel）『子どもの結婚後の家族──世代間諸関係の研究』（1976年），A. ピテュロ（Agnès Pitrou）『家族のない暮らし』（1978年）などの刊行を待たなければならない。他方，イギリスはといえば，P. タウンゼントの既に紹介した著書（1957年）が初発の成果であり，パーソンズの家族論への最初の批判は，国別に早い順にアメリカ（1962年），オーストラリア（1963年），ベルギー（1967年），イタリア（1975年）であり[9]，フランスにおける最初の成果の公刊は，イギリスはもとより，上に示す4ヵ国のうち唯一イタリアを除く3ヵ国の後塵を拝することになる。もとよりフランスの名誉のために付け加えるならば，L. ラッセの調査を通して導かれた結論は，その後における調査研究を通しても同じように引き出される[10]。成果に照らすとき，追認の内容を含むと言って良い。

第3章　介護者支援政策のフランス/イギリス2ヵ国比較

負担の概念と介護者の多様な存在への関心

　負担（burden）の概念は、よく知られるようにアメリカのザリット（Zarit S. H）によって1980年に新たに開発され[11]、介護者の直面する身体的にはもとより精神的、経済的並びに社会的な諸問題を忘れることなく明らかにする介護者研究の中心概念として、広く各国の研究者に受けとめられ、調査研究の揺るぎのない拠り所としてすっかりと定着をしている。ザリットの介護負担尺度（the Zarit burden）である。ザリットが、「なぜ、そして何時、介護者のアセスメントを行うべきか――介護者アセスメント・ニーズに関する調査研究上の証し」と題して、アメリカの家族介護者同盟（FCA）の主催になる介護者アセスメント全国討論会（2005年9月7～9日）で行った講演記録も、フランスに紹介されて学び取られる。しかし、ザリットの概念がフランスで用いられて調査研究が進むのは、イギリスを含む他の国々よりは遅く、1990年代中葉以降まで待たなければならない。

　介護者は、同じ日常生活上の援助を担うといえども、彼女や彼が少数民族に属するならば、その負担は相対的に重い。人種的な偏見を伴い、所得階層の相対的な低さとも相俟ってサービスの利用は芳しくない。要介護者向けのサービスが少数民族に属する人々の言語ではなく、専ら英語をもって案内をされることからサービスの存在それ自体さえも知らず、また、サービスも少数民族に属する人々の独自のニーズを考慮しないままに設計され給付されることから、サービスの申請自体が、少数民族に属する人々の意に反して限られるという事情もある。また、農村に住むならば、とりわけ性別では農村に住む女性の介護者の負担は、都市に暮らす同性の介護者に較べて相対的に重い。こうしたことから、介護者調査研究の独自の領域として、少数民族に属する介護者や農村に暮らす介護者の問題が浮上する。しかし、フランスでは、たとえば少数民族に属する介護者の研究は、既に紹介をしてきたように2013年から2014年にかけて漸くにして登場する。他方、イギリスはと言えば、これも既に述べてきたようにキングス・ファンドが、1986年からの各地の調査結果なども踏まえながら1998年に世に問うた成果が記録され、その後も独自の領域として継続的に位置

付けられることから，拙著『イギリスの在宅介護者』に示したように，98年までに限っても51の調査結果を記録する。その成果は，地方自治体や国民保健サービス地域基金の策定する介護者支援計画においても言及されることはもとより，さらに，オーストラリアやカナダ，あるいはアメリカの研究者によっても国境を越えて学び取られる。

　少数民族に属する介護者を対象にする調査の拠り所は，これらの介護者を支援する地域の団体である。これらの団体は，多くの場合に，地方自治体の財政支援を受けながらサービスを提供する。長らく「見えざる存在」であったこれらの介護者を独自の調査を通して把握し然るべく光を当てるためには，地域において少数民族の介護者と日々接する団体の存在と協力を欠かすわけにいかない。イギリスにおける少数民族の介護者支援は，テムズ河に臨む南部の区としてのロンドン・ワンズワース自治区において，1973年に開始される。ロンドンはもとより広くイギリスで全く最初の試みであり，以降，イギリスの各地で開始される支援事業と共に，少数民族に属する介護者調査の拠って立つ基盤も徐々に整えられることになる。こうした蓄積は，フランスには未だ存在しない。

　農村では，地域の共同体としての連携が都市に較べるならば相対的に強く，地域の問題は自助や共助を介して対応されるという，いわば農村生活に関する神話が国を越えて長らく支配をしてきたことは，確かである。しかし，農村に暮らすならば，とりわけ性別には農村に住む女性の介護者の負担は，都市に暮らす同性の介護者に較べて相対的に重い。たとえば介護者支援に専門的で今日も得難い役割を担う民間非営利団体の存立基盤は，農村ではいたって弱く，これが，農村に暮らす介護者にも影響を与えている。こうしたことから，介護者調査研究の独自の領域として，農村に暮らす介護者（aidants familiaux en zone rurale, rural carers, carers in rural areas）の問題が，フランスとイギリスの双方において，あるいは，農村に住む未成年の介護者（young carers in rural）の問題が，イギリスにおいて既に浮上する。しかし，この分野の業績は，フランスでは漸く2000年以降である。農村に住む高齢者の孤立状況については，国立人口調査研究所（INED）による1967年及び翌68年の調査を契機に，以降，持

第3章　介護者支援政策のフランス/イギリス2ヵ国比較

続的に取り組まれて，自治体はもとより政府による政策対応の基礎データ上の拠り所をなしてきたとはいえ，介護者が主題の一つとして登場するのは，これらのかなりな期間に亘る調査の蓄積を経てからである。他方，イギリスについていえば1984年に遡る。

諸外国の介護者支援政策への関心

　諸外国の介護者支援政策に寄せるフランスの関心は，当初から高い。1991年から2011年の期間に政府や議会などに提出された16冊を数える報告書に目を落とすとき，併せて15ヵ国（イギリス，アイルランド，ドイツ，ベルギー，オランダ，ルクセンブルク，スウェーデン，デンマーク，フィンランド，イタリア，スペイン，アメリカ，カナダ，オーストラリア，ニュージーランド）の政策が，視野に収められ検討に付される。そこでは，フランスの介護者支援あるいは介護者支援政策は，北欧やアングロサクソン諸国のそれに較べるならば遅れているとの反省の意が，率直なまでに幾度となく繰り返される。早ければ91年のラロック・プランにはじまり，99年に首相に提出された報告書などにも既に確かめることが出来る[12]。日常生活上の援助の70～80％は介護者が担い，また，その大半は，性別に女性の介護者の双肩にのし掛かる。在宅介護は家族に担われると語られるけれども，実際に即して頭を巡らせるならば，家族の中から選抜された女性が担う。介護者は，負担に耐えかねて健康を悪化させる。こうした事実に着目をするならば，介護者支援が求められる[13]。丹念な外国研究から引き出された結論である。翻って，フランスの現状に目をやるとき，在宅介護を優先すると早ければ1960年代初頭の時期から既に位置付けられながら，その大半を担い続けている介護者の独自のニーズが，正しく理解されているとは言い難い。介護者に焦点を当てた政策に欠けている。介護者に関する定義はフランスに存在しない。フランスにおける介護者支援政策の構築を念頭に置くだけに，諸外国の政策経験を実に幅広く視野に収めながら，自国に対する強い反省の意を込めながらの率直かつ踏み込んだ一連の指摘である。

　諸外国の政策動向に反省を込めながら寄せる関心は，政府や議会の報告書は

213

もとより研究者によっても早くから示される。フランスでは、介護者の規模と比率について長らく関心を払わないままの状態を続けており、これは、全国調査を手掛けて介護者の置かれた状態について正確な把握を試みるイギリスやアイルランド、あるいはデンマークの状況とは異なるとの反省である。こうした理解を出発点に、1986年から地域で試みられた規模の小さな諸調査の成果も踏まえながら、介護者の状態はもとより介護者支援の動向と教訓の把握に向けた試みがはじめられる。アルツハイマー医療財団（FMA）の既に紹介した得難い成果の一環、すなわち、『介護者支援——国際的な取り組み』（2003年）、同じく『認知症や類似の疾患を患う人々を看る介護者のレスパイトケアに関するフランス及び諸外国の文献の概要並びに検討——認知症対応計画（2008年11月6日）に沿う調査』（2008年）、あるいは、時期をやや前後することになるが、ノヴァルティス社『疾病を患う人を看る人——工業諸国における見通し、問題点と対応、第3回討論会』（2003年）なども、同様の成果である。これらのうちアルツハイマー医療財団が、文献の検索に当たって視野に収める国々は、フランスのほかに12ヵ国（イギリス、ドイツ、ベルギー、オランダ、スウェーデン、デンマーク、フィンランド、スペイン、ロシア、アメリカ、カナダ、オーストラリア）と、いたって広く包括的である。

諸外国の介護者支援政策に寄せるフランスの関心は、その後も継続的である。たとえば「今日の介護者」と題して自立連帯国家基金の主催のもとに開かれた第3回自立の為の科学会議（2014年11月5～6日、於パリ）における報告、すなわち、「経済協力開発機構加盟諸国における無償の介護——無償介護の役割と介護者への影響及び政策上の含意」は、そのごく一例である。

国際比較研究を通した学びの蓄積

諸外国の介護者研究や介護者支援政策への関心は、イギリスにおいても、但し、遥かに早い時期から確かめることが出来る。しかし、強い反省を込めながら外国から学び取るという姿勢を、そこに確かめることが可能であるかと問うならば、そうとは評し難い。

第3章　介護者支援政策のフランス/イギリス2ヵ国比較

　諸外国の介護者に対する関心は，戦後程なくの時期に行われた「高齢者介護に関する討論会」（1946年11月29〜30日，於ロンドン），あるいは，E. シャナス（Ethel Chanas）や P. タウンゼントらの共著『3つの工業社会における高齢者』（ルートレジ社，1968年）に既に示される。そこでは，デンマークとスウェーデンの2ヵ国，あるいはデンマークとイギリス及びアメリカの3ヵ国を取り上げながら，高齢者の日常生活における家族の役割の大きさが独自の調査を踏まえて示される。対象とする国々の独自の特徴と併せて国を越えて共通する特徴や課題とが，漏れなく描き出される。

　介護者問題に的を絞りながら広く国際的な視野から論ずる最初の成果は，ヨーク大学社会政策研究機構（SPRU）が，「ヨーロッパにおける無償の介護」と題して93年に開催した国際討論会であり，その成果は，同じ年に世に問われる。介護者研究の蓄積は，北欧諸国やイギリス並びにアメリカとイタリアとの間に明らかな相違が認められ，これらの国々とドイツ並びにフランスとも違いのあることに着目をしながら，各国においてこれまでに広く蓄積されてきた調査研究の成果を共有しようとする姿勢が，国際討論会には終始貫かれる。イギリスにおける介護者研究の蓄積を正当に踏まえながら，その守備領域を広げる画期をなす討論会であり，成果の公刊である。また，C. グレンディニング（Caroline Glendinning）ほか『介護への支払い——ヨーロッパからの教訓』（官報出版社，1993年）は，イギリスをはじめとする西欧7ヵ国（アイルランド，イタリア，フランス，ドイツ，フィンランド，スウェーデン）を対象に，要介護者と介護者向けの現金給付について論じた成果であり，先の国際討論会の開催年と同じ93年に公刊される。現金給付に関するイギリスで最初のまとまりのある国際比較の成果であり，広く国際的な視野から振り返っても最も初期の作品である。イギリスの介護者は，これに従うならば社会保障のニーズを持つ個人として制度に位置付けられると，その優れた側面を肯定的に評価した上で，イギリスの現行制度の持つ積極的な側面をさらに拡充する上で，他の6ヵ国から学び取ることもあると結ぶ。そこに，強い反省の意は込められていない。

　2年後の95年には，S. ベッカー他『ヨーロッパにおける未成年の介護者

――イギリス，フランス，スウェーデン及びドイツに関する予備的横断調査』（ラフバラ大学未成年の介護者研究グループ，YCRG）が，公刊される。イギリスで初めて発見され概念化された未成年の介護者に関する知見を出発点に据えながら，家族政策を国際的にも最初に制度化したフランスとスウェーデンを含むヨーロッパ4ヵ国における未成年の介護者に関する国際比較の成果である。未成年の介護者は，これら4ヵ国に広く確かめることが可能であるとして，その国際レベルにおける政策対応の必要性について，国際連合の子どもの権利条約にも言及をしながら，提起をしたものである。未成年の介護者は，4ヵ国における経済的にはもとより社会的，あるいは歴史的な背景を異にするとはいえ，共通に確かめられるとの揺るぎのないまでの確信を，この成果から読み取ることが可能である。こうした見地は，S. ベッカー「家族における子どもの無償の介護に関する国際的な展望――イギリス，オーストラリア，アメリカ及びサハラ砂漠以南のアフリカ諸国の未成年の介護者に関する調査研究と政策」（『グローバル・ソーシャルポリシー』誌，7巻1号，2007年，23-50頁）など，その後における対象国を一段と広げた国際比較の作業にも揺るぎなく継承される。

　さらに，1998年には，第1回家族介護国際会議がイギリス介護者連盟の主催のもとに2日間の日程で，ロンドンにおいて開催される。「介護者支援」と題するオーストラリア政府代表の報告をはじめ，「介護者団体の活動経験」と題するイギリス，オーストラリア，それにアメリカ3ヵ国の介護者団体代表の報告，「ヨーロッパの介護者」と題するヨーロッパ委員会の報告が組まれると共に，「女性の介護者」「男性の介護者」等と題する併せて9つの分科会も，諸報告とは時間をずらしながら用意される。国際討論会には，日本を含む世界の21ヵ国から241人の参加が記録される。イギリス介護者連盟が，各国の介護者団体やヨーロッパレベルの介護者団体と手を携えながら，その後も継続的に開催国を変えながら開き続ける国際会議の最初の開催である。

介護者団体の歴史と影響力

　これらの成果は，介護者に関する調査研究を大学の研究機関の重要な守備領

域の一つ位置付けながら，その成果を早い時期から蓄積し，介護者支援政策を世界に先駆けて実施すると共に，全国規模の介護者団体を世界で初めて誕生させ，2015年には創立50年を迎えた介護者の全国団体を有するイギリスならではの実績である。このうちイギリスの介護者団体の刻んだ歴史は，国際的な視野から振り返るならば明瞭であるように格段に早い（表3-1）。イギリスに次いで早いアメリカに較べても12年，フランスに較べるならば，表3-1に示すように40年近くは早い誕生である。イギリスは，介護者支援政策の草分け的な存在であるとの評価をフランスに確かめることが可能であり，そうした的を射た見解の拠り所の一つは，介護者団体の世界に先駆けた早くからの存在と介護者への日々の地に足を着けたと評するに相応しい支援，調査を拠り所に旺盛な政策提言を含む活動の実績，これらである。90年代中葉から末葉にかけて早くも開かれた国際討論会は，この国の介護者支援政策を振り返るとき，実に丹念な調査活動やこれに裏打ちされた政策提言と併せて，忘れるわけにいかない足跡の一つとして記憶されるに相応しい。

　こうした国際討論会は，少なくとも2000年代前半までの時期に関する限り，フランスでは確かめることの出来ない実績であり，フランスでは，「ヨーロッパの介護者」と題してフランス介護者連盟とヨーロッパ介護者連盟との協働のもとに2007年6月22日にパリ市内で開かれた国際討論会をはじめ，「ヨーロッパの女性就業――子どもの保育や要介護高齢者への援助の際に職業生活と家族生活をどのように調整するか」と題して，2014年6月にパリ西郊の都市で開かれ，ヨーロッパ11ヵ国9,000人の女性を対象にする独自の調査結果も踏まえながら繰り広げられた国際討論会，「介護の理論と実際――国際討論会」と題して2013年6月にパリ市内で開かれ，日本を含む5ヵ国から37人が参加をした討論会，あるいは，「介護者の暮らしの諸側面」と題して2014年10月21日にリヨン大学で日本からの報告者の参加も得て開かれた国際討論会，これらを待たなければならない。以上の実績を踏まえるならば，介護者団体の主催する国際討論会は，フランスの場合にイギリスよりも9年は遅く，同じく研究機関による開催は，イギリスの研究機関に較べて20年は遅いことになる。

表 3 - 1　世界18ヵ国と国際レベルの49介護者団体の設立年次に関する国際比較[1]

	介護者団体の名称	創設年次
イギリス	イギリス介護者連盟	1965年
	介護者トラスト	1991年[3]
	スコットランド介護者連合	1998年
	全国未成年の介護者連合	2002年
	スコットランド未成年の介護者同盟	2011年
	全国介護者ネットワーク	2004年
	全国黒人介護者／黒人介護労働者ネットワーク	1998年
フランス	フランス介護者連盟	2003年
	介護者支援団体間連合	2004年
	認知症の人を看る介護者連合[2]	2005年
	未成年の介護者団体	2014年
ベルギー	介護者ネットワーク	1996年
	ベルギー介護者連合	2006年
スイス	介護者協会	
ドイツ	介護者連盟	2008年
アイルランド	アイルランド介護者連合	1987年
	アイルランド介護者支援同盟	1980年代
	アイルランド介護同盟	1995年
スウェーデン	スウェーデン介護者連盟	1996年
フィンランド	介護者連盟	1990年
	フィンランド介護者中央連合	1993年
	介護者支援諸団体ネットワーク	2005年
オランダ	全国介護者連合	1992年
オーストリア	オーストリア介護者連合	2010年
エストニア	エストニア介護者連盟	2011年
アメリカ	家族介護者同盟	1977年
	家族介護者ネットワーク協会	1983年
	アメリカ介護者連合	1985年
	無償の介護者連盟	1990年
	全国介護同盟	1996年
	介護者行動ネットワーク	1993年
	介護者ブリッジ	1997年
	アメリカ未成年の介護者連合	1998年
カナダ	カナダ介護者連合	2000年
	カナダ未成年の介護者連盟	2006年
	家族介護者協会	1989年
オーストラリア	オーストラリア介護者連盟	1994年[4]
ニュージーランド	ニュージーランド介護者連盟	1990年代初頭
	ニュージーランド介護者同盟	2004年
イスラエル	イスラエル介護者連盟	2014年
シンガポール	精神障碍者を看る介護者協会	1996年
	介護者連盟	2006年

第3章　介護者支援政策のフランス/イギリス2ヵ国比較

台湾	台湾家族介護者連合	1996年
国際レベル	ヨーロッパ介護者連盟	2004年
	国際介護者同盟	2004年
	国際介護者連盟	
	自閉症者を看る介護者国際ネットワーク	
	介護者ワールドワイド	2011年
	国際未成年の介護者ネットワーク	2010年

注：(1)2009年に公表の論稿では，ヨーロッパ連合加盟国のうち8ヵ国で介護者団体が認められるとの指摘がある。この事実は，本表の内容とも一致する。Sebastian Fischer, *The Voice of carers, developing carer organisations across Europe*, Eurocarers, 2009, p. 9. ヨーロッパ親と介護者連合 (European Federation of unpaid parents and carers at home) も，介護者支援活動を活動の一環に明記をしているが，ここでは外している。空欄は不明である。

(2)フランス認知症連盟 (France Alzheimer) が介護者支援を手掛けていることは，他の国々の同種の団体と同じようによく知られるが，表中の団体は，これとは関係のない異なる団体である。

(3)1974年に設立のクロスローズ (Crossroads Care) と同じく91年設立の介護者の為のプリンセス・ロイヤルトラスト (PRTC) の両者が，2012年に合体をして新しく誕生した団体である。クロスローズは，介護者支援を念頭に置きながら，直接には在宅サービスを手掛けた団体である。この為，設立は表に示す通り1991年とした。

(4)ニューサウスウェールズ州介護者連盟 (Carers Association of NSW, 現在の Carers NSW) は，オーストラリアの州レベルにおける介護者団体の中で最も早い1980年の設立であり，オーストラリア介護者連盟は，こうした州のレベルにおける団体の設立と活動の展開ののちに誕生する。

出典：団体のホームページの閲覧，団体への個別的な問い合わせをもとに作成。但し，スウェーデンについては，訓覇法子氏に教えていただいた。表中の団体の名称は，順に以下の通りである。Carers UK, Carers Trust, Coalition of Carers in Scotland, National Young Carers Coalition, Scottish Young Carers Services Alliance, National Family Carer Network, National Black Carers and Carers Workers Network, Association Française Aidants, Le Collectif Inter-associatif d'Aide aux Aidants Familiaux, Association Alzheimer Aidants, Jeunes Aidants Ensemble, Proches ASBL, Association des Proches Aidants, Ons Zorgnetwerk, Wir Pflegen, The Carers Association Ireland, Caring for Carers Ireland, Care Alliance Ireland, Carers Sweden, The Central Association of Carers in Finland, The Finish Network for organisations Supporting Family Caring, Suomen omoishoidon verkosto, National society of informal and voluntary carers (MEZZO), Austria Carer's Association, Estonia Carers, Family Caregiver Alliance, Family Caregivers' Network Society, American Caregiver Association, Interfaith Volunteer Caregivers, National Alliance for Caregiving, Caregiver Action Network, Caregiving Bridge, The American Association of Caregiving Youth, Canadian Caregiver Coalition, Young Carers Canada, Family Caregivers Network Society, Carers Australia, Carers New Zealand, New Zealand Carers Alliance, Caregivers Ireland, Caregivers Association of Mentally Ill, Caregivers Connect, The Taiwan Association of Family Caregivers, European Association working for Carers (Eurocarers), International Alliance of Carers Organizations, International Caregivers Association, International Carers Autism Network Inc, Carers Worldwide, The International Network for Caregiving Children.

介護者支援の諸主体と医療機関

　介護者支援の主体は多岐に亘ることから，その不可欠の主体として医療機関も視野に収めなければならない。医師をはじめとする医療機関職員への介護者関係情報の提供と，医学看護学教育への介護者問題の挿入について提言をするのは，拙著『介護者の健康と医療機関――健康格差論の射程』で既に述べたように，フランスの高等家族会議である。2011年の調査報告書におけるそれである。他方，イギリスの医療機関による介護者支援は，イングランド北東部のヨークシャー地方保健基金（RHA）が，1991年に他の基金に先駆けて介護者を主題にする政策指針を策定し実施に移したこと，あるいは，イングランド北西部に位置する国民保健サービス・マンチェスター地域基金が，1993年にマンチェスター市と共同で制定し，日常業務の指針として位置付けた介護者憲章の制定を画期にする。コミュニティケアと健康に関する2002年法（スコットランド）並びに国民保健サービスに関する2006年法（ウェールズ）は，国民保健サービスの全ての地域基金が，『介護者情報戦略』を策定し実施に移すことを求める。また，『イングランド国民保健サービス事業構想』（計画期間2009～2010年，2008年）は，各地における取り組みを幅広く正当に踏まえながら介護者支援を明記する。

　このようにフランスにおける2011年の提言が，情報の提供と職員の養成及び継続教育への介護者問題の判然とした位置付けに止まるのに対して，イギリスでは，介護者を「ケアにおけるパートナー」と位置付け，だからこそ，退院計画策定過程への介護者の参画を支援の領域に独自の方法として位置付けるなど，優れて包括的な対応に地歩を築いている。医療機関による介護者支援が，両国で何時から着手されはじめたのか，その時期はもとより，支援の領域の広さと方法の多様性にも忘れることなく注意を払わなければならない。この双方の視点から振り返るとき，フランスが，イギリスの後塵を拝していることは，紛れもない事実である。

第3章　介護者支援政策のフランス/イギリス2ヵ国比較

介護者の日と介護者議会

　介護者に正しい情報を伝えて権利の行使を促すと共に，介護者のニーズに関する専門職者はもとより広く社会の理解を促す目的に沿いながら，介護者の日や介護者の権利の日，介護者週間あるいは介護者月間が，既に第1章において述べてきたように設けられる。フランスにおける全国介護者の日の創設は，政府の発議に沿って2010年であり，他方，イギリスにおける介護者の権利の日と介護者週間は，介護者団体の発議に沿ってはじまった1969年に遡る。フランスに較べるならば40年以上は早い時期からの実績である。参考までにいえば，オーストラリアにおける介護者週間は1992年にはじまり，アメリカとカナダのケベック州の介護者週間は，2年後の94年からの歳月を刻み，アイルランドの介護者週間は2007年，ベルギーにおける介護者の日は2011年に制度化される。これらの5ヵ国ともフランスとは異なって，イギリスと同じように介護者団体の発議に沿いながら誕生し，のちに政府や州政府による公認を受ける。フランスにおける制度化は，見られるようにフランス語圏を含む7ヵ国の中でベルギーに次いで新しく，他方，イギリスにおける歴史は遥かに早い。

　介護者議会の開催は，フランスに未だ確認されていないとはいえ，イギリスのスコットランド行政府では，政策公約に沿って2012年から毎年10月に開催される。企画と運営は，行政府及びイギリス介護者連盟傘下のスコットランド介護者連盟の両者によって行われ，介護者トラスト傘下の介護者スコットランドなど6つの介護者団体の協力も得て進められる。スコットランドの各地から未成年の介護者や少数民族に属する介護者を含む200人近い介護者が，エジンバラ市のスコットランド議会に集い，行政府長官や担当大臣，あるいはスコットランド議会の議員も参加をする。介護者は，支援政策に関して発言をし，介護者議会においてなされた長官や担当大臣の発言にも意見や質問を寄せ，回答に耳を傾ける。介護者支援政策の拡充にとって得難い機会であり，その効果は，議会で重ねられた議論に寄せられた介護者の評価やコメントに照らすならば，小さいとは言い難い。

2　遅い出発の要因とフランスの独自性

民法における家族の扶養義務規定

　今日広く用いられる介護者に関するフランス語並びにイギリス英語の誕生をはじめとする諸項目について，両国の比較を試みてきた。フランスがイギリスの後塵を拝しているというのが，ここでの全ての項目を通して引き出される偽りのない結論である。では，なぜ両国の相違は生まれたのであろうか。

　フランスの民法は，他の少なくとも西ヨーロッパや北欧の国々とは明らかに違って家族の扶養義務について定める。すなわち，夫婦は生活水準を分かち合い，親は子どもを扶養しなければならないのであって，父母はもとより子や孫は祖父母を養うとして，家族内の扶養義務を民法に明記する[18]。日常生活上の援助を家族によるいたって自然な行為であるとの含意を込めた表現（aidants naturels）が，イギリス英語やアメリカ英語には全く確かめることの出来ないフランス語に固有のそれとして誕生し，今日も，その回数は減少するとはいえ家族介護者の表現と共に地方自治体の文書に登場するのも，元を辿るならば民法の規定に遡る。確かな法的基盤を持つと評して良い。また，フランスは，長らく農業国と称されてきたように第１次産業就業者の比率が高く，こうしたことも影響して人口の地域間移動は，イギリス等の国々に較べるならばあくまでも相対的とはいえ，少ないという事情もある。民法の定める扶養義務に何の疑いも挟まずに，これを受け入れ法にうたわれた義務を実際に履行する地盤も，磐石とは言い難いとはいえ相対的に整っていた，と評して良い。

　「……若い母親の病気や，慢性疾患なかんずく老年を迎えた時に，家族相互の援助の可能性が着実に縮小してゆくのを見る」として，「……今日最も献身的な家族ですらも，……援助なしには充分に果たし得ない義務を共同で負担をする為に……中年者向けの小規模住宅やサービスを提供する建物，そして，……家事サービス……[19]」が求められると指摘をするのは，イギリスの研究者である。早くも1956年に世に問われた著書におけるそれである。こうした事情は，

第3章 介護者支援政策のフランス/イギリス2ヵ国比較

農業国フランスにあっては戦後暫くの時期に至って希薄であり，民法の扶養義務規定の影響もあってなかなか顕在化しなかったのである。世代間の連帯とその脆弱性に正面から目を向ける時期が，フランスの研究者にあっては諸外国に較べるならば明らかに遅かったのも，ひとり研究者の責任に帰するわけにいかないのであって，こうした事情があればこそのことであるに違いない。

介護者団体の分立と家族団体の長期に亘る問題関心

介護者団体が分立しているという事情も認められる。介護者あるいは家族の団体といえども，障碍者を看る介護者の団体と高齢者の日常生活上の援助を手掛ける家族から構成される団体との分立である。2004年には，介護者支援団体間連合が結成され，政策の提言などを重ねるが，この団体は，主に障碍者の家族諸団体から構成される。2003年に産声を上げたフランス介護者連盟は，障碍者はもとより広く病人や高齢者を看る介護者の支援を目的に掲げるとはいえ，比較的新しい団体であり，その影響力は，イギリス介護者連盟に遠く及ばない。団体が分立をしていることから，16歳以上の830万人を数える介護者の幅広い結集は諸団体の願いに逆らって難しく，介護者支援政策の形成と展開に果たすであろう役割は，浅い歴史とも相俟って未だに遥かに小さいのが偽りのない現実である。結果は，家族諸団体の意に反するとはいえ，見えざる介護者の存在とその継続である。

家族団体が，世界でも顕著に進んだ少子化の中で子どもの養育や保育の問題に専ら心血を注ぎ，介護者問題に寄せる関心は長らく希薄であったという事情も認められる。家族団体が，フランスの家族政策の形成と展開に果たした役割は，国際的にも広く認められるように際立つ程に大きい。しかし，介護者問題はもとより介護問題に寄せる関心がそもそも薄かっただけに，仕事と家族生活との両立問題を論ずるに当たって保育問題を位置付けこそすれ，介護，とりわけ高齢者介護を視野の外に長らく放り出してきたとの率直な反省も生まれる[20]。家族団体が介護者問題について最初の発言をするのは，この反省をあたかも裏打ちするかのように2004年を待たなければならず，しかも，それは，障碍児や

障碍者を看る介護者に限定しての発言であり，家族団体による包括的な政策提言は，さらに2年後の2006年以降まで待たなければならない。たとえば全国家族団体連合会による政策的な見地の表明は，『障碍と要介護——家族介護者』(2007年) 並びに『要介護高齢者の日常生活上の援助』(2011年) の公刊に示されるように，障碍児や障碍者を看る介護者に関する文書の公刊時期と高齢者を看る介護者に関するそれには，4年の開きを伴う。このために，全ての介護者を等しく視野に収めた提言は，2011年まで待たなければならない。

イギリスで1982年に世界で初めて確認された18歳未満の年齢階層に属する未成年の介護者は，拙著『イギリスの在宅介護者』で既に指摘をしてきたように，1988年にはじまる豊富な調査を支えに，ヤング・ケアラーとして世界に知られ，これを契機にアメリカ英語 (young caregivers) やフランス語 (jeunes aidants) の表現を生み出すことにもなる。イギリスの研究者は，ヤング・ケアラーに加えて18歳以上24歳以下の年齢階層に属する若い成人の介護者の概念も，丹念な調査を拠り所に新たに形成し，オーストラリアやニュージーランド等の調査研究に再び影響を及ぼすと共に，ヤング・アダルト・ケアラーに相当するアメリカ英語 (young adult caregivers) も，イギリスの調査研究に触発されながら姿を現す。しかし，これに相当するフランス語の表現は，未だ認められない。未成年の介護者に寄せられる関心が，フランスにおいて今日も浅く，調査研究の独自の領域として登場さえしていないことを示す一例である。

さらに，未成年の介護者を対象にする支援政策について記載する政府と地方自治体の計画は，筆者の知る限り未だフランスにおいて策定されていない。他方，イギリスは，介護者の認知とサービスに関する1995年法の制定に当たって，この国発の調査研究に裏打ちされた世論の後押しを受けながら，早くも未成年の介護者を視野に収める。100を超す自治体の政策文書の検討を通して，拙著『イギリスのコミュニティケアと介護者——介護者支援の国際的展開』の中で明らかにしたように，最も早い地方自治体では，未成年の介護者支援政策を92年に策定し公表する。政府も『介護者支援国家戦略』(1999年) の第8章を「未成年の介護者」と題して，成人の介護者とは異なる独自のニーズに配慮を施し

ながら，支援政策について構想し明記する。また，スコットランド行政府は，『スコットランドの為の介護者支援計画』（計画期間2010～2015年，2010年）と共に，『スコットランド未成年の介護者支援計画』（計画期間同じ，2010年）を策定し，これに沿いながら支援を広げる。いずれもフランスには認めることの出来ない，世界でもこれまでのところイギリスに独自の実績である。スコットランドはもとよりイングランドやウェールズの地方自治体が，スコットランド行政府と全く同じように未成年の介護者に関する独自の政策文書を策定し，これを拠り所に支援を地域的に広く展開しはじめていることも，よく知られる。

男女平等の視点

フランスの介護者支援政策は，比較的新しく形成されてきただけに，ドーバー海峡を隔てた隣国イギリスには長らく確かめることの出来ない特徴を持つことも，忘れることなく指摘しなければならない。それは，男女平等の視点であり，女性の労働力化の視点である。すなわち，日常生活上の援助を無償のもとに担うことが，女性の非労働力化を招くことのないようにとの政策的な配慮への関心は，早ければ90年代前半に示され，こうした政策的な見地は，その後も継続して貫かれる。かくして性別や女性の婚姻状態を区分する制度は，フランスの介護者支援政策に形成の当初から存在しない。

他方，イギリスはと問うならば，伝統的な家族像と女性の役割論を強固な拠り所にする提言や制度が，長らく続いたという現実を事実として認めざるを得ない。W. ベヴァリジ（William Beveridge）が，日常生活上の援助のゆえに家族形成期を迎えないままに要介護者を看取った未婚女性を唯一の対象に，職業訓練手当を1942年の報告書の中で提唱したことは，その一例である。W. ベヴァリジが，20世紀の初頭に公刊した労働市場に関する著書の冒頭において述べた理想的な家族像，すなわち，女性は，家族形成期に労働市場から自発的に退いて結婚を選び取り，夫の賃金を暮らしの糧にする家族こそ，あるべき家族の基本的な姿であると指摘をする。しかし，日常生活上の援助のゆえに家族形成期をその意に反して逃さざるを得なかった未婚女性には，労働市場への再参入が

あるべき自然の選択として想定される。もとより W. ベヴァリジが構想する社会保障の基本的な枠組みに沿う内容である。しかし，女性には，願いに反して小さくはない困難が待ち受ける。そこで，労働市場に別れを告げてからの短くはない期間における産業構造の変化を念頭に置きながら，職業訓練給付を提唱するのである。未婚女性は，給付を糧に職業訓練に臨むならば労働市場への再参入も容易であり，暮らしに要する所得を自らの手で稼ぎ出すことが可能になる。このような判断に裏打ちされた制度の提案である。性別には女性のみを，婚姻状態別には未婚者のみを対象として選別する制度である。

さらに，イギリスにおいて戦後に誕生した介護者手当は，欧州裁判所への女性による提訴と勝訴を契機にする1986年の制度の変更までの10年間に亘って，男性については給付の要件を充たすならば婚姻状態の如何に関わりなく給付され，未婚女性も男性と同じ条件のもとに申請をすることが制度として認められたにもかかわらず，ただ一人既婚女性は，介護者手当の給付対象から除外されてきた。[22]拠り所となる考え方は明白である。男性や未婚女性は，日常生活上の援助を担うならば，労働市場への参入に影響を及ぼすことから，最低生活の享受の為には経済的な補償が制度として求められる。しかし，既婚女性が同じ無償の労働を同じ程度に担ったとしても，子どもの保育や家事と全く同じようにいたって自然な行為である。そもそも労働市場に身を置いているわけではないことから，経済的な損失なぞ想定するまでもない。かくして経済的な補償なぞ必要あるまい。最低生活の享受は，夫の賃金を拠り所に見通すことができよう。短くはない期間に亘ってこのように考えられてきたのである。介護者手当の誕生に込められた伝統的な家族観の特徴である。

労働基準の相違と介護者支援政策への投影

フランスとイギリスの両国における労働基準の相違が，介護者支援政策にも影を落としていることも，忘れることなく指摘しなければならない。フランスの高齢者を対象にする個別自立手当やその前身としての要介護特別手当，並びに障碍者に支給される障碍補償手当は，いずれも介護者を被用者と見做し，介

護者に対する報酬としても活用することが制度として可能である。報酬は，法定最低賃金の80％を基準に定められる。無償の介護を経済的に評価する制度であり，このうち前者については，日本の社会保障研究者によっても早くから紹介もされてきたところである。[23]他方，こうした制度は，高齢者と障碍者の別を問わずイギリスにそもそも存在しない。イギリスの介護者手当は，最低賃金（NMW）との関わりを一切持たないままに定められることから，たとえば週35時間に亘って日常生活上の援助を担う介護者が手にする時間当たりの手当額（1.77ポンド）は，最低賃金の時間当たり金額（6.70ポンド）の僅かに4分の1程に過ぎない（26.4％，2016年）。介護者の中には，各種の調査が示すように週50時間を超えて日常生活上の援助を担う場合も例外的な存在とは言い難い程の規模において認められることから，これらの介護者が手にする介護者手当の時間当たり金額（1.24ポンド）は，同じく最低賃金の5分の1さえも下回る（18.5％）。介護者手当が，最低賃金との一切の関わりを持たないままに定められるイギリスの制度ならではの，避けるわけにいかない帰結である。参考までに付言をするならば，介護者手当の引き上げについて求める声は現に存在するとはいえ，その水準を最低賃金との関わりにおいて定めよとの要求は，イングランドとウェールズにおいて介護者団体を含む民間非営利団体はもとより研究者によっても，一つとして提起されてこなかったし，今日も認められない。

　介護者への現金給付を巡っては，両国に小さくはない相違が認められる。たとえばフランスの個別自立手当を巡っては，拡充の議論もないわけではないものの，廃止の主張こそ根強い。この制度は，介護者の概して低い所得を補足しているのではないかというのが，制度を支持し拡充を主張するに当たっての論点の一つである。他方，個別自立手当の給付を受けた要介護者が，実際にその一部を介護者に報酬として手渡す事例は極めて少なく，賃金として受け取る介護者の殆どは，性別には女性から構成されるという現実も認められる。女性の非労働力化やパートタイム化の引き金となり，彼女たちが要介護者を看取った後の再就業もいたって難しい。要介護者が法的には使用者として，他方の介護者が被用者として位置付けられ，金銭が前者から後者に渡されることから，家

族関係のもつれを誘発しかねないことも，否定するわけにはいかない現実の一コマである。介護者の無償労働が経済的に評価されることは，介護者が地方自治体と労働契約を結んだものと見做されて賃金の支払われるスウェーデンの制度に，一見するところ似ているように見えないわけではない。しかし，スウェーデンの場合には，地方自治体が使用者として法的な地位にあることから，使用者責任を果たすことは充分に可能である。では，フランスはと問うならば，契約関係の一方の当事者は地方自治体ではなく，介護者が日々対面している要介護者である。使用者責任の実際の履行など全ての場合とは言い難いとはいえ，期待するわけにいくまい。

　制度に否定的な論者の主張は，筆者の知る限りにおいても個別自立手当の誕生とほぼ重なり合う2000年代初頭に既に確かめることが可能であり，その後もしばしば繰り返される。他方，介護者手当を1976年に導入するイギリスでは，給付水準と適用対象を巡る議論はなされてきたとはいえ，その廃止を望む声は一つとして存在しない。介護者手当は介護者に直接に給付され，フランスの個別自立手当や障碍者補償手当のように要介護者を経由し，その個別的な判断に委ねられた上で選択肢の一つとして支払われる手当ではない。

3　両国における政策の共通性

援助の継続可能性の確保から介護者の社会的包摂への発展

　フランスとイギリスの介護者支援政策を振り返るとき，両国に共通性が認められることも，これまた確かであり，あまりに異なる政策を採用していると結論付けることは，やや性急な作業であると言うべきであろう。

　両国は，介護者支援政策の目的を長らく日常生活上の援助の継続可能性の確保と定めてきた。この限りにおいて共通する。これを大きく転換して介護者の社会的包摂に改めるのは，イギリスが世界で最初に策定し，オーストラリア政府『介護者支援国家戦略』（初版，計画期間2011〜2014年，2011年）やニュージーランド政府『介護者支援戦略』（初版，2008〜2012年，2008年，第2版，2014〜2018

年，2014年），アイルランド政府『介護者支援国家戦略』(初版，2012年）はもとより，カナダ介護者連合『カナダ介護者戦略――社会における介護者の役割を認知し支援するカナダ』(初版，2008年，第2版，2008年，第3版，2013年）にも国境を越えて学び取られる，『介護者支援国家戦略』(初版，1999年，第2版，2008年，第3版，2010年）においてである[25]。

　目的の転換は，イギリスの後塵を拝するとはいえ，フランスの2010年に公表された政府の文書にも確かめることが出来る[26]。そこでは，介護者の「生活の質」とその尊重とがうたわれる。地方自治体の計画でも広く「介護者の社会生活の維持」が明記され，労働市場におけるキャリアの形成と充分な余暇の享受も視野に収めながら，介護者支援について提起をする国連（UN）女性の地位委員会の97年における指摘とも，内容に照らして重なり合う[27]。とはいえ，全ての地方自治体や地方機関が遍く社会的包摂を支援の目的に掲げるわけではなく，これまでと同じように支援を通して継続可能性の確保を目的として示し続ける地方自治体などの計画も，認められる[28]。イギリスの地方自治体が策定する介護者支援計画や未成年の介護者支援計画はもとより，国民保健サービス地域基金の介護者支援計画も，一つの例外もなく社会的包摂を掲げており，隣国フランスの地方自治体の一部が示す目的を，イギリスの地方自治体や国民保健サービス地域基金の文書に確かめることは，現在から遥かに遡る過去ならともかく，今日では全く不可能である。

　ヨーロッパ介護者連盟（Eurocarers）は，実現するべき諸原則を明らかにする。これに従うならば，介護者は，コミュニティケアにおける中心的な役割を担うことから，その地位の法的な認知と政策への反映をはじめ，社会生活を享受する社会的包摂，生涯の全ての局面における平等な機会の享受，日常生活上の援助とその関わり方の程度を自主的に選択する権利，情報の容易な入手と教育訓練への参加，経済的にはもとより実際的な支援の享受，日常生活上の援助から離れて自分の時間を享受するための機会の保障，介護と仕事の両立，介護者自らの健康ニーズの認知，介護に伴う貧困から逃れる為の手当や労働災害補償及び老齢年金など社会保障の適用，これらを享受することが出来る。10項目

から構成される諸原則は，その元を辿るならばイギリスにおける介護者憲章に倣ったものである。イギリスとフランスの介護者支援政策を振り返るとき，社会的包摂をその内に含むヨーロッパ介護者連盟の掲げる諸原則と，内容に照らして重なり合う。

介護者支援政策の目的の転換とワークライフバランス

継続可能性とその担保を支援の目的に掲げる限り，介護者のニーズが問題になったとしても，焦点の当てられる範囲は概して狭い。仕事と介護の両立や介護者による広く社会生活の享受などは，そもそも問題にはされない。しかし，介護者支援政策の目的が大きく転換するだけに，政策の立案と実施にあたっては，介護者の多面的なニーズを広く視野に収めることになる。そのよく知られる事例の一つは，仕事と家族生活の両立であり，保育に加えて介護もワークライフバランスの視界に収めながら政策方向を定めることである。この点においてフランスとイギリスとの相違はない。

神尾真知子氏は，日仏女性研究学会30周年記念シンポジウム（2013年7月21日）に「フランス：ワーク・ライフ・バランス」と題して演壇に立ちながら，「フランスの家族政策の特徴」として「ワーク・ライフ・バランスの対象に介護者は入っていない」と断じたことがある。[29]藤森宮子氏も，神尾氏等との共編著『フランスのワーク・ライフ・バランス』（2013年）の中で，「『ワークライフバランス』が仕事と家庭生活を両立させるライフスタイル，およびそれを実現させる社会づくりであるならば，『子育て世代』に向けた概念であり，50代から70代が主である『介護世代』にはぴたりと符号しない」[30]と述べて，神尾氏と全く同じ見解を披露する。しかし，両氏が指摘をされるような特徴が，既にフランスの研究者自身が寄せた率直なまでの反省を紹介しながら示唆をしたように，これまでにフランスに認められなかったわけではないとはいえ，少なくとも両氏が自らの見解を社会に公表した時期には，そうした特徴もすっかりと過去の事象となっているのである。

介護者団体はもとより広く家族団体の文書は言うに及ばず，政府や議会の公

第3章　介護者支援政策のフランス/イギリス2ヵ国比較

式文書に目を落としてみたいものである。たとえば職業平等高等評議会（CSEP，現在の男女平等高等評議会：HCE）『社会的時間と職業時間の調和に関する作業部会報告』（2000年）は，子どもの養育並びに要介護高齢者の日常生活上における男女の平等原則について明記をする。言うところの「社会的時間と職業時間の調和」とは，神尾氏などの言う「ワーク・ライフ・バランス」にほかならず，これを論ずるに際して養育や保育はもとより介護も視野に収めるのである。見られるように神尾氏などの論稿の公表時期に較べるならば10年以上前の，2000年に公表された報告書における指摘である。あるいは，政府は，介護者の日の2010年における創設に当たって『全国介護者の日』（2010年）と題する文書を公表し，その中で「介護者の職業と日常生活上の援助とのより良い調和」，「心や身体の健康，家族生活と職業生活との均衡」などに言及する。その内容に照らすならば，神尾氏などの言う「ワーク・ライフ・バランス」について，介護者の暮らしに即しながら説明を加えた文章にほかならない。神尾氏などの指摘に先立つこと3年前における政府の認識にほかならない。また，経済社会環境評議会『高齢者の介護――評議会の見解』（2011年）は，「介護者を支援し寄り添う」と題する項目を独自に設けた上で，「職業生活と家族生活の調和に関する検討に当たって，企業が介護問題を視野に収めるように促すこと」と指摘し，あるいは，下院女性の権利並びに介護における男女平等に関する委員会報告（2011年）は，介護者に少なくない頁を割いた上で，仕事に就く介護者を念頭に，「職業生活と家族生活との両立の難しさ」を論じながら，各種の介護休暇の改善について勧告をする。

　家族団体の見解も異なるわけではない。介護者支援団体間連合『無償の家族介護者を保護するための宣言書』（20011年9月30日）は，「家族介護者の公的な認知」にはじまる7つの要求項目から構成され，その5番目には，「家族介護者の家族生活と職業生活との調和」が忘れることなく位置付けられる。また，全国家族団体連合会が主催した討論会「賃金生活者の長い生涯に亘る多様なニーズに応える為の家族と仕事の調和」（2013年12月25日）では，「要介護はもとより疾病，あるいは障碍を抱える近親者を看ながら働き続けること」を主題

231

とし，「介護者の為の家族と仕事の調和[35]」等に関する提言を討論会として正式に採択する。この提言は，政府の担当大臣に提出される。職業生活と介護者役割の両立とのフランス語の表現（conciliar vie professionnelle et rôle d'aidant）も，これらを踏まえて独自に考え出され，比較的新しい表現であるとはいえその後も使用される。神尾氏などの指摘は，これらに照らしてもフランスにおけるいたって常識的な理解に明らかに抵触する。

　家族介護者でもある賃金生活者の表現（salaries aidants familiaux, aidants familiaux salaries, salaries en situation d'aidant familial），あるいは，就業状態にある介護者の表現（aidants actifs, aidants familiaux en active）並びに職業活動に就く介護者の表現（proches aidants en professionnelle）が，介護者に関するそれとは独自に形成されながら広く用いられ，全国家族団体連合会などが，『家族介護者——企業の為のガイドブック2014年』(2014年) を編集して幅広い利用に供するのも，神尾氏の言葉を用いて言えば「ワーク・ライフ・バランス」の内容の一つに，日常生活上の援助が含まれると広く社会的に合意され，介護責任を負う賃金生活者を視野に収めながら，「ワーク・ライフ・バランス」とは程遠い現実に日々苦慮する介護者への制度的な支援とその拡充を念頭に置いていることを，はっきりと例証する。

　重い病を抱える子どもの保護者に労働時間の短縮を認める2012年の法案について，「介護者の家族生活と職業生活の調整」の見地から，この権利を20歳未満に属する子どもを持つ保護者に限定することなく，高齢の両親，あるいは障碍や重い病を抱える要介護者を看る全ての介護者を視野に収めなければならないとの批判が，全国家族団体連合会などによって提起されたこともある[36]。こうした揺るぎのない事実も，当然のことながら視野に収めなければなるまい。

　フランスとイギリスの両国が，いずれもヨーロッパ連合の加盟国として，ヨーロッパ連合の策定し公表する介護や男女平等，あるいは，ワークライフバランスに関する政策文書の内容を尊重しながら，介護者支援政策を策定することにおいて，相違は全く認められない。ヨーロッパ評議会やヨーロッパ連合委員会の文書に目を通してみよう。

第3章　介護者支援政策のフランス/イギリス2ヵ国比較

　ヨーロッパ評議会が98年に採択した要介護に関する文書は，介護者に関する2つの表現（aidants, aidants sans statut professionnel）を用いながら，職業生活と家族生活の調整に関する96年の勧告（R(96)5）にも言及した上で，介護者の「生活の質」の改善に向けて彼女や彼の実に大きな役割を広く社会的に認知すると共に，介護技術訓練や情報の提供，レスパイトケア，仕事と家族生活の両立などへの然るべき対応を求める。[37]ヨーロッパ委員会は，介護や保育などの無償の労働について男女で等しく分担されなければならないとして，介護者の表現も用いながら日常生活上における男女の役割について言及する。[38]雇用政策に関する2007年の文書に記載される指摘である。時期をやや前後することになるものの，女性が，保育や介護の主な担い手であると介護者の表現も用いながら説明を加えた上で，男女平等の視点から介護者支援政策に言及する。[39]男女平等について2006年に公表された文書における指摘である。

　ヨーロッパ連合のこれら3つの公文書に目を落とすとき，いたって当然のことであるとはいえ，全く同じ内容をフランスやイギリス両国の政策文書にも確かめることが出来る。

介護者調査の意義と効果

　政策対象としての介護者とその状態の正確な把握は，全ての政策領域と同じように介護者支援政策の立案と実施並びに政策効果の検証においても，その出発点をなす。ドーバー海峡を越えて広く認められる普遍的な事実である。この事実に着目をするとき，フランスの国立統計経済研究所と社会問題保健省研究調査評価統計局，並びにイギリスの国家統計局と国民保健サービス情報センターの積み重ねてきた実績は，いたって大きく，忘れるわけにいかない。

　詳細は別稿に譲ることになるが，介護者の規模をはじめ性別・年齢階層別・社会職業階層別・要介護者の状態別・日当たりあるいは週当たり介護時間の長さ別・健康状態別の諸構成が，定期的な全国調査を通して明らかにされ，これを拠り所にする地域別の計数も算出可能であり，その実績が両国において積み重ねられる。フランスにおいては1999年，イギリスでは1985年にはじまる調査

233

である。日常生活上の援助に伴う負担と広く社会的な影響が，これを通して明らかにされる。

　介護者の担う無償の介護時間の長さが把握されることから，有償の介護サービスを担う労働者の規模と労働時間の長さを記録する『労働力調査』の結果にも依拠しながら，有償と無償の双方から構成される介護総労働時間の長さと，そこに占める無償労働時間の比率とが，明らかにされる。後者の比率は，著しい程の高さを示す。無償の介護労働時間の長さが把握されることから，介護サービスの時間当たり価格を介護労働者もしくは広く賃金生活者の時間当たり平均賃金などを拠り所に求めて，介護者の担う無償労働の経済的な価値が具体的な計数として導かれる。介護者の担う無償労働の価値は際立つ程に高く，価格として具体的に算出されることから，他の広く知られる費用，たとえば国民保健サービスに費やされる費用との比較にも道が開かれ，これを通して介護者が，いかに大きな役割を担い続けているかについて広く社会に示すことが可能である。長らく見えざる存在として忘れ去られてきた介護者が，いかに大きな役割を担っているかについて実に分かり易く伝えることを通して，社会にその姿を現し，共感をもって迎えられるのである。介護者に対する幅広い共感を得る上において，実に得難い成果である。フランスとイギリスの両国において全国レベルはもとより地方においても実際に示され，他の国々でも一様に学び取られ，試みられてきた作業の得難い効果である。

　定期調査が明らかにするのは，介護者の高齢化に止まるわけではない。介護者の供給が将来的に不足するのではないかという長期予測も，介護者調査を拠り所の一つにして示される。要介護高齢者の伸び率は，日常生活上の援助を主に担う60歳以下の年齢階層のそれに較べるならば大きいことはもとより，家族形成期を逃す男女の増加や家族を構成する人員の減少，離婚の増加とこれに伴う家族形態の変化，職業移動を引き金にした地域間移動の増加，女性の継続的な労働力化とフルタイム化の傾向，これらの諸要因が，介護者の供給源を揺るがすのである。

　忘れるわけにいかないことは，定期調査の結果が地域別にも公表されて地域

に根差した分析が可能になることはもとより，全国調査の結果を手掛かりに地域別の分析としても援用されることである。介護者の規模と構成は，地方自治体間における高齢化率の相違はもとより地方自治体ごとに異なる要介護者サービスや介護者サービスの認定基準などの結末として，地域によって異なる。政府の全国調査を利用した地域別の統計結果は，地方自治体や地方機関の策定する計画に広く活用される。地域の実情を正確に踏まえた介護者支援政策の立案が，これを通して確保される。フランスとイギリスの両国に等しく認められる特徴の一つである。

　これらは，政府の統計機関であればこそ担い続けることの可能な調査であり，その結果を有効に活用した得難いと評するに相応しい作業である。

介護者への権利の周知

　介護者支援政策の進捗は，介護者に対する諸権利の周知とその行使に左右される。日常生活上の援助を終える人々が存在すると同時に，そうした役割を新たに手掛ける人々も確認される。こうした事情に国による相違はない。フランスとイギリスの両国は，地方自治体などがホームページ上に地域に開かれた介護者カフェや相談窓口などを含む介護者支援の諸制度を実に分かり易く伝え，その利用を促すのももっともである。『介護者手帳』も，第1章に紹介したように全く同じ趣旨から作成され利用に供される。介護者は，これを手にしながら地域に開かれた支援や諸権利について知り，サービスの利用に足を踏み出すのである。両国に相違が認められるとするならば，『介護者手帳』の編集や発行主体の限りである。フランスでは，介護者団体や地方自治体はもとより，政府も『介護者手帳』を自ら編集し発行する。こうした政府の手になる『介護者手帳』は，イギリスには確かめることが出来ない。イギリスでは，介護者団体や地方自治体はもとより，各地の国民保健サービス地域基金も『介護者手帳』を編集し発行する。地域の医療機関が，介護者支援の不可欠な主体にほかならないと早くから考えられてきたからであり，その確かな足跡を示す一例である。イギリス労働組合会議（TUC）が，『介護者憲章』と題するパンフレットを早

い時期から作成し利用に供していることと併せて，フランスの医療機関や労働組合には未だ確かめることの出来ない実績である。両国には，こうした相違を伴うとはいえ，支援の諸主体が，介護者に対する諸権利の周知とその行使に知恵を絞り続けていることにおいて，僅かな相違さえも認めることは出来ない。

注

(1) 拙著『介護者の健康と医療機関──健康格差論の射程』ミネルヴァ書房，2013年，71頁。Select committee on aging, House of representatives, *Exploding the mythes : caregiving in America, a study by the subcommittee on human services*, House of representatives, second session, Comm. Pub. N. 100-665, p. 2.

(2) Tim Cook, *The history of the carers' movement*, Carers UK, 2007, p. 35 and p. 45.

(3) Pascale Breuil-Genier, Aider aux personnes âgées dépendantes : le famille intervient plus que les professionnels, *Economie et Statittique*, N. 316-317, 1998, p. 40 ; Hannelore Jani-Le Bris, *Aide aux aidants, prise en charge familiale du grand âge en France*, CLEIRPPA, 1993, p. 28.

(4) 拙著『介護者の健康と医療機関──健康格差論の射程』前掲，80-81頁。

(5) 同前，68-69頁，110頁，179頁；拙著『イギリスの在宅介護者』ミネルヴァ書房，2000年，56頁，60-61頁，63-64頁。

(6) Gillian Parker, *With due care and attention, a review of research on informal care*, Family Policy Studies Centre, 1990 ; Julia Twigg, *Carers, research & practice*, HMSO, 1992 ; Caroline Glendinning, *The costs of informal care : looking inside the household*, HMSO, 1992 ; Gillian Parker and Dot Lowton, *Different types of care, different types of carers : evidence from the general household survey*, HMSO, 1994 ; Karl Atkin and Janet Rolling, *Community care in a multi-racial Britain : a critical review of the literature*, HMSO, 1993.

(7) 拙著『介護者の健康と医療機関──健康格差論の射程』前掲，80-81頁。

(8) Joy Ann McCalman, *The Forgotton people, carers in three minority ethnic communities in Southwark*, King's Fund, 1990, pp. 1-80 ; Betty Newton and Saul Becker, *Young carers in Southwark, the hidden face of community care*, Loughborough University, 1996, pp. 1-50 and pp. i-ii ; Adele Jones and als, *Invisible families, the strengths and needs of black families in which young people have caring responsibilities*, The Policy Press, 2002, pp. 1-48 and pp. i-vi ; Melanie Henwood, *Ignored and invisible? carers' experience of the NHS, report of a UK research survey commissioned by CNA*, Carers National Association, 1998, pp. 1-60.

(9) Louis Roussel, *La famille auprès le marriage des enfants, étude des relations entre générations*, Presses Universitaires de France, 1976, p. 2.
　　本文に述べた評価は，各国における最初の著書を念頭に置く。論文のレベルでは，フランスでも60年代後半に確かめることが出来る。Remy Jean, Persistance de la famille

étendue dans un milieu industriel urban, *Revue française de sociologie*, vol. 8, n. 4, 1967, pp. 493-505.

(10) Pirou Agnes, Le soutien familial dans la société urbane, *Revue française de sociologie*, vol. 18, no. 1, 1977, pp. 47-48 ; Bernard Ennuyer, *Repenser le maintien à domicile, enjeux, organization*, Dunod, 2006, p. 148 et p. 150.

(11) Zanit S. H and als, Relatives of impaired elderly : correlates of feeling of burden, *Gerontologist*, N. 20, 1980, pp. 649-655.

(12) Commissariat Général du Plan, *Dépendance et solidaritées mieux aider les personnes âgées, op. cit.*, p. 92 ; Paulette Guinchard-Kunstler, *Vieiller en France, enjeux et besoins d'une nouvelle orientation de la politique en direction des personnes âgées en perte d'autonomie, rapport à Monsieur le Premier ministre*, La Documentation française, 1999, p. 59.

(13) Fréderic Lesemann et als, *Les personnes âgées, dépendence, soins et solidarité familiales, comparaisons internationals*, La Documentation française, 1993, pp. 208-209 et pp. 212-213 ; Ecole nationale d'administration, *op. cit.*, pp. 1-3.

(14) Hannelore Jani-Le Bris, *op. cit.* p. 5 et p. 28 ; Sylviane Fior et als, *L'aide aux aidants : approche international*, Fondation Médéric Alzheimer, 2003, pp. 1-208 ; Marion Viellez et als, *Analyse et revue de la littérature française et international sur l'offre de répit aux aidants de personnes atteintes de la maladie d'Alzheimer ou de maladies apparantées*, Fondation Médéric Alzheimer, 2008, pp. 1-129.

(15) The National Council of Social Services Incorporated, *Report of the conference on "The care of old people" held at Conway Hall, London on 29th and 30th November, 1946*, NCSSI, 1947, p. 20 and p. 25 ; Ethel Shanas, Peter Townsend and als, *Old people in three industrial societies*, Routledge and Kegan Paul, 1968, pp. 171-174.

(16) Julia Twigg, *Informal care in Europe, proceedings of a conference held in York*, The University of York, 1993, pp. 1-296 and pp. i-iv.

(17) 拙著『介護者の健康と医療機関――健康格差論の射程』前掲, 283-287頁。

(18) Virginie Gimbert et Clelia Godot, *Vivre ensemble plus longtemps*, La Documentation française, 2010, p. 232.

(19) C. A. R. クロスランド/関嘉彦訳『福祉国家の将来』論争社, 1961年, 230頁。

(20) Charlotte Barbe, *Comment soutenir efficacement les aidants familiaux de personnes âgées dépendantes?* Centre d'analyse stratégique, La note de veille, n. 187, juillet 2010, p. 1.

(21) Fréderic Lesemann et als, *op. cit.*, p. 208 ; Ecole nationale d'administration, *op. cit.*, p. 18 ; Conseil économique et sociale, *L'impact de l'allongement de la durée de vie sur les systèmes d'aides et de soins, avis présente par M. Michel Coquillion*, Les édition des Journaux officiels, 2007, p. 22.

(22) 拙著『イギリスのコミュニティケアと介護者――介護者支援の国際的展開』前掲, 337頁。

(23) 藤井良治『現代フランスの社会保障』東京大学出版会, 1996年, 85頁;藤井良治・塩野

谷裕一『先進諸国の社会保障　フランス』東京大学出版会，1999年，260-261頁。
(24) Claude Martin, Le politiques de prise en charge des personnes âgées dépendantes, *Travail, Geunes et Sociétés*, n. 6, octobre 2001, p. 98 ; Ecole nationale d'administration, *op. cit.*, p. 18.
(25) H. M. Governement, *Caring about carers, a national strategy for carers*, H. M. Government, 1999, p. 44, p. 48, p. 55 and p. 83.
　スコットランド行政府は，イングランドやウェールズと異なって社会的排除や社会的包摂の概念を採用せず，これに代えて相対的剥奪（deprivation）の概念を公式に採用し，その今日的な再構成を経ながら介護者の状態とニーズについて分析を加える。社会的排除がフランス生まれの概念であるのに対して，相対的剥奪は，日本では江口英一氏が低所得階層論の中で論じられたように，イギリス発の早くからのそれである。同時に，いずれの概念も，貧困化に止まらず多元的な分析を心掛けることにおいて，共通の特徴を持つ。スコットランドにおいても，介護者に関する研究は，相対的剥奪の概念の援用を通して多元的な分析が積み重ねられるということである。スコットランド行政府による相対的剥奪概念の採用は，介護者の状態を優れて包括的に捉えながら政策を構想することを意味する。
(26) Groupe de travail n. 2 sur le rôle des aidants et de acteurs de santé, *Plan pour l'amélioration de la qualité de vie des personnes atteintes de maladies chroniques 2007-2012, rapport de groupe de travail, n. 2 sur le rôle des aidants et des acteurs de santé*, Ministère de la Santé et des Sports, 2010, pp. 4-5.
(27) ARS d'Ile-de-France, *Plan stratégique régional de santé, 2011-2016, document soumis pour avis au Préfet de région*, ARS d'Ile-de-France, 2011, p. 79.
(28) Agence Régionale de Santé d'Alsace, *Projet régional de santé d'Alsace, Plan stratégique régional de santé*, Agence Régionale de Santé d'Alsace, 2012, p. 58 ; Le Conseil Général de la Loire, *Le schéma départemental 2008-2012 en faveur des perosonnes âgées*, Le Conseil Général de la Loire, 2008, p. 117 ; United Nations division for the advancement of women, *Caregiving and older persons-gender dimensions*, Malta, 30 November-2 December 1997, report, p. 9.
(29) http://www.sites.google.com/site/cdfjfemmes/30ans_avs/2013721, 2014年1月20日閲覧。
(30) 石田久仁子ほか編著『フランスのワーク・ライフ・バランス──男女平等政策入門：EU，フランスから日本へ』パド・ウィメンズ・オフィス，2013年，95頁。原伸子氏は，「……育児や介護などのケア時間の分断化……」，あるいは「介護者の介護，看護時間総量……」などと述べて，「育児」に止まらず「介護」も視野に収められる。正当である。しかし，「WFB政策（ワーク・ファミリーバランス政策──引用者）は，EU雇用戦略の枠組みのなかで，女性雇用率の上昇と保育政策の推進という二つの柱から成り立つことになる」として，ヨーロッパ連合の「ワーク・ファミリーバランス政策」には，「保育政策の推進」が含まれるとはいえ，介護者支援政策は含まれないとの理解を示されるようである。原伸子『ジェンダーの政治経済学──福祉国家・市場・家族』有斐閣，2016年，235頁，241頁，243頁。しかし，ヨーロッパ連合のヨーロッパ雇用・社会問題担当大臣会議（2007年）は，介護者支援政策を優先課題の一つに位置付ける。
(31) Brigitte Grésy, *La prise en compte, par les entreprises, de l'articulation entre la vie*

familiale et la vie professionnelle, des salaries, rapport à Madame Ségolène Royal, ministre déléguée à la famille, à l'enfance et aux personnes handicapées, 2002, introduction.

(32) Ministère du Travail, de la Solidarité et de la Fonction publique, *Journée nationale des aidants, 6 octobre 2010, dossier de presse*, Ministère du Travail, de la Solidarité et de la Fonction publique, 2010, p. 5.

(33) Monique Weber et Yves Verollet, *La dépendence des personnes âgées, les avis du conseil économique, social et environnemental*, Les éditions des Journaux officiels, 2011, p. 17.
　家族高等評議会も，仕事を持つ家族介護者の為の介護と職業生活との調和の容易化と題する項を設けた上で，政策課題について論ずる。Haute Conseil de la Famille, *Avis sur la place des familles dans la prise en charge de la dépendence des personnes âgées, adopté par consensus par le Haute Conseil de la famille, lors de sa séance du 16 juin 2011*, HCF, 2011, p. 6.

(34) CIAAF, *Manifeste du CIAAF pour la défence de l'aidant familial non professionnel*, CIAAF, 2011, pp. 1-8.

(35) UNAF, *Les 7 propositions de l'UNAF à la ministre*, UNAF, 25 Novembre 2013, p. 1.

(36) M. Paul Salen, *Rapport fait au nom de la commission des affaires sociales sur la proposition de loi visant à permettre aux salaries de faire don d'heures de réduction de temps de travail ou de récupération à un parent d'un enfant gravement malade*, Assemblée nationale, N. 4179, le 8 Janvier 2012, p. 23 ; CIAAF et UNAF, *Don d'heures de congés entre salaries : le CIAAF défavorable au projet, demande aux pouvoirs publics des mesures à la hauteur des enjeux pour les 4 milllions d'aidants familiaux en activé*, CIAAF et UNAF, 30 Avril 2014, p. 1.

(37) Conseil de l'europe, *Recommandation NR（98）9 du comité des ministres aux états membres relative à la dépendence（adoptée par le comité des ministres le 8 septembre 1998）*, Conseil de l'europe, p. 54.

(38) European Commission, *Manuel for gender mainstreaming of employment policies*, European Commission, 2007, p. 7.

(39) Commission of the European Communities, *A Roadmap for equality between women and men 2006-2010*, COM（2006）92 final, Commission of the European Communities, p. 5.

(40) Ministère du Travail, des relation sociales, de la famille, de la solidarité et de la vill, *Le guide de l'aidant familial*, 2e édition, La Documentation française, 2009, pp. 1-178 ; Ministère des affaires sociale et de la santé, *Aidant familiale, le guide de référence*, La Documentation française, 2013, pp. 1-155 ; MSA Gironde, *Guide des aidants familiaux de la Haute Gironde*, édition 2012, pp. 1-14 ; Hautes-Pyrénées, *Le guide des aidants, vous accompagnez au quotidian un proche, en situation de maladie ou de handicap, quell que soit son age?*, Hautes-Pyrénées, 2014, pp. 1-59.

(41) NHS County Durham and Darlington and Durham County Council, *Caring for carers*,

a guide to meeting your needs, NHS County Durham and Darlington and al, 2009, pp. 1-23 ; TUC, *A TUC charter for carers*, TUC, 1999, pp. 1-7.

第4章
フランス語圏の介護者支援政策とフランスの位置

　フランスの介護者支援政策は，その遅い出発一つを取り上げても，ベルギーやスイスあるいはカナダのフランス語圏における政策と類似の特徴を持つようである。フランスを含むフランス語圏における政策の遅い形成を裏付ける為に，介護者に関する政府や議会，地方自治体，介護者団体や研究者などの実に様々な定義を幅広く取り上げ，イギリスにおけるそれとの比較を試みたい。この作業を経るならば，前章において確かめたフランスにおける政策の遅い出発は，一段と揺るぎのない歴史的な事実として浮かび上がるであろう。同時に，介護者のニーズの充足を巡る国際的に普遍的な特徴が，フランスはもとより広くフランス語圏に幅広く認められることも，これまた否定するわけにいくまい。イギリスにおける支援政策と完全に異なると結論付けることは，正しい選択ではない。フランスとイギリス2ヵ国に止まることなく，さらに，広くフランス語圏との比較に進むことの意義は，少なくないように思われる。その上で，フランスに優れて独自の特徴についても，忘れることなく析出したいものである。この作業は，フランスにおける支援政策の特徴を探ることから，第2章において取り上げた類型化の作業とも，内容に照らして関わることになる。

1　遅い出発を含むイギリスとの相違

1990年以降の出発

　フランスにおける介護者支援は，既に述べてきたように1991年には形成されている。この国際的な視野から検討した場合の相対的に遅い出発は，フランス語圏に属する他の国や地域にも同じように確かめることが可能である。

介護者に関する単独立法の制定が問題になるのは、ベルギーにおいては2006年末以降であり、政府は、2008年に介護者に関する法的な定義の重要性はもとより、独自の保護措置の必要性についても認め、これを政府の見解として公式に発表する(1)。早ければ3年後の2011年には、介護者の認知と社会的諸権利の維持に貢献する為の法案などと題する文書が、上下両院に提出される(2)。法案は、その名称から容易に推察することができるように、介護者に関する法的な定義に加えて、介護者の社会的な諸権利について定める内容である。議会の内部はもとより介護者団体を含む広く国民的な3年程の議論を経て採択されたのは、重い要介護度の要介護者を看る介護者の認知に関する2014年5月12日法である。
　介護者への支援が問題として登場するのは、要介護者の在宅化を所与の前提にする。これは、国境を越えて広く共有される事項である。スイスにおいて在宅化の政策が進められるのは、イギリスに較べると遅いとはいえ、1980年代に遡る。こうした動きを受けて、身体障碍者に対する日常生活上の援助を継続的に担う両親などへの補償手当が、フリブール州において1990年に、同じくヴォー州において99年に制度化される(3)。その目的は明確であって、身体障碍者が地域において暮らし続けることの保障である。身体障碍者の基本的な人権の一つを構成するものとしての位置付けである。身体障碍者が地域で暮らし続けるためには、日々我が子を看る両親の軽くはない多岐に亘る負担のうちの経済的な負担を考慮すればこそ、制度化された補償手当である。介護者の存在は、在宅介護の必須の要件をなすだけに、日常生活上の援助網と在宅化に関する2008年6月26日法は、その第7条において介護者に対する支援を明記し、レスパイトケアはもとより、介護者に対する相談や助言などのサービスについて列記をする(4)。さらに、政府は、介護者のニーズに対応した負担の軽減はもとより、介護者の担う無償労働のより良い社会的な認知、並びに職業生活と介護とのより良い両立、これらが必要であるとの考えを2009年に公表する(5)。介護者に関する単独立法の制定を示唆する内容である。
　カナダにおいてはいかがであろうか。介護者支援地域計画が構想され、実施に移されるのは、1994年からのことである(6)。9年後の2003年には、介護者の社

第 4 章　フランス語圏の介護者支援政策とフランスの位置

会的地位が，ケベック州において公式に認知される。翌年の2004年には，連邦政府が介護者の増加を続ける広く社会的な役割について公式に認め，介護者に対する支援の拡充について明らかにする。さらに，介護者の貢献の認知に関する法律は，2011年に議会で採択され，介護者支援の基本的な原則などが，そこに明記される。

　このようにフランス語圏の国々における介護者支援政策は，早くとも1990年以降の時期に属し，世界広しといえども，唯一，第 2 次世界大戦前からの歴史を記録するイギリス，あるいは，日常生活上の援助を担う介護者を地方自治体と労働契約を結ぶ有給の親族介護者（paid kin caregivers）と法的に位置付けて，賃金を支払う制度を1950年代に創設したスウェーデンはもとより，スウェーデン以外の北欧諸国，さらには，ドイツ，オーストラリアやニュージーランド，あるいはアメリカ等の国々における介護者支援政策に較べるならば，その時期に照らして明らかに遅い出発である。

未成年の介護者問題の登場

　このフランス語圏における相対的に遅い出発は，法制度化の歩みのほかにも，介護者の多様な存在や定義を巡って繰り広げられる議論などを通しても，読み取ることが可能である。

　未成年の介護者の集いがフランスにおいて最初に開かれるのは，2014年である。この集いを主催した団体は，未成年の介護者に関する表現（jeunes aidants, young carers）をフランスにおいて全く初めて用いるとはいえ，その年齢階層について，どうしたわけであろうかイギリス発の国際的にも共有される知見に反して， 8 歳以上22歳以下と紹介する。18歳未満の年齢階層に絞って用いられるはずの規定に反して，なぜこのような年齢階層をもってするのか，その理由は説明されない。フランスの報道機関が未成年の介護者に関する記事を初めて掲載するのも，この集いを受けてのことである。ベルギーでは，いかがであろうか。未成年の介護者（jeunes aidants, jeunes aidants proches）の集いが最初に開かれるのは，2015年 5 月27日である。同様に，未成年の介護者に関す

243

る最初の研究集会が開かれるのは，同じ年の10月7日である。若い成人の介護者に関するフランス語の表現は，フランスと同じようにベルギーにも未だ存在しない。スイスにおいて，同様の取り組みはもとより調査研究の成果を確かめることは，未だ不可能である。未成年の介護者に対する試行的な支援がカナダにおいてはじまるのは，フランスやベルギーに較べても10年は早い2003年であり，未成年の介護者の遭遇する厳しい現実について議論がはじまるのは，これと前後する2000年代の初頭である。また，関係する調査報告書の公刊は，2010年代の初頭を待たなければならない。ちなみに未成年の介護者に関する文献調査が，ファウラー家族財団（Fowler Family Foundation）の助成をを得て2003年に行なわれたものの，この時点においては，カナダの関係する文献を一つとして見出すことは出来なかった，という冷厳な事実も認められる。調査研究の成果の公刊は，早くても2004年以降を待たなければならなかったことを言外に示唆をする事実の一つである。カナダにおいて未成年の介護者に加えて若い成人の介護者について最初に論じられるのは，さらに遅く2011年である。スイスはもとよりフランスやベルギーに較べるならばやや早いとはいえ，イギリスと比較をするならば10年以上も後塵を拝することになる。

　未成年の介護者や若い成人の介護者は，広く国際的にも知られるようにイギリスで最初に発見され，1988年における2つの調査報告書の公刊を契機に，実に膨大な調査研究の成果が，この国において積み重ねられる。拙著『イギリスのコミュニティケアと介護者――介護者支援の国際的展開』，並びに同『欧米の介護保障と介護者支援――家族政策と社会的包摂，福祉国家類型論』においても，既に述べてきたところである。全国介護者連盟（CNA，現在のイギリス介護者連盟，Carers UK）は，世界に先駆けたイギリスにおける調査研究の蓄積を例証するかのように，早くも1988年と92年に未成年の介護者に関する定義を公表し，専任の担当者を新たに配属した上で，92年に設立されるラフバラ大学未成年の介護者研究グループの協力も得ながら調査に乗り出し，その結果を拠り所に旺盛な政策提言と具体的な支援へと歩み続ける。未成年の介護者支援事業は，1992年に開始され，95年には37ヵ所，98年には110ヵ所と各地に広がりを

第 4 章　フランス語圏の介護者支援政策とフランスの位置

見せながら展開される[17]。短い期間における地域的に急速な広がりである。

　未成年の介護者の規模に関する推計結果も，早ければ95年に公表される。この最初の作業に従うならば 1 万人である[18]。翌年の96年には，国家統計局の調査を拠り所にする推計結果も公表され，これに拠れば 1 万9,000人から 5 万人である[19]。さらに，2001年の国勢調査には，介護者に関する調査項目が初めて挿入されたことから，国勢調査を通した規模の把握が，イギリスはもとより国際的にも全く初めて可能になる。未成年の介護者は，これに従うならば 5 歳以上17歳以下の年齢階層の2.1％，介護者総数567万4,502人の3.1％に相当する17万4,996人である[20]。未成年の介護者の規模を巡る議論は，もとよりこれをもって完結するわけではなく，その後も新たな提起を含みながら継続されるとはいえ，国勢調査の結果を通して独自の推計作業を含む新しい議論の手堅い基盤を提供することになる。

　未成年の介護者に関するイギリスの研究は，90年代中葉には国際比較研究の成果の公刊へと進む。国内における調査研究の少なくはない蓄積があればこそ，歴史研究への着手と併せて選び取られた新たな研究領域の一つであり，その成果である。最初に国際比較の対象として設定された国々は，ヨーロッパの 4 ヵ国（イギリス，フランス，スウェーデン及びドイツ）である。イギリスで確かめることの可能な文献と同様のそれは，公刊された成果に従うならばフランスに一つとして存在しなかったと評される[21]。否定するわけにはいかない冷厳な事実である。また，未成年の介護者の表現とその定義は，イギリスの介護に関する2010年法と介護者に関する2016年法（スコットランド）に，等しく記載される[22]。フランスを含むフランス語圏の国や地域には，未だ確かめることのできない実績の一つである。

　これらの国境を越えて確かめることの可能な事実は，フランスを含むフランス語圏の国や地域における介護者支援政策の遅い出発を間接的に例証するように思われるが，いかがであろうか。

245

少数民族に属する介護者調査研究への着手

　介護者の存在は，しばしば論じられてきたように多様である。要介護者との居住形態や週当たり介護時間もしくは介護期間の長さ，人種や民族等など，一律ではない。こうした多様な存在に関する調査研究のうち，フランス語圏の国や地域の中で少数民族に属する介護者に関する調査研究の成果を蓄積するのは，フランスとカナダの2ヵ国である。

　フランスにおける少数民族の高齢化は，政府や地方自治体も驚きの感をもって示す程の現象である。しかし，要介護高齢者を看る介護者の問題は，2010年代中葉に至ってもあまり知られておらず，少数民族に属する介護者は，未だに見えざる存在である。少数民族の高齢者の4人に1人（25％）は，2003年の調査に拠れば介護者による日常生活上の援助を受ける[23]。少数民族に属する要介護者が，もとより社会サービスを受けないわけではない。しかし，その受給比率は低く，家族や友人あるいは隣人からなる介護者への依存度は，かくして高い。こうした状況は，政府の調査を通しても確認され，とりわけアフリカ系移民の要介護者の介護者への高い依存度と社会サービス利用比率の低さとが，判然と示される（表4-1）。後者の低さは，前者への高い依存度の結果である。所得水準の相対的な低さはもとより，介護職員が，少数民族に属する高齢者の人種や民族の長きに亘って受け継がれてきた特性を踏まえないままにサービスを提供することから，少数民族に属する高齢者が，たとえ彼女や彼を看る介護者の社会サービス受給に寄せる期待や勧めを前にしたとしても，社会サービスの受給に消極的な態度を取らざるを得ないなどの帰結である。これは，イギリスにおける早くからの調査研究の結果とも内容に照らして重なり合う。

　カナダにおける成果は，いかがであろうか。「少数民族の介護者並びに将来の介護者への情報提供を含む対応」と題する事業が，アルザス地方の少数民族団体によって手掛けられるのは，2005年のことである[24]。少数民族を対象にする介護者支援事業としては全く最初の事業であり，彼女や彼の費やす介護時間は，総じて長い[25]。これは，イギリスの調査結果とも見事に一致する。しかし，こうした調査研究の成果が世に問われるのは，2010年代に入ってからのことである。

第 4 章 フランス語圏の介護者支援政策とフランスの位置

表 4-1 フランスにおける少数民族の要介護高齢者の無償有償別介護サービス受給比率
（2008〜2009年） (%)

	アフリカ系 移民	アフリカ系以外の 国からの移民	ヨーロッパ連合 27ヵ国からの移民	移民以外
介護者の担う無償援助の受給	17.8	15.0	15.9	14.0
社会サービスによる有償援助の受給	5.7	5.2	11.8	10.4
55歳以上の人口	20.6	17.5	20.6	18.6

出典：ISEE, *Enquête Handicap-Santé, 2008-2009*, INSEE（personnes vivant en ménages seulement）；ESTES, *Rapport : les aidants familiaux de personnes âgées immigrées : une double invisibilité?*, ESTES Departement Développement et Recherche, 2014, p. 6 より引用。表中に示す国立統計経済研究所の調査結果は，一般には公表されておらず，筆者による問い合わせを経ても同様であったことから，このような引用になることをお許しいただきたい。

　他方，少数民族に属する介護者調査の結果は，改めて振り返るならばイギリスにおいて1986年に最初に公刊され，調査報告書の数は，86〜89年の10冊を含めて86〜98年の期間に51冊を記録する。10年を僅かに超える期間における実績であり，各地で丹念に手掛けられた調査の結果である。介護者に絞った最初の調査が，戦後に限って言えば1978年であることを改めて思い起こすならば，少数民族に属する介護者調査の最初の実施は，その 8 年後ということになる。介護者に関する調査研究の動向を鳥瞰して92年に公刊された著書は，介護者の特徴を分析するに当たって，ジェンダーや年齢階層あるいは社会職業階層に加えて人種や民族の視点を忘れることなく貫いている。この著者の見識もさることながら，少数民族に属する介護者に関する調査研究が，80年代中葉から営々と蓄積されてきたことの例証でもある。この実績に着目をするならば，フランスとカナダにおける調査研究の公刊は，実に貴重な忘れ難い成果であるとはいえ，イギリスよりも時期に照らすならば遅く，その数も未だ初期の段階に止まるといわなければならない。

介護者の定義を巡る国際的な共通性と個別性

　介護者に関する定義には，幾つかが存在する。これは，国を越えて広く共有される認識の一つである。また，こうした揺るぎない事実の一端は，研究者による指摘を文献上の拠り所として敢えて示さなくとも，第 1 章 2 節と続く第

2章3節において，フランスはもとよりイギリス，オーストラリア並びにアメリカ，そして広くヨーロッパのレベルにおける定義を巡って，既に一次資料に依拠しながら言及をしてきたところである。しかし，これらの2つの節においては，専ら定義に問題を絞り込んだわけではなく，まずは，介護者についていかなる表現をもって，どのような定義を加えているのかに焦点を当てたところである。同時に2つの課題を念頭に置くことから，定義を巡る検討はやや手薄になっているのではないかとの疑問も，あるいは提示されるかもしれない。また，イギリスにおける定義について言えば，1995年法に記載されるそれの検討に止め，比較の対象となる国に関わっては，フランスを除くフランス語圏における定義に関する限り，これまでに全くと評して良い程に言及していない。そこで，介護者の定義に問題を絞り込み，フランスをはじめとするフランス語圏とイギリスに示される文字通り多様な主体の作業について，包括的に扱ってみたい。定義の構成要件も，前の2つの節における検討に較べるならば，一段と広げており，イギリスについても，フランスをはじめとするフランス語圏との比較という名に相応しく定義の主体を一つに止めることなく，格段に広げながら作業を手掛けたところである。

　問題をこのように設定し分析を加えるならば，前の2つの節において引き出した特徴を別の新たな角度から再確認するに止まらず，さらに，遥かに画然とした根拠に沿いながら特徴を導き出すことが，可能ではないかと考え，加えて，介護者の定義を巡る国際的な共通性と国による個別的な性格とを踏まえつつ，フランスをはじめとするフランス語圏における定義とイギリスのそれとの相違について確たる結論を得ることが，漸く可能になるのではないかと考えられる。

　この検討に入るに先立って，まずは，一つの疑問が沸き起こる。すなわち，なぜ単一の広く受け入れられた定義は，今日も未だ存在しないのであろうか。それは，明確な根拠に裏打ちされる。介護者団体などの民間非営利団体は，日常生活上の援助を無償で担う人々に対して，その負担の軽重に関わりなく優れて包括的な対応を旨とすることから，概して幅広い定義を加える傾向にある。これに対して，政府や地方自治体は，介護者のアセスメントはもとよりサービ

第4章　フランス語圏の介護者支援政策とフランスの位置

スの給付要件を念頭に置くことから、総じて狭い定義を与える傾向にあり、しかも、この給付要件は、支援の目的はもとより時の財政状況と共に変化をする傾向にあることから、介護者の定義も時代による変化を辿ることになる。あるいは、この給付要件は、日本とは異なって地方自治体がそれぞれ独自に定める権限を制度として持つことから、給付要件は、地方自治体のよって立つ経済的な基盤や財政状況あるいは人口構成に応じて異なり、こうしたことから介護者の定義も地方自治体によって少なくない差異を伴う。隣接する地方自治体の定義が異なるのも、日本の制度を思い起こすならばにわかには信じ難いと思われるものの、さして珍しくはないのである。

　この限りにおいて、フランスを含むフランス語圏の国や地域とイギリスとの相違は、認められない。しかし、定義を巡って両者に全く相違がないわけではない。まず、介護者の定義が何時から開始されたかを巡っては、支援政策の形成時期とも関わって明らかな相違が認められる。また、介護者の定義を巡って短くはない期間に積み重ねられる幅広い議論が、定義を巡って共有される認識とその幅の広がりをもたらすという事情もあり、総じて介護者支援政策の長い歴史を記録し、国家統計局が、1985年の介護者調査に当たって定義を与えたイギリスにおいては、定義を巡って共有される認識が相対的であるとはいえ多く、他方、フランスを含むフランス語圏の国や地域では、政策の形成と展開とが比較的新しい時期に属することから、共有の領域も認められないわけではないとはいえ、総じて少ない。両者におけるこうした相違を確たる特徴として把握をするために、まずは、定義を巡る議論を国別に振り返ってみたい。

フランスにおける8つの定義の構成要件

　フランスの介護者支援団体間連合による定義は、介護者の定義を巡る議論に際してしばしば紹介される。この定義に従うならば、「介護者は、周囲の要介護者の日常生活上の援助の一部もしくは全部を無償で担う人である。援助の周期性は、永続的である場合もそうでない場合も認められる。この日常生活上の援助は、幾つかの形態をとる」[29]。言うところの「周囲の……」とは、介護者が

専ら要介護者の家族や親族から構成されるわけではなく，要介護者の友人や隣人も含むことを視野に収めることから，「家族の」との表現を斥けた結果である。早ければ2006年に示される定義であり，介護者支援団体間連合によって今日も，この定義が変わることなく堅持される。この定義は，ヨーロッパのレベルで2007年に策定されたヨーロッパ介護者憲章においても採用され[30]，フランスの自立連帯国家基金も，事業報告書の中では介護者に関して全く初めて少なくない頁を割いた『2011年事業報告書』の中で，好意的な紹介をする[31]。

しかし，フランス北東部のストラスブールに本拠を置く介護者支援団体間連合の地域組織は，異なる定義を採用する。すなわち，「広い定義」こそ必要であるとして，家族介護者（familial aidant）と並んで要介護者との親近性を示す介護者（proche aidant）の表現を同時に用いながら，「介護者は，その誘因を問わず，要介護状態にある近親者を看る人である。介護者は，全ての要介護者の周囲の人である。……介護者は，その子どもや配偶者，両親，隣人や友人を看る[32]」。2014年に示されるこの定義は，日常生活上の援助の周期性に関する文言がないこと一つを取っても，先の定義とは異なる。また，無償性を示す文言を直接には示していないとはいえ，「……要介護状態にある近親者……」や，要介護者の「……子どもや配偶者，両親，隣人や友人……」との表現を通して，日常生活上の援助の無償性を間接的に示していると考えられる。

社会問題保健省は，『家族介護者手帳』（2007年，2009年，2013年，2015年）の中で，「介護者は，周囲の要介護高齢者もしくは障碍者の日常生活上の援助の一部もしくは全部を無償のもとに担う人である[33]」，との定義を与える。いたって簡潔な定義である。幅広い層を念頭に置き，少なくない介護者による優れて自発的な利用を促すべく編集された『家族介護者手帳』であるだけに，その冒頭に示される定義も分り易く包括的である。これは，南フランスのトゥールーズに事務所を構えるヨーロッパ女性連盟（FFPE）によって肯定的に受け止められ，2012年にそのまま採用される[34]。

では，介護者に関する政府の定義は揺るぎなく一貫しているかと問うならば，その答えは否である。『家族介護者手帳』の各版に繰り返し記載される総じて

第4章　フランス語圏の介護者支援政策とフランスの位置

幅広い定義は，高齢社会への適応に関する2015年12月28日法の中では廃棄されて，別の定義が採用される。すなわち，「日常生活上の援助の全部もしくは一部を周期的かつ頻繁に担うことから，高齢者と婚姻関係，あるいは内縁関係にあって同居をすることから家族介護者と定められ，あるいは，同じく高齢者と緊密で安定的な繋がりを維持する者，これらを介護者とする」[35]。ここに示される「高齢者と緊密で安定的な繋がりを維持する者」とは，高齢者の隣人や友人にほかならず，だからこそ，高齢者と住居を同じくする「……家族介護者……」とは区別をしながら示される。議会においては，「家族介護者」の表現を盛り込まず，また，「日常生活上の援助の全部もしくは一部を周期的に担う」に止めて，「頻繁に」との文言を盛り込まない法案も確かに提出されるとはいえ，これを短くはない議論を経てはっきりと斥け，上に紹介をした定義が最終的に採用される[36]。「……頻繁に……」との表現を盛り込むならば，支援は，介護負担の総じて大きな介護者に絞り込まれるに違いない，との強い懸念に促されての法案の提出であったものの，こうした介護者の諸階層を幅広く政策上の視野に収める見地は，定義の上で政府によって斥けられるのである。

　これまでに簡単に紹介した定義はもとよりほかのそれに目を落としても，定義の構成要件は団体や機関などによって異なる（表4-2）。等しく共有されるのは，10の構成要件のうち要介護者と介護者との親近性，これに加えて要介護援助の無償性，これら2つに止まる。

ベルギーにおける5つの定義の構成要件

　ベルギー介護者連盟に拠れば，「介護者は，疾病や身体障碍あるいは精神障碍の故に日常生活上に重要な援助を要する周囲の不安定な状態に置かれた子ども，もしくは大人に対して無償の個別的な援助を手掛ける人である」[37]。これに対して，2011年に上下両院に提出された2つの法案に従うならば，「介護者は，高齢をはじめ疾病あるいは身体障碍もしくは精神障碍のゆえに，日常生活上の周期的で個別的な援助を要する周囲の不安定な状態にある人に対して，無償の個別的な援助を手掛ける人である」[38]。これらの法案に盛り込まれた定義は，先

251

表 4-2　介護者の定義に関するフランスの諸見解（2005〜2015年）

	介護者団体(2006年)	介護者団体地域組織(2014年)	女性団体(2015年)	高等保健院(2010年)	政府の政令(2005年)	政府(2009年, 2013年, 2015年)	議会の法案(2014年)	D.レフェブル(2013年)
要介護者との親近性	◎	◎	◎	◎	◎	◎	◎	◎
要介護の状態と要因		◎	◎			◎	◎	
要介護援助の目的				◎				
要介護援助の形態	◎			◎	◎			◎
要介護援助の無償性	◎	◎		◎		◎	◎	◎
要介護援助の周期性	◎							
要介護援助の程度	◎		◎	◎	◎		◎	
要介護援助の期間	◎							
重度の要介護度						◎		
別居を含む居住形態							◎	
10要件の充足数	6	3	4	6	4	4	6	4

注：◎印は，関係する構成要件に言及しこれを充たすことを，同じく空欄は充たしていないことを示す。

出典：Collectif inter-associatif d'Aide aux Aidants Familiaux, *Les mission du CIAAF*, CIAAF, http://www.ciaaf.fr/les-missions-du-ciaaf/, 2015年11月19日閲覧；CIAAF67, *Aidant familial : le droit d'être reconnu*, CIAAF67, 2014, p. 1；Fédération des Femmes pour l'Europe, *Les aidants*, http://www.ffpe-toulouse.org/aidants.htm, 2015年11月19日閲覧；Haute Autorité de Santé, *Maladie d'Alzheimer et maladies apparentées : suivi médical des aidants naturels*, HAS, 2010, p. 1；*Décret n. 2005-1588 du 19 décembre 2005 relatif à la prestation de compensation à domicile pour les personnes handicapées et modifiant le code de l'action sociale et des familles et le code de la sécurité sociale*, JORF 295 du 20 décembre 2005, p. 3；Ministère du Travail, des Relations sociales, de la Famille, de la Solidarité et de la Ville, *Le guide de l'aidant familial*, 2 édition, La documentation Francaise, 2009, p. 11；Ministère des Affaires sociales et de la Santé, *Aidant familial, le guide de référence*, La Documentation française, 2013, p. 11；Ministère des Affaires sociales, de la Santé et des Droits des femmes, *Aidant familial, votre guide pratique*, édition 2016, La documentation Française, 2015, p. 11；Assemblée Nationale, *Projet de loi relative à l'adaptation de la société au vieillissement, adopté par l'Assemblée Nationale en première lecteure*, 17 septemre 2014, Journaux officiels, p. 36；Marisol Touraine et Laurence Rossignol, *Projet de loi relative à l'adaptation de la société au vieillissement*, Assemblée Nationale, N. 1994, le 3 juin 2014, p. 61；Gerard Roche et Georges Labazee, *Rapport fait au nom de la commission des affaires sociales sur le projet de loi, adopté par l'Assemblée Nationale, relative à l'adaptation de la société au vieillissement*, tome I : rapport, le 4 mars 2015, p. 156；Denis Lefebvre, *Les aidants familles et proches, le 17 mai 2013*, http://www.pirg.fr/wp-content/uploads/2011/12/Dr-Lefevbre-Les-aidants-et-les-familles.pdf, 2015年11月19日閲覧より作成。

のそれに較べるならば2つの変更，すなわち，要介護者化の要因の一つに新たに高齢化が加わり，さらに，「……日常生活上に重要な援助……」に代えて「日常生活上の周期的な援助……」の文言が盛り込まれながら変更される。変更は，その内容に照らすならば相対的であるとはいえ概して少ない。

これに対して，重い要介護度の要介護者を看る介護者の認知に関する2014年5月12日法は，以下の定義を記載する。すなわち，「介護者は，重い要介護度の要介護者と感情的若しくは地理的に信頼感を抱く親近性にあり，要介護者の生活プランを考慮しながら，少なくとも専門職員の協力を得て無償の日常生活上の援助を継続的あるいは周期的に担う，成人若しくは未成年者である」[39]。2014年法は，見られるように要介護の要因には直接に言及をしないとはいえ，介護者の範囲を重い要介護度の要介護者を看る場合に狭く限定した上で，要介護者支援計画の考慮など幾つもの要件を新たに追加する。「……専門職員の協力を得て……」との文言は，要介護度の相対的に重い要介護者を看る介護者のみに限定していることを，間接的ながら示唆する。介護者の年齢階層への言及も，ベルギー介護者連盟はもとより2011年に提出された2つの法案にも，全く盛り込まれていない新しい内容である。未成年の介護者問題への関心が，この国においても広がってきたことを冷静に読み取った上での挿入のようである。

　ベルギーにおける定義に際して等しく共有されるのは，12の構成要件のうち要介護者と介護者との親近性に加えて日常生活上の援助の無償性，この2つである（表4-3）。2004年から2015年に至る期間に示される5つの定義の相違は，小さいとは言い難い。

スイスにおける5つの定義の構成要件

　スイス赤十字社は，介護者支援に乗り出し確かな実績を記録する。そのホームページを通しても赤十字社による介護者支援の一端について知ることが出来る。赤十字社に拠れば，「介護者は，高齢や疾病あるいは障碍のゆえに日常生活上の援助を要する家族構成員に，無償のもとに心を配り世話をする人である」[40]。これに見られるように日常生活上の援助の周期性や程度などに関する記述は一切なく，文字通りの意味において包括的と評するに相応しい定義である。また，家族介護者の表現を直接には用いていないとはいえ，介護者の範囲は，「……家族構成員……」の表現から容易に推測されるように要介護者の家族に限られる。要介護者の友人や隣人は視野の外に置かれることから，この限りに

表4-3 介護者の定義に関するベルギーの諸見解（2004〜2015年）

	介護者団体 (2008, 2015年)	フランドル 地方政令 (2004年)	ワロン 地方政令 (2009年)	議会 (2011年)	2014年法 (2014年)
要介護者との親近性	◎	◎	◎	◎	◎
要介護の状態と要因	◎	◎		◎	
要介護援助の目的	◎		◎	◎	
要介護援助の形態	◎				◎
要介護援助の無償性	◎	◎	◎		◎
要介護援助の周期性				◎	◎
要介護援助の程度	◎			◎	◎
要介護援助の期間					◎
重度の要介護度					◎
介護者の年齢階層					◎
介護者支援計画の考慮					◎
専門職との協力					◎
12要件の充足数	6	3	3	6	10

注：表4-2に同じ。
出典：Maxime Bivort et Aude Garelly, *Les enjeux lies à la définition d'un statut pour les aidants proches en Belgique, rapport final, étude à destination de l'asbl Aidants Proches*, Agence Alter asbl, 2008, p. 4 et p. 11；Valerie Flohimont et als, *Reconnaissance légale et acces aux droits sociaux pour les aidants proches, étude réalisée à la demande de l'asbl 《Aidants proches》 pour le compte du Secrétaire d'Etat aux Affaires sociales, chargé des personnes handicapées*, 2010, p. 13 et pp. 14-20；Chambre des Représentants de Belgique, *Proposition de loi visant à attribuer une reconnaissance légale et un maintien des droits sociaux aux aidants proches (déposé par Muriel Gerkens et Meyrem Almaci)*, 27 avril 2011, p. 8 et p. 15；Sénat de Belgique, *Proposition de loi visant à attribuer une reconnaissance légale et un maintien des droits sociaux aux aidants proches, déposé par Mmes Cécile Thibaut et Mieke Vogel*, 14 juillet 2011, p. 1；Moniteur Belge, *12 MAI 2014-Loi relative à la reconnaissance de l'aidant proches aidant une personnes en situation de grande dépendance*, 2014, p. 43570より作成。

おいて包括的とは言い難い定義である。他方，経済保健省（DES）が2007年に開いたシンポジウムにおいて示された定義に従うならば，「介護者は，要介護者への援助や手助けを周期的に職業上の社会的な地位に伴う利益を享受することなく，手掛ける全ての人である。この規定は，通常一方が要介護状態にある高齢の夫婦に適用される。他の家族構成員や友人あるいは隣人については，日常生活上の援助の周期性，程度並びに期間を考慮する必要がある」[41]。先の赤十字社のそれに較べるならば，要介護者化の要因を高齢化に絞り込んでいること一つだけを取り出しても，見られるように優れて制限的な定義である。「……

職業上の社会的地位に伴う利益を享受することなく……」との文言が，日常生活上の援助の無償性を示していることは，言うまでもない。

　介護者支援に関する諮問委員会がスイス政府に寄せた提言に記載される定義も，先の経済保健省のそれと定義の構成要件をやや異にするとはいえ，同じように制限的である。この提言に従うならば，「介護者は，要介護状態や障碍を補って，要介護者の安全を保障すると共に，さらに進んでそのアイデンティティと社会的な繋がりを維持する為に，多様な形態と強度の援助や手助けを要介護者に対して無償のもとに周期的に担う，周囲の人である」[42]。「要介護者の安全……」や「……そのアイデンティティと社会的な繋がり……」を定義に盛り込む事例は，著者の見識の狭さのゆえであろうか，スイスはもとより広く国際的にもほかに一つとして例を見ない，稀と評するに値する定義である。要介護者の人間としての尊厳を定義に当って周到なまでに考慮した結果である。言い換えるならば，要介護者の「生活の質」を強烈に意識した定義である。同時に，「……多様な形態と強度の援助や手助け……」と述べることにおいて，包括的な規定であるとはいえ，介護者を「周期的に担う，周囲の人……」に絞り込むことにおいて，やや制限的であると言えよう。

　定義に際してスイスで等しく共有されるのは，8つの構成要件のうち要介護者と介護者との親近性をはじめ，日常生活上の援助の形態並びに無償性，これら3つである（表4-4）。しかし，スイス赤十字社による優れて包括的な定義と他の制限的なそれとの相違は，表4-4に示すようにいかにも大きい。

カナダにおける7つの定義の構成要件

　カナダの介護者連盟は，日常生活上の援助を無償で担う人々の団体に相応しく，優れて包括的な定義を加える。これに従うならば，「介護者は，身体障碍もしくは知的障碍の子ども，疾病を患う連れ合い，独自の世話を要する家族の構成員や友人，慢性疾患や精神疾患を抱える近親者あるいは要介護の状態にある高齢者の日常生活上の援助を無償のもとに手掛ける人である」[43]。要介護者の置かれた具体的な状態を少なくはない事例をもって示すと共に，要介護者と介

表4-4 介護者の定義に関するスイスの諸見解（2007〜2015年）

	スイス赤十字社（2015年）	政府（2007年）	政府の諮問委員会（2012年）	ヴォー州（2015年）	ヴォー州在宅介護協会（2012年）
要介護者との親近性	◎	◎	◎	◎	◎
要介護の状態と要因	◎	◎	◎		
要介護援助の目的			◎	◎	◎
要介護援助の形態	◎		◎	◎	◎
要介護援助の無償性	◎		◎	◎	◎
要介護援助の周期性		◎	◎		
要介護援助の程度		◎	◎	◎	◎
要介護援助の期間		◎	◎		
8要件の充足数	4	7	8	6	6

注：表4-2に同じ。
出典：Croix-Rouge Suisse, *Soutien aux proches aidants*, http://www.proches-aidant.ch, 2015年11月26日閲覧；Elisabeth Débenay et als, *Commission consultative pour le soutien des proches aidants actifs à domicile, 1er rapport intermédiaire*, République et Canton de Genève, Direction générale de la Santé service de la population et du réseau de soins, 2012, p. 5 et p. 7；République et Canton de Genève, *Proches aidant-e-s de personnes âgées : quelle reconnaissance? synthèse des travaux effectués lors du symposium du lund : 23 avril 2007 à l'Auditoire de la Fondation Louis-Jeanetet*, République et Canton de Genève, 2007, p. 1；Andre Jordan et als, *Evaluation de la charge et des besoins des proches aidants*, Association Vaudiose d'aide et de soins à domicile（AVASAD）, 2012, p. 11より作成。

護者との多様な親近性についても，家族に絞り込むことなく家族を含めて幅広く，かつ，具体的に述べることを通して日常生活上の援助を無償で担いはじめた人々が，自ら介護者としての社会的な地位にあることを理解するように促す目的に沿って考案された定義であるように思われる。要介護度の重さを示唆する表現が少しも含まれず，言外に介護者の多様な存在を幅広く視野に収めていることも，介護者連盟が定義に込めた狙いに想いを寄せるならば，容易に了解することができよう。

これに較べるならば，モントリオール州政府が1994年を初発に，その後も継続的に策定する『介護者地域支援計画』（2005年）に掲載される定義は，異なる。この州政府によれば「介護者の表現は，要介護者に対して重要な支援を継続的あるいは臨時的に無償のもとに担う全ての人を指す。介護者は，この役割を自らの意思で自由に選び取る要介護者の家族や友人である[44]」。この定義は，先のそれに較べるならば日常生活上の援助の周期性や程度を間接的に表す文言，あ

第4章　フランス語圏の介護者支援政策とフランスの位置

表 4-5　介護者の定義に関するカナダの諸見解（2003～2015年）

	介護者トラスト（2015年）	ケベック州（2003年）	ケベック州（2009年）	モントロージ州（2005年）	マニトバ州（2011年）	マニトバ統計局（2011年）	J.ダンブラック（2005年）
要介護者との親近性	◎	◎	◎	◎	◎	◎	◎
要介護の状態と要因	◎		◎	◎	◎	◎	◎
要介護援助の目的							
要介護援助の形態			◎		◎	◎	
要介護援助の無償性	◎	◎	◎	◎	◎	◎	◎
要介護援助の周期性			◎	◎			
要介護援助の程度		◎	◎				
要介護援助の期間							
重度の要介護度				◎			
介護者の選択性				◎			
10要件の充足数	3	3	6	6	4	4	3

注：表4-2に同じ。

出典：Association des proches aidants de la Capital-Nationale, *Que sont les proches aidants?*, http://www.apacn.org/qui-sont-les-proches-aidants/, 2015年11月24日閲覧；Santé et Services sociaux Québec, *Chez soi : le premier choix, la politique de soutien à domicile*, Gouvernement du Québec, 2003, p. 6；Marguerite Blais, Ministre responsible des Aînés Projet de loi n. 6, *Loi instituant le fonds de soutien aux proches aidants des aînés*, Éditeur official du Québec, 2009, p. 3；Agence de développement de réseaux locaux de services de santé et des services sociaux Montérégie, *Projet régional de soutien aux aidants naturels de la Montérégie, une analyse stratégique de la pertinence des activités offertes*, Agence de développement de réseaux locaux des services de santé et des services sociaux Montérégie, 2005, avant-propos；Sabrina Cammisano, *Vers la reconnaissance d'un statut légal pour les proches aidants, rapport conjoint*, Institut de Planification des Soins et Regroupement des aidantes et aidants naturels de Montréal, 2015, p. 3；Manitoba, *Loi sur la reconnaissance de l'apport des aidants naturels*, Manitoba, 2011, p. 2；Janet Dunbrack, *Les besoins d'information des aidants naturels qui apportent soutien à un proche gravement malade, rapport de synthèse préparé pour Santé Canada*, Santé Canada, 2005, p. 4より作成。

　るいは，介護者の選択性の文言を新たに組み入れる。あるいは，ケベック州政府は，「介護者は，在宅での暮らしの維持さえも危うくなる程の重い要介護度を継続して抱える高齢者に，周期的な世話，あるいは援助を無償で担う人である」，このような定義を加える。見られるように「……重い要介護度……」などの表現が新たに挿入される。介護者の範囲は，これに従って自ずと狭くなる。

　カナダにおける定義に当たって等しく共有されるのは，ベルギーの場合と同じように10の構成要件のうち要介護者と介護者の親近性，及び日常生活上の援助の無償性，これら2つである（表4-5）。同じ構成要件をもって定義を加え

る事例は，表4-5に示すように7つの見解のうち2つに止まる。いずれも，マニトバ州政府の同じ年に示された定義である。

イギリスにおける9つの定義の構成要件

では，第2次世界大戦前からの最も長い介護者支援政策の歴史を記録するイギリスにおいては，どのような定義を確かめることができるであろうか。それは，フランス語圏の国や地域に示されるそれに較べるならば，どのような特徴を持つであろうか。

介護者支援の民間非営利団体として短くはない期間に亘る実績を積みながら，イギリス国内はもとより国際的にも知られる介護者トラストに拠れば，「介護者は，疾病，障碍，精神疾患問題あるいは無償の援助なしには耐えることの出来ない薬物中毒の要介護者に対して，その家族構成員もしくは友人として無償のもとに日常生活上の援助を行なう人である」(46)。この定義には，容易に読み取ることが可能であるように日常生活上の援助の周期性や要介護度などに関する文言は，一つとして含まれず，優れて包括的な内容である。国民保健サービス・イングランドや一般開業医養成大学の定義も，のちに表中に紹介するように，これと全く同じである。また，要介護者の状態をほぼ漏れなく具体的に列記することを通して，彼女や彼を看る人々が，自らを介護者の地位にあることをすすんで理解することが可能であるように，深い吟味を経た定義を示していることにも，介護者に日々寄り添う民間非営利団体としての得難い見識を読み取ることが出来よう。

国家統計局は，1985年の介護者調査を初発にし，その後5年の間隔を置きながら定期的に調査を実施する。その拠り所となる定義は，今日まで殆ど変わっていない。それに従うならば，「介護者は，同居もしくは別居の疾病や障碍を抱える者，あるいは高齢者に対して無償の日常生活上の援助を周期的に担う人と定義される」(47)。先のそれと較べるならば，要介護者との居住形態に加えて日常生活上の援助の周期性の文言が，新たに付け加えられる。このうち前者は，他の欧米諸国と同じく日本とは大きく異なって要介護者と介護者とがそれぞれ

第4章　フランス語圏の介護者支援政策とフランスの位置

別の住居で日々の暮らしを営み，後者が，前者の住まいに通いながら世話に当たることが少なくない事情を考慮に入れたものである。別居の比率は低いとは言い難く，同居の介護者に較べるならば，そのニーズはやや異なることも少なくないことを念頭に置いたと思われる。

　政府の『介護者支援国家戦略』（2008年）に記載される定義は，介護者トラストや国家統計局のそれとは異なる。すなわち，「介護者は，家族や友人に対して，自らの生活の相当な範囲を無償の援助として使い尽くす。これは，疾病や老齢，障碍，精神疾患あるいは薬物やアルコール乱用のもとにある親族，パートナーもしくは友人に対する日常生活上の援助である[48]」。国家統計局が示した要介護者との居住形態に関する文言は，盛り込まれていないとはいえ，これに代えて日常生活上の援助の程度を念頭に置きながら，「……自らの生活の相当の範囲を無償の援助として使い尽くす」との表現を，新たに挿入するのである。介護者のアセスメント請求権やサービス給付の認定要件を念頭に置くからこそ，挿入した文言にほかならない。「……自らの生活の相当の範囲……」との規定から容易に推測されるように，介護者の範囲は，この定義に沿っておのずと絞り込まれる。介護者の一部を視野に収めたに止まる定義であり，多様な存在の幅広い把握ではない。

　イギリスにおける定義で等しく共有されるのは，ここに紹介した3つの定義から容易に推測することが可能であるように，定義を構成する11の要件のうち要介護者と介護者との親近性をはじめ要介護者の状態と要因，並びに日常生活上の援助の無償性，これら3つである（表4-6）。構成要件は，表4-6に示されるように定義によって異なる。

イギリス政府の公式見解の影響に見るフランス語圏との相違

　「介護者の定義について全国的に受け入れられた定義はない[49]」，あるいは，「単一の定義は，法律に存在しない[50]」，もしくは，「介護者について多くの定義が認められる[51]」。地方自治体や国民保健サービス地域基金によるこれらの評価は，こうして見るならば根拠を持たないとは言い難い。しかし，これらの評価

表4-6 介護者の定義に関するイギリスの諸見解（1998～2015年）[1][2]

	介護者団体(2015年)	国家統計局(1998年)	政府(2008年)	コベントリー市(2011年)	サルフォード市(2012年)	グロスターシャー州(2013年)	ニューアム区(2015年)	国民保健サービス(2014年)	一般開業医養成大学(2015年)
要介護者との親近性	◎	◎	◎	◎	◎	◎	◎	◎	◎
要介護の状態と要因	◎	◎	◎	◎	◎	◎	◎	◎	◎
要介護援助の目的									
要介護援助の形態									
要介護援助の無償性	◎	◎	◎	◎	◎	◎	◎	◎	◎
要介護援助の周期性		◎							
要介護援助の程度			◎	◎	◎	◎	◎		
要介護援助の期間									
重度の要介護度									
別居の含む居住形態		◎							
介護者の年齢階層									◎
11要件の充足数	3	5	4	4	4	4	4	3	4

注：(1)表4-2に同じ。
(2)地方自治体による定義は，下の出典欄に示すように国民保健サービス地域基金と共に策定する計画の中で示されることが多い。本来ならば表中の地方自治体名と併せて地域基金の名称を併記するべきであるが，紙数の関係から地域基金の名称は省略していることを，お断りしておきたい。

出典：Carers Trust, *What is carer?* http://www.carers.org/what-carer, 2015年11月19日閲覧；Olwen Rowland and Gillian Parker, *Informal carers, results of an independent study carried out on behalf of the Department of Health as part of the 1995 General Household Survey*, The Stationary Office, 1998, p. 11；H. M. Government, *Carers at the heart of 21st -century families and communities, a caring system on your side, a life of your own*, H. M. Government, 2008, p. 19；Coventry City Council and NHS Coventry, *Coventry's carers strategy 2011-2015*, Coventry City Council and NHS Coventry, 2011, p. 3；Salford City Council and NHS Salford Clinical Commissioning Group, *Salford carers strategy 2013-2016, how we plan to make life better for carers in Salford*, Salford City Council and NHS Salford Clinical Commissioning Group, 2012, p. 10；Gloucestershire County Council and NHS Gloucestershire, *Joint GCC and NHSG carers commissioning strategy 2013-2016, draft*, Gloucestershire County Council and NHS Gloucestershire, 2013, p. 10；NHS Newham Clinical Commissioning Group and Newham London, *Joint carers' strategy 2015-2018*, NHS Newham Clinical Commissioning Group and Newham London, 2015, p. 6；NHS England, *Commissioning for carers : principles and resources to support effective commissioning for adult and young carers*, NHS England, 2014, p. 7；NHS England, *NHS England's commitment to carers*, NHS England, 2014, p. 6；Royal College of General Practitioners, *Carers support*, http://www.rcgp.org.uk/clinical-and-research/clinical-resources/carers-support.aspx, 2015年11月19日閲覧より作成。

第 **4** 章　フランス語圏の介護者支援政策とフランスの位置

に安堵をする結果として現実の変化を見過ごすような状況を招き寄せるわけにはいかない。忘れるわけにいかない事実もあるのである。すなわち，『介護者支援国家戦略』(2008年) の定義は，表4-6にその一端を示したように幾つかの地方自治体によって採用される。作表の関係から4つの地方自治体に絞り込んで示さざるを得なかったとはいえ，これらの地方自治体と全く同じように『介護者支援国家戦略』に記載される定義を採用する地方自治体は，少なくない。すなわち，地方自治体と国民保健サービス地域基金が，地域の介護者団体などの参画も得て策定し定期的に改定する『介護者支援地域計画』などを調べ上げるならば，そこに介護者の定義が記載されない事例も認められるとはいえ，多くは，地方自治体や地域基金として公式に採用した定義について明確に記載する。無作為に合わせて64の『介護者支援地域計画』に目を通したところ，記載あり53 (82.8％)，同じくなし11 (17.2％) である。このうち前者についていえば，『介護者支援国家戦略』のそれを採用する『介護者支援地域計画』は，22 (41.5％) を数え，他方，異なる定義を採用する『介護者支援地域計画』は，31 (58.5％) である[52]。類似の傾向は，スコットランドについても確かめることが可能である。すなわち，ここでも無作為にスコットランドの地方自治体と国民保健サービス地域基金が策定する『介護者支援地域計画』に目を通したところ，記載あり9 (75.0％)，同じくなし3 (25.0％) である。このうち前者について言えば，スコットランド行政府『スコットランドの為の介護者支援計画2010～2015年』(2010年) の定義を採用する『介護者支援地域計画』は，5 (55.6％) を数え，他方，異なる定義を加える『介護者支援地域計画』は，4 (44.4％) である[53]。計数をやや異にするとはいえ，双方に類似の傾向を確かめることが出来る。

　介護者について今日広く用いられるイギリス英語の表現 (carers) が産声を上げるのは，改めて振り返るならば1976年，フェミニストが，この表現を最初に用いるのは2年後の78年，同じくイギリス介護者連盟が最初に用いるのは，連盟としても公式に認めるように，さらに2年後の80年に遡る。こうした36年から40年の短くはない時間を刻むからこそ，介護者の定義を巡る議論も，共通

の理解，しかも，政府の公式見解に沿う理解を少しずつであるとはいえ，広げつつあるように思われる。その広がりは，上に示したように狭いとは言い難いようである。これに較べるならば，フランスをはじめとするフランス語圏の国や地域に確かめることの可能な介護者の定義を巡る議論は未だ浅く，今日も相対的であるとはいえ多岐に亘る定義が示されているように思われる。

2　介護者ニーズの充足を巡る国際的な普遍性とフランスの独自性

介護者の担う役割と無償労働の経済的な価値の大きさ

　これまでは，フランス語圏の国や地域とイギリスとの相違に的を絞り込みながら検討を加えてきた。しかし，両者の相違に目をやるだけでは，フランス語圏の国や地域はもとよりイギリスの全体像さえもやや誤って描くことになりかねない。それは，遍く正確に伝える手法であるとは言い難い。そこで，前節とは異なる角度から検討してみよう。すると，両者のこれまでとは異なる姿が見えてくる。すなわち，フランスをはじめとするフランス語圏に属する国や地域とイギリスを視野に収めるとき，介護者支援政策を巡る遍く共通の特徴を読み取ることが出来る。

　まず，介護者の担う実に大きな役割について，政府の文書はもとより法令の中でも一様に認めることである。介護者は，無償と有償の介護者サービスの合計値の大半を担い，かくして要介護者の地域における暮らしの営みにとって中心的な役割を担うことから，要介護者が地域に暮らし続ける上で枢要な地位にあるとの認識である。

　フランス政府が，こうした認識を初めて示すのは，2006年の家族会議に提出した報告書においてである。これに拠れば，「家族は，要介護高齢者に必要な日常生活上の援助のおよそ80％を提供する[54]」。この基本的な認識は，その後も揺らぐことなく継承され，高齢社会への適応に関する法律の制定を巡って2014年から2015年にかけて繰り広げられた上下両院の議論においても広く共有される。「介護者は，日常生活上の援助の80％を実際に担っている[55]」との基本的な

第４章　フランス語圏の介護者支援政策とフランスの位置

見地が，改めて議会において公式に表明される。

　ベルギー政府が，介護者の担う重要な役割について広く繰り返し認めるのは，重い要介護度の要介護者を看る介護者の認知に関する法律案を巡って，2013年から2014年にかけて議論が繰り広げられた議会においてである。これに従うならば，「ベルギーの介護者は，他の多くのヨーロッパ諸国と同じように，……疾病を抱える者や障碍者へのサービス給付において非常に重要な役割を担う。ヨーロッパ生活・労働条件改善財団の報告書に従うならば，障碍者や高齢者に給付されるサービスのおよそ80％は，家族や友人あるいは隣人から構成される近親者に担われる。2011年の計数である」(56)。フランス政府の先の指摘と全く同じ内容であり，要介護者に届けられるサービスの総量に占める無償介護の比率を具体的な計数をもって示すことにおいても，その見地は基本的に共通する。

　スイス政府は，具体的な計数を示すわけではないとはいえ，フランスやベルギーの両政府と全く同じように介護者の担う実に大きな役割について，公式に認める。すなわち，「介護者は，社会的なまとまりに必要不可欠な支柱をなす。その意に反して健康を損ない要介護の状態にある全ての高齢者を看る介護者が居るからこそ，高齢者が地域において介護者と共に暮らし続けることが初めて可能になる」(57)。この指摘をあたかも裏打ちするかのように政府の調査局は，介護者の担う無償労働の経済価値について推計し，その結果を公表する。これに従うならば無償の介護労働時間は，年間5,250万時間（2010年）から同じく6,380万時間（2013年）へと推移し（121.5％），これに応じて，その経済的な価値も，同じ期間に29億1,980万スイスフランから35億4,760万スイスフランへと増加する(58)。短い期間における伸びもさることながら，介護者の担う介護労働時間の長さとその経済的な価値の大きさに，改めて驚きさえも覚える。政府の先の表現に即して言うならば，「……高齢者が地域において介護者と共に暮らし続けることが……可能である」ための必要不可欠な条件としての，介護者の担う無償労働とその価値である。

　介護者の担う大きな役割は，議会に提出された法案にも明記される。すなわち，「日常生活上の援助を要する65歳以上の高齢者を看る介護者の中心的な役

263

割について考慮しなければならない[59]」。あるいは,「介護者の社会に与える貴重な社会的・経済的な貢献は,広く承認するに値する[60]」。2004年に議会に提出された法案や,2011年に成立した法律の冒頭を飾る文言である。こうした評価をあたかも例証するかのように,介護者の担う無償介護時間の長さは,カナダ全体で年間50億時間を記録し,その経済的な価値は,50億カナダドルであるとの結果も,公的機関の調査研究結果の一つとして公表される[61]。また,介護者は,全ての介護サービスの80%,あるいは75〜90%を担うとの研究結果も,介護者団体や研究者によって相次いで公表される[62]。これらの計数が,先の法案や法律の文言とその内容に照らして重なり合うことはもとより,広く国際的な知見と軌を一にすることも,これまた論を俟たない。さらに,15歳以上人口のおよそ半数(46%),実数にして1,300万人は,人生のいずれかの時期に介護者として日常生活上の援助を無償で担うことになるであろうとの推計結果も,カナダ統計局によって公表される[63]。日常生活上の援助が,国民のごく一部の生業ではないことを計数として具体的に示すことを通して,介護者支援政策の必要性と緊急性とを実に解り易く伝え,幅広い国民による共感を持った政策の進展に効果を発揮するであろうと考えられる推計結果であり,これを国際的な視野から振り返るならば,第1章でも既に論じたようにイギリスで世界に先駆けて最初に開始された推計作業の国際的な展開のごく一例にほかならない。

　介護者の貢献とその経済的な価値は,イギリスやアメリカにおいて広く認められる。誤解を避けるために,敢えて付言をするならば,既にカナダの箇所において示唆をしたように,介護者の実に大きな貢献とその経済的価値に関する指摘は,「介護の社会化」なる表現が広く知られ,政策の形成にも少なくない影響を与えてきた日本の状況とはあたかも対照的に,イギリス発の今日では国際的に広く共有された得難い知見である。

　介護者の貢献は,政府はもとより地方自治体や国民保健サービス地域基金の策定する『介護者支援地域計画』に一様に明記される。たとえば次のようにである。すなわち,「介護者の社会に与える計り知れない程の貢献について,私たちは知っている[64]」。「介護者は,州における日常生活上の援助に決定的ともい

うべき貢献をする」。「介護者は，彼女や彼の看る要介護者はもとより広く社会に対しても貢献をしている」。こうした評価を見事なまでに裏付ける計数も，介護者連盟が研究者の協力を得ながら世に問うた報告書を援用しながら，『介護者支援地域計画』に記載される。これに従うならば介護者の担う無償労働の経済的価値は，年間1,190億ポンド，介護者一人当たり平均１万8,473ポンドを記録する。とりわけ注目をするべきは，『介護者支援地域計画』の名に相応しく，地方自治体の域内における無償労働の経済的価値を独自に算定し公表していることである。これに従うならば，ロンドン東部のマートン区では，年間２億400万ポンド，同じくロンドンのクロイドン区では，年間５億4,100万ポンドである。さらに，介護労働の経済的価値は，法案にも明記される。すなわち，スコットランドの介護者に関する2015年法案は，スコットランドにおける介護者の担う労働の経済的価値を年間100億3,000万ポンドであると紹介し，彼女や彼によって日々担われる役割が，社会的にはもとより経済的にも如何に大きいかについて示唆をする。介護者連盟が研究者の協力を得ながら，世界に先駆けて着手した無償の介護労働の経済的な価値に関する推計作業が，その後の比較的短い期間を経て地域レベルのそれとしても，すっかりと定着をしていることの例証の一つではあるまいか。

介護者の負担と独自のニーズの包括的な把握

　介護者の社会的にはもとより経済的にも大きな貢献を広く認めることは，介護者の負担と独自のニーズを視野に収め，支援政策の形成と展開を言外に示唆することになる。この点においても，フランスを含むフランス語圏の国や地域とイギリスとに，相違は全く認められない。国境を越えて普遍的であると評するに値する知見である。国際的にも他に例を見ない「介護の社会化」なる表現を考え出し用いることを通して，巡りめぐって介護者の負担と，とりわけ介護者のニーズについて完全に忘れ去る，あるいは，介護者のニーズをたとえ認めたとしても，要介護者のそれに従属するものとしてあくまで副次的に位置付けるに過ぎない，アジアのとある国にだけ認められるやや不可思議とさえ言わな

ければならない支配的な観念とは，明らかに異なる。

　イギリスにおける介護者のニーズについては，これまで拙著などを通して広く論じてきたことから，ここでは，他の4ヵ国について紹介をしながら検討を加えていきたい。

　介護者のニーズに関する調査研究は，フランスにおいても全国レベルはもとより，少なくはない地域のレベルでも旺盛に取り組まれ，その成果が広く世に問われる[70]。これに従うならば，ニーズは，孤立や心の不安定化に関わる精神的な支援はもとより，社会サービスや医療サービスの担い手との関係の改善，情報と介護技術訓練，日常生活上の援助と仕事との両立など，多岐に亘る。

　ベルギーの上下両院に提出された法案には，介護者のニーズが明記される[71]。これに従うならば，レスパイトケアによる休息や休暇の機会の享受をはじめ，緊急時における要介護者の施設などへの一次受け入れ，介護技術訓練と情報の享受，労働時間の短縮と調整，休業補償，経済的な支援，老齢年金を含む社会的諸権利の維持，並びに再就業に向けた職業再訓練，これらである。見られるように要介護者を看る期間はもとより，要介護者を看取った後と推測させるに相応しい措置も視野に収めることからも，示されるニーズは実に包括的である。ニーズには老齢年金が含まれることに示されるように，日常生活上の援助が招き寄せる影響は，たとえそれが比較的短い期間における援助であったとしても，無償の介護の期間を超えて生涯に亘って続くことになる。なんとなれば，要介護者を看る期間における労働市場からの非自発的な引退に伴う経済的な困窮は，年金保険料の支払いさえも難しくする。しかも，要介護者を看取った後における労働市場への再登場も，本人の願いに反してけっして容易ではないことを考えるならば，年金保険料の未納は，本人の意思に反して不本意にも続かざるを得ない。法案が視野に収める介護者のニーズは，年金保険に絞って考えても実に包括的であり，充分に了解することができる。

　これらの内容に目を落とすとき，ベルギーの介護者連盟に宛てて2008年に寄せられた報告書に示される提言，すなわち，基本的な権利としてのレスパイトケアの権利の保障をはじめ，介護技術訓練と情報の提供，介護と仕事の両立，

第4章　フランス語圏の介護者支援政策とフランスの位置

経済的な補償，並びに差別の禁止と平等な機会の保障などから構成される提言[72]と，その内容に照らして重なり合うと評することが可能である。言い換えるならば，報告書に盛り込まれた提言は，介護者連盟によって積極的に受け止められ，連盟の要求として掲げられることを通して広く社会的な影響を及ぼすに至った，と言うことが出来るであろう。

　スイスの介護ネットワークと在宅維持に関する2008年6月26日法の施行規則，すなわち，介護ネットワークと在宅維持に関する2009年12月16日付け施行規則は，「介護者支援ニーズの確認」について定め，「介護者を支援する為に，彼女や彼の潜在的なニーズについて体系的に確かめなければならない」として，ひとたび「ニーズが確認されたならば，必要な措置を取る為に要介護者の担当者にその旨を伝えなければならない[73]」と定める。介護者は，要介護者のそれとは相対的に区別される独自のニーズを持つと理解すればこそ，定められた規則の内容である。介護者のニーズは，ここでも幅広い議論の対象として取り上げられる。スイス西部のヴォー州在宅介護サービス協会（AVASAD）も，介護者支援が州政府の政策に明瞭に位置付けられることを受けて，自らの見解を公表する[74]。介護者のニーズは，これに従うならば情報をはじめ日頃の介護作業に関わる介護技術訓練などを通した支援，レスパイトケアを通した休息や休暇の機会の享受，介護負担の軽減，介護経験や技能の公的な認知，経済的な補償，これらである。このうち介護経験や技能の公的な認知とは，フランスにおいても同様に論じられ制度として運用されているが，要介護者を看取ったあとの労働力化を念頭に置いたものである。言うところの公的な認知は，求職者の労働力化を容易にするに違いない。

　カナダ中部のマニトバ州では，介護者の認知に関する法律が制定され，介護者のニーズを包括的に踏まえた一般原則が，そこに記載される[75]。このマニトバ州法に拠れば，一般原則は，介護者と彼女や彼の看る要介護者との関係の尊重をはじめ，介護者が社会にもたらす価値ある社会的・経済的な貢献の認知と支援，介護者に個人としての理解を寄せ，日常生活上の援助に伴うニーズと併せて，これを超えた暮らしに関わる多様なニーズを持つ個人としての承認，介護

267

者への支援を通した介護者による健康と幸福の享受，並びに家族生活はもとより広く社会生活への参画，介護者を介護サービスの重要な貢献者と位置付けることを通した介護者の独自の知見と経験の承認，介護者への尊厳に裏打ちされた対応，介護者の経済的な福利と持続性の確保に向けた支援を通した就業と教育への参加機会の保障，これらである。見られるように社会的包摂の表現を直接には用いていないとはいえ，介護者の社会的排除からの脱却を念頭に置いた実に踏み込んだ包括的な内容である。介護者の社会的包摂を世界で初めて政策化したイギリスの経験にも言及するわけではないとはいえ，同じ見地を国を越えて共有すると評するに相応しい内容である。

　介護者は，一見して明らかであるように専ら日常生活上の援助を担う個人として把握されるわけではない。言い換えるならば介護者のニーズは，日常生活上の援助を担う個人としてのニーズに加えて，家族生活はもとより職業生活あるいは広く社会生活を営む個人としてのニーズと併せて，優れて包括的に把握される。介護者支援の目的は，当初は日常生活上の援助の継続性の担保に止まってきたとはいえ，『介護者支援国家戦略』（1999年）を画期に介護者の社会的包摂へと大きく転換する。このうち当初の目的に沿う支援の枠内で問題になるのは，日常生活上の援助を継続するに必要な限りのニーズとその充足である。他方，社会的包摂を政策の目標とする支援への大きな転換と共に，視界に登場するのは，一人の生活者としての介護者の暮らしであり，これに関わる多面的なニーズとその充足である。州法に示される一般原則は，言うまでもなく後者を拠り所にし，だからこそ，ニーズの実に包括的な把握を直ちに連想させるに充分な内容である。

　カナダ統計局は，介護者による日常生活上の援助が，彼女や彼の身体的・精神的な健康はもとより労働市場への参加，経済生活の貧困化，並びに他の生活に充てる時間の縮減，と多方面に影響を及ぼすと指摘をしたことがある。[76] 健康にはじまり労働力化，経済生活並びに家族・社会生活と，日常生活上の援助が介護者の切なる願いに反して多岐に亘り，浅くはない影響を呼び寄せるとの把握である。介護者の日々の生活に関するこうした広い視野からの理解，言い換

第4章　フランス語圏の介護者支援政策とフランスの位置

えるならば「生活の質」を基調に据えた把握は，カナダ統計局の指摘を待つまでもなく，先のマニトバ州法に記載された一般原則からも読み取ることが可能である。両者は，その内容に照らして重なり合うと評して良いであろう。

　一人ひとりの介護者の個別的なニーズを確かめ，支援の必要性とその方法とを具体的に確かめるためには，アセスメントの機会を待たなければならない。介護者アセスメントが，介護者に対する個別的なアセスメントであれ，あるいは，要介護者アセスメントに付随して実施される場合であれ，フランスを含むフランス語圏の国や地域とイギリスとで，広く制度化され実施に移されていることに，何の相違もない。唯一，イギリスに独自性が認められるとすれば，介護者アセスメントは，未成年の介護者にも制度として広く認められることである。もとよりこれも，介護者アセスメント請求権が初めて制度化された1995年から数えて19年後の2014年まで，待たなければならない。これを除くならば介護者のアセスメントを巡る相違は，両者に存在しない。

パートナーでありクライアントでもある介護者

　介護者は，パートナーでありクライアントでもあると位置付けられる。要介護者に日々寄り添うことを通して，その状態をよく知ることから，要介護者のアセスメントに際しては，介護者の同席が義務付けられ，要介護者の個別支援計画の策定に参画をすることが，求められる。国境を越えて広く共有される位置付けであり，特にイギリスにおいては，介護者を『介護者支援国家戦略』(2008年) の中でパートナーであり，エキスパートであるとの理解を示したのちに，介護に関する2014年法では，日々の経験を通して得た知識を持つパートナーであるとのやや進んだ理解を明記する。[77] フランス語圏に属する国や地域が，介護者をパートナーとして等しく位置付けていることも，これまた確かである。[78] さらに，要介護者がニーズを持つことからクライアントと位置付けられるように，介護者も独自のニーズを持つクライアントとしての理解が寄せられる。[79] 介護者はパートナーでありクライアントであるとの位置付けを通して，政策の形成過程においては言うまでもなく，さらに進んで日々の介護サービスや医療

サービスの現場においても，また，政策効果の検証過程とこれに沿う政策の再構成の過程においても，もはや見えざる存在ではなくなるのである。
　介護者はパートナーでありクライアントであるとの理解を政策上の基調に据えることから，社会サービスと医療の分野における職員や労働者による親和的で正確な理解に裏打ちされた日々の職務対応を，なすべき課題として念頭に置く職業訓練が，第1章でも言及したように養成訓練はもとより在職時の継続的な訓練としても求められることになる。パートナーやクライアントとしての処遇のあり様は，対人サービスの常として職員や労働者の理解と技量に大きく左右される。これも，国境を越えて広く確かめることが可能である。このうちスイスでは，継続訓練について2008年の法律の中で義務付け[80]，フランスでは，在職時の継続訓練が，高齢者あるいは障碍者に関する県レベルの計画に介護者支援の一環として明記され，これに沿いながら実施される。養成訓練や継続訓練が一定の期間に亘って蓄積されてきただけに，その改善を含む拡充に向けた提言も，フランスを含む国々において旺盛になされる[81]。
　介護者の多様なニーズには，改めて言うまでもなく日常生活上の援助と仕事との両立も含まれる。これに国による相違は全くない。労働時間の短縮や調整などに関わる法制度の整備はもとより，企業レベルにおける自主的な取り組みを促す為に，介護者問題経営者グループを設立し，あるいは，国内外の企業による先駆的な取り組み事例を，討論会や冊子などを通して紹介し周知する試みも広く確かめることが出来る[82]。
　要介護者を看取ることを通して日常生活上の援助に終止符を打つ介護者が居ると同時に，新たに介護者としての暮らしに足を踏み入れ日常生活上の援助をはじめる人も認められる。このうち後者について言えば，全く初めての経験であるだけに，とりわけ身体介護には戸惑いさえ覚えることも，さして珍しいとは言い難い日々の切迫した経験である。また，介護者に広く開かれた権利はもとより，地域で介護者を支援する民間非営利団体とその活動についてさえ知らない介護者も，少なくはない。介護者にその権利を含めて地域に用意されるサービスについて分かり易く伝えるために，実に多様な方法が駆使される。介

第4章 フランス語圏の介護者支援政策とフランスの位置

護者団体はもとより政府や地方自治体が、そのホームページ上に介護者の欄を設けるのは、そのごく一例である。介護者の日なども、第1章において示したようにフランス語圏の国や地域において例外なく定められる。『介護者手帳』も、全国レベルはもとより個々の地域のレベルでも策定され利用に供される。[83]介護者の暮らす地域の個別事情に即した具体的な情報を解り易く伝える上では、実に意味のある取り組みである。介護者カフェなどの地域の集いを『介護者手帳』などを通して知り、これに参加をするならば、同じ悩みを抱えながら要介護者と日々向き合う介護者の少なくないことについて、身をもって体感し、多少なりとも長らく抱いてきた孤立感や罪悪感を和らげるのである。手当やサービスについて集いへの参加を通して知り、実際にこれを受給している介護者に背中を押されながら申請に向けて地方自治体の窓口に自ら足を運ぶ事例も、認められる。これも国による相違はなく、国境を越えて介護者に広く共有される得難い経験である。

フランスにおける介護者表現の独自性

これまで、フランスをはじめとするフランス語圏の国や地域はもとよりイギリスとの共通性に力点を置きながら、検討を加えてきた。ここでは、フランスにやや特徴的であると思われる内容について、忘れることなく指摘をしておきたい。

まずは、介護者に関するフランス語の表現についてである。介護者に関するフランス語の表現が、アメリカ英語はもとよりイギリス英語と較べても格段に多いことについては、介護者支援政策の形成時期にも関わって、第2章で既に論じてきたところである。同時に、フランスにおける表現は、ベルギーやスイスあるいはカナダにおいて用いられるそれと較べても、やや特徴的である。要介護者との親近性を示す単語（proche）を用いた介護者の表現（proche aidant, aidant proche）が、今日、フランス語圏に属する全ての国や地域に広く用いられることにおいて、些かの相違も認めることはできない。しかし、フランスでは、介護者（proche aidant, aidant proche）の定義を行なうに当たって、

唯一，家族介護者の表現（aidant familial）を忘れることなく挿入させる。これは，隣国ベルギーやスイスはもとよりカナダにおいても，一切確かめることの不可能なフランスに独自の手法である。同様に，イギリスやアメリカの両国はもとより，オーストラリアやニュージーランドにも確かめることはできない。国際レベルの諸機関や諸団体の定義にも，盛り込まれていない。

　ベルギーでは，要介護者の家族や親族による日常生活上の援助について，これをいたって自然の行為であることを示す表現（aidant naturel）が，かつて用いられてきたとはいえ，今日ではすっかりとその姿を消す。家族介護者の表現も，日常生活上の援助を無償で担う人々が専ら要介護者の家族から構成されるとの誤解を招き寄せかねず，家族と同じように担う友人や隣人の存在は，完全に忘れ去られることから，表現としてはいかにも狭く現実との乖離を伴うとして，これも斥けられる。さらに，日常生活上の援助をインフォーマルに担うことを示す表現（aidant informel）も，民間非営利団体に籍を置きながらボランティアとしての役割を担う人々（aidants volontaire）との混同を招き寄せるとして，同じように斥けられる。これらに代えて最も広く用いられるのは，要介護者との親近性を示す介護者の表現（aidant proche）である[84]。これならば要介護者の家族や親族はもとより，広く友人や隣人を含むことになり，民間非営利団体に籍を置きながらボランティアの一員として要介護者の世話に手を貸す人々との無用の混乱に道を開くことも，懸念しなくともよい。

　スイスでは，要介護者との親近性を示す表現が最もよく用いられる。カナダにおいては，ケベック州が要介護者との親近性を示す表現を早ければ2003年から用いる[85]。しかし，家族や親族による日常生活上の援助をいたって自然の営みであることを意味する表現（aidant naturel）を，それとして意識しながら使用する例は，今日も後を絶たない。これを例証するかのように，この表現を当初から団体の名称の一部に組み入れ，今日もこの名称を変更せずに使い続けるモントリオール介護者団体（RAANM, 1992年設立），あるいは，同様に，ケベック介護者団体（RANQ, 2004年設立）などは，その事例である。地方自治体の中には，介護者支援地域事業の名称にこの表現を採用する例（Projet régional de

第4章　フランス語圏の介護者支援政策とフランスの位置

soutien aux aidants naturels）も，確かめることが可能な程である。いずれも日常生活上の援助を家族や親族によるいたって自然な営みであるとの表現が，広く使用され続けていることの揺るぎない例証である。フランスはもとよりベルギーやスイスにおいても，今日一つとして確かめることの出来ないカナダに独自の特徴である。

　過去のこととはいえ，フランスにおいても家族などの担う日常生活上の援助をいたって自然の行為であると見做す介護者の表現（aidant naturel）が，公衆衛生法典の第L1111条6の1項に記載され，また，疾病の権利と終末期に関する2005年4月22日法にも，全く同じ表現を用いた上で，家族構成員や友人として無報酬のもとに日常生活上の援助を手掛ける人との定義を加えていたことが，思い起こされる。しかし，これらは，いずれも今日ではすっかり過去のことであり，いたって自然の生業であると見做す表現は，政府によって最早公式に使用されることはない。カナダとの大きな相違である。

　フランスにおいても要介護者との親近性を示す表現（proche aidant, aidant proche）が用いられることに照らすならば，この限りにおいて他のフランス語圏との相違はない。しかし，フランスにおける介護者の定義について具体例をもって紹介したように，親近性を示す表現を用いた介護者に関する定義には，その一部とはいえ家族介護者の表現が含まれる。これは，フランスに優れて独自の産物である。2014年から翌年の2015年にかけて議会に提出された高齢社会への適応に関する法案では，当初，家族介護者の表現は一度として含まれていなかったものの，最終的には，要介護者との親近性を示す表現を上位とし，家族介護者はその一部として下位に位置付けられながら定義が加えられる。家族介護者の表現は，振り返るならば2005年法に幾度となく記載されたとはいえ，そのほぼ10年後の2014年から2015年にかけて提出された法案からは，当初すっかりと姿を消している。にもかかわらず，家族介護者の表現は，その位置を変えたとはいえ，なにゆえに法律の文言として再び位置付けられたのであろうか。参考までに付言をするならば，政府の編集になる『家族介護者手帳』は，2015年に刊行された最新の2016年版においても，初版からの表現を変えることなく

正式名称『家族介護者——実用案内』である。要介護者を看る介護者の諸権利は，彼女や彼を看る家族構成員に絞られるわけではないとの説明を冒頭近くの文中に明記しているにもかかわらず，『介護者手帳』の表題として選び取られたのは，『家族介護者——実用案内』である。家族介護者の表現が，忘れることなく位置付けられていることの今一つの確かな例証である。一見すると何とも不思議である。しかし，フランスに独自な2つの理由を示すことが可能であろう。

家族重視のフランス的な特徴の基盤

それは，まずフェミニストの影響力の如何であろう。イギリスにおいては，改めて振り返るならばこの国のフェミニストが1978年を初発に，以降継続して介護者研究の分野に意見を発する。提起した論点の一つは，介護者に関する表現についてである。家族介護者（family carer）の表現は，介護者の構成や負担の程度に照らすならば廃棄し，これに代える表現（carer）を用いなければ，彼女や彼の置かれた実際の姿との齟齬を招き寄せるとの主張である。日常生活上の援助は，要介護者の家族といえども家族構成員が揃って参加をするわけではなく，多くの場合に家族から一人が選抜されて介助を担う。しかも，選抜される家族構成員は，性別でいうならば多くの場合に男性ではなく女性である。これは，地方自治体による調査はもとより国家統計局の1985年調査を通しても，裏付けられる冷厳な事実の一つである。フェミニストはこのように主張し，家族介護者の表現を用いるならば，女性が傾斜的に担う日常生活上の援助の現実を覆い隠す結果を，その意図の如何に関わりなく招き寄せるとして，これに強い反対の意向を示し，家族を取り除いた表現に改めるように主張するのである。家族介護者の表現がイギリスにおいて今日殆ど使用されず，まして，法律はもとより政府や国民保健サービス，あるいは地方自治体の政策文書に記載されることなぞ一切存在しないそもそもの出発点は，ここにある。もとより介護者団体による地を這うような援助の活動と調査を踏まえた幅広い広報活動があればこそ，介護者の存在が広く知られることとなり，結果として形成されたイギリ

ス的な特徴にほかならない。ひとりフェミニストの功績と解するわけにはいくまい。しかし，その直接の契機は，フェミニストによって用意されたのである。

　では，イギリスにおけるこのような議論がフランスにも認められるかと問うならば，その答えは否である。むしろイギリスには認めることの出来ない議論が，フランスにおいて繰り広げられ，小さくはない影響力を発揮する。それは，家族団体の存在とその主張である。すなわち，介護者の中心的な存在は，その実数や週当たり介護時間別構成に照らすとき，要介護者の家族であって，友人や隣人ではない。この家族の存在と役割とを忘れるわけにはいかない。このような主張である。確かに要介護者との関係別はもとより週当たり介護時間別の介護者構成は，全国レベルのそれを含む各種の調査が一様に伝えるように，主に要介護者の家族であって友人や隣人ではない。家族団体が，議会の内外において繰り広げる主張がこうして世論の支持を受け，議会もこれに応じて熟慮を重ね，最終的に家族介護者の表現を定義の一部であるとはいえ，そこに明記をするのである。議会に提出された法案とこれを巡る審議の経緯をつぶさに観察するにつけ，フランスの家族団体は，この国の国際的にもよく知られる家族政策の誕生と発展に長らく大きな役割を担ってきたことが，改めて思い起こされる。それは，少子化対策の政策形成に関わる専ら過去の実績であるだけではなく，2015年法を巡る議会の審議が如実に物語るように，高齢化にも関わる現在のことでもある。

　フランスにおける家族団体の影響力を考慮に入れるならば，家族介護者の表現は，この国において今後も消えることなく永く使用され続けるのではないかと思われる。要介護者との親近性を示す表現の下位に位置しながら，その枠内における使用であることと併せて国際的にも実に稀な表現である。

フランスに独自なレスパイトケアの権利の法制化

　レスパイトケアのサービスを通した介護者による休息や休暇，あるいはバカンスの享受は，第1章において述べたように国際的にもよく知られる支援の方法であり，レスパイトケアの表現は，支援計画はもとより法令にも多岐に亘

る支援の方法の一環としてしばしば記載される。これは，フランスについても揺るぎなく認められる。同時に，レスパイトケアの権利（droit au répit）としてフランスの法律に明記されたことは，既に第**2**章でも言及したように高齢社会への適応に関する2015年12月28日法を通してであることに照らして，至極最近の所産であるとはいえ，フランス語圏に属する他の地域はもとより広く国際的にも稀と評して良い内容である。

　思い出されるのは，ベルギーにおける法制度化の経緯である。政府は，要介護者との親近性を示す表現（aidant proche）を用いた上で，介護者の定義の重要性と共に介護者のニーズに対応した保護措置の必要性，この両者について，既に2008年の時点において公式に認める[86]。これを裏打ちするように，議会には，介護者の法的な保護と社会的な諸権利について新たに認める法案も，現に提出される[87]。しかし，重い要介護度の要介護者を看る介護者の認知に関する2014年5月12日法は，法律の名称から容易に推測されるように介護者の定義を定め，認知の要件を示すに止まって，介護者の保護措置については何の定めも盛り込んでいない。これを例証するかのように2014年法は，一般的な措置にはじまり定義，認知，評価と題する併せて4つの章からなる合計5ヵ条から構成される[88]。驚く程に短い法律文である。これに対しては，法律の制定後はもとより，そもそも議会に提出された法案の段階から強い批判が寄せられ，男女平等機会審議会も，あまりに簡潔な法案に驚きの意を公式に表明すると共に，介護者への道義的な認知に止まることに反対の意向を表明する[89]。介護者の法的な定義に止まる限り，必要であるとはいえ初めの僅かな一歩に過ぎないとの批判も，先の指摘と同じように法案の段階において既に示される[90]。しかし，こうした強い批判はいずれも斥けられ，成立した法案の内容は，介護者に関する定義と認知に止まる。

　ベルギー政府は，介護者に関する法的な定義を最初の一歩であり，より良い方向に歩みを進める為には避けて通るわけにいかない決定的とも言える歩みなのであって，介護者支援のさらなる発展に向けて継続的な取り組みを行わなければならない，と議会における審議でも公式に表明する[91]。2008年における公式

第4章 フランス語圏の介護者支援政策とフランスの位置

見解を正当に踏まえた表明であり，2014年法は，この6年前の公式見解に照らすならば，介護者の法的な定義に関する限り議会の協力を得て完了したとはいえ，介護者のニーズに対応した保護措置については忘れ去ることなく引き続く課題として改めて位置付け，今後における取り組みについて約束をしたことになる。念頭に置かれる保護措置には，レスパイトケアのサービスも含まれるように考えられる。しかし，これが何時，どのように法制化されるのか，その構想さえ政府によって未だ示されていない。このように考えるならば，フランスの2015年法に盛り込まれたレスパイトケアの権利は，これまでの所，独自の定めをなすように思われる。

注

(1) A. Tasiaux, *Les aidants proches et la loi…, vous avec dit…reconnaissance…?*, Université de Namur, 2014, p. 3.
(2) Chambre des Représentants de Belgique, *Proposition de loi visant à attribuer une reconnaissance légale et un maintien des droits sociaux aux aidants proches* (déposé par *Muriel Gerkens et Meyrem Almaci*), Chambre des Représentants, 27 avril 2011 ; Cecile Thibaut et Mieke Vogels, *Proposition de loi visant à attribuer une reconnaissance légale et un maintien des droits sociaux aux aidants proches*, Sénat Belgique, Document légialatif, n. 5-1172/1, 14 juillet 2011.
(3) République et Canton de Genève, *Proches aidant-e-s de personnes âgées : quelle reconnaissance?, synthèse des travaux effectués lors du symposium du lund ; 23 avril 2007 à l'Auditoire de la Fondation Louis-Jeanetet*, Departement de l'économie et de la santé, 2007, p. 3 ; Canton de Vaud, *Services des assurances sociales et de l'hébergement, commission consultative pour le soutien direct des proches aidants actifs à domicile-CCSPA, rapport d'activité 2011-2012*, Canton de Vaud, 2013, p. 5.
(4) Législation genevoise, *Lois sur le réseau de soins et le maintien à domicile du 26 juin 2008*, http://www.ge.ch/legislation/rsg/f/rsg_K1_06.html ; Législation genevoise, *Réglement d'application de la loi sur le réseau de soins et le maintien à domicile du 16 décembre 2009*, http://www.geneve.ch/legislation/rsg/f/s/rsg_K1_06p01.html，いずれも2015年11月18日閲覧。
(5) Confédération Suisse, Soutien aux proches aidants, *analyse de la situation et mesures requises pour la Suisse : rapport de Conseil féréral*, Confédération Suisse, 2014, p. 4.
(6) Carole Vanier, *Projet régional de soutien aux aidants naturels, profil des aidants et des personnes aidées et profil des interventions et activités réalisées par les organisms communautaires en Montérégie*, 2004, p. 13.
(7) Agence de développement de réseaux locaux de services de santé et de services

sociaux Montérégie, *Projet régional de soutien aux aidants naturels de la Montérégie, une analyse stratégique de la pertinence des activités offertes*, Agence de développement de réseau locaux de services de santé et de services sociaux Montérégie, 2005, p. 15.

(8) *Ibid.*, p. 15.

(9) Manitoba, *Loi sur la reconnaissance de l'apport des aidants naturels*, Manitoba, 2011, pp. 2-4 et p. 7.

(10) Teppo Kröger and Sue Yeandle, *Combining paid work and family care, policies and experiences in international perspective*, The Policy Press, 2013, p. 25.

(11) Marie d'Orinellas, La cinéaste et la psy donnent la parole aux jeunes aidants, *La Parisien* du 10 juillet 2014.

(12) Tim Stainton et Sheila Marshall, *Les jeunes aidant au Canada, les avantages et les coûts cachés des soins prodigues par les jeunes*, Institut Vanier de la Famille, 2012, p. 7 ; Grant Charles and als, *Young carers in Canada, the hidden costs and benefits of young caregiving*, A Vanier Institute of the Family Publication, 2012, p. 17.

(13) Vasiliki (Vass) Bednar et als, *Jeunes qui aide les aidants? faire connaitre une tranche invisible de la population*, Groupe de Travail Action Canada, 2013.

(14) Sylvia Baago, *Inside the development black box of young carers, a literature review prepared for the young carers initiative*, Niagara, 2007 (updated), p. 2.

(15) Grant Charles, Tim Stainton et Sheila Marchall, *op. cit.*, p. 9 ; Grant Charles et als, *op. cit.*, p. 9.

(16) Saul Becker and als, *Young carers in Europe, an exploratory cross-national study in Britain, France, Sweden and Germany*, Loughborough University, 1995, p. viii ; Durham County Council and NHS County Durham and Darlington, *County Durham joint commissioning strategy for young carers 2010-2013*, Durham County Council and NHS County Duarham and Darlington, 2010, p. 5.

(17) Chris Dearden and Saul Becker, *The National directory of young carers project and initiatives*, Young Carers Research Group, 1995, p. 8 and pp. 29-30 ; Jo Aldridge and Saul Becker, *The National handbook of young carers projects*, 1998 edition, Carers National Association, 1998, p. 5.

(18) Mahon A and Higgins J. A, *Life of our own young carers : an evaluation of three RHA funded projects in Merseyside*, University of Manchester, Health Services Management Unit, 1995, p. 8.

(19) Alison Walker, *Young carers and their families, a survey carried out by the social survey division of the Office for National Statistics on behalf of the Department of Health*, HMSO, 1996, p. 1 and p. 5 ; 拙著『イギリスの在宅介護者』ミネルヴァ書房, 2000年, 407-408頁。

(20) 拙著『イギリスのコミュニティケアと介護者──介護者支援の国際的展開』前掲, 293頁 ; 同『欧米の介護保障と介護者支援──家族政策と社会的包摂, 福祉国家類型論』前掲, 223頁。

(21) Diarmuid Brittain, *Young carers in France*, in Saul Becker and als, *op. cit.*, p. 27.

第 4 章　フランス語圏の介護者支援政策とフランスの位置

(22) Department of Health, *The care act-the law for carers, factsheet 8*, Department of Health, 2014, pp. 1-2 ; Scottish Government, *Carers（Scotland）act 2016*, The Stationary Office, 2016, p. 2.
(23) ESTES, *Rapport : les aidants familiaux de personnes âgées immigrées : une double invisibilité?*, ESTES, Departement Développement et Recherche, 2014, p. 5.
(24) *Ibid.*, p. 11.
(25) Anne-Laure Marcadet, *Orientation concernant le soutien aux proches aidants immigrants de personnes ainées*, L'Appui Montréal, 2014, pp. 3-4.
(26) Karf Atkin and Janet Rollings, *Community care in a multi-racial Britain : a critical review of the literature*, HMSO, 1993, p. 11, pp. 82-83 and p. 96；拙著『イギリスのコミュニティケアと介護者──介護者支援の国際的展開』前掲，280頁，324頁，327頁。
(27) Julia Twigg, *Carers, research and practice*, HMSO, 1992, pp. 50-57.
(28) Elizabeth Debenay et als, *Commission consultative pour le soutien des proches aidants actifs à domicile, 1er rapport intermédiaire*, République et Canton de Genève, Direction générale de la santé service de la population et du réseaux de soins, 2012, p. 6 ; Sabrina Commisano, *Vers la reconnaissance d'un statut légal pour les proches aidants, rapport conjoint*, Institut de Planification des Soins et Regroupement des aidants et aidants naturels de Montréal, 2015, p. 8 et pp. 12-13 ; NHS The Hillington Hospitals, *Carers' strategy 2012-2015*, NHS The Hillington Hospitals, 2012, p. 4 ; NHS Solent, *Carers' strategy 2012-2015*, NHS Solent, 2012, p. 6.
(29) Collectif inter-associatif d'Aide aux Aidants familiaux, *Manifeste du CIAAF pour la défense de l'aidant familial non professional*, CIAAF, 2011, p. 2.
(30) Association française des aidants, *8.3 millions d'entre nous*, http://www.aidants.fr/images/AIDANTS_plaquetteGP_web.pdf, 2015年11月23日閲覧。
(31) Caisse nationale des solidarité pour l'autonomie, *Rapport 2011, accompagner le proches aidants, ces acteurs 《《invisible》》*, CNSA, 2012, p. 18.
(32) CIAAF67, *Aidant familial : le droit d'être reconnu*, CIAAF67, juillet 2014, p. 1.
(33) Ministère du Travail, des Relations sociales, de la Famille, de la Solidarité et de la Ville, *Le guide de l'aidant familial*, 2 édition, La documentation Française, 2009, p. 11 ; Ministère des affaires sociales et de la santé, *Aidant familial, le guide de référence*, La Documentation Française, 2013, p. 11.
(34) Fédération des femmes pour l'Europe, *Les aidants*, http://www.ffpe-toulouse.org/aidants.htm, 2015年11月19日閲覧。
(35) Assemblée National, *Projet de loi relative à l'adaptation de la société au vieillissement adopté par l'Assemblée Nationale en première lecteur*, Journaux officiels, 17 septembre 2014, p. 36 ; Gérard Roche et Georges Labazée, *Rapport au nom de la commission des affaires sociales sur le projet de loi, adopté par l'Assemblée National, relative à l'adaptation de la société au vieillissement*, tome I : rapport, Journaux officiels, le 4 mars 2015, pp. 155-156.
(36) Marisol Touraine et Laurence Rossignol, *Projet de loi relative à l'adaptation de la*

société au vieillissement, Assemblée nationale, N. 1994, Journaux officiels, le 3 juin 2014, p. 61.

(37) Maxime Bivort et Aude Garelly, *Les enjeux lies à la définition d'un statut pour les aidants proches en Belgique, rapport final étude à destination de l'asbl Aidants Proches*, Agence Alter asbl, 2008, p. 1.

(38) Chambre des Représentants de Belgique, *op. cit.*, p. 3 ; Sénat de Belgique, *Proposition de loi visant à attribuer une reconnaissance légale et un maintien des droits sociaux aux aidants proches, déposé par Mmes Cecile Thibaut et Mieke Vogels*, 14 juillet 2011, p. 1.

(39) Moniteur Belge, Service Public Fédéral Sécurité Sociale, *12 mai 2014-Loi relative à la reconnaissance de l'aidant proche aidant une personne en situation de grande dépendence*, 2014, p. 43570.

(40) Croix-Rouge Suisse, *Soutien aux proches aidants*. http://www.proche-aidant.ch/, 2015年11月26日閲覧。

(41) Elizabeth Debenay et als, *Commission consultative pour 1er rapport intérmediaire*, République et Canton de Genève, Direction générale de la santé service de la population et du réseau de soins, 2012, p. 5.

(42) *Ibid.*, p. 7.

(43) Association des proches aidants de la Capital-Nationale, *Que sont les proches aidants?*, http://www.apacn.org/qui_sont_les_proches_aidants, 2015年11月24日閲覧。

(44) Agence de développement de reseaux locaux de services de santé et de services sociaux Montérégie, *op. cit.*, p. 13.

(45) Marguerite Blais Ministre responsible des Aínes, *Projet de loi n. 6, Loi instituant le fonds de soutien aux proches aidants des aînés*, Edition official du Québec, 2009, p. 3.

(46) Carers Trust, *What is carer?*, http://www.carers.org/what-carer, 2015年11月19日閲覧。

(47) Office of Population Census and Survey, *Informal carers, a study carried out on behalf of the Department of Health and Social security as part of the 1985 General Household Survey*, HMSO, 1988, p. 6 and p. 36 ; Olwen Rowland and Gillian Parker, *Informal carers, results of an independent study carried out on behalf of the Department of Health as part of the 1995 General Household Survey*, The Stationary Office, 1998, p. 11 and p. 50 ; National Statistics, *Informal carers in 1995, first release*, ONS (98) 142, May 1998, p. 1.

(48) H. M. Government, *Carers at the heart of 21st -century families and communities, a caring system on your side, a life of your own*, H. M. Government, 2008, p. 19.

(49) Buckinghamshire County Council and NHS Buckinghamshire, *A joint commissioning strategy for carers in Buckinghamshire 2010-2013*, Buckinghamshire County Council and NHS Buckinghamshire, 2010, p. 10.

(50) NHS The Hillington Hospital, *Carers' strategy 2012-2015*, NHS The Hillington Hospital, 2012, p. 4.

(51) NHS Solent, *Carers' strategy 2012-2015*, NHS Solent, 2012, p. 6.

第4章　フランス語圏の介護者支援政策とフランスの位置

(52) 『介護者支援国家戦略』に記載される定義を採用する地方自治体と国民保健サービス地域基金の名称だけを紙数の関係から示すならば，以下の通りである。（　　）内は，『介護者支援地域計画』の計画年次である。刊行の年次は多くの場合に計画の初年度である。地方自治体等の順序は無作為であることを予め断っておきたい。Greenwich Council (2011-2012), Salford City Council and NHS Salford (2013-2016), Sheffield City Council (2010-2013), South Gloucestershire Council and NHS South Gloucestershire (2011-2014), East Riding of Yorkshire Council, NHS East Riding of Yorkshire and NHS Humber Health (2009-2014), Tameside Metropolitan Borough and NHS Tameside and Glossop (2011-2014), Hackney (2012-2014), Durham County Council and NHS County Durham (2009-2013), Walsall Council and NHS Walsall (2012-2014), Leeds City Council (2015-2018), NHS Brent and Brent (2012-2014), NHS Solent (2012-2015), NHS Newham and Newham London (2015-2018), Enfield Council and NHS Enfield (2013-2016), Worcestershire County Council (2015-2017), Bary Council (2013-2018), North Yorkshire County Council, NHS North Yorkshire and York (2012-2015), North East Lincolnshire and NHS North East Lincolnshire (2013-2016), City of Stoke-on-Trent and NHS Stoke-on-Trent (2014-2018), Gloucestershire County Council and NHS Gloucestershire (2013-2016), Haringey Council (2009-2014).

(53) スコットランド行政府『スコットランドの為の介護者支援計画　2010～2015年』に記載される定義を採用する地方自治体と国民保健サービス地域基金の名称だけを示すならば，以下の通りである。（　　）内は，注(52)と同じように計画年次を示す。Fife Council and NHS Fife (2012-2015), The City of Edinburgh Council and NHS Lothian (2014-2017), West Lothian Council and NHS Lothian (2013-2015), The Highland Council and NHS Highland (2014-2017), North Lanarkshire and NHS Lanarkshire (2013-2018).

(54) Minister en charge de la Famille, *Les solidarités entre générations, rapports remis au ministre en charge de la Famille*, La documentation Française, 2006, p. 46.

(55) Gérard Roche et Georges Labazée, *Rapport fait au nom de la commission des affaires sociales sur le projet de loi, adopté par l'Assemblée Nationale, relative à l'adaptation de la société au vieillissement*, tome I, rapport, Journaux officiels, 2015, p. 156.

(56) Chambre des Représentants de Belgique, *Projet de loi relative à la reconnaissance de l'aidant proche aidant une personne en situation de grande dépendance*, Chambre des Représentante de Belgique, Doc53, 3439/001, p. 4 ; Vincent Sampaoli, *Projet de loi relative à la reconnaissance de l'aidant proche aidant une personne en situation de grande dépendance*, Chambre des Représentants de Belgique, 25 mars 2014, rapport fait au nom de la commission des affaires sociales, Doc53, 3439/002, p. 3.

(57) République et Canton de Genève, *Une exposition à Genève éclaire et valorise le rôle des proches aidants*, République et Canton des Genève, 2013, p. 1.

(58) Melania Rudin et Silvia Strub, *Prestation de soin et d'assistance dispensées par les proches : temps investi et évaluation monétaire*, Bureau d'Etudes de Politique du Travail et de Politique BASS SA, 2014, p. 2.

(59) Carole Vanier, *Projet régional de soutien aux aidants naturels, profil des aidants et*

des personnes aidées et profil des interventions et activités réalisées par les organisms communautaires en Montérégie, Montérégie, 2004, p. 62.

(60)　Manitoba, *Loi sur la reconnaissance de l'apport des aidants naturels*, Manitoba, 2011, p. 1.

(61)　Sylvie Poirier, *Soutien à domicile : à contribution des aidants en chiffres*, Direction de santé publique de la Montérégie, 2014, p. 6.

(62)　Regroupement des aidants naturels du Québec, *Plateforme de revendications communes, en matière de services de soutien pour les proches aidants*, Regroupement des aidants naturels du Québec, 2013, p. 7 ; Janet Dunbrack, *Les besoins d'information des aidants naturels qui apportent soutien à un proche gravement maladie, rapport de synthèse préparé pour Santé Canada*, Santé Canada, 2005, p. 3.

(63)　Maire Sinha, *Portrait des aidants familiaux, 2012*, Statistics Canada, 2013, p. 3.

(64)　The Scottish Government, *Caring together, the carers strategy for Scotland 2010-2015*, The Scottish Government, 2010, p. 4.

(65)　NHS Northumberland and Northumberland County Council, *Northumberland carers' stratety 2008-2013*, NHS Northumberland and Northumberland County Council, 2008, p. 3.

(66)　Glasgow City Council, Supporting carers in Glasgow, *Glasgow carers strategy 2008-2011*, Glasgow City Council, 2008, p. 2.

(67)　Angus Council and NHS Tayside, *Angus carers strategy 2013-2016*, Angus Council and NHS Tayside, 2013, p. 3.

(68)　Merton Council, *Merton carers partnership, carers strategy 2009/12*, Merton Council, 2008, p. 6 ; Croydon, *Carers strategy 2011-2016 : the next steps for carers in Croydon*, Croydon, 2011, p. 3.

　　　介護者の担う無償労働の比重は，イングランドとウェールズ及びスコットランドでやや異なる。人口密度の低い農村地帯が一段と広がりを見せるウェールズでは，以下の評価が示され，無償労働の際立つ程の高さについて語られる。「ウェールズにおける年間の介護サービスの96％は，……介護者によって担われ，残りの4％は地方自治体と民間事業者に担われる」。ウェールズ北東部に位置する地方自治体の文書における指摘である。Flintshire County Council and als, *North Wales carers information and consultation strategy 2012-2015, draft 14*, Flintshire County Council, 2011, p. 6. ウェールズ地方の広大な農村地帯の情景を脳裏に思い浮かべながら，あまりの高さに驚きを感じるところである。

(69)　Kathleen Robson and Nicola Hudson, *Carers (Scotland) bill*, SPICe Briefing, The Information Centre, 2015, p. 21.

(70)　Thierry Malbert et als, *Les besoins de la prise en charge de la Maladie d'Alzheimer à la Réunion en 2009, enquête qualitative*, Observatoire Régional de la Santé La Réunion, 2010, pp. 55-57.

(71)　Sénat Belgique, *Proposition de loi visant à attribuer une reconnaissance légale et un maintien des droits sociaux aux aidants proches, déposé par Mmes Cécile Tribaut et Mieke Vogels*, 14 juillet 2011, p. 3 ; Chambre des Représentants de Belgique, *Proposition de loi visant à attribuer une reconnaissance légale et un maintien des droits sociaux aux aidants proches, (déposée par Muriel Gerkens et Meyrem Almaci)*, 27 avril 2011, p. 6.

(72) Maxime Bivort et Aude Garelly, *Les enjeux lies à la définition d'un statut pour les aidants proches en Belgique, rapport final, étude à destination de la asbl Aidants Proches*, Agence Alter asbl, 2008, p. 19, pp. 24-27 et p. 36.

(73) Législation genevoise, *Règlement d'application de la loi sur le réseau de soins et le maintien à domicile, du 16 décembre 2009*. http://www.geneve.ch/regislation/rsg-/f/s/rsg_K1_06P01.html, 2015年11月18日閲覧。

(74) André Jordan et als, *Evaluation de la charge et des besoins des proches aidants*, Association vaudoise d'aide et de soirs à domicile (AVASAD), 2012, p. 42.

(75) Manitoba, *Loi sur la reconnaissance de l'apport des aidants naturels*, Manitoba, 2011, p. 7.

(76) Martin Turcotte, *Être aidant familial : quelles sont les conséquences?* Statistics Canada, 2013, p. 1.

(77) H. M. Government, *Carers at the heart of 21st-century families and communities, a caring system on your side, a life of your own, op. cit.*, p. 117 ; Department of Health, *The care act-the law for carers, op. cit.*, p. 1.

(78) République et Canton de Genève, *Proches aidant-e-s de personnes âgées : quelle reconnaissance? synthèse des travaux effectues lors du symposium du lund : 23 avril 2007 à l'Auditoire de la Fondation Louis-Jeanetet*, République et Canton de Genève, 2007, p. 5 ; Agence de développement de réseaux locaux de services de santé et de services sociaux Montérégie, *Projet régional de soutien aux aidants naturels de la Montérégie, op. cit.*, p. 2.

(79) Santé et services sociaux Québec, *Chez soi : le premier choix, la politique de soutien à domicile*, Gouvernement du Québec, 2003, p. 6 ; Sylvie Poirier, *Soutien à domicile : la contribution des aidants en chiffres*, Direction de Santé publique Montérégie, 2010, p. 5.

(80) Législation genevoise, *Loi sur le réseau de soins et le maintien à domicile du 26 juin 2008*. http://www.ge.ch/legislation/rsg/g/rsg_K1.06.html, 2015年11月18日閲覧。

(81) Agence nationale de l'évaluation et de la qualité des établissements et services sociaux et médico-sociaux, *Le soutien des aidants non professionnels, une recommendation à destination des professionnels du secteur social et médico-social pour soutenir les aidants de personnes âgées, adults hadicapées ou souffrant de malade chronique vivant à domicile*, Agence nationale de l'évaluation et de la qualité des établissements et services sociaux et médico-sociaux, 2014, p. 11 et pp. 104-105 ; Caisse nationale de solidarité pour l'autonomie, *Rapport 2014, 10 ans de solidarité pour l'autonomie*, CNSA, 2015, pp. 50-59 et pp. 121-124 ; République et Canton de Genève, *Proches aidant-e-s de personnes âgées : quelle reconnaissance? synthèse des travail effectués lors du symposium du lund : 23 avril 2007 à l'Auditoire de la Fondation J. Louis-Jeanetet*, République et Canton de Genève, 2012, p. 6.

(82) Ministère de la Réforme de l'état, de la Décentralisation et de la Fonction publique,

Pour une meilleure articulation entre vie professionnelle et vie familiale, identification des bonnes pratiques des secteurs public et privé en France et à l'étranger, Ministère de la Réforme de l'état, de la Décentralisation et de la Fonction publique, 2013, pp. 1-74 ; Union nationale des association familiales, *Aidants familiaux : guide à destination des entreprises 2014*, UNAF, 2014, pp. 1-68 ; Gouvernement du Canada, *Quand il faut jongler entre travail et soins, comment les employeurs peut soutenir les aidants naturels au sein de leur personnel, rapport du Groupe d'employeurs sur la question des aidants naturels*, Gouvernement du Canada, 2015, pp. 1-61.

(83) Conseil général des Pyrénnées Atlantiques, *Soutien aux proches aidants de personnes en perte d'autonomie*, édition 2014, Conseil général des Pyrénées Atlantiques, pp. 1-11 ; Conseil général de Puy-de-Dôme, *Resaida 63 reseau d'aide au aidants*, Conseil général des Puy-de-Dôme, 2014, pp. 1-36 ; Le Département de Gironde, *Guide des aidants familiaux de la Haute Gironde*, Le Département de Gironde, 2012, pp. 1-14 ; University of Stirling and University of Leeds, *Helpful hints for carers, practical solutions for carers living with people with dementia*, University of Stirling and University of Leeds, 2009, pp. 1-55 ; Andrew Bellmy, *Back care for carers, a self-help guide for carers on prevention and management of back pain*, Pavilion, 1995, pp. 1-115.

(84) Valerie Flohimont et als, *Reconnaissance légal et acces aux droits sociaux pour les aidants proches, étude réalisée à la demande de l'asbl ⟨⟨Aidants proches⟩⟩ pour le compte de Secrétaire d'Etat aux Affaires sociales, charge des personnes handicapées*, Asbl, 2010, p. 181.

(85) Agence de développement de réseau locaux de services de santé et de services sociaux Montérégie, *op. cit.*, p. 1.

(86) A Tasiaux, *Les aidants proches et la loi..., vous avec dit..., reconnaissance...?* Université de Namur, 2014, p. 3.

(87) Vincent Sampaoli, *Projet de loi relative à la reconnaissance de l'aidant proche aidant une personne en situation de grande dépendence*, Chambre des Représentations de Belgique, 2014, p. 3 et pp. 5-7.

(88) Moniteur Belge, Service public fédéral securité social, *12 mai 2014-Loi relative à la reconnaissance de l'aidant proche aidant une personne en situation de grande dépendence*, Moniteur Belge, 06. 06. 2014, pp. 43570-43571.

(89) Conseil de l'Egalité des Chances entre Hommes et Femmes, *Avis n. 137 du Bureau du Conseil de l'Egalité des Chances entre Hommes et Femmes, du 13 septembre 2013 relatif à un avant-projet de loi relative à la reconnaissance de l'aidant proche aidant une personne en situation de grande dépendence*, Conseil de l'Egalite des Chances entre Hommes et Femmes, 2013, p. 3.

(90) Conseil National du Travail, *Avis N. 1876 Avant-projet de loi-aidant proches*, Conseil National du Travail, 26 novembre 2013, p. 4.

(91) Premier Ministre de Belgique, *Un premier pas décisif vers la reconnaissance des aidants proches, comminique de presse*, Premier Ministre de Belgique, 22 Mars 2013, p. 2.

終　章
介護者の社会的包摂とレスパイトケア

　介護者の健康はもとより広く家族生活や経済生活，並びに社会生活を優れて包括的に把握する為に，序章においては，内外の社会的排除研究について幅広く振り返り，これを出発点に，続く第1章から第4章では，介護者支援政策とこれを構成する諸方法について，国際比較の手法を選び取りながら検討してきた。フランスにおける支援政策の独自の忘れ難い特徴と共に，国境を越えて広く共有される特徴も描き出してきたところである。

　レスパイトケアは，介護者による休日や余暇の享受を担保するだけに，その歴史は，社会的包摂を理念に据える支援政策の誕生の以前から，言い換えるならば，介護者支援政策の比較的初期の時期に遡る不可欠の構成要素としての位置を与えられてきた，と評して良い。同時に，レスパイトケアは，介護者自身の健康はもとより広く家族生活や社会生活の維持，言い換えるならば孤立化の回避と社会的なつながりの保持を念頭に措くだけに，支援政策の目的が，日常生活上の援助の継続性の担保から，さらに進んで介護者の社会的包摂へと大きく転ずると共に，その位置を以前にも増して高めることになる。フランスもその例外ではない。

　レスパイトケアを巡る国内の理解は，必ずしも一様とは言いがたい現状にあり，小さくはない国際的な変化について言及しないままに論じられてもいるだけに，まずは，様々な理解や位置付けについて事実に即した整理を試みた上で，フランスのレスパイトケア，特に介護者によるバカンスの享受に向けた支援とその得難い効果について，法制度の変化も踏まえながら検討を加えてみたい。介護者の「生活の質」の向上に資する効果を持つことについて，理解をしていただけるのではないであろうか。効果の検証は，第1章に述べた多岐に亘る

支援の方法も，レスパイトケアと同じように介護者の「生活の質」の向上に，直接的にはもとより間接的にも資するであろうことを，暗示するのではないかと密かに考えるが，いかがであろうか。

1 レスパイトケアの定義を巡る諸見解

介護者支援政策の国際的な広がりとレスパイトケアの位置

　介護者支援政策は，国際的な広がりを示す。世界保健機関（WHO）は，「長期介護に関する公的な政策とサービスが，多くの場合に要介護者に焦点を当てるとはいえ，幾つかの財政支援とサービスは，主として近親者からなる介護者を対象にする」と述べて，このうち後者の「介護者支援の公共政策」[1]を構成する諸方法について，レスパイトケアはもとより情報の提供，介護技術訓練，介護者手当，要介護者への手当，税制上の措置，有給もしくは無給の介護休暇，柔軟な働き方，カウンセリング，老齢年金給付上の措置並びに有給の介護職員採用の措置など，あわせて11の方法について紹介をする。2003年の報告書における指摘である。このうち要介護者手当は，フランスの個別自立手当がそうであるように，直接には名称の示す通り要介護者に給付されるとはいえ，彼女や彼の選択に沿いながら，その一部が介護者に向けられる場合も制度として認められることから，介護者を対象にする「財政支援とサービス」の一環として列記されたものである。

　また，国際経済協力開発機構は，「介護者支援政策」と題して「介護者へのサービス」[2]に関する国際比較の結果を公表する。「介護者へのサービス」は，これに従うならば支援の方法別に，介護技術訓練27ヵ国中20ヵ国（74.1%），以下同じくカウンセリング19ヵ国（70.4%），レスパイトケア18ヵ国（66.7%），要介護者手当16ヵ国（59.3%），介護者手当と有給休暇，柔軟な働き方並びに付加給付についていずれも13ヵ国（48.1%），無給の介護休暇11ヵ国（40.7%），これらである。レスパイトケアは，このように9つの方法のうち介護技術訓練やカウンセリングと並んで上位を占める。

さらに，ヨーロッパ連合は，「介護者やボランティアの社会への貢献はしばしば見落とされてきた[3]」と反省の意を示すと共に，さらに進んで「高齢者の長期介護サービスの多くが，殆どのヨーロッパ諸国において介護者に担われる。……介護者の担う無償介護の経済的な価値は，各種の推計作業に拠れば加盟国による長期介護総費用の50％から90％を占める[4]」，と評する。ヨーロッパ連合は，このように介護者の実に大きな役割について率直なまでに認めた上で，介護者支援の必要性について指摘し，レスパイトケアにはじまる7つの方法（介護者手当，社会保護，介護技術訓練，介護休暇，仕事と介護の両立，住居改修助成）について例示をする。支援の多岐に亘る方法のうちレスパイトケアは，カウンセリング等と共に，国際連合（UN）の障碍者の権利に関する条約（2006年12月13日，第61回国連総会にて採択）に明記され，日本の外務省によっても「……介護者の休息のための一時的な介護……[5]」として翻訳され紹介される。ちなみにこの条約は，日本を含む160ヵ国によって批准される（2015年11月現在）。

　介護者支援の主要な方法の一つとしてのレスパイトケアは，イギリスやアメリカはもとよりオーストラリア，ニュージーランド，ドイツ，ベルギー，スイス，オランダあるいはカナダ等の政府によっても公的に認知され，推進に向けた方策が採用される。このうちアメリカでは，1990年を前後して高齢者や障碍者を看る介護者支援計画の重要な構成要素をなすに至り[6]，レスパイトケアに関する2006年法（lifespan respite care act of 2006）は，これを例証するかのように介護者支援計画とその推進の拠り所の一環として定められる。また，保健・対人サービス省『認知症国家戦略』（計画期間2012〜2015年，2012年）は，「介護者が自らの健康を維持しながら日常生活上の援助を担い続けていくことが可能である[7]」為の方法の一つとして，レスパイトケアとその拡充について位置付ける。『介護者支援国家戦略』の策定を求める法案も，2015年7月に上下両院に提出され，法案には，レスパイトケアもこの『国家戦略』に記載されるべき支援策の一つとして明記される[8]。これも，レスパイトケアがアメリカにおいて制度化されていることの例証である。あるいは，ドイツの連邦家族問題・高齢者・女性・若年者省の定めた長期介護を要する人の権利憲章の第5条には，カウンセ

リングや介護技術訓練などと並んで，レスパイトケアが介護者に保障されなければならない，と記載される(9)。また，オランダの保健・福祉・スポーツ省『認知症ガイドライン』（改定版，2009年）も，レスパイトケアについて明記をする(10)。

ヨーロッパのレベルにおいて制定された介護者憲章あるいは要介護高齢者憲章が，レスパイトケアを視野に収めて直接に言及することは，言うまでもない(11)。これも，レスパイトケアが介護者支援の主要な方法の一つとしての位置にあることの例証ではあるまいか。

レスパイトケア発祥の時期と場所

諸外国におけるレスパイトケアの広がりを確かめるにつけ，その発祥の時期と場所についての疑問が湧き上がる。佐藤久夫氏等に拠れば，「レスパイトの発祥は北米であり，家族支援の一形態である(12)」との評価が示される。レスパイトケアに関する日本の研究者の業績は少なくないとはいえ，その発祥に言及する作業としては，唯一の実に貴重な指摘である。また，イギリスのK.スタルカー（Kirster Stalker）に拠れば，「レスパイトケアの表現は相対的に新しく，1970年代にアメリカからイギリスに持ち込まれた(13)」として，その発祥は，アメリカであるとの見解を示す。あるいは，「レスパイトケアの概念は，1970年代初頭以降にアングロサクソン諸国において形成され広がりはじめる(14)」との見解も，フランスの研究者によって示される。

しかし，これらとは明らかに異なる見解も提示される。フランスの別の研究者による指摘である。これに従うならば，「レスパイトのフランス語表現（répit）は，1940年代にカナダのケベック州で誕生し，戦後の1960年代における脱施設化の動きに突き動かされながら，イギリスとアメリカでもレスパイトの表現が形成される(15)」。レスパイトの表現は，これに従うならばカナダのケベック州において早くも戦前に誕生し，戦後の1960年代に至ってイギリスとアメリカの両国において，レスパイトケアの表現として形成される。これと同様の見解は，他の研究者によっても共有される。「レスパイトは，1940年代にケベック州のモントリオール市において発展する(16)」との指摘が，それである。しかし，

終　章　介護者の社会的包摂とレスパイトケア

　カナダにおけるレスパイトケアは，1960年代後半の時期に現れたとの指摘も，カナダ健康管理協会（CHA）によって2001年に示される。関係する表現の誕生した国はもとより，その時期についても明らかに異なる見解である。
　レスパイトケアは，カナダのケベック州において，もとよりフランス語の表現としてであるとはいえ既に戦前に産声を上げたのであろうか。それとも，アメリカにおいて戦後に形成されたのであろうか。2つの全く異なる見解の是非を検証する為には，一次資料に遡って分析を加えなければなるまい。先に紹介をした内外の研究者は，自らの見解を示すに際して，その拠り所をなす一次資料を提示してはおらず，また，異なる見解を明確に意識しながら，これに内在的な批判を加えているわけでもない。こうした意味においてもカナダはもとよりイギリスやアメリカの1940年代から70年代の一次資料に遡った独自の検討を要する。これまでのところ，イギリスについて言えば，第2次世界大戦以前にレスパイトケアの表現が用いられた形跡は全く認められず，戦後の1940〜60年代に公刊された調査研究の成果に目を通しても，介護者への支援に言及する場合でさえ，レスパイトケアの表現を用いる事例は一つとして認められない。しかし，カナダとアメリカの関係する一次資料の検討は，これからの課題である。この為に，ここでは，ひとまずレスパイトケアの形成を巡って，明らかに異なる見解が内外に認められるとの指摘に止めておかなければならない。

レスパイトケアとデイサービス，ショートステイの不記載

　「レスパイトの考え方」は，佐藤久夫氏等に拠れば「1990年代初頭，……我が国に普及し始めた頃……[17]」であると評される。これをあたかも例証するかのようにドイツにおける「……家族など介護者の休暇や病気などに際して短期間の入所介護を行うショートステイ……」，あるいは，「在宅要介護者が介護する家族等の休暇や病気の際に，年に4週間を限度として代替介護サービスを行う……」「デイ・ケア・ホーム[18]」に関する紹介も，別の研究者を通して90年代初頭に行われる。「ショートステイ」は，改めて言うまでもなくデイサービス等と共に，直接には要介護者を対象にするサービスであるとはいえ，このサービ

ス給付期間あるいは時間における介護者の日常生活上の援助からの解放と、これを通した介護者の休息や休暇の享受を可能にする。かくしてショートステイやデイサービスは、レスパイトケアを担保する方法の一環である。「レスパイトケアの考え方」は、佐藤氏らの指摘に従うならば「……わが国に普及しはじめ……」てから、既に四半世紀が経過したことになる。けっして短くはない期間の経過ではあるまいか。しかし、レスパイトケアの表現が日本において文字通り遍く広く用いられ、かつ、正確に理解されているかと問うならば、その答えは残念なことに否である。

この冷厳な事実を例証するために、社会福祉と社会保障、家族福祉、介護福祉の領域はもとより家族社会学、老年学、家族看護論を含む看護学などの分野の辞典あるいは事典に加えて、社会福祉と看護分野の教科書について調べてみたい。視野に収めた辞典などは、領域の広さから333冊を数える。但し、臨床看護学の分野の辞典と教科書、加えて外国において刊行された辞典の翻訳版は、除外をしていることを予めお断りしておきたい。その概要は表に示す通りである（表終-1）。

社会福祉辞典が戦後最初に刊行されるのは、1952年である。日本社会事業短期大学編『社会福祉辞典』（福祉春秋社）が、それである。この辞典は、揺るぎない学術的な価値を例証するように、のちに一番ケ瀬康子氏ほか編『戦後社会福祉基本文献集10』（日本図書センター、2000年）として、再刊される。また、看護学の分野における教科書は、筆者の知る限りにおいても1910年代に遡る（下平文柳『看護学』訂正第7版、吐鳳堂書店、1916年）が、ここでは、戦後に絞って検討したい。戦後最初の辞典は、酒井哲哉ほか『医学看護学用語：和・英・独・対照』（医学書院、1954年）であるように思われる。

レスパイトケアに関する定義を含む扱いは、一律に為されているわけではない。その内容に照らして、表終-1に示すように大きく4つに分類をすることが妥当である。

まずは、レスパイトケアはもとより、これと密接に関係するデイサービス（日帰り介護、通所介護）やデイケア（通所リハビリテーション）、あるいはショー

トステイ（短期入所，短期入所生活介護，短期入所療養介護）の表現を一切記載しない辞典である。先に紹介をした日本社会事業短期大学部編『社会福祉辞典』の刊行年次に照らすならば，その時代状況に照らして記載のないことも当然といえば当然の帰結であるとはいえ，表終-1に示すように2000年以降に公刊された他の幾冊かの辞典も，これと同様である。やや驚きの感を否めないとはいえ，否定するわけにいかない冷厳な事実である。

表終-1 レスパイトケアを巡る日本人研究者の諸見解の4類型構成（1952～2016年）

類型 I～IV：監修・編著者名（辞典，事典等の刊行年次）
類型 I：デイサービス（デイケア），ショートステイ並びにレスパイトケアの記載なし 日本社会事業短期大學（1952年），酒井哲哉（1954年，58年，62年），末高信（1958年，2006年），太田敬三（1962年，66年，68年），松尾均（1964年），三神美和（1965年），塚本哲（1966年，72年），原弘毅（1966年），斉藤潔（1967年），日本精神科看護協会教育委員会（1968年），厚生省・労働省（1968年），一番ケ瀬康子（1971年），吉田秀夫（1972年），綾部市社会福祉協議会（1973年），角田豊（1974年），社会保障事典編集委員会（1976年），日野原重明（1976年），メヂカルフレンド社編集部（1977年），最新看護用語辞典編集委員会（1977年），柴嶺昇（1978年），内薗耕二（1978年，82年，88年），柴田善守（1983年），エンサイクロペディア看護辞典編集委員会（1984年），北徹（1998年），鈴木幸雄（2003年），日本地域福祉学会（2006年），三菱総合研究所（2006年），山崎泰彦（2009年），岡田一義（2012年）
類型 II：デイサービス（デイケア），ショートステイの記載はあるが，レスパイトケアの記載なし 医学書院出版部（1969年），仲村優一（1974年，81年，82年，84年，88年，2007年），日野原重明（1977年，92年，96年），石部元雄ほか（1981年，99年），田村健二（1982年），三浦文夫（1982年，83年，97年，99年，2000年，2004年，2006年，2011年，2014年），内薗耕二（1982年，88年，96年），前田大作（1983年），塚本哲（1983年，86年），森幹郎（1984年），中島恵子（1985年），小田兼三（1986年），長谷川和夫（1986年，95年），山崎智子（1987年），福武直（1988年），事典刊行委員会（1989年），心身障害教育・福祉研究会（1989年），社会資源研究会（1989年，99年，2002年），日本社会福祉実践理論学会（1989年，96年，97年），中央法規出版編集部（1989年，93年，2001年），那須宗一（1989年），障害者行政研究会（1990年），エイジング総合研究センター（1990年），児島美都子（1990年），一番ケ瀬康子（1991年，2002年，2007年），福祉士養成講座委員会（1992年，92年），厚生省社会局・児童家庭局（1992年），野々山久也（1992年），氏家幸子（1993年），古川孝順（1993年，95年，99年），日本精神科看護技術協会（1993年，2000年），川村佐和子（1994年），厚生省社会・援護局　児童家庭局（1994年），島内節（1994年，99年，2000年），日本薬剤師会（1994年，98年），厚生省大臣官房老人保健福祉部（1995年），小笠原祐次（1995年），鈴木和子（1995年），西谷裕（1995年），牧里毎治（1995年），介護福祉用語研究会（1995年，2001年），東京都老人総合研究所社会福祉部門（1996年），比較家族史学会（1996年），浜口晴彦（1996年），井上幸子（1996年），巻田ふき（1996年），最新看護用語辞典編集委員会（1996年，2003年），金子勇（1997年），金子克子（1997年），小島操子（1997年），三和治（1997年），松野かおる（1997年，2002年），加藤雄司（1997年，2001年），日

本地域福祉学会（1997年，2006年），大橋優美子（1997年，2002年），大阪外国語大学デンマーク・スウェーデン語研究室（1998年），新・社会福祉学習双書編集委員会（1998年，98年），京極高宜（1998年，99年），障害者政策実務研究会（1999年），岩田正美（1999年，2013年），川上正夫（2000年，2004年），村井淳志（2000年），館山不二夫（2000年），鎌田ケイ子（2000年），社会福祉士受験対策研究会（2000年），中井紀代子（2000年），野川とも江（2000年），和田清美（2000年），和田攻（2000年，2002年），久木野憲司（2001年），白澤政和（2002年），市民福祉サポートセンター（2002年），川村匡由（2002年，2008年），中西睦子（2002年），小松源助（2002年，2004年），小玉敏江（2003年），吉田宏岳（2003年，2007年），福祉住環境用語研究会（2003年），奥山則子（2004年），木下由美子（2004年），社会福祉専門職問題研究会（2005年），新版社会福祉学習双書編集委員会（2005年，2005年，2005年），日外アソシエーツ株式会社（2005年，2010年），寺出浩司（2005年），高崎絹子ほか（2005年），生野繁子（2006年），教材開発委員会専門用語編集部会（2006年，2007年），加藤正明ほか（2006年），村松静子（2006年），天賀谷隆（2007年），小室豊（2007年），佐藤進（2007年），全国介護者支援協会（2007年），糸川嘉則（2008年），須貝佑一（2008年），津村智恵子（2008年），吉田聡（2008年），福田素生（2008年，2009年，2013年，2015年），国際交流基金関西国際センター（2009年），社会福祉士養成講座編集委員会（2009年），鶴野隆浩（2009年），星野浩（2010年），精神保健看護辞典編集委員会（2010年），清水順三郎（2010年），波川京子（2010年），村松静子（2010年），平岡公一（2011年），全国社会福祉協議会（2011年，2012年），大田仁史（2014年），平野隆之（2014年），井部俊子（2015年），増田雅暢（2015年），週刊社会保障編集部（2016年），社会保障入門編集委員会（2016年）

類型Ⅲ：レスパイトケアの定義には障碍児（者）を看る介護者のみ
福田垂穂（1988年），京極高宜（1993年，2002年，2002年），紀南福祉会（1999年），中央法規出版編集部（2000年，2001年，2004年），山縣文治（2000年，2009年，2010年，2013年），大島巌（2001年），日本介護福祉士会（2001年，2003年，2007年），福祉用語編集委員会（2002年），佐藤久夫（2002年），畠中宗一（2002年，2006年），メヂカルフレンド社（2002年2013年），青木務（2003年），硯川眞旬（2003年，2006年），一番ヶ瀬康子（2004年），エキスパートナース編集部（2004年），古川孝順（2004年），島田美喜（2005年），川村匡由（2005年，2006年），杉本敏夫（2005年，2007年），宮原伸二（2006年），日本在宅ケア学会（2007年），大橋優美子（2008年），小澤温（2008年），永井良三（2013年），大西健二（2013年）

類型Ⅳ：レスパイトケアの定義に障碍児（者）もしくは高齢者を看る介護者双方を含む
常葉恵子（1992年），石部元雄（1994年），荒木兵一郎（1999年），庄司洋子（1999年），平岡公一（1999年），白佐俊憲（1999年，2002年），村川浩一（2000年），小出進（2000年），社会福祉辞典編集委員会（2001年），成清美治（2001年，2015年），相澤譲治（2002年），畠中宗一（2002年），小田兼三（2002年），内薗耕二（2002年），京極高宜（2003年），秋元美世（2003年），牧里毎治（2003年），村川浩一（2003年，2006年，2015年），見藤隆子（2003年，2006年，2011年），日本社会福祉実践理論学会（2004年），日本精神保健福祉士協会（2004年），小笠原祐次（2005年），北川隆吉（2005年），宣間真美（2005年），大田仁史（2005年，2013年），仲村磐男（2006年，2010年），杉本正子（2006年），橋本篤孝（2006年），山口瑞穂子（2006年），用語辞典編集委員会（2006年），医療情報科学研究所（2007年，2011年），コミュニティケア・プロジェクト（2007年），池西静江（2007年），中央法規出版編集部（2007年，2010年，2010年，2012年，2015年），櫻井尚子（2007年，2013年），吉本光一（2008年），住居広士（2009年，2012年），井部俊子（2009年），前川厚子（2009年，2015年），大内尉義（2010年），和田攻（2010年），太田貞司（2010年），北川公子（2010年），社会福祉士養成講座編集委員会（2010年），樋口キエ子（2010

年),福祉教育カレッジ (2010年, 2012年),菅山信子 (2010年, 2013年),志田京子 (2011年),正木治恵 (2011年),大渕律子 (2011年, 2013年),石垣和子 (2012年),下正宗 (2012年),柴田範子 (2012年),南光進一郎 (2012年),北徹 (2012年),飯田恭子 (2012年),田中道子 (2012年),三好春樹 (2012年),山勢博彰 (2012年) 九州社会福祉研究会 (2013年),秋山正子 (2013年),宮下光令 (2013年),島内節 (2014年),日本社会福祉学会事典編集委員会 (2014年),日本介護福祉学会事典編纂委員会 (2014年),水戸美律子 (2014年)

注:表中複数の監修者や編著者もしくは著者の場合には,筆頭者のみを示している。
出典:日本社会事業短期大學『社会福祉辞典』福祉春秋社,1952年(一番ケ瀬康子ほか編『戦後社会福祉基本文献集10』日本図書センター,2000年収録);酒井哲哉ほか『医学看護学用語──日・英・独・対照』医学書院,1954年;同『医学看護学用語辞典──和・英・独・対照』医学書院,1958年;同『医学看護学用語辞典──和・英・独・対照』第2版,医学書院,1962年;末高信ほか監修『社会保障辞典』社会保険法規研究会,1958年;同『日本社会保障大百科』社会保険法規研究会,2006年;太田敬三ほか編『スタンダード看護事典』金原出版,1962年;同『スタンダード看護事典』改訂版,金原出版,1966年;同『スタンダード看護事典』三訂版,金原出版,1968年;松尾均編『日本社会保障読本』東洋経済新報社,1964年;三神美和編『家庭看護学』恒星社厚生閣,1965年;塚本哲ほか監修『社会福祉事業辞典』ミネルヴァ書房,1966年;同『社会福祉事業辞典』増補改訂版,ミネルヴァ書房,1972年;原弘毅ほか編『看護・医学辞典』第2版,医学書院,1966年;斉藤潔『家庭看護学』3訂版,光生館,1967年;日本精神科看護協会教育委員会編『精神科看護用語辞典』第2版,メヂカルフレンド社,1968年;厚生省・労働省監修『日本社会保障大百科』社会保険法規研究会,1968年;一番ケ瀬康子ほか編『社会福祉事業辞典』増補改訂版,ミネルヴァ書房,1971年;吉田秀夫ほか『社会保障事典』改訂版,家の光協会,1972年;綾部市社会福祉協議会『老人のための新語辞典』綾部市社会福祉協議会,1973年;角田豊ほか編『現代社会福祉小辞典』法律文化社,1974年;社会保障事典編集委員会編『社会保障事典』大月書店,1976年;日野原重明ほか編『看護・医学辞典』第3版,医学書院,1976年;メヂカルフレンド社編集部編『最新和英独看護用語辞典』第2版,メヂカルフレンド社,1977年;最新看護用語辞典編集委員会『最新看護用語辞典』第5版,メヂカルフレンド社,1977年;柴嶺昇ほか『社会福祉用語ハンドブック』日本文化科学社,1978年;内薗耕二ほか編『看護学大辞典』メヂカルフレンド社,1978年;同『看護学大辞典』第2版,メヂカルフレンド社,1982年;同『看護学大辞典』第3版,メヂカルフレンド社,1988年;柴田善守ほか編『体系社会福祉小辞典』家政教育社,1983年;エンサイクロペディア看護辞典編集委員会『エンサイクロペディア看護辞典』廣川書店,1984年;北徹監修『老年学大事典』西村書店,1998年;鈴木幸雄編『社会福祉用語辞典ハンドブック』改訂新版,保育社,2003年;日本地域福祉学会『地域福祉辞典』新版,中央法規出版,2006年;三菱総合研究所『図説福祉・介護ハンドブック』第2版,東洋経済新報社,2006年;山崎泰彦編『社会福祉』第3版,メヂカルフレンド社,2009年;岡田一義『看護英語ハンドブック』東京医学社,2012年;医学書院出版部編『学習のための看護用語集』医学書院,1969年,148頁;仲村優一ほか編『社会福祉辞典』誠信書房,1974年,262頁;同『社会福祉英和・和英用語辞典』誠信書房,1981年,67頁;同『現代社会福祉事典』全国社会福祉協議会,1982年,270頁,341頁;同『社会福祉実践の理論と方法』有斐閣,1984年,197頁,210頁;同『現代社会福祉事典』改訂版,全国社会福祉協議会,1988年,279-280頁,355頁;同監修『エンサイクロペディア社会福祉学』中央法規出版,2007年,382頁;日野原重明ほか編『看護・医学辞典』第3版,医学書院,1977年,617頁,620頁;同『看護・医学辞典』第4版,医学書院,1992年,819頁;同『看護・医学辞典』第5版,医学書院,1996年,618-619頁,623頁;石部光雄ほか編『心身障害辞典』福村出版,1981年,213-214頁;同『心身障害辞典』福村出版,1999年,213頁;田村健二ほか編『精神障害者辞典』相川書房,1982年,404頁,447頁;三浦文夫ほか編『社会福祉の政策』有斐閣,1982年,177頁,194頁,227頁;同『高齢化社会と社会福祉』有斐閣,1983年,79頁,115-116頁;同編著『福祉サービスの基礎知識』自由国民社,1997年,96頁,106頁,132頁,134頁,167頁,170頁;同編著『福祉サービスの基礎知識』

改訂版, 自由国民社, 1999年, 145頁, 147頁, 173頁, 176頁, 247頁；同『福祉サービスの基礎知識』改訂新版, 自由国民社, 2000年, 200-201頁, 210-211頁；同『福祉サービスの基礎知識』改訂新版, 自由国民社, 2004年, 167頁, 217頁；同『福祉サービスの基礎知識』自由国民社, 2006年, 230-231頁, 243頁；同『社会サービスの基礎知識』改訂8版, 自由国民社, 2011年, 237頁, 239頁；同『福祉サービスの基礎知識』改訂9版, 自由国民社, 2014年, 224-225頁, 235頁, 237頁；内薗耕二編『看護学大辞典』第2版, メヂカルフレンド社, 1982年, 1284頁；同ほか編『看護学大事典』第3版, メヂカルフレンド社, 1988年, 953頁, 1359頁；同ほか編『看護学大辞典』第4版, メヂカルフレンド社, 1996年, 1335頁, 1425頁；前田大作ほか『老人福祉・家族福祉』勁草書房, 1983年, 87頁, 117頁, 125-128頁；塚本哲夫監修『老後問題辞典』ドメス出版, 1983年, 411頁；同ほか監修『新版社会福祉事業辞典』ミネルヴァ書房, 1986年, 309頁；森幹郎『老人問題解説事典』中央法規出版, 1984年, 152頁, 200-201頁；中島恵子ほか『公衆衛生・社会福祉』改訂版, 金芳堂, 1985年, 41頁, 88頁, 90頁；小田兼三ほか編『社会福祉概論——看護・保育・福祉実践のために』ミネルヴァ書房, 1986年, 170頁；長谷川和夫編『痴呆性老人の看護とデイサービス』医学書院, 1986年, 103頁, 106頁, 159頁, 180頁, 184頁；同ほか編『痴呆性老人のデイケア』医学書院, 1995年, 56頁, 69頁, 96頁, 110頁；山崎智子ほか編著『家庭の看護』金芳堂, 1987年, 198頁；福武直ほか編『21世紀の福祉明日の福祉⑩』中央法規出版, 1988年, 191頁, 207頁, 270頁；事典刊行委員会『社会保障・社会福祉事典』労働旬報社, 1989年, 90頁, 752頁；心身障害教育・福祉研究会編『心身障害教育と福祉の情報事典』同文書院, 1989年, 433頁；社会資源研究会編著『福祉制度要覧』四訂版, 川島書店, 1989年, 308-310頁；同『福祉制度要覧』六訂版, 川島書店, 1999年, 458-459頁, 461頁；同『新福祉制度要覧』川島書店, 2002年, 395頁, 408頁；日本社会福祉実践理論学会編『社会福祉実践基本用語辞典』川島書店, 1989年, 74頁, 111-112頁；同『社会福祉実践基本用語辞典』川島書店, 1996年, 110頁, 151頁；同『社会福祉実践基本用語辞典』改訂版, 川島書店, 1997年, 80頁, 121頁；中央法規出版編集部編『介護福祉用語辞典』中央法規出版, 1989年, 199頁；同『介護福祉用語辞典』改訂版, 中央法規出版, 1993年, 214頁；同『新版社会福祉用語辞典』中央法規出版, 2001年, 396頁, 556-557頁；那須宗一監修『老年学事典』ミネルヴァ書房, 1989年, 212頁, 227頁, 235頁, 370頁, 378頁；障害者行政研究会編『障害者行政事典』中央法規出版, 1990年, 136頁, 223頁；エイジング総合研究センター編『高齢化社会総合事典』ぎょうせい, 1990年, 232頁, 353頁, 444-445頁；児島美郎子ほか編『社会福祉』第5版, 金原出版, 1990年, 69頁, 89頁；一番ケ瀬康子ほか編『介護ハンドブック』初版, 光生館, 1991年, 3頁, 8頁, 16頁, 107頁, 169頁；同監修『痴呆性高齢者の在宅介護——その基礎知識と社会的介護への連携』一橋出版, 2002年, 113頁, 128頁；同ほか監修『エンサイクロペディア社会福祉学』中央法規出版, 2007年, 382-383頁；福祉士養成講座委員会編『障害者福祉論』初版, 中央法規出版, 1992年, 131頁, 239頁；同『老人福祉論』初版, 中央法規出版, 1992年, 26頁, 71頁；厚生省社会局・児童家庭局監修『社会福祉用語辞典』中央法規出版, 1992年, 395-396頁, 421-422頁；野々山久也編著『家族福祉の視点』ミネルヴァ書房, 1992年, 19頁, 82-85頁, 89頁, 95-96頁, 167頁, 248-250頁, 276頁；氏家幸子ほか『老人看護論』第3版, 医学書院, 1993年, 68頁, 272頁；古川孝順ほか編『社会福祉論』有斐閣, 1993年, 42頁, 287頁；同編『社会福祉論』有斐閣, 1995年, 13-14頁；同『社会福祉Ⅰ 介護福祉士のための用語集』誠信書房, 1999年, 385頁；日本精神科看護技術協会編『精神科看護用語辞典』第5版, メヂカルフレンド社, 1993年, 227-228頁；同『精神科看護用語辞典』新訂第1版, メヂカルフレンド社, 2000年, 143頁；川村佐和子編『在宅介護福祉論』誠信書房, 1994年, 156-157頁, 166頁；厚生省社会・援護局 児童家庭局監修『社会福祉用語辞典』改訂版, 中央法規出版, 1994年, 403頁；島内節ほか編『家族ケア』医学書院, 1994年, 102頁, 115頁, 121-122頁；同『家族ケア』第2版, 医学書院, 1999年, 115-116頁, 121頁；同ほか編『看護・介護サービスのための目で見る用語事典』東京法令出版, 2000年, 45-47頁；日本薬剤師会編『老人保健・福祉サービスの基礎知識』薬事日報社, 1994年, 40-44頁, 57頁, 70-73頁；同『老人保健・福祉サービスの基礎知識』改訂版, 薬事日報社, 1998年, 7頁, 27-36頁, 58-61頁, 90-93頁；厚生省大臣官房老人保健福祉部監修『老人保健福祉事典』改訂版, 中央法規出版,

終　章　介護者の社会的包摂とレスパイトケア

1995年，272頁，293-294頁；小笠原祐次編『老人福祉論』ミネルヴァ書房，1995年，60頁，62頁，72頁；鈴木和子ほか編『家族看護学――理論と実践』日本看護協会出版会，1995年，173頁；西谷裕監修『医療福祉用語』嵯峨野書院，1995年，140頁；牧里毎治ほか編『地域福祉』有斐閣，1995年，106-107頁；介護福祉用語研究会編『必携介護福祉用語の解説』建吊社，1995年，28頁，76頁，290頁；同『必携介護福祉用語の解説』第2版，建吊社，2001年，89-90頁，93-94頁；東京都老人総合研究所社会福祉部門編『高齢者の家族介護と介護サービスニーズ』光生館，1996年，3頁，8頁，84-85頁；比較家族史学会『事典家族』弘文堂，1996年，455頁，650頁，877頁；浜口晴彦ほか編『現代エイジング辞典』早稲田大学出版部，1996年，230頁，332頁，346頁，478頁；井上幸子ほか編『老人の看護』第2版，日本看護協会，1996年，328頁；巻田ふきほか編『老年者の生活と看護』初版，中央法規出版，1996年，152頁，158頁；最新看護用語辞典編集委員会編『最新看護用語辞典』第6版，メヂカルフレンド社，1996年，297頁；同『最新看護用語辞典』第7版，メヂカルフレンド社，2003年，241頁，335頁；金子勇『地域福祉学――新しい高齢社会像』ミネルヴァ書房，1997年，181-182頁；金子克子編『在宅看護論』第1版，メヂカルフレンド社，1997年，59-60頁，100頁，146頁，149頁；小島操子ほか編『老年看護学』第2版，金原出版，1997年，59頁，256頁，260頁，279頁，284頁；三和治『社会福祉』第3版，メヂカルフレンド社，1997年，144-145頁；松野かほるほか『在宅看護論』医学書院，1997年，211頁，215-217頁；同『在宅看護論』第2版，医学書院，2002年，236頁；加藤雄司編『精神保健』第2版，ミネルヴァ書房，1997年，115頁，132頁；同『精神保健』ミネルヴァ書房，2001年，116頁，146頁；日本地域福祉学会編『地域福祉事典』中央法規出版，1997年，258-260頁；同『地域福祉事典』新版，中央法規出版，2006年，62頁，200頁；大橋優美子ほか監修『看護学学習辞典』学習研究社，1997年，469頁，665頁；同監修『看護学学習辞典』学習研究社，2002年，437-438頁，623頁，629頁，665頁；大阪外国語大学デンマーク・スウェーデン語研究室『スウェーデン・デンマーク福祉用語小辞典』早稲田大学出版部，1998年，33頁；新・社会福祉学習双書編集委員会『老人福祉論』改訂第1版，全国社会福祉協議会，1998年，29頁，31頁，162頁，170頁；同『障害者福祉論Ⅲ』改訂第1版，全国社会福祉協議会，1998年，44頁，161頁；京極高宜監修『現代福祉学レキシコン』第2版，雄山閣出版，1998年，352頁，527頁；同ほか編著『介護保険辞典』中央法規出版，1999年，173頁，187-188頁；障害者政策実務研究会編『障害者政策実務事典――福祉・雇用・教育』第一法規，1999年，1101-1105頁；岩田正美ほか『社会福祉入門』有斐閣，1999年，125頁；同『社会福祉入門』改訂版，有斐閣，2013年，130頁；川上正夫ほか監修『実用介護・福祉・ケア用語辞典』土屋書店，2000年，10頁，217頁，297頁，298頁；村井淳志ほか監修『ケアマネジャーと家族介護者のための「介護支援」用語解説集』メディカルレビュー社，2000年，395頁，413頁；館山不二夫編著『介護・福祉がわかる事典』日本実業出版社，2000年，268頁；鎌田ケイ子ほか『老年看護学』第1版，メヂカルフレンド社，2000年，98頁；社会福祉士受験対策研究会編『社会福祉用語事典』棋苑図書，2000年，101頁，144頁；中井紀代子『家族福祉の課題――高齢者介護と育児の社会化』筒井書房，2000年，38-39頁，51頁，65頁；野川とも江『在宅看護論』第1版，メヂカルフレンド社，2000年，265頁；和田清美編『高齢社会化と地域看護・介護』中央法規出版，2000年，81頁；和田攻ほか『高齢者介護実践ガイド』文光堂，2000年，666頁；同総編集『看護大事典』医学書院，2002年，1797頁，1912頁；久木野憲司ほか編『標準看護学英和辞典』金原出版，2001年，86頁；白澤政和ほか編『高齢者福祉とソーシャルワーク』有斐閣，2002年，105-111頁，153頁；市民福祉サポートセンター編『介護情報ハンドブック』岩波書店，2002年，73-75頁；川村匡由ほか編『社会福祉基本用語集』四訂版，ミネルヴァ書房，2002年，118頁，156頁；同『家族福祉論』初版，ミネルヴァ書房，2008年，128頁，178頁；中西睦子ほか編『看護・医学辞典』第6版，医学書院，2002年，437-438頁，623頁，629頁；小松源助ほか『社会福祉』第9版，医学書院，2002年，118頁，166頁，232頁；同『社会福祉』第10版，医学書院，2004年，71頁，115頁，126頁，146頁，174頁；小玉敏江ほか編著『高齢者看護学』中央法規出版，2003年，112頁，117頁；吉田宏岳監修『介護福祉学習事典』医歯薬出版，2003年，263頁，265頁，267頁，365-366頁；同『介護福祉学習事典』第2版，医歯薬出版，2007年，286-289頁；福祉住環境用語研究会編『福祉住環境コーディネーター用語辞典』井

上書院，2003年，46頁，63頁，68頁，107頁；奥山則子ほか『地域看護学概論』医学書院，2004年，60頁；木下由美子編著『在宅看護論』第4版，医歯薬出版，2004年，16-17頁；社会福祉専門職問題研究会編『介護福祉士の基礎知識』第8版，誠信書房，2005年，39-40頁；新版社会福祉学習双書編集委員会編『地域福祉』改訂新版，全国社会福祉協議会，2005年，53-55頁；同『障害者福祉論』改訂新版，全国社会福祉協議会，2005年，99頁，102頁，106頁，117頁；同『老人福祉論』改訂4版，全国社会福祉協議会，2005年，33-34頁，55頁，109-110頁，134頁；日外アソシエーツ株式会社『高齢者問題の本　全情報2000-2004』日外アソシエーツ，2005年，561-562頁；同『福祉・介護・レファレンスブック』日外アソシエーツ，2010年，228-229頁；寺出浩司監修『介護・社会福祉用語辞典』新星出版，2005年，196頁，260頁；高崎絹子ほか編『在宅看護論』改訂2版，医学芸術社，2005年，71頁，94頁；生野繁子編『看護・介護のための基本から学ぶ高齢者ケア』第2版，金芳堂，2006年，178頁，277頁；教材開発委員会専門用語編集部会編『わかりやすく役に立つ介護専門用語集』介護労働安定センター，2006年，122頁，128頁；同『わかりやすく役に立つ介護専門用語集』改訂版，介護労働安定センター，2007年，110頁，136頁，142-143頁，145頁；加藤正明監修『精神科ポケット辞典』新訂版，弘文堂，2006年，42頁，117頁，122頁，282頁；村松静子編著『在宅看護論』第2版，メヂカルフレンド社，2006年，292-293頁；天賀谷隆ほか編『家族関係　障がい者福祉事典』，精神看護出版，2007年，140頁；小室豊編『高齢者施設用語事典』中央法規出版，2007年，73-74頁；佐藤進ほか監修『現代社会保障・福祉小辞典』法律文化社，2007年，150-151頁，153頁；全国介護者支援協会編『介護サービス帳』全国介護者支援協会，2007年，14-15頁，26頁，30頁，32-33頁；糸川嘉則ほか編『看護・介護・福祉の百科事典』朝倉書店，2008年，203頁，241頁；須貝佑一監修『高齢の親をみる家族のための介護大全』すばる舎リンケージ，2008年，62頁，112頁，146頁，279頁，334頁；津村智恵子編『地域看護学』3訂版，中央法規出版，2008年，162-163頁；吉田聡編著『福祉・介護・リハビリ英語小事典』英光社，2008年，62頁，87頁；福田素生ほか著『社会福祉』第11版，医学書院，2008年，18頁，89頁；同『社会福祉』第12版，医学書院，2009年，16頁，91頁；同『社会福祉』第14版，2013年，16頁；同『社会保障・社会福祉』医学書院，2015年，16頁；国際交流基金関西国際センター編『外国人のための看護・介護用語集』凡人社，2009年，55頁；社会福祉士養成講座編集委員会編『高齢者に対する支援と介護保険制度』中央法規出版，2009年，77頁；鶴野隆浩ほか『ケアマネージャーのための家族福祉論』相川書房，2009年，31頁，67頁，72頁，79頁，94頁，106頁；星野裕編『福祉・介護レファレンスブック』日外アソシエーツ，2010年，112頁；精神保健看護辞典編集委員会編『精神保健看護辞典』オーム社，2010年，171頁，193-194頁；清水順三郎ほか編『精神障害をもつ人の看護』第2版，メヂカルフレンド社，2010年，145頁，360頁，375頁；波川京子ほか編『在宅看護学』クオリティケア，2010年，110頁，280頁；村松静子編著『在宅看護論』第2版，メヂカルフレンド社，2010年，292-293頁；岡公一ほか編『社会福祉学』有斐閣，2011年，168頁，177頁；全国社会福祉協議会編『社会福祉双書』編集委員会編『学びを深める福祉キーワード集』全国社会福祉協議会，2011年，87-88頁；同『学びを深める福祉キーワード集』改訂版，全国社会福祉協議会，2012年，87-88頁，93-94頁；大田仁史ほか編著『完全図解新しい介護』全面改訂版，講談社，2014年，29頁，54-55頁，64頁，273頁；平野隆之ほか『地域福祉の展開』改訂版，放送大学教育振興会，2014年，22頁，49頁，60頁，62頁，80頁，151頁，180頁；井部俊子ほか編『看護・医学事典』第7版，医学書院，2015年，640頁，674頁，681頁；増田雅暢ほか編『社会福祉と社会保障』第4版，メディカ出版，2015年，194頁；週間社会保障編集部編『平成28年版社会保障便利事典』法研，2016年，153-154頁，357頁；社会保障入門編集委員会編『社会保障入門』中央法規出版，2016年，38頁，89頁，105頁，218頁；福田垂穂ほか編『福祉と関連サービス　明日の福祉⑧』中央法規出版，1988年，152頁；京極高宜監修『現代経済学レキシコン』雄山閣出版，1993年，161頁，204頁，207頁；同『新版介護保険辞典』大洋社，2002年，223-225頁，309頁；同『新版介護保険辞典』中央法規出版，2002年，205頁，207頁，222-223頁；紀南福祉会編著『福祉カタカナ・ガイド』出版文化社，1999年，54頁，70頁，124-125頁；中央法規出版編集部編『介護福祉用語辞典』三訂版，中央法規出版，2000年，246頁，265頁，267頁，310頁，387頁；同『新版社会福祉用語辞典』中央法規出版，2001年，365-366

終　章　介護者の社会的包摂とレスパイトケア

頁，394頁，396頁，550頁；同『社会福祉用語辞典』新版，中央法規出版，2004年，399頁，431-432頁，600頁；山縣文治ほか編『社会福祉用語辞典』ミネルヴァ書房，2000年，253-254頁，378頁；同『社会福祉用語辞典』第7版，ミネルヴァ書房，2009年，252頁，269頁，378頁；同『社会福祉用語辞典』第8版，ミネルヴァ書房，2010年，269頁，271頁，378頁；同『社会福祉用語辞典』第9版，ミネルヴァ書房，2013年，274-276頁，387頁；大島巌ほか編『障害者福祉とソーシャルワーク』有斐閣，2001年，54頁，120頁，163頁，182頁，185頁，269頁；日本介護福祉士会監修『介護職のための実務用語集』サイエンスミクス，2001年，126頁，170頁，261頁；同『介護のための実務用語集』改訂版，エルゼビア・ジャパン，2003年，126頁，170頁，186頁，261頁；同『介護福祉士基本用語集』エディボック，2007年，237-238頁，395頁；福祉用語編集委員会編『社会／介護／医療／保健福祉用語辞典』棋苑図書，2002年，237頁，338頁，542-543頁；佐藤久夫ほか『障害者と地域生活』中央法規出版，2002年，102頁，138-141頁；畠中宗一編『よくわかる家族福祉』初版，ミネルヴァ書房，2002年，91頁，119頁；同『よくわかる家族福祉』第2版，ミネルヴァ書房，2006年，79頁，91頁；メヂカルフレンド社編『看護学大辞典』第5版，メヂカルフレンド社，2002年，1051頁，1399頁，1491-1493頁，2222頁；同『看護学大辞典』第6版，メヂカルフレンド社，2013年，1423頁，1517頁，2252頁；青木務編『福祉・住環境用語辞典ハンドブック』保育社，2003年，139頁，201頁，299頁；硯川眞旬監修『国民福祉辞典』第2版，金芳堂，2003年，274頁，294頁，296頁，420頁；同『国民福祉辞典』金芳堂，2006年，274頁，293頁，295頁，421頁；一番ケ瀬康子ほか編『社会保障・社会福祉大事典』旬報社，2004年，36頁，76頁；エキスパートナース編集部編『医学・看護用語カタカナ・略語便利辞典』照林社，2004年，90頁，114頁，214頁；古川孝順ほか編『社会福祉士　介護福祉士のための用語辞典』誠信書房，2004年，358頁，388頁，550頁；島田美喜編『社会福祉と社会保障』メディカ出版，2005年，103頁；川村国由ほか編『社会福祉基本用語集』五訂版，ミネルヴァ書房，2005年，123頁，160-161頁，235頁；同『社会福祉基本用語集』六訂版，ミネルヴァ書房，2006年，165頁，179頁，255頁；杉本敏夫ほか編著『ケアマネジメント用語辞典』ミネルヴァ書房，2005年，326頁，349-350頁，352頁，489頁；同『ケアマネジメント用語辞典』改訂版，ミネルヴァ書房，2007年，338頁，365-366頁，507頁；宮原伸二『福祉医療用語辞典』創元社，2006年，219頁；日本在宅ケア学会監修『在宅ケア事典』中央法規出版，2007年，304頁，330頁；大橋優美子ほか監修『看護学学習辞典』第3版，学習研究社，2008年，299頁，429頁，659頁，664頁，1497頁；小澤温編『よくわかる障害者福祉』第4版，ミネルヴァ書房，2008年，110-111頁，138-139頁，146頁；永井良三ほか監修『看護学大辞典』第6版，メヂカルフレンド社，2013年，1073頁，1423頁，1516-1517頁，2252頁；大西健二『福祉カタカナ語辞典』創元社，2013年，99頁，190頁；常葉恵子ほか編『看護英和辞典』第1版，医学書院，1992年，341頁，1052頁；石部元雄ほか編『ハンディキャップ教育・福祉辞典』Ⅱ巻，福村出版，1994年，102頁，300頁；荒木兵一郎監修『福祉・住環境用語集』学芸出版社，1999年，157頁，198頁；庄司洋子ほか編『福祉社会事典』弘文堂，1999年，520頁，729頁，1027頁；平岡公一ほか編『社会福祉キーワード』有斐閣，1999年，89頁，134頁，136-137頁，179頁；白佐俊憲編著『介護・保健・福祉関連最新基礎用語集――学習と研究と実践のための多項目編集5000語収録』山藤書店出版部，1999年，244頁，353頁；同『介護・福祉・保健・医療最新基礎用語集』中西出版，2002年，229頁，315頁，442頁；村川浩一編『新版介護保険　保健福祉辞典』ジャパン総研，2000年，221-222頁，239頁，321頁；村川浩一ほか編『介護保険・保健福祉辞典』新版，ジャパンインターナショナル総合研究所，2003年，221-222頁，239頁，321頁，326頁；同『介護保険・保健福祉辞典：最新版』ジャパンインターナショナル総合研究所，2006年，164-165頁，232頁，310頁；村川浩一ほか監修『ケアマネージャー用語辞典』新制度対応版，晶文社，2015年，242頁，328頁，337頁，481頁；小出進ほか編『発達障害指導事典』第2版，学習研究社，2000年，241頁，339頁，434頁，562頁，631-632頁；社会福祉辞典編集委員会編『社会福祉辞典』大月書店，2001年，289頁，388頁，535頁；成清美治ほか編『現代社会福祉用語の基礎知識』学文社，2001年，204頁，212頁，298頁；同『現代社会福祉用語の基礎知識』第12版，2015年，259頁，276-277頁，398頁；相澤譲治編『家族福祉論』勁草書房，2002年，28頁，31頁，90-93頁，101頁；畠中宗一編『よくわかる家族福祉』ミネルヴァ書

房，2002年，79頁，91頁；小田兼三『コミュニティケアと社会福祉学　イギリスと日本の地域福祉』勁草書房，2002年，9頁，29頁，31-32頁，47頁，222頁；内薗耕二ほか監修『看護学大辞典』第5版，メヂカルフレンド社，2002年，1399頁，1491-1492頁，2222頁；京極高宜ほか編『現代福祉学レキシコン』第2版，雄山閣出版，2003年，161頁，207頁；秋元美世ほか編『現代社会福祉辞典』有斐閣，2003年，248頁，335-336頁，474頁；牧里毎治『地域福祉論』放送大学教育振興会，2003年，63頁；見藤隆子ほか編『看護学辞典』日本看護協会出版会，2003年，371頁，471-472頁，705頁；同『コンパクト版看護学事典』日本看護協会出版会，2006年，558頁，836頁；同『看護大辞典』第2版，日本看護協会出版会，2011年，461頁，676-677頁，1015頁；日本社会福祉実践理論学会編『社会福祉実践基本用語辞典』川島書店，2004年，88頁，131-132頁，176頁；日本精神保健福祉士協会ほか監修『精神保健福祉用語辞典』中央法規出版，2004年，262頁，392頁，529頁；小笠原祐次編『老人福祉論』改訂，ミネルヴァ書房，2005年，121頁，133頁；北川隆吉ほか編『現代看護キーワード事典』桐書房，2005年，1-36頁；宣賢真美編『精神看護と家族ケア』中山書店，2005年，87頁，107頁，112頁，127頁，162頁，214頁；大田仁史ほか『実用介護事典』講談社，2005年，460頁，482頁，683頁；同『実用介護事典』改訂新版，講談社，2013年，507頁，533頁，539頁，765頁；仲村磐男ほか監修『標準社会福祉用語辞典』秀和システム，2006年，297頁，299頁，436-437頁；同『標準社会福祉用語辞典』秀和システム，2010年，495頁；杉本正子ほか編『在学看護論』第4版，ヌーヴェルヒロカワ，2006年，43頁，121頁，125-126頁，209頁，247頁，250頁，255頁，322頁；橋本篤孝ほか編『介護・医療・福祉小辞典』第2版，法律文化社，2006年，135頁，168頁，176頁，242頁；山口瑞穂子編著『最新介護学用語辞典』医学芸術社，2006年，461頁，490頁，762頁；用語編集委員会編『イラストでみる介護福祉用語辞典』第3版，福祉教育カレッジ，2006年，216頁，297-298頁，421頁；医療情報科学研究所編『在宅看護』第2版，メディックメディア，2007年，216頁，235頁，238-239頁；同『在宅看護』第4版，メディックメディア，2011年，108-109頁；コミュニティケア・プロジェクト編著『最新介護・福祉のことがわかる事典』日本実業出版社，2007年，176頁，204頁，298頁；池西静江ほか編『看護学生のための看護クイックレファレンス』照林社，2007年，624頁，630頁，664頁；中央法規出版編集部編『社会福祉用語辞典』四訂，中央法規出版，2007年，360頁，389頁，546-547頁；同『社会福祉用語辞典』五訂，中央法規出版，2010年，382頁，412-413頁，580頁；同『介護福祉用語辞典』五訂，中央法規出版，2010年，244-245頁，264頁，388頁；同『社会福祉用語辞典』五訂，中央法規出版，2012年，393-394頁，423頁，590頁；同『介護福祉用語辞典』七訂版，中央法規出版，2015年，214頁，231頁，335頁；櫻井尚子ほか編『地域療養を支えるケア』第1版，メヂカルフレンド社，2007年，60-61頁，167頁，174頁，179頁；同『地域療養を支えるケア』第4版，メディカ出版，2013年，66頁，172-173頁，182頁；吉本光一編『介護・福祉医療用語集』改訂版，エルゼビア・ジャパン，2008年，182頁，241頁，372頁；住居広士ほか編『介護福祉用語辞典』ミネルヴァ書房，2009年，202頁，218頁，316頁；同『国際介護保険用語辞典』大学教育出版，2012年，245頁，253頁，284頁；井部俊子ほか編『在宅医療辞典』中央法規出版，2009年，302頁；前川厚子編著『在宅医療と訪問看護・介護のコラボレーション』オーム社，2009年，90頁，190頁，293頁；同『在宅医療と訪問看護・介護のコラボレーション』改訂2版，オーム社，2015年，146頁，174頁，188頁，190頁，295頁；大内尉義ほか編『新老年学』第3版，東京大学出版会，2010年，607頁；和田攻ほか編『看護大事典』第2版，医学書院，2010年，2976頁；太田貞司ほか編『あったか介護・看護のための用語集』照林社，2010年，231頁，337頁；北川公子ほか『老年看護学』第7版，医学書院，2010年，36頁，38頁；社会福祉士養成講座編集委員会編『高齢者に対する支援と介護保険制度』第2版，中央法規出版，2010年，79頁，398頁；樋口キエ子ほか編著『退院支援から在宅ケアへ』筒井書房，2010年，57頁；福祉教育カレッジ編『イラストでみる社会福祉用語辞典』医学評論社，2010年，348頁，368頁，48頁；同『イラストでみる社会福祉用語辞典』第5版，医学評論社，2012年，406頁，438頁，614頁；菅山信子監修『早引き介護用語ハンドブック』第2版，ナツメ社，2010年，227頁，310頁，460頁；同『早引き介護用語ハンドブック』第4版，ナツメ社，2013年，299頁，398頁，579頁；日本ソーシャルワーク学会編『ソーシャルワーク基本用語辞典』川島書店，2013年，112頁，162頁，216頁；志田京子監修

終　章　介護者の社会的包摂とレスパイトケア

『看護聞き言葉・略語ハンドブック』初版，エクスナレッジ，2011年，124-125頁，162頁，262頁；正木治恵ほか編『老年看護学概論』南江堂，2011年，271頁；大渕律子ほか編『高齢者看護の実践』第2版，メディカ出版，2011年，173頁，201頁，210-211頁，213頁，353頁；同『高齢者看護の実践』第3版，メディカ出版，2013年，179頁，205頁，214-216頁，350頁；石垣和子ほか編『在宅看護論』南江堂，2012年，46頁，61頁，87頁；下正宗監修『すぐ引ける介護用語ハンドブック』成美堂出版，2012年，165頁，234頁，334頁；柴田範子監修『介護用語図解辞典』エクスナレッジ，2012年，170頁，225頁，339頁；南光進一郎ほか編『精神医学・心理学・精神看護学辞典』第1版，照林社，2012年，286頁，410頁；北徹監修『健康長寿学大事典』西村書店，2012年，57頁，696頁；飯田恭子著『看護用語・略語・聞き言葉辞典』第2版，ナツメ社，2012年，153頁，189-190頁，279頁；田中道子編著『介護のための早引き医療用語ハンドブック』初版，エクスナレッジ，2012年，250頁；三好春樹編『新しい認知症ケア　介護編』講談社，2012年，67頁，109頁，114頁，158頁；山勢博彰ほか監修『医学・看護用語便利辞典――スマートディク』照林社，2012年，512頁，656-657頁，955頁；九州社会福祉研究会編『21世紀の現代社会福祉用語辞典』学文社，2013年，262頁，454頁；秋山正子ほか『在宅看護論』第4版，医学書院，2013年，14頁，31-32頁，38頁，325頁；宮下光令編『緩和ケア』メディカ出版，2013年，188頁；島内節ほか『これからの在宅看護論』ミネルヴァ書房，2014年，38頁，249頁；日本社会福祉学会事典編集委員会編『社会福祉事典』丸善出版，2014年，594-595頁；日本介護福祉学会事典編纂委員会編『介護福祉学事典』ミネルヴァ書房，2014年，452-453頁；水戸美律子編『在宅看護』中央法規出版，2014年，30頁；41頁，123頁，241頁，258頁，263頁より作成。

デイサービスの記載とレスパイトケアの不記載

　次に，デイサービスやショートステイの記載はなされるとはいえ，レスパイトケアの用語に関する記載は確認されない事例である。ちなみにショートステイは，厚生省五十年史編集委員会編『厚生省五十年史（記述篇）』（1988年）に拠れば1978年，デイサービスは，同じく翌79年に事業として着手される。[19]こうした動向や政策の流れもあって，デイサービスやショートステイを項目として設定し，説明を加える辞典は，表終-1に示すように少なくない。しかし，その説明を見る限り同じ内容であるとは言い難く，デイサービスやショートステイの用語説明の際に介護者に言及するか否かを巡って，2つの区分を要する内容である。

　その一つは，介護者を視野に収めた説明である。すなわち，デイサービスについて「介護の必要な高齢者や障碍者（児）に，日帰りで施設に通ってもらい，入浴，食事の世話や機能訓練などを行うサービス。利用者の社会的孤立感の解消と心身の機能の維持のほか，家族の負担の軽減を図ることを目的としている」[20]。同じくショートステイについて「要介護者であって，居宅において介護を受けるものを特別養護老人ホーム，養護老人ホーム又は老人短期入所施設に

短期間入所させ，入浴，排せつ，食事等の介護その他の日常生活上の世話及び機能訓練を行う。利用者の心身機能の維持や利用者の家族の身体的・精神的負担の軽減を図り，介護家族の負担軽減（レスパイトケア）としての役割も大きい[21]」。見られるようにデイサービスやショートステイの説明に当たって，「家族」あるいは「介護家族」などの表現を介してであるとはいえ，介護者への影響や効果も視野に収めながら定義を加えている。「レスパイトケア」の表現を用いる事例も稀であるとはいえ認められ，介護者を視野に収めていることを例証するに充分である。

　しかし，こうした辞典が全てではない。デイサービスやショートステイの説明に際して，介護者に全く言及しない事例も認められる。たとえば，「デイサービス」について「デイサービスセンターなどにおいて，介護，相談，機能訓練などを行う」，同じく「ショートステイ」について「短期入所施設などに短期間入所させ，介護，機能訓練などを行う[22]」などの定義が寄せられる。説明は，見られるように専らサービスを直接に享受する要介護者に関わって加えられる。そこに，介護者への言及は一切ない。しかし，要介護者がショートステイはもとよりデイサービスに通うならば，介護者は，その期間あるいは時間について日常生活上の援助から解放される。このことを考えるならば，定義に当たって介護者への効果も視野に収めることが必要であり，そうするならばショートステイやデイサービスに関する充分な理解を促すことが可能ではないかと考えられる。ちなみにフランスやイギリスにおける定義を振り返る限り，要介護者はもとより介護者を視野に収めており，専ら要介護者のみを念頭に置く定義について確かめることは，不可能である[23]。これが，法令に示される定義に沿った内容であることは，言うまでもない[24]。

障碍児（者）を看る介護者への絞り込み

　レスパイトケアの表現を独自に記載し，これに関わる定義が日本において公刊される辞典の中で初めて示されるのは，1988年である。すなわち，「レピットケア」について「保護者の休養・旅行などのために障害者を一時的に施設や

終　章　介護者の社会的包摂とレスパイトケア

家庭に預かり，一時的に保護者の負担を解放するサービス[25]」であると定義付けられる。見られるように専ら障碍者を看る保護者に限定した定義である。こうした見地は，表終-1にも示すように2000年以降にも継承される。たとえば日本介護福祉士会の監修になる辞書に拠れば，「レスパイトケア」は，「障害者（児）を抱えた家族を介護から一時解放し，リフレッシュしてもらうための援助[26]」である，と定義付けられる。しかし，考えてみるが良い。要介護の要因は，専ら障碍をもって構成されるわけではなく，レスパイトケアは，諸外国において遍く認められる実情を引き合いに出すまでもなく，専ら日本の国内に絞って見るだけでも障碍者を看る介護者はもとより高齢者を看る介護者も等しく対象にする。そこに，要介護者化の要因や要介護者の年齢階層に沿った異なる扱いは認められない。こうした事実に着目をするならば，専ら障碍児（者）を看る介護者に絞り込む定義は，不充分であると言わざるを得ない。

　それにしても，なぜこうした不充分な定義は，1988年以降，今日まで脈々と引き継がれてきたのであろうか。それは，厚生労働省が，一時期に示した定義とその影響にある。すなわち，「レスパイトケアとは，『障害児・者をもつ親，家族を，一時的に，一定の期間，障害児・者の介護から解放することによって，日頃の心身の疲れを回復し，ほっと一息つけるように援助する』（厚生労働省心身障害研究，1991年）という定義がなされている。この定義は，レスパイトの語源に忠実な定義であり，こうした理解が，レスパイトケアという言葉の広がりとともにわが国において広まった[27]」。専ら障碍児（者）を看る介護者を視野に収める定義は，この指摘に見られるように厚生労働省が1991年に示したそれの影響を強く受けているように思われる。しかし，それが仮に「レスパイトケアの語源に忠実な定義……」であったとしても，言うところの「……語源……」とは，あくまで日本国内におけるそれに止まり，広く国際的な「……語源に忠実な定義……」ではないのであって，しかも，その後の日本において辿った変化とその現状を視野の外に完全に放り出す定義であってはなるまい。「レスパイトの語源に忠実な定義……」は，国際動向はもとより日本における現状を正当に踏まえた定義と何の矛盾もなく両立し得ないわけではあるまい。レスパイ

301

トケアの歴史はもとより現状を正当に踏まえた定義は，必要であり可能でもある。このように考えるならば，1988年を初発に専ら障碍児もしくは障碍者を看る介護者に絞り込む定義は，不充分であり，これに賛意を表するわけにいかない。

レスパイトケアに関する包括的な扱い

1992年以降になると，表終-1に示すように障碍児（者）を看る介護者はもとより高齢者を看る介護者も包括的に視野に収めた定義が，ようやく登場する。レスパイトケアが辞典に初めて記載されてから，4年後のことである。この定義に従うならば，「レスパイト・ケアは障害児（者）や高齢者を介護している人に対し『介護や，苦痛などを一時的に中断させる息抜きのための援助』という意味で，欧米を中心に定着しつつあり，わが国でもその考え方が認識され始めている[28]」。このような定義である。改めて言うまでもなく全く正しい内容の定義である。しかし，この種の数ある定義に目をやるとき，やや不充分ではないかと思われる定義が散見されることも，これまた確かである。

まず，介護者のレスパイト，すなわち，休息を担保するサービスを専ら「短期入所事業」に絞り込んで，デイサービスを事実上除外する定義である。すなわち，以下のような定義である。「『レスパイト＝休息』，つまり，家族等介護者が休息できるよう一時的に介護を請け負うサービス，介護による身体的・精神的疲労から介護者を一時的に解放することが，家族機能の維持と向上につながり，在宅生活の維持と結びつくと考えられる。日本で行われているサービスでは，短期入所事業がこれに当たる[29]」。しかし，日本介護福祉学会の編纂になる事典に従うならば，「レスパイトケアとは，家族介護者への支援を目的に，一時的に要介護者に施設サービスを提供するケアである」として「デイサービス，ショートステイ[30]」の双方が挙げられるように，「日本で行われているサービス」は，諸外国と同様に専ら「短期入所事業」に止まるわけではない。

介護者のレスパイトの機会を保障するサービスの提供場所を巡っては，これまでの引用文に注意を払うだけでも，研究者によって認識の相違のあることに

終　章　介護者の社会的包摂とレスパイトケア

気づくのではないかと思われる。すなわち，一方では，「……一時的に施設や家庭に預り……(31)」と定めるのに対して，他方では，「……一時的に要介護者に施設サービスを提供する……(32)」との説明を加える。前者は「……一時的に施設……に預り」に加えて「家庭に預り」と述べるのに対して，後者は専ら「施設サービス」と述べて，そこに「家庭に預り」との文言はない。このやや異なる定義のうち前者と同様の見地は，他にも確かめることが可能である。すなわち，「レスパイトケアとは障害児（者）を抱えた親，家族の介護からの一時的な解放を目的にした援助である。レスパイトケアにはインホームサービス……とアウトホームサービス……の2種類があり……(33)」との定義などが，それである。言うところの「インホームサービス」と「アウトホームサービス」とは，先の引用文の文言に従うならば，「家庭」に提供されるサービス，もしくは「施設サービス」とに該当する。介護者にレスパイトを提供するサービスは，「アウトホームサービス」であると共に「インホームサービス」でもある，と定めるのである。こうした定義は，日本に関する限り数少ないとはいえ，諸外国のレスパイトケアに関する定義を見る限りは，むしろ反対に主要な流れをなすと評することが出来る。「レスパイトケアにはインホームサービス……とアウトホームサービス……の2種類があり……(34)」との見地は，筆者の知る限りにおいてもフランスはもとよりイギリス，ドイツ，オーストラリア，アメリカ並びにカナダにおいて広く確かめることが可能である。「……アウトホームサービス……(35)」に「種類」を絞り込む定義は，これらの6ヵ国に一つとして確かめることは出来ない。

　レスパイトケアの定義に当たっては，「家族介護者教室」等も含める場合も認められる。たとえば「レスパイトケア（高齢者）」と題して示される以下のような定義である。「地域で生活する要介護高齢者などをケアする家族に対して，一時的な解放（temporary rerief）を与え，心身ともにリフレッシュを図る支援や，介護ストレスに対処（コーピング）できるよう介護方法についての知識・技術を習得させるサービスをさす。……ショートステイ……やデイサービス……等の家族に一時的な解放を与えるサービスとして理解されるが，……介護

者相互の交流会や介護技術・知識の習得のための家族介護者教室も広くレスパイトケアとして認められている」。日本におけるレスパイトケアの実際の展開を正当に踏まえた定義である。しかし,「家族介護者教室」等の開催をレスパイトケアの定義に含めることが,日本に独自の産物であるかと問うならば,そうではあるまい。同様の試みは,たとえばフランスにおいても確かめることが可能である。

レスパイトケアとショートブレイク

　レスパイトケアについて論ずるならば,ショートブレイク（short breaks）について忘れることなく言及しなければなるまい。イギリスでは,筆者の知る限りにおいても子どもに関する1989年法以降,『介護者支援国家戦略』（1999年,2008年）はもとより,障碍児を看る介護者の休息に関する2011年規則,障碍児を看る介護者の休息に関する2012年規則（ウェールズ）,社会サービスと福利に関する2014年法（ウェールズ）,ソーシャルケアの自己決定支援に関する2013年法（スコットランド）,介護者に関する2016年法（スコットランド）等は,レスパイトに代えてショートブレイクの表現を遍く広く採用する。政府や地方自治体,国民保健サービスはもとより,介護者団体を含む民間非営利団体も広くこうした使用に転じつつある。専ら介護者に休息や休暇の機会を保障する為に,要介護者を他の人々の手に委ねるというややネガティブな含意を持つレスパイトの表現に別れを告げて,介護者はもとより要介護者も休息や休暇の機会を享受するとの意味を持つショートブレイクの表現への転換である。もとより介護の現場においては,レスパイトケアの短くはない歴史からであろうか,ショートブレイクとレスパイトケアの双方の表現が用いられているようである。

　しかし,政府の基本的な見地は明快であり,表現の変更を公式に表明してから四半世紀を超す歳月が流れている。かくしてレスパイトケアの表現を明確に退けた上で,以下のような定義が加えられる。すなわち,「ショートブレイクは,介護者を支援する上で重要な役割を持つ。ショートブレイクは,介護者に自由な時間を提供し,より長い期間に亘って日常生活上の援助を担い続けるこ

終　章　介護者の社会的包摂とレスパイトケア

とを可能にする[38]」。あるいは，ショートブレイクがレスパイトケアに代わって用いられることから，次のような定義も加えられる。すなわち，「ショートブレイクは，かつてレスパイトケアとして言及されてきた。……ショートブレイクは，家族に日常生活上の援助から離れて休息の機会を提供する[39]」。加えて，レスパイトケアを主題にする国際会議は，1995年にカナダのオンタリオ州で最初に開かれて以降，2016年にスコットランドのエジンバラ市で開催される第10回の会議に至るまで，国際会議の名称をレスパイトケア会議ではなく，国際ショートブレイク会議（International Short Break Conference）と命名され開催される。世界保健機関は，こうした動きを視野に収めながら，レスパイトケアとショートブレイクとは同義の表現であるとの理解を2010年代初頭に入って表明する。イギリスに発した名称の変化は，国際レベルにおいても好意的に受け止められていることの例証ではあるまいか。

　もとよりこうした名称の変化が認められるとはいえ，レスパイトケアの表現が国際的に広く受け入れられていることも，これまた確かな事実である。しかし，イギリスにおける変化は，フランスにおけるレスパイトケアの定義に影響を与え，ドーバー海峡を隔てた国ではレスパイトケアに代えて広くショートブレイクの表現が用いられていると紹介される[40]。2010年におけるそれである。こうしたイギリスはもとよりフランス等における変化を確かめるにつけ，何よりもレスパイトケアに関する正確な理解を促す為には，イギリスや国際会議の名称における変化にも僅かであれ言及しながら，定義を加えることが期待されるのではあるまいか。しかし，こうした試みは，法律における表現の変更から数えても既に四半世紀を超えているにもかかわらず，日本において公刊される社会福祉や看護などの領域の辞書あるいは教科書に未だ1冊として確かめることは，出来ない。日本においては，英語の表現をカタカナにして用いているにもかかわらず，英語圏の一角をなし，日本における研究において早くから，かつ幅広く学び取られてきたイギリスにおける変化を完全に知らないままに定義を寄せることなぞ，はたして許されるのであろうか。しかも，ショートブレイクの表現への転換は，ホリデーのような，これを享受する人々にとって優れてポ

305

ジティブで楽しい休暇をイメージしており，介護者が休暇を文字通り楽しむという意味合いが込められていることから，もはや要介護者を犠牲にして介護者がレスパイトケアのサービスを受けるという，後ろめたさの感を伴うやや否定的な意味合いは，格段に後景に退き薄くなっているのである。ショートブレイクの表現の採用は，こうした介護者の日々の暮らしに関わる大きな変化を体現すればこその所産である。これを無視するわけにはいくまい。

レスパイトケアの理解を巡る課題

　ここまで，レスパイトケアの辞典における扱いについて検討を加えてきた。1952年から2016年に至る半世紀を超す期間に公刊された333点の辞典などのうち，レスパイトケアを項目として設定し定義を加えているのは，125冊である（表終-2）。このうちレスパイトケアの定義に際して専ら障碍児や障碍者を看る介護者に止まらず，併せて高齢者を看る介護者も含めるのは，86冊である。「レスパイトケアの考え方」は，佐藤久夫氏らの執筆になる著書に示されるように，「1990年代初頭……わが国に普及し始めた頃……[41]」である，あるいは同様に，見藤隆子氏などの編集になる辞典に記載される評価，すなわち，「日本においては……レスパイト・ケアあるいは家族支援の概念が……，1990年代になって知的しょうがい児（者）をもつ家族や関係者がそのサービスに関心を示し，……」との理解を通しても確かめることが出来る。これらの指摘は，筆者による独自の作業を通しても1988年に公刊の１冊を除くならば，大方のところ了解することができよう。レスパイトケアを項目として設定し定義を加える成果は，90年代，とりわけ2000年代以降に増加の傾向を明確に辿る。しかし，ほかの辞書などは，レスパイトケアを項目としてそもそも設定せず，あるいは設けたとしても専ら障碍児や障碍者を看る介護者に絞り込んだ定義を示すに止まる。かくして障碍児や障碍者を看る介護者はもとより高齢者を看る介護者も視野に収めた定義は，2010年から2016年に公刊の辞書などに絞り込んだとしても，全体の３分の２に僅かとはいえ届かない状況にある。社会福祉や社会保障，家族福祉，介護福祉や家族社会学，老年学，家族看護を含む看護学などの分野に

終　章　介護者の社会的包摂とレスパイトケア

表終-2　レスパイトケアを巡る日本人研究者の諸見解の類型別変遷（1952〜2016年）

	実数（刊行年次期間別冊数，冊）				比率（％）			
	1952〜2016年（A）	1988〜1999年（B）	2000〜2009年（C）	2010〜2016年（D）	(A)	(B)	(C)	(D)
類型Ⅰ	37	8	6	1	11.1	2.8	2.9	1.5
類型Ⅱ	171	152	86	19	51.4	53.0	41.1	28.8
類型Ⅲ	39	40	36	4	11.7	13.9	17.2	6.1
類型Ⅳ	86	87	81	42	25.8	30.3	38.8	63.6
計	333	287	209	66	100.0	100.0	100.0	100.0

出典：表終-1より作成。

精通する研究者の編集と執筆になる辞典や教科書に示される否定するわけにいかない現実である。

　改めて振り返るならば，中央社会福祉審議会老人福祉専門分科会の答申「今後の老人ホームのあり方について」（1977年）は，「短期収容事業（ショートステイ事業）」について，これを「地域内の老人の中で，老人ホームに通常の形で入所する必要はないが，短期間だけ入所することが必要なものを老人ホームに入所する事業」であると定めた上で，「短期間だけ入所することが必要な……」理由の一つに「老人」の「……養護者に疾病などの事故があ」った場合を挙げる。同様の見地は，やや時期を前後するものの，厚生大臣の私的諮問機関である社会保障長期計画懇談会の答申「今後の社会保障のあり方について」（1975年）においても，「障害児（者）を介護している保護者が，疾病等の事由により家庭において介護を行うことが極めて困難となった場合に，当該重度心身障害児（者）を施設で緊急に一時保護する……事業が開始されることとなった……」との文面からも，読み取ることが出来る。いずれもショートステイ事業について述べたものであり，施設入所の理由の一つは，見られるように「老人」の「養護者」や「障害児（者）を介護している保護者」，すなわち介護者に直接に関わるそれである。また，中央社会福祉審議会の答申「当面の在宅老人福祉対策のあり方について」（1981年）は，「今後の老人福祉の方向として，……まず居宅処遇で対応することを原則とし……」との，今日まで揺らぐことなく継承される基本的な見地を明らかにした上で，「……その際，家族介護者

の負担軽減にも配慮して……」(44)との政策上の方向を,「在宅老人福祉対策」の基調に据える。

　同様の政策方向は,厚生労働省『認知症施策推進5か年計画(オレンジプラン)』(2012年)はもとより,同『認知症施策推進総合戦略(新オレンジプラン)〜認知症高齢者等にやさしい地域づくりに向けて〜』(2015年)においても基本的に継承され,新たに「認知症の人の生活の質の改善」に着目をしながら,「通所介護,短期入所生活介護等のサービスの整備」と並んで「介護者たる家族等への支援」(45)を打ち出している。「認知症の人の生活の質……」は,介護者の「生活の質」にも大きく左右されることを考えるならば,専ら前者の「生活の質」を問題にする限りで後者のそれを不問に付す見地は,到底共感を寄せることは出来ず,両者を密接に関連するそれとして同時に問う日本の研究者による早くからの提起はもとより,欧米諸国における至極基本的な政策の動向に照らしても問題を孕むとはいえ,デイサービスやショートステイの拡充を打ち出し,併せて「介護者たる家族等への支援」を明記することの意味は,けっして小さいとは言い難い。

　こうした政策の動向を振り返るにつけ,社会福祉や介護福祉,あるいは家族社会や看護などの分野の辞典におけるレスパイトケアの扱いは,短くはない期間に確かな地歩を固めてきたとはいえ,何とも残念な内容を依然として含んでいると言うほかにない。日本における「介護者たる家族等への支援」の現状はもとより,イギリス等の諸外国における状況についても正確に踏まえた説明を期待したいものである。デイサービスやショートステイの拡充に向けた国内の動きはもとより,「介護者たる家族等への支援」の動向も正確に見据えるならば,社会福祉などの諸分野の辞典においてレスパイトケアの項目が漏れなく設定され,内外の歴史と現状とを正確に踏まえた定義が加えられなければなるまい。それは,巡りめぐってレスパイトケアに関する国民の広い関心と理解を呼び,「介護者たる家族等への支援」の拡充に間違いなく資するに相違あるまい。ささやかな期待を込めた見通しである。

2　社会的排除関係法制と介護者の休息,休暇並びにバカンスの権利

余暇活動への平等な参加と介護者の生活時間

　社会的排除との闘いの方針に関する1998年7月29日法に従うならば,文化をはじめスポーツ活動,バカンス並びに余暇への生涯に亘る平等な参加は,フランスの国家目標の一つを構成し,市民権の実際的な行使を担保することになる。国と地方公共団体,企業並びに民間非営利団体は,これの実現に向けて貢献する[46]。フランスにおける社会的排除との闘いに向けた政策の基本的な枠組みの一つである。社会的排除に関する議論が,貧困研究とは異なり,相対的剥奪についてのそれと全く同じように専ら経済生活を問題にするに止まらず,広く市民の社会生活を視野に収めていることの例証である。

　この98年法に介護者の文言が登場するわけではない。しかし,介護者が紛れもなく市民の一人であることは自明であり,介護者のバカンスの権利 (droit au vacance) やレスパイトケアの権利 (droit au répit) の法的な拠り所として,この98年法がしばしば引き合いに出されることになり,こうした見地は,98年法の趣旨に照らすとき広く受け入れられるに値する[47]。かくして介護者は,日常生活上の援助の軽重や年齢階層に関わりなく,等しくバカンスを含む余暇の権利を持つ。

　介護者による休息や休暇の享受は,実際にはいかなる状況にあるのであろうか。今日では,広く国際的に共有される調査研究の成果に従うならば,日常生活上の援助が,仕事はもとより広く社会生活に及ぼす影響は,要介護者と同居もしくは週20時間以上の介護者について判然と示される。このうち週20時間以上に亘って要介護者と向き合うフランスの介護者比率は,北欧諸国よりも判然と高いとはいえ,アメリカや南欧諸国に較べるならば相対的であるとはいえ,低い (表終-3)。経済協力開発機構加盟17ヵ国の平均値を下まわる。介護者の総数 (829万6,000人) を改めて思い起こすならば,週20時間以上の介護者は,200万人を超す (2,248,216人)。週20時間に亘って日常生活上の援助を担う介護

309

表終-3 経済協力開発機構加盟17ヵ国における介護者の週当たり
介護時間別構成とフランスの位置（2007年頃） （％）

	週9時間以下	週10時間以上19時間以下	週20時間以上
デンマーク	76.1	8.5	15.3
スウェーデン	71.5	15.4	13.2
オランダ	61.5	13.8	24.7
フランス	58.6	13.2	27.1
イギリス	55.0	18.3	26.7
ベルギー	51.2	16.4	32.4
アメリカ	35.4	34.2	30.5
イタリア	45.6	15.4	38.9
ポーランド	43.4	8.9	47.9
スペイン	31.7	15.1	52.2
OECD加盟17ヵ国	52.1	15.9	33.4

注：加盟17ヵ国は，表中10ヵ国のほかに，スイス，アイルランド，デンマーク，オーストリア，チェコ，ギリシャ，韓国である。計数は2007年頃のものであり，経済協力開発機構による推計値である。尚，表中の4区分を通した表示は，引用した著者による。表中，合計が100.0にならない箇所もあるが，そのままにした。

出典：OECD, Panorama de la santé 2011, OECD, 2011, p.171より引用。

者の負担は大きく，その規模も200万人を超すこととも相俟って，フランスにおいても，介護者のニーズに関する議論が幅広く継続的に重ねられ，その業績も少なくない。

　日常生活上の援助は多岐に亘り，その影響は，介護者の生活の幅広い領域に及ぶ。

　介護者の生活時間は，自らの為に費やす自由な時間に乏しく，最早自由時間が存在しないこともさして珍しくはない。影響は，介護者一人に止まるわけではなく，広く家族の生活にも及ぶ。要介護者の日常生活上の援助を優先しなければならないことから，介護者が要介護者を除く家族に充てる時間は，介護者の意に反して乏しい。障碍児を看る介護者が，健常児をその意に反して置き去りにせざるを得ない状況も伝えられる。友人や隣人との交友関係の機会も，判然と減少する。知人や友人が，日常生活上の援助に追われる介護者の窮状の一端を見聞きするに及んで，不本意ながらも介護者に声を掛けなくなる事例も，伝えられる。介護者の社会生活は揺らぎ，彼女や彼の孤立感は強まらざるを得

ない。職業生活や健康への影響も然りである。介護離職やストレス，神経過敏あるいは不安感である。就業が所得確保の手段であることはもとより，人間関係を取り結ぶ場所の欠かすわけにいかない一つであることを考えるならば，介護離職は，収入の低下と併せて介護者の孤立をも当事者の意に反して招き寄せることになる。経済的な影響は，所得の低下や喪失に止まるわけではない。日常生活上の援助に伴う追加の支出を迫られる。かくして，それは収入と支出の双方から押し寄せることになる。

　日常生活上の援助に伴う影響が多岐に亘ることから，介護者のニーズも幅広い領域に亘る。[48]情報のニーズは，要介護者の疾病や障碍並びにその変化，治療や処置，要介護者はもとより介護者の諸権利などに関わる。技術訓練のニーズは，介護者を対象にする介護技術訓練と併せて，医療と福祉分野の職員を対象にする介護者ニーズの周知から構成される。このうち前者は，介護者が無用な負担を我が身にかけることなく，要介護者に向き合うことに通ずる。加えて，後者について言えば，これらの分野の職員は，その職責に照らして介護者と接する機会も多いだけに，介護者のニーズに熟知し，その対応方法に職業上の工夫が重ねられるならば，介護者はもとより要介護者にとっても願ってもないサービスが届けられることになる。介護者は，彼女や彼に親和的な職業人と接触をするならば，無用な緊張感もなく日常生活上の援助に臨むことが可能であり，これらの職員を介して介護者支援の諸制度や窓口について知ることも期待され，実際にそうした機会の享受も少なくないからである。また，精神的側面の支援のニーズである。日常生活上の援助を同じように担う人々との対面や意見の交換はもとより，カウンセラーが同席をしての介護者交流の機会は，介護者が社会的な孤立に打ち克つ上において特別な意義を持つ。あるいは，レスパイト，すなわち休息や休暇のニーズである。日常生活上の援助に発する負担が増すにつれて，これから離れ，これを忘れて一息つき自分の時間を享受したいとのニーズは増す。あるいは，在宅サービスはもとより仕事と介護との両立など具体的な援助のニーズである。さらに，経済的な支援のニーズである。介護者手当や介護者への賃金支払い，もしくは，介護機器の購入や住宅の改修に係

る支援のニーズである。最後に，広く社会的な認知である。医療や福祉分野の職員が，介護者の担う実に大きな役割に充分な理解を寄せ，介護者に日々の業務を通して共感の姿勢を保持するならば，たとえそれが直接には要介護者への訪問の機会であったとしても，介護者にも確実に感じ取られ，彼女や彼の置かれた立場とニーズを視野に収めていると感じ取ってもらうことが出来よう。これにより，介護者はもとより，巡りめぐって要介護者にも良好な支援に通ずることになるであろう。

レスパイトケアのフランスにおける遅い出発

　これらの多岐に亘るニーズのうち，レスパイト，すなわち介護者の休息や休暇に関するニーズは，フランスにおいてどのように充足されているのであろうか。この国におけるレスパイトケアの動向を振り返りながら検討してみよう。

　デイサービスは，のちに詳しく述べるように昼間はもとより夜間の時間帯にも提供される。このうち後者は，夜の8時から翌朝8時までの12時間に亘るサービスであり，日常生活上の援助のゆえに充分な睡眠を取ることが難しいなど，睡眠時間の長さはもとより睡眠の質に問題を抱える介護者の状態に着目すると共に，併せて仕事を持つ介護者のうち夜間勤務に就く場合への対応を考慮に入れたサービスである。フランスでは，2000年代初頭から登場し，『認知症対応計画』の実施に関する2005年3月30日付け通達は，こうした動向を受けて夜間のデイサービスについて定めることになる。1992年に夜間専用施設を設けて夜間の時間帯におけるデイサービスを提供しはじめたイギリスの動向に較べるならば，10年程のちの法令上の明記である[49]。フランスにおけるレスパイトケアの遅い出発を間接的に示唆する一例であると言えよう。

　では，こうした評価は，ひとり夜間のデイサービスに止まることなく，広くレスパイトケアの全般に亘っても妥当するであろうか。

　遅い出発を示唆する指摘は，複数に亘って確かめることが出来る。「フランスにおいては，未だによく知られていないレスパイトは，イギリスやカナダあるいはドイツで発展したレスパイトケアに，その起源を見出すことが可能であ

終　章　介護者の社会的包摂とレスパイトケア

る」[50]。「レスパイトは，多くのヨーロッパ諸国に確かめることの出来る現下の主題であるとはいえ，これまでのところフランスにおいては充分に発展しているとは言い難い」[51]。このような指摘である。あるいは，「介護者の休息や休暇の取得に向けた支援政策の形成」と題する章を独自に設け，その冒頭においてイギリスやアイルランドのコミュニティケア政策の形成とレスパイトケアについて振り返った上で，介護者の休息と休暇の権利が，フランスの社会政策を通して保障されなければならないと結ぶ著書も，公刊される[52]。フランスに較べるならば早くからの蓄積を確かなまでに記録する諸外国の経験があればこそ，まずもってイギリスなどの足跡を振り返り，フランスにおける政策形成の一助にしたいと構想すればこその論述であるように思われる。

　フランスにおけるレスパイトケアの遅い出発は，関係法令の制定された時期を振り返るならば，これに迷うことなく確証を与えることが出来る。

　デイケアとショートステイは，早ければ1960年代以降にフランスにおいて個々に登場する[53]。70年代初頭からの在宅化に向けた政策上の動きは，デイケアやショートステイの各地における拡がりを促すことになる。しかし，こうした登場や発展は計画的に行われた所産ではない。民間諸団体が個々に市場のニーズを確かめながら，サービスの提供に乗り出した結果である。こうした動向に別れを告げて法令による定めが加えられるのは，漸く2000年代に入ってからである。すなわち，認知症を患う要介護者の為の計画の実施に関する2002年4月16日付け通達は，介護者の心と身体の疲労を念頭に置いて，レスパイトケアの表現を直接に用いながら，介護者の休息と休暇の確保について定め，デイケアとショートステイの判然とした拡充について示す[54]。レスパイトケアに関する法令としては，最も初期のそれである。また，医療社会福祉の革新に関する2002年1月22日法は，デイサービスとショートステイの拠り所となる法的な基礎を定めたと評され，障碍者と高齢者の臨時的な受け入れの定義並びに組織に関する2004年3月17日付け政令は，デイサービスとショートステイを通した臨時的な受け入れについて，最初の法的な定義を加える。そこに示される臨時的な受け入れの目的は，第1に，在宅での暮らしを希望する要介護者の一時的かつ経

過的な受け入れ，第2に，介護者に対する休息や休暇の機会の提供，第3に，宿泊に関する緊急的な要請への対応，これらである[55]。さらに，『認知症対応計画』の実施に関する2005年3月30日付け通達は，睡眠障害を抱える介護者を念頭に置いた夜間のデイサービスについて，初めて定める[56]。また，デイサービスとショートステイの予算管理等に関する2006年4月7日付け政令は，デイサービスとショートステイの年間利用日数の上限を90日と定める。

このようにレスパイトケアに関する法令が2000年代初頭から中葉にかけて初めて制定されたことに照らすならば，これは，フランスにおけるレスパイトケアの遅い出発を揺るぎない程に例証すると評することが出来るであろう。遅い出発を示唆する幾つかの指摘は，こうして的を射ているとの結論に辿り着く。

デイサービス，ショートステイや家族による一時的な受け入れ

デイサービスは，要介護者を朝の9時から夕方の5時にまたがる半日から1日，もしくは，夜の7時30分から翌朝の7時30分，あるいは同じく夜の8時から翌朝の8時に至る12時間に亘って要介護者を預かり，日常生活上の援助を行うサービスである。利用は，週に1回から数回を数える。サービスの提供される曜日では，土日を除く5日間が最も多く，これに週6〜7日が続き，4日以下は最も少ない (64%，19%，17%，2007年，72%，17%，11%，2011年[57])。バカンスの時期にも閉鎖をすることなく，あるいは，この時期の祝祭日のみの閉鎖に止まる例が半数から3分の2を超す (55%，2009年，67%，2011年)。デイサービスは，施設当たり1日平均24人の要介護者を受け入れ，要介護者による年間の平均利用日数は，45日である (2012年[58])。要介護者を送迎する交通手段の用意は，比較的新しい措置であるとはいえ，2000年代の後半に入ると短い期間に整えられつつある (22%，2007年，55%，2009年，67%，2011年[59])。交通手段による送迎は，デイサービスを提供する団体等の直営と請負の双方から構成される。デイサービスは，認知症医療基金に拠れば2000年代中葉以降に急速な増加を辿る (185ヵ所，2003年，740ヵ所，2007年，1,781ヵ所，2011年[60])。この結果を受けてデイサービス施設を持たない県は，2000年代中葉以降に急速に減少する (31県〔全

終　章　介護者の社会的包摂とレスパイトケア

体の3分の1近く〕，2003年，5県，2007年，1県，2011年)。このうち2007年の施設数について言えば，ショートステイの563事業所のおよそ1.3倍を記録する。

　要介護者がデイサービスに通う時間帯を利用して介護者カフェも開かれ，介護者は，彼女や彼と同じように日常生活上の援助を担う人々と一堂に集い，くつろぎの時間を享受しながら，日々の経験や知識を交換し悩みを共有し合うのである。こうした実際を視野に収めた評価も，登場する。すなわち，「デイサービスは，介護者に必要不可欠な休息の時間を用意すると同時に，他の家族との面談や交流の場所をも提供する。介護者は，自らの日々の経験について語り合う機会への参画を望んでいる[61]」。こうした評価も，フランスにおけるデイサービスの各地における展開を振り返るならば，その実際に即した正当な評価であると言って良い。デイサービスの効果は，要介護者はもとより介護者の日々の暮らしに即しても評定されていることになる。

　ショートステイは，要介護者を2週間から3週間に亘って施設に預かりサービスを提供する。デイサービスと共に，要介護者が地域に暮らし続ける上において不可欠な手段である。しかし，ショートステイは，政府が反省の意を込めて評するように，一人暮らしの要介護高齢者の入所に長らく政策上の力点が置かれてきたこともあって，顕著と評する程の発展を辿ってはいない。政府の反省は，デイサービスとショートステイの組織方針に関する2011年11月29日付け通達に示される。以下のようにである。「一人暮らしの要介護高齢者の受け入れに力が入れられてきたが，今日，要介護者と共に彼女や彼を看る介護者のレスパイトのニーズを考慮に入れなければならない[62]」。こうした反省を前にするとき，イギリスのコミュニティケア政策が思い起こされる。この国のコミュニティケア政策は，長らくコミュニティにおけるケアではなく，コミュニティによるケア，すなわち，地域に暮らす介護者による日常生活上の援助を所与の前提として，同じ要介護の状態に置かれたとしても，専ら一人暮らしの要介護者にサービスの給付を絞り込み，介護者の看る要介護者にはサービスを制限するという歴史を刻む。フランス政府の先の反省を知るにつけ，フランスにおいてもイギリスと類似の政策的な知見が，短くはない期間に亘って採用され続けて

きたと理解してよさそうである。

　ショートステイは，こうした比較的最近の反省を踏まえながら，要介護者はもとより介護者のニーズも視野に収めて拡充されることになる。2011年以降のことである。ショートステイの利用は，年間1～2回，滞在時の平均日数は35日である（2012年）。[63]

　家族による一時的な受け入れ（accueil familial, familles d'accueil temporaire, répit à domicile）は，要介護者の自宅もしくは他の家族の住居において介護職員や技術訓練を受けたボランティアが，要介護者に向き合い日常生活上の援助を担うサービスである。このうち要介護者の自宅におけるサービスは，彼女や彼の生活場所の継続性が担保されることから，介護者も好ましい方法であるとの評価を寄せる例が少なくない。要介護者の日常生活上の援助が，介護者に代わって行われることから，介護者は，休息や休暇の取得はもとより，個人的あるいは職業上の理由から要介護者と離れなければならない等の場合への対応として，利用される。長らく2人までを受け入れの上限としてきたものの，2004年以降には原則3人までを受け入れることが可能である。家庭で要介護者を受け入れるからといって，受け入れの要件に何の定めもないわけではない。むしろ要介護者の生活条件を保障する為の，最低でも9平方メートルの個室はもとより，快適なトイレやバスの利用，機能訓練の実施等が義務付けられる。この為に，介護者に代わって要介護者を看る職員やボランティアには，継続訓練を含む介護技術訓練が義務付けられる。日常生活上の援助を担うならば，職員はもとよりボランティアにも，最低賃金を含む労働法典が適応される。労働基準を重視する実にフランスらしい定めであり，その履行である。これが，要介護者に届けられるサービスの質を確実に担保する効果を発揮することはもとより，さらに進んで，介護者によるサービスへの信頼感を高め，何の後ろめたさも心に抱くことなくレスパイトケアを進んで利用することに通ずるであろう。

　この家族による一時的な受け入れは，オーストラリアでは1980年代末葉に組織されるものの，[64]フランスにおいては比較的新しく，この種のサービスは，デイサービスやショートステイに較べるならば，今だごく僅かな存在である。も

とより家族による一時的な受け入れがイギリスやオーストラリア等の国々と同じように厳に存在しており，高齢者と障碍者の家族受け入れに関わる家族法典諸規定の変更に関する2010年8月3日付け政令等の法令を通して定められていることも，確かな事実である。こうした経緯を映し出すかのように，利用する要介護者は増加の傾向を辿る。すなわち，1万1,700人（1997年）から1万5,800人（2010年）への推移である（135.0%）。デイサービス等を利用する要介護者総数の同じ期間における伸び（70万9,100人，1997年，81万5,800人，2010年，115.0%）に較べるならば相対的に大きく，かくして，前者の後者に占める比率は，僅かながらではあれ上昇することになる（1.7%，1997年，1.9%，2010年）。1回の平均利用日数は，3日（2008〜2009年）から4.04日（2010年2月〜2011年3月）と，これも延長の傾向を辿る。

介護者によるバカンスの享受に向けた独自の支援措置

　レスパイトケアについて語るとき，フランスにおいては，バカンスもデイサービス等と並んで視野に収めることが広く認められた一般的な手法である。『認知症対応計画』の実施に関する2005年3月30日付け通達に記載される，デイサービスやショートステイとは区別される「他の方法」とは，バカンスであるとの解釈が示されていることは，その例証の一つである。介護者によるバカンスの享受は，市民権の行使にほかならないとの自立連帯国家基金による評定も，社会的排除との闘いの方針に関する1998年7月29日法はもとより，先の2005年3月30日付け通達に照らすならば，確たる法的な根拠に裏打ちされると言って良い。バカンスを権利の一つに位置付け，バカンスの享受が，社会的排除と社会的不平等との闘いの一環をなすとの考えは，他の団体によっても広く共有される。政府の編集になる『家族介護者手帳』も，デイケアやショートステイ等と並んでバカンスについても頁を割いて，分かり易い説明を施すのも，先の法令を通した確かな定めを受けた内容である。

　家族によるバカンスの享受を理由にした要介護者のショートステイ施設への入所は，退院後の療養，一人暮らしと孤立，介護者の一時的な不在，あるいは

住居の修繕等の理由と共に1980年代後半に実施された調査に，既に確かめることが出来る[72]。介護者によるバカンスの享受は，その後独自の取り組みを経ることになる。レスパイトケアを論ずるに当たって，バカンスをデイサービスやショートステイ等と共に明確に位置付けるのは，こうした独自の取り組みとその積み重ねを経てのことである。「介護者とバカンス」，あるいは「要介護者と介護者の為のバカンス滞在」などと題して，ホームページ上に介護者へのバカンスの案内を実に分り易く示して，彼女や彼の期待に応える民間非営利団体は，介護者団体を含めて少なくない[73]。

　国民によるバカンスへの出発率は，時代と共に上昇する（43%，1964年，64.6%，2004年[74]）。職業資格別には上級資格を持つ国民について高く，職業資格を持たない国民で低い（71%，32%，2010年）。平均月収別にも，職業資格別の参加率格差から容易に推察できるように目立った程の格差を伴う（3,100ユーロ以上，78%，1,500ユーロ以下，35%，2010年[75]）。しかも，最も貧困な家族の出発率はといえば，社会の全体的な動向とは反対の方向を辿りながら，はっきりと低下する（47%，2007年，37%，2012年[76]）。かくして出発率を巡る不平等性は，広く市民に開かれていたはずのバカンスの権利を巡って広がりを示す。

　バカンスへの出発を最も大きく左右するのは，出発率の格差から容易に推測することが可能であるように，経済的な要因である。同時に，日常生活上の援助も，その一つである。理由は二重に存在する。すなわち，日常生活上の援助のゆえに労働市場からの引退を余儀なくされることは，フランスにおいても例外であるとは言い難い。日常生活上の援助は，特別の出費を伴う。加えて，介護者がバカンスに出発しようとするならば，要介護者を伴うのか，もしくは彼女や彼をショートステイ等の施設に預けるかの選択を，迫られる。このうち前者の場合には，要介護者が住み慣れた地を離れることに拒絶の意を示すことも認められ，後者にあっては，追加の経費を迫られる。いずれの場合も，バカンスに寄せる介護者の願いを危うくするに充分である，と言えないであろうか。かくして介護者を独自の対象にするバカンス支援が，介護者による市民権の行使を念頭に社会的排除との闘いの一環として，新たに採用されることになる。

終　章　介護者の社会的包摂とレスパイトケア

　認知症の人と家族の会（France Alzheimer）は，認知症の要介護者を看る介護者によるバカンスの享受に主要な役割を担う。この団体は，全国各地の宿泊施設の協力も得ながら計画を策定し参加を募る。この計画は，4つのタイプから構成される。第1に，認知症の要介護者とその介護者とが一緒に滞在するタイプ，第2に，認知症の要介護者を看取ったり，もしくは彼女や彼が施設に入所中の介護者を対象にするタイプ，第3に，65歳未満の年齢階層に属する認知症の要介護者と彼女や彼を看る介護者を対象にするタイプ，最後に，介護者による余暇の享受を念頭に介護者のみを対象にするタイプ，これらである。バカンスへの出発の時期は，7～8月にまたがる計画も一部に含む（3件，18.8%，2015年）とはいえ，主に4～6月（6件，37.5%，2015年），もしくは9～10月（7件，43.7%，2015年），あるいは5～6月（9件，56.3%，2016年），9～10月（7件，43.7%，2016年）であり，バカンスへの出発が，最も活況を呈する夏季の時期を避けながら計画が組まれているようである。また，計画に示されるバカンスの日数は，6泊7日（1件，6.2%，2015年）をはじめ7泊8日（2件，12.5%，2015年）並びに10泊11日（13件，81.3%，2015年），あるいは6泊7日（2件，12.5%，2016年），7泊8日（1件，6.2%，2016年），並びに10泊11日（13件，81.3%，2016年）である。いずれの計画も，「バカンスへの出発の不平等性を縮小するために，課税所得との関わりにおいて漸減する料金」[77]が，定められる。料金は，この為に課税所得の低くなるにつれて判然と引き下げられる（表終-4）。認知症の人と家族の会の基金などを活用した結果である。料金には，宿泊代に加えて小旅行，認知症の人と家族の会による教育訓練を受けたボランティアの同伴者の経費が，含まれる。料金は，介護者のみの参加の場合を除いて2人についての合計金額である。

　介護者は，この計画を通してバカンスへの出発を希望するならば，パリ市内に事務所を置く認知症の人と家族の会本部に申し込み，認定を受けた後にバカンスに出発することになる。

　介護者の年齢階層は，未成年の介護者や若い成人の介護者の存在がその一端を物語るように多岐に亘る。休息や休暇の機会の享受に向けた支援は，未成年

319

表終-4　アルツハイマー要介護者を看る介護者の課税所得階層別バカンス料金（2016年）

	料金（実数，ユーロ）		比率（％）	
	南仏ヴァール県イエール町 (A)	南仏エロー県セート市 (B)	(A)	(B)
4万5,000ユーロ以上	1,706	986	100.0	100.0
3万2,000ユーロ以上4万9,999ユーロ以下	1,536	887	90.0	90.0
2万2,000ユーロ以上3万1,999ユーロ以下	1,194	690	70.0	70.0
1万5,000ユーロ以上2万1,999ユーロ以下	682	394	40.0	40.0
1万4,999ユーロ以下	341	197	20.0	20.0

注：サービスは，ヴァール県イエール町について10月11日～21日の10泊11日，エロー県セート市について9月1日～11日の10泊11日である。尚，課税所得階層別の料金格差の比率は，2015年も全く同じである。France Alzheimer & Maladies Apparentées, *Séjours Vacances-répit Alzheimer, catalogue 2015*, France Alzheimer & Maladies Apparentées, 2014, pp. 8-24.

出典：France Alzheimer & Maladies Apparentées, *Séjours vacances-répit Alzheimer, catalogue 2016*, France Alzheimer & Maladies Apparentées, 2015, p. 17 et p. 23より作成。

の介護者も対象に立案され実施に移される。フランスでは，8～22歳を対象にする独自の取り組みが，それであり，2014年からの実施である。オーストラリアにおいては，全国に54ヵ所を数える連邦レスパイト・ケアリンクセンター（RCCs）を拠点に，18歳未満の介護者を対象にする休息や休暇の機会の享受とその一環をなす教育指導とに，比較的早くから取り組んできたが[78]，フランスにおける先の企画は，その内容に照らすならば若い成人をその一部に含むことから年齢階層をやや異にするとはいえ，類似のそれである。

レスパイトケアの効果と介護者の「生活の質」の向上

　レスパイトケアを享受する介護者への影響は大きく，彼女や彼から寄せられる評価は著しく高い。睡眠時間が長くなると共に，睡眠の質も改善され，ベッドでの睡眠時間も長くなる。ストレスや社会的な孤立感の解消にも，効果を発揮する。レスパイトケアを通したバカンスへの参加に関する介護者の評価も，その例外ではなく，際立つ程に高い評価が寄せられる（表終-5）。レスパイトケアが，介護者の「生活の質」の大きな改善に効果を発揮しているとの，調査研究を通した評価も[79]，これらの事実に着目をするならば誠に正当である。フラ

終　章　介護者の社会的包摂とレスパイトケア

表終-5　バカンスへの参加に関する介護者の評価（2012年）

	比率（％）
全体的に満足をしている	96
普段の生活から離れることが出来た	94
同じ立場の人達と一緒になることが出来た	71
普段はしていない活動に参加することが出来た	59
身体を休めることが出来た	84
心を休めることが出来た	89
個人として充分に休息の時間を取ることが出来た	92
介護者に有益であった	88
要介護高齢者に有益であった	81

出典：ANCV, *Focus sur les aidants familiaux, parce que les vacances, C'est essential, études SEV 2012*, ANCV, 2013, p. 15, p. 17 et p. 20より作成。

ンスにおける揺るぎない程に高い評価は，イギリスはもとよりアメリカやカナダ等においても，早くから広く確かめられてきたことについて改めて振り返るならば，その内容に照らして国境を越えて重なり合う。[80]

　同時に，課題の少なくないことも，これまた事実である。介護者は，レスパイトケアのニーズを抱えていたとしても，実際には，そうしたニーズの充足に向けて常に歩みだすわけではないことも，しばしば伝えられる。利用者の経済的な負担の大きさが脳裏をかすめ，止むなくニーズを胸に仕舞い込んで利用を思い止まるのである。あるいは，介護職員に対する専門的な職業訓練の不足や要介護者の通うショートステイ等のサービス水準に安心感を抱くことが出来ず，最愛の要介護者をそうした施設で経過的にではあれ預けることに，自ら罪悪感さえも感じ取り，尻込みをするからである。イギリスやアメリカ等においても，残念なこととはいえ，介護者の願いに反する現実の一コマとして，もとより強い批判と改善への切なる願いを込めながら広く紹介されてきた現状の一端である。[81]

　高齢社会への適応に関する2015年12月28日法が，レスパイトケアの権利を制度化したことについては，既に述べてきたところである。この2015年法は，デイサービスやショートステイ等の利用者負担の縮減はもとより，サービスの質の改善をも条文に盛り込んでいる。要介護者のニーズを正面から見据えた内容

321

であることはもとより，介護者支援を法律の主要な柱の一つに据えてレスパイ
トケアの権利を制度化すればこその，所産である。利用者負担の縮減は，サー
ビス利用の障壁を低くすると共に，サービスの質の改善は，要介護者はもとよ
り介護者のサービスへの信頼感を高めることに通ずる。両者ともにバカンスの
享受を含むサービス利用の拡大を示唆するように思われる。2015年法の適用が，
介護者のレスパイトケアの拡充にどのような効果を発揮して，介護者のニーズ
の充足に向かうのか，介護者がレスパイトケアに寄せるニーズと共に，注視を
続けていきたいものである。

注
 (1) World Health Organization, *Key policy issues in long-term care*, WHO, 2003, p. 3 and p. 18.
 (2) Francesca Colombo and als, *Help wanted? : providing and paying for long-term care*, OECD, 2011, p. 139.
 (3) European Commission, *Towards social investment for growth and cohesion-including implementing the European social fund 2014-2020*, COM（2013）83 final, European Commission, 2013, p. 7.
 (4) European Commission, *Commission staff working document-Long-term care in ageing societies-challenges and policy options*, SWD（2013）41 final, European Commission, 2013, p. 11 and p. 15.
 (5) *Convention on the rights of persons with disabilities*, Article 28, 2（C）, http://www.mofa.go.jp/mofaj/files/0000/8094.pdf, 2016年1月20日閲覧，外務省『障害者権利条約』外務省，2015年，28頁。
 (6) Lynn M. Tepper and John A. Toner, *Respite care, programs, problems & solutions*, The Charles Press Publishers, 1993, p. xvii.
 (7) U.S. Department of Health and Human Services, *National plan to address Alzheimer's disease 2012-2015*, U.S. DHHS, 2012, p. 24.
 (8) H. R. 3099, *Recognize, assist, include, support and engage family caregivers act of 2015*, july 16, 2015, p. 2；The Senate of the United States, *A bill to provide for the establishment and maintenance of a National family caregivers strategy, and for other purposes*, The Senate of the United States, July 8, 2015, pp. 1-3.
 (9) The Federal Ministry for Family Affaires, Senior Citizens, Women and Youth, *Charter of rights for people in needs of long-term care and assistance*, The Federal Ministry for Family Affaires, Senior Citizens, Women and Youth, 2005, p. 13 and p. 14.
 (10) Nederland, Ministry of Health Welfare and Sport, *Guideline for integrated Dementia care, an aid for the development of integrated dementia care*, revised, Nederland

MHWS, 2009, p. 2 and p. 14.
(11) Coface Handicap, *European charter for family carers*, Coface Handicap, doll, p. 2 ; Age-Platform Europe, *European charter of rights and responsibilities of older people in need of long-term care and assistance*, Age-Platform Europe, p. 19.
(12) 佐藤久夫ほか『障害者と地域生活』中央法規出版, 2002年, 102頁。
(13) Kirsten Stalker, *Share the care, an evaluation of a family-based respite care service*, Jessica Kingsley Publishers, 1990, p. 17.
(14) Christine Bon, *Le concept international de respite care ou soin de répit : une idée à développer et promouvoir en France pour accompagner la vie indépendance à domicile de personne en situation de handicap*, I. R. T. S. -Paris Ile de France, 2003, p. 5.
(15) Sophie Stepanoff, *L'accompagnement et le répit pour les aidants de personnes atteintes de cancer : quels besoins et quels dispositifs?*, thèse professionnelle, Institut Léonard de Vinei, promotion 2013-2014, p. 14.
「カナダにおけるレスパイト・サービスは,脱施設化の動きを受けて1960年代後半に現れる」との見解も,示される。Canadian Healthcare Association, *Respite care in Carers*, BHA, 2012, p. 8.
(16) Hélène Villars et als, *Évaluation des structures de répit pour le patient de maladie d'Alzheimer (et syndrome apparentés) et son aidant principal : revue de la littérature*, Fondation Médéric Alzheimer, 2010, p. 2.
(17) 佐藤久夫ほか,前掲,139頁。
(18) 土田武史「ドイツの長期ケアと介護保険」『海外社会保障情報』104号,1993年9月所収,83頁。
(19) 厚生省五十年史編集委員会編『厚生省五十年史(記述篇)』厚生問題研究会,1988年,1779-1780頁。
(20) 中央法規出版編集部『社会福祉用語辞典』五訂,中央法規出版,2010年,413頁。
(21) 同前,382頁。
(22) 福田素生ほか『社会保障・社会福祉』医学書院,2015年,16頁。
(23) Alain Berard et als, *Le répit : des réponses pour les personnes atteintes de la maladie d'Alzheimer ou de maladies apparentées et leur aidants*, Fondation Médéric Alzheimer, 2011, p. 44 ; Marion Villez et als, *Analyse et revue de la littérature française et international sur l'offre de répit aux aidants de personnes atteintes de la maladie d'Alzheimer ou de maladies apparentées, étude réalisée pour la DGAS dans le cadre de la mesure 1b du plan Alzheimer 6 novembre 2008 version 1*, Fondation Médéric Alzheimer, 2008, p. 34 ; Maureen Oswin, *They keep going away, a critical study of short-term residential care services for children who are mentally handicapped*, King Edward's Hospital Fund for London, 1984, p. 24.
(24) フランスの法令に絞って示すならば,以下の通りである。Ministère de l'emploi et de la solidarité, *Circulaire du 6 avril 2002 relative à la mise en œuvre de programme d'actions pour les personnes souffrant de la maladie d'Alzheimer ou de maladies apparentées*, p. 13.

(25) 福田垂穂ほか編『福祉と関連サービス　明日の福祉⑧』中央法規出版，1988年，152頁。
(26) 日本介護福祉士会監修『介護職のための実務用語集』エルゼビア・サイエンスミクス，2001年，261頁。
(27) 日本在宅ケア学会監修，白澤政和ほか編『在宅ケア事典』中央法規出版，2007年，330頁。
(28) 庄司洋子ほか編『福祉社会事典』弘文堂，1999年，1027頁。
(29) 成清美治ほか編『現代社会福祉用語の基礎知識』学文社，2001年，233頁，同『現代社会福祉用語の基礎知識』第10版，学文社，2011年，365頁。
(30) 日本介護福祉学会事典編纂委員会編『介護福祉学事典』ミネルヴァ書房，2014年，452頁。
(31) 福田垂穂ほか編，前掲，152頁。
(32) 日本介護福祉学会事典編纂委員会編，前掲，452頁。
(33) 山縣文治　柏女霊峰代表編集『社会福祉用語辞典』ミネルヴァ書房，2000年，347頁。
(34) 同前，347頁。
(35) Le Conseil général de la Loire, *Schéma départemental en faveur des personnes handicapées, 2010-2014*, Le Conseil général de la Loire, 2010, p. 91 ; Carers Trust, *Making respite real in mental health, a guide to respite care for professionals and carers*, Carers Trust, 2015, p. 5 ; Germany, the Federal Ministry for Family Affairs, Senior Citizens, Women and Youth, *Charter of rights for people in need of long term care and assistance*, Germany, the Federal Ministry for Family Affairs, Senior Citizens, Women and Youth, 2005, p. 14 ; Australian Government, *National respite for carers program (NRCP) and other Australian government support for carers, information sheet*, no. 5, Australian Government, 2011, p. 1 ; Johathan M. Hartiens, *The impact of day care respite on physical health, depression, and marital satisfaction in spousal caregivers of dementia victims*, UMI Dissertation services, 1995, p. 3 ; Canadian Healthcare Association, *Respite care in Canada*, CHA, 2012, p. 8 and p. 14.
(36) 秋元美世ほか編『現代社会福祉辞典』有斐閣，2003年，474頁。
(37) Hélène Villars et als, *op. cit.*, p. 3.
(38) The Scottish Government, *Short break (respite care)*, The Scottish Government, 2013, p. 1.
(39) London Borough of Brent, *Brent's interim short breaks statement*, London Borough of Brent, 2015, pp. 2-3.
　　国際的にも広く知られた学術誌に掲載の論稿は，「レスパイトケアが，ショートブレイクとして知られるところでは……」との記述を示す。Miriam S. Rose and als, Improving policies for caregiver respite services, *The Gerontologist*, 2015, Vol. 55, No. 2.
(40) Hélène Villars et als, *op. cit.*, p. 1.
　　国際レベルの介護者団体は，レスパイトケアだけの表示に代えて，レスパイトケアとショートブレイク（Respite and Short breaks）との表現を用いる。これも，イギリスにおける変化を念頭に置いたものである。Carers Worldwide, *Catalysing action for carers, strategic plan 2014-2016*, Carers Worldwide, 2014, p. 6.

(41) 佐藤久夫ほか編, 前掲, 102頁, 見藤隆子ほか編『コンパクト版看護学辞典』日本看護協会, 2006年, 836頁.
(42) 厚生省五十年史編纂委員会編, 前掲, 1776頁.
(43) 同前, 1767頁.
(44) 同前, 1778頁.
(45) 厚生労働省『認知症施策推進総合戦略（新オレンジプラン）～認知症高齢者等にやさしい地域づくりに向けて～』厚生労働省, 2015年, 10頁, 18-19頁.
(46) Légifrance, *Loi du 29 juillet 1998 d'orientation relative à la lutte contre les exclusions*, Article 140.
(47) Vacances Ouvertes, *Aidants, pourquoi les aidants pourquoi un projet vacances?* http://www.vacances-ouvertes.asso.fr/aidants/argumentaire.html, 2016年5月6日閲覧.
(48) Groupement de Coopération sociale et Médico-sociale, *Contribution à l'amélioration et au développement des relais aux proches aidants, mieux relayer les aidants*, Groupement de Coopération sociale et Médico-sociale, 2013, pp. 19-20.
(49) Alain Berard et als, *Le répit : des résponses pour les personnes atteintes de la maladie d'Alzheimer ou de maladies apparentées, et leur aidants*, Fondation Médéric Alzheimer, 2011, N. 1, p. 56.
(50) Fondation France Répit, *Premières rencontres francophones sur le répit, centre de congrès de Lyon, 3 et 4 Novembre 2014*, Fondation France Répit, p. 11.
(51) *Ibid.*, p. 32.
(52) Dominique Argoud et als, *L'accueil temporaire des personnes âgées, le droit au répit des familles*, Syros, 1994, pp. 153-159 et p. 188.
(53) Danièle Fontaine et als, *Accompagnement et prise en charge de la maladie d'Alzheimer : évaluation et adaptation des dispositifs depuis dix ans*, Fondation Médéric Alzheimer, 2012-N. 2, p. 3.
(54) Ministère de l'emploi et de la solidarité, *Circulaire du 16 avril 2002 relative à la mise en œuvre du programme d'actions pour les personnes souffrant de la maladie d'Alzheimer ou de maladies apparentées*, Ministère de l'emploi et de la solidarité, 2002, pp. 4-5.
(55) Ministère des Solidarité et de la Cohésion sociale, *Circulaire du 29 novembre 2011 relative aux modalitiés d'organisation de l'accueil de jour et de l'hébergement temporaire*, Ministère des Solidarité et de la Cohésion sociale, 2011, p. 2.
(56) Marion Villez et als, *Analyse et revue de la littérature française et international sur l'offre de répit aux aidants de personnes atteintes de la maladie d'Alzheimer ou de maladies apparentées, étude réalisée pour la DGAS dans le cadre de la mesure 1b du plan Alzheimer 6 novembre 2008 version 1*, Fondation Médéric Alzheimer, 2008, p. 47.
(57) Danièle Fontaine et als, *op. cit.*, p. 40.
(58) Ministère des affaires sociales et de la santé, Ministère délègue aux personnes âgées et à l'autonomie, *Projet de loi d'orientation et de programmation pour l'adaptation de la société au vieillissement, réunion de concertation Aidants, accueil temporaire et accueil*

familial, Le 9 janvier 2014, Ministère des affaires sociales et de la santé, 2014, p. 11.
(59) Danièle Fontaine et als, *op. cit.*, p. 41.
(60) *Ibid.*, p. 34.
(61) Ministère des solidarités, de la santé et de la famille, *Circulaire du 30 mars 2005 relative à l'application du plan Alzheimer et maladies apparentées 2004-2007*, Annexe 5 : cahier des charges pour les accueils de jour, p. 1.
(62) Ministère des solidarités et de la cohésion sociale, *Circulaire du 29 novembre 2011 relative aux modalités d'organisation de l'accueil de jour et de l'hebergement temporaire*, p. 4.
(63) Danièle Fontaine et als, *op. cit.*, p. 11.
(64) Sylviane Fior et als, *L'aide aux aidants : approche international*, Fondation Médéric Alzheimer, 2003, p. 98.
(65) Christel Aliaga et Emmanuel Woitrain, L'accueil familial de personnes âgées et d'adultes handicapés, DREES, *Etudes et Resultats*, N. 31, Septembre 1999, pp. 2–3 ; Ministère des affaires sociales et de la santé, Ministère délègue aux personnes âgées et a l'autonomie, *op. cit.*, p. 15.
(66) CNSA, *Etude en vue de la modélisation de formules de répit et d'accompagnement particulières pour les maladies d'Alzheimer*, CNSA, 2011, p. 17.
(67) Marion Villez et als, *op. cit.*, p. 43 et p. 47.
(68) Paul-Ariel Kenigsberg et als, *Le répit : des réponses pour les personnes atteintes de la maladie d'Alzheimer ou de maladies apparentées, et leur aidants-évaluations de 2000 à 2011*, Recherches Familiales, 2013/1 (n. 10), pp. 60–61 ; Union Nationale des Associations Familiales, *Réalités, revue de l'Union Nationale des Associations Familiales*, N. 106-107, 2014, Etre aidant familial aujourd'hui, UNAF, p. 10.
(69) CNSA, *Les formules innovantes de répit, journée nationale sur les plateformes d'accompagnement et de répit-6 février 2012*, CNSA, p. 6.
(70) ANCV, *Etudes sur les dispositifs d'aide au départ en vacances familiales, synthèse*, ANCV, le 15 novembre 2012, p. 4.
(71) Ministère des Affaires sociales, de la Santé et des Droits des femmes, *Aidant familial, votre guide pratique*, édition 2016, La Documentation française, 2015, p. 129.
(72) Dominique Argoud et als, *op. cit.*, pp. 31-33.
(73) Association Française des aidants, *Aidants et vacances : vous avez dit possible?*, http://www.aidants.fr/lespace-des-aidants/pour-les-aidants/97-les-aidants-et-les-vacances-possible-vous-avez-dit-possible ; France Alzheimer, *Des séjours de vacances pour le malade et son aidant*, http://www.francealzheimer.org/des-5%C3%A9jours-de-vacances-pour-le-malade-et-son-aidant/454 ; Agevillage, *Les séjours Vacances-Répit Alzheimer pour les aidants et les personnes maladies de France Alzheimer*, http://www.agevillage.com/actualite-12/08-1-les-sejours-vacances-repit-alzheimer-pour-les-aidants-et-les-personnes-malades-de-france-alzheimer.html ; Vacances Ouvertes, *Aidants, pourquoi les aidants pourquoi un projet vacances?* http://www.vacances-ouvertes.asso-fr/aida

終　章　介護者の社会的包摂とレスパイトケア

nts/argumentaire.html ; Association Répit, *Séjour pour les aidants de personnes en souffrance psychique et séjour pour leur proche*, http://www.associationrepit.org/, 2016年2月6日閲覧。

(74) INSEE, Vacances : les générations se suivent et se ressemblent de plus en plus, INSEE, *Première*, N. 1154, Aout 2007, p. 2.

(75) Centre d'analyse stratégique, Les vacances des Française : favoriser le départ du plus grand nombre, *La note d'analyse*, juillet 2011, n. 234, Centre d'analyse stratégique, p. 3.

(76) ANCV, *Études sur les dispositifs d'aide au départ en vacances familiales, op. cit.*, p. 1.

(77) France Alzheimer & Maladies Apparentées, *Séjours vacances, répit Alzheimer, catalogue 2015*, France Alzheimer & Maladies Apparentées, 2014, p. 7 ; France Alzheimer, *Séjours vacances-répit Alzheimer, catalogue 2016*, France Alzheimer & Maladies Apparentées, 2015, p. 7 et p. 27.

(78) Australian Government, Department of Social Services, *National disability insurance scheme programme, young carers respite and information services activity : respite and education component-operational guidelines*, Australian Government, Department of Social Services, 2015, pp. 3-6.

(79) Alain Berard et als, *op. cit.*, p. 49.

(80) LE Wales, *Respite care in Wales, final report to welsh assembly governement*, LE Wales, 2010, p. 23 and p. 33 ; Greg Link and Jill Kagen, *Best practices in lifespan respite systems : lessons learned & future directions, 2012 National HCBS conference, September 12*, HCBS, 2012, p. 7 ; Canadian Healthcare Association, *Respite care in Canada*, CHA, 2012, p. 21.

(81) The Secretaries of State for Health, Social Security, Wales and Scotland, *Caring for people, community care in the next decade and beyond*, Cm849, HMSO, 1989, pp. 82-83 ; LE Wales, *op. cit.*, pp. 27-28 and p. 31 ; Lynn M. Tepper and John A. Toner, *Respite care, programs, problems & solutions*, The Charles Press Publishers, 1993, p. xxiii and pp. 90-92.

略語一覧

AARP（American Association of Retired Persons）　アメリカ高齢者連合
ABS（Australian Bureau of Statistics）　オーストラリア統計局
ADMR（Aide à Domicile en Milieu Rural）　農村環境在宅援助
ADVF（Assistant de Vie aux Famille）　家族生活助手
AMP（Aide Médico-Psychologique）　医療精神援助
ANPE（Agence National pour l'Emploi）　公共職業安定所
APA（Allocation Personnalisée d'Autonomie）　個別自立手当
APL（Aide Personnalisée au Logement）　個別住宅援助
AVASDA（Association Vaudoise d'Aide et de Soirs à Domicile）　ヴォー州在宅介護サービス協会
AVS（Auxiliaire de Vie social）　社会生活補助
BNA（British Nurse Association）　イギリス看護協会
CAA（Crédit Agricole Assurances）　農業保険金庫
CES（Conseil Economique et Social）　経済社会評議会
CESE（Conseil Economique, Social et Environnement）　経済社会環境評議会
CHA（Canadian Healthcare Association）　カナダ健康管理協会
CIAAF（Collectif inter-associatif d'aide aux Aidants familiaux）　介護者支援団体間連合
CJ（Court of Justice）　司法裁判所
CNA（Carers National Association）　全国介護者連盟
CNLE（Conseil National des Politiques de Lutte contre la Pauvreté et l'Exclusion sociale）　貧困と社会的排除との闘い政策国家評議会
CNSA（Caisse Nationale de Solidarité pour l'Autonomie）　自立連帯国家基金
COFACE（Confédération des Organisations Familiales de l'Union européenne）　ヨーロッパ連合家族諸団体連盟
CPHHC（Council for Public Health and Health Care）　健康管理・公衆衛生評議会
CREAI（Centre Régional d'Etudes, d'Action et d'Informations en faveur des personnes en situation de vulnérabilité）　脆弱な状態の人の為の調査・行動・情報地域センター
CSEP（Conseil Supérieur de l'Égalite professionnelle entre les femmes et les homme）　職業平等高等評議会

CSO（Central Statistics Office）　アイルランド統計局
DES（Departement de l'Economique et de la Santé）　経済保健省
DREES（Direction de la Recherche, des Études, de l'Évaluation et des Statistics）　研究調査評価統計局
EFILWC（European Foundation for the Improvement of Living and Working Conditions）　ヨーロッパ生活労働諸条件改善財団
ENA（Ecole nationale d'administration）　国立行政学院
EOC（Equal Opportunity Commission）　雇用機会均等委員会
ESTES（Ecole supérieure en travail éducative et social de Strasbourg）　ストラスブール教育・社会職業グランゼコール
EU（European Union）　ヨーロッパ連合
FCA（Family Caregivers Association）　家族介護者同盟
FFPE（Fédération des Femmes pour l'Europe）　ヨーロッパ女性連盟
FMA（Fondation Médéric Alzheimer）　アルツハイマー医療財団
GCSME（Groupement de Coopération sociale et Médico-Sociale）　社会協力・社会医学グループ
GP（General Practitioner）　一般開業医
GSS（The General Social Survey）　社会調査
HCE（Haut Conseil de l'Égalité）　男女平等高等評議会
HCF（Haut Conseil de la Famille）　家族高等評議会
ICN（International Council of Nurses）　国際看護評議会
ILO（International Labour Organization）　国際労働機関
INED（Institut national d'Études Démographiques）　国立人口調査研究所
INSEE（Institut national de la Statistiques et des Études Economiques）　国立統計経済研究所
ISR（Institute for Social Research）　社会調査研究所
ISSA（International Social Security Association）　国際社会保障協会
LARHRA（Laboratoire de Recherche Historique Rhône-Alpes）　ローヌ・アルプス歴史研究所
NHS（National Health Service）　国民保健サービス
NMW（National Minimum Wage）　最低賃金
NSPA（National Spinster' Pensions Association）　全国未婚年金連合
NSW（New South Wales）　ニューサウスウェールズ州
NUS（The National Union of Students）　全国学生連盟
OECD（Organization for Economic Co-operation and Development）　経済協力開発機構

OMS（Organization Mondiale de la Santé）　世界保健機関
ONS（Office National Statistics）　国家統計局
PCH（Prestation de Compensation du Handicap）　障碍補償手当
PRTC（The Princess Royal Trust for Carers）　介護者の為のプリンセス・ロイヤル トラスト
PSD（Prestation Spécifique Dépendence）　要介護特別手当
QOL（Quality of Life）　生活の質
RAANM（Regroupement des aidants et aidant naturels de Montréal）　モントリオール介護者団体
RANQ（Regroupement des aidants naturels de Québec）　ケベック介護者団体
RCCs（Respite and Carelink Centres）　レスパイト・ケアリンクセンター
RHA（Regional Health Authority）　地方保健基金
RMI（Revenu Minimum d'Insertion）　最低参入所得
SDAC（Survey of Disability, Ageing and Carers）　障碍と高齢及び介護者調査
SMIC（Salaire Minimum Interprofessionnel de Croissance）　法定最低賃金
SPRU（Social Policy Research Unit）（ヨーク大学）　社会政策研究機構
TUC（Trade Union Congress）　イギリス労働組合会議
UN（United Nations）　国際連合
UNA（Union Nationale d'Aide des Soins et de Services aux Domiciles）　全国在宅介護・看護サービス連盟
UNAF（Union Nationale de Association familiales）　全国家族団体連合会
UNICEF（United Nations Children's Fund）　国連児童基金
WHO（World Health Organization）　世界保健機関
YCRG（Young Carers Research Groupe）（ラフバラ大学）　未成年の介護者研究グループ

図表一覧

表序-1　貧困,相対的剥奪及び社会的排除の概念上の特質
表序-2　貧困の人口属性別分布状況
表1-1　介護者支援の方法に関する日本の諸見解（その1,1995～2005年）
表1-2　介護者支援の方法に関する日本の諸見解（その2,1986～2011年）
表1-3　介護者の規模と比率及び女性の位置
表1-4　フランスを含むヨーロッパ等16ヵ国の介護者比率（2000年代中葉）
表1-5　日常生活上の援助の源泉に関する社会職業階層別要介護者の分布（2001年）
表1-6　要介護者世帯の所得階層別無償・有償別介護サービスの利用状況（2008年）
表1-7　介護者の健康への週当たり介護時間別影響（2012年）
表1-8　介護者の特徴と日常生活上の援助の介護者への影響（2008年）
表1-9　フランスなど18ヵ国における介護者支援の領域と方法
表2-1　介護者に関するフランス語,イギリス英語並びにアメリカ英語の表現比較
表2-2　オランダの介護者の週当たり介護時間別等の高いストレス比率
表2-3　労働力状態別の介護者並びに非介護者構成の国際比較
表2-4　要介護高齢者を看る主な介護者等に関する8ヵ国比較
表3-1　世界18ヵ国と国際レベルの49介護者団体の設立年次に関する国際比較
表4-1　フランスにおける少数民族の要介護高齢者の無償有償別介護サービス受給比率（2008～2009年）
表4-2　介護者の定義に関するフランスの諸見解（2005～2015年）
表4-3　介護者の定義に関するベルギーの諸見解（2004～2015年）
表4-4　介護者の定義に関するスイスの諸見解（2007～2015年）
表4-5　介護者の定義に関するカナダの諸見解（2003～2015年）
表4-6　介護者の定義に関するイギリスの諸見解（1998～2015年）
表終-1　レスパイトケアを巡る日本人研究者の諸見解の4類型構成（1952～2016年）
表終-2　レスパイトケアを巡る日本人研究者の諸見解の類型別変遷（1952～2016年）
表終-3　経済協力開発機構加盟17ヵ国における介護者の週当たり介護時間別構成とフランスの位置（2007年頃）
表終-4　アルツハイマー要介護者を看る介護者の課税所得階層別バカンス料金（2016年）
表終-5　バカンスへの参加に関する介護者の評価（2012年）

日本語文献一覧

青木信雄編・監訳『デイケアの理念と実際——イギリスの経験に学ぶ』全国社会福祉協議会，1989年。
阿部彩『弱者の居場所のない社会——貧困・格差と社会的包摂』講談社，2011年。
―――「貧困と社会的排除の測定」『社会と調査』14号，2015年3月所収。
天野マキ『高齢者介護の介護者支援システムに関する研究——家族介護者に対するレスパイト・サービスの有効性の検証を通して』東洋大学，1999年。
石井恒夫・吉田克己・江口隆裕編『高齢者介護と家族——民法と社会保障法の接点』信山社，1997年。
井上千津子「『ヘルパーの目』を通して考える」樋口恵子編『介護が変われば老後も変わる——女性が進める介護の社会化Ⅱ』ミネルヴァ書房，1997年所収。
岩田正美『社会的排除——参加の欠如・不確かな帰属』有斐閣，2008年。
岩田正美・西澤晃彦編著『貧困と社会的排除——福祉社会を蝕むもの』ミネルヴァ書房，2005年。
岩間大和子「家族介護者の政策上の位置付けと公的支援——日英における政策の展開及び国際比較の視点」『レファレンス』2003年1月号所収。
厚生省高齢者介護対策本部事務局監修『新たな高齢者介護システムの確立について——老人保健福祉審議会中間報告書』ぎょうせい，1995年。
―――『新たな高齢者介護システムの構築を目指して——高齢者介護・自立支援システム研究会報告書』ぎょうせい，1995年。
厚生省五十年史編集委員会編『厚生省五十年史（記述篇）』厚生問題研究会，1988年。
厚生労働省『認知症施策推進5か年計画（オレンジプラン）』（平成25年度から29年度までの計画），厚生労働省，2012年。
―――『認知症施策推進総合戦略（新オレンジプラン）〜認知症高齢者等にやさしい地域づくりに向けて〜』厚生労働省，2015年。
杉本貴代栄『女性が福祉社会で生きるということ』勁草書房，2008年。
全国社会福祉協議会社会福祉研究情報センター編『老人介護の国際比較——老人介護国際シンポジウム報告』中央法規出版，1991年。
土田武史「ドイツの長期ケアと介護保険」『海外社会保障情報』104号，1993年9月所収。
東京都老人総合研究所社会福祉部門編『高齢者の家族介護と介護サービスニーズ』光生館，1996年。
得津慎子編著『家族支援論——一人ひとりの家族のために』相川書房，2005年。

日本学術会議包摂的社会政策に関する多角的検討分科会『提言社会的包摂——レジリエントな社会のための政策（案）』日本学術会議包摂的社会政策に関する多角的検討分科会，2014年．
日本社会事業大学社会事業研究所『介護者支援の必要性——介護者の余暇活動の試みを通して』日本社会事業大学社会事業研究所，1999年．
橋爪祐美『働く女性の介護生活——在宅介護者への支援アプローチ』風間書房，2005年．
長谷川和夫編著『痴呆性老人の看護とデイケア』医学書院，1986年．
畠中宗一『家族支援論——なぜ家族は支援を必要とするか』世界思想社，2003年．
─────編著『老人ケアのなかの家族支援——各専門職の役割とコラボレーション』ミネルヴァ書房，2006年．
原伸子『ジェンダーの政治経済学——福祉国家・市場・家族』有斐閣，2016年．
樋口恵子「介護から広がれ，豊かなデモクラシー——公的介護保険論議を問い直す」樋口恵子編『介護が変われば老後も変わる——女性が進める介護の社会化Ⅱ』ミネルヴァ書房，1997年所収．
兵庫県社会福祉協議会『介護の社会化に関する研究委員会報告書1（在宅介護をすすめるために）』兵庫県社会福祉協議会，1991年．
─────『介護の社会化に関する研究委員会報告書2（介護の社会化のためのケアモデルをめざして）』兵庫県社会福祉協議会，1992年．
福原宏幸編著『社会的排除/包摂と社会政策』法律文化社，2007年．
─────「社会的排除をもたらす『不利』の連鎖」『社会と調査』14号，2015年3月所収．
藤森宮子「フランスの高齢者介護制度と改正論議」『海外社会保障情報』104号，1993年9月所収．
─────「見えにくい家族介護者への支援　新たな動きが介護政策のすきまを埋める」石田久仁子ほか編著『フランスのワーク・ライフ・バランス——男女平等政策入門：EU，フランスから日本へ』パド・ウイメンズ・オフィス，2013年所収．
前田信雄『病める老人を地域でみる——デイケア・訪問看護・ナーシングホーム』第4版，垣内出版，1984年．
増田雅暢「家族介護者の評価と介護保険（1）-(終)」『週間社会保障』2198号，2002年．8月26日，2199号，同年9月2日，2200号，同年9月9日，2201号，同年9月16日，2202号，同年9月23日所収．
松本勝明『ヨーロッパの介護政策——ドイツ・オーストリア・スイスの比較分析』ミネルヴァ書房，2011年．
丸山里美『女性ホームレスとして生きる——貧困と排除の社会学』世界思想社，2013年．
三浦文夫ほか編『高齢社会と社会福祉』有斐閣，1983年．
森田洋司監修『新たなる排除にどう立ち向かうか——ソーシャル・インクルージョンの

可能性と課題』学文社，2009年。
油布佐和子「貧困と社会的排除に関わる調査研究の課題」『社会と調査』14号，2015年
　　　3月所収。

外国語文献一覧

Aidants proches asbl, *Mémorandum, élections du 25 Mai 2014*, Aidants proches asbl, 2014.

Air France, *Accord sur l'emploi des personnes handicapées 2012-2014*, Air France, 2011.

Agence nationale de l'évaluation et de la qualité des établissements et services sociaux et médico-sociaux, *Recommandations de bonnes pratiques professionnelles, 《Le soutien des aidants non professionnels de personnes âgées dépendantes, de personnes adultes handicapées ou souffrant de maladie chronique vivant à domicile》*, ANESM, 2013.

Alain Bérard et als, *Le répit : des réponses pour les personnes atteintes de la maladie d'Alzheimer ou de maladies apparentées*, et leur aidants, Fondation Médéric Alzheimer, 2011.

Alain Blanc, *Les aidants familiaux*, Presses Universitaires de Grenoble, 2010.

Alan Goruel d'Allondans, *L'exclusion sociale, les métamorphoses d'un concept (1960-2000)*, L'Harmattan, 2003.

Alain Rozenkier, L'aide à la dépendance : une affaire de famille, *Gérontologie et Société*, n. 89-juin 1999.

Alan Walker and Carol Walker, *Britain divided : the growth of social exclusion in the 1980s and 1990s*, Child Poverty Action Group, 1997.

Alies Struijs, *Informal care, the contribution of family carers and volunteer to long-term care*, Zoetermeer, The Netherlands, 2006.

Alzheimer's Society, *Replacement care (respite care) in England*, Alzheimer's Society, 2015.

Amartya Sen, *Social exclusion : concept, application and scrutiny*, Office of Environment and Social Development, Asian Development Bank, 2000.

André Gueslin et als, *Les exclus en Europe 1830-1930*, Les éditions Ouvrières, 1999.

――――, *Handicap, pauvreté et exclusion dans la France du XIXe siècle*, Les éditions Ouvrières, 2003.

André Gueslin et Henri-Jacques Striker, *Les maux et mots de la précarité et de l'exclusion en France au XXe siècle : actes des journées d'étude du laboratoire ICT (Université Paris 7) des 12 et 13 mai 2011*, L'Harmattan, 2012.

Andre Jordan et als, *Évaluation de la charge et des besoins des proches aidants : rapport*, Association vaudoise d'aide et de soins à domicile, 2012.

Andrew Power, *Landscapes of care, comparative perspectives on family caregiving*, Ashgate, 2010.

Anne Borsay, *Disability and social policy in Britain since 1750, a history of exclusion*, Palgrave Macmillan, 2005.

Anne de Kerchove de Dentergem-Waterkeyn et Nadine Caudron-Bury, *Une anthropologie de l'inadaptation, la dynamique de l'exclusion sociale*, Édtions de l'Université de Bruxelles, 1975.

Annette Angermann and Werner Eichhorst, *Eldercare services-lessons from a European comparison*, German Association for Public and Private Welfare, 2012.

Annie Fouquet, *Les solidarités entre générations, rapports remis au ministre en charge de la famille*, La Documentation française, 2006.

Arie Rimmerman, *Social inclusion of people with disabilities, national and international perspectives*, Cambridge University Press, 2014.

Association des Paralysés de France, *Une nouvelle approche des aidants familiaux : enquête sur la charge de l'aidant familial ou proche aidant*, APF, 2013.

——, *Rapport annuel 2013*, APF, 2014.

Association Nationale des CREAI, *Les politiques territoriales en faveur des personnes âgées à travers les schémas départementaux et régionaux d'organisation médico-sociale*, Association Nationale des CREAI, 2013.

Australian Government, *Carers Recognation act 2010*, Australian Government, 2010.

——, *National respite for carers program (CRCP) and other Australian Government support for carers, information sheet, n. 5*, Australian Government, 2011.

——, Department of Social Services, *National disability insurance shceme programme, young carers respite and information services activity : respite and education component-operational guidelines*, Australian Government, 2015.

Betty Reid Mandell, *The crisis of caregiving, social welfare policy in the United State*, Palgrave Macmillan, 2010.

Canadian Healthcare Association, *Respite care in Canada*, CHA, 2012.

Canton de Vaud, *Service des assurances sociales et de l'hébergement, Commission consultative pour le soutien direct des proches aidants actifs à domicile-CCSPA, Rapport d'activité 2011-2012*, Canton de Vaud, 2012.

Carers UK, *Carers manifesto*, Carers UK, 2014.

Carol Robinson, *Home and away, respite care in the community*, Venture Press, 1991.

Carole Vanier, *Projet régional de soutien aux aidants naturels, profil des aidants et des personnes aides et profil des interventions et activités réalisées par les organisms commnunautaires en Montérégie*, Conseil général de Montérégie, 2004.

Caroline Helfter, *L'aide aux aidants : l'apport de la recherché médico-sociale*, Fondation Médéric Alzheimer, 2003.

Caroline Laporthe, Les aidants familiaux revendiquent un véritable statut, *Gérontologie et Société*, n. 115–décembre 2005.

Catherine Bergeal, *Les personnes âgées dépendantes, rapport à Secrétaire d'État chargé de la Sécurite sociale*, La Documentation française, 1988.

Cédrie Frétigne, *Sociologié de l'exclusion*, L'Harmattan, 1999.

Chambre des Représentants de Belgique, *Proposition de loi visant à attribuer une reconnaissance légale et un maintien des droits sociaux aux aidants proches (déposée par Muriel Gerkens et Meyrew Almaci)*, 27 avril 2011, Chambre des Représentants de Belgique.

Charlotte Barbe, *Comment soutenir efficacememt les aidants familiaux de personnes âgées dépendantes? La note de ville*, Centre d'analyse stratégique, n. 187, juillet 2010.

Christian Marie et als, *Les personnes handicapées vieillissements à domicile et leur proches aidants, études réalisées auprès des ressortissante de l'Agric et de Arrco en Ile-de-France et Rhône-Alpes*, Agirc et Arrco, 2014.

Christina Pantazis, David Gordon and Ruth Levitas, *Poverty and social exclusion in Britain, the millennium survey*, The Policy Press, 2006.

Christian Viens et als, *Projet régional de soutien aux aidants naturels de la Montérégie, une analyse stratégique de la pertinence des activités offertes*, Québec Montérégie, 2005.

Christine Bon, *Le concept international de respite care ou soin de répit : une idée à développer et promouvoir en France pour accompagner la vie indépendance à domicile de personne en situation de handicap*, I. R. T. S. –Paris Ile de France, 2003.

Christophe Capuano, *Aux origins des aidants familiaux, les transformations de l'aide familiale aux personnes âgées, handicapées et maladies mentales en France dans la seconde moitié du vingtième siècle*, Rapport de recherch pour la Mire/DREES et la CNSA, 2012.

CIAAF, *Manifeste du CIAAF pour la défence de l'aidant familial non professionnel*, CIAAF, 2011.

外国語文献一覧

CIAAF67, *Aidant familial : le droit d'être reconnu*, CIAAF67, 2014.

―――, *Manifeste du C.A.A.F.67 pour la défense des interest des aidants familiaux*, CIAAF67, 2014.

Claire Lamy et als, *Les besoins et attentes des aidants familiaux de personnes handicapées vivant à domicile, étude réalisée à la demande du conseil général du Rhône*, CREAI Rhône-Alpes, 2009.

Clare Ungerson and Sue Yeandle, *Cash for care in developed welfare states*, Palgrave Macmillan, 2007.

Claude Martin, Les politiques de prise en charge des personnes âgées dépendantes, *Travail, Genre et Société*, n. 6-octobre 2001.

CNSA, *Être proche aidant aujourd'hui, 3es rencontres scientifiques de la CNSA pour l'autonomie, 5 et 6 novembre 2014-Paris dossier du participant*, CNSA, 2014.

―――, *Formules innovantes de répit et de soutien des aidants : guide pratique à destination des porteurs de projets*, CNSA, 2011.

―――, *Les plateformes d'accompagnement et de répit, bilan national de l'enquête d'activité 2012*, CNSA, 2014.

―――, *Rapport 2011 Accompagner les proches aidants, ces acteurs《invisibles》*, CNSA, 2012.

―――, *Rapport 2014 : 10 ans de solidarité pour l'autonomie*, CNSA, 2015.

Colette Fagan and als, *Gender inequalities in the risks of poverty and social exclusion for disadvantaged groups in thirty European countries*, Office for Official Publications of the European Communities, 2006.

Commission européenne, *Lutter contre l'exclusion du marché du travail*, Communautés européennes, 1998.

Commission on the Statut of Women, United Nations, *Follow-up to the fourth world conference on women : emerging issues, trends and new approaches to issues affecting the situation of women or equality between women and men*, Commission on the Statut of Women, United Nations, 1998.

Confédération des Organisations Familiales de l'Union européenne, *Le répit : une nécessité et un droit pour les aidants familiaux*, Confédération des Organisations Familiales de l'Union européenne, 2010.

Confédération Suisse, *Soutien aux proches aidants, analyse de la situation et mesures requires pour la Suisse : rapport du Conseil fédéral*, Confédération Suisse, 2014.

Connecticut Department of Child and Families, *Practice standards for respite care programs*, Connecticut Department of Child and Families, 2000.

Conseil de l'Europe, Comité des ministres, *Recommandation NR (98) 9 du comité des ministres aux états membres relative à la dépendence*, Conseil de l'Europe, 18 septembre 1998.

Conseil général de la Côte-d'Or, *Schéma départemental des séniors et de l'autonomie de la Côte-d'Or, 2013-2017*, Conseil général de la Côte-d'Or, 2013.

Conseil général de l'Essonne, *Schéma départemental en faveur des personnes âgées 2011-2016*, Conseil général de l'Essonne, 2011.

Conseil général du Finistère, *Étude connaitre les besoins des aidants : rapport final*, Conseil général du Finistère, 2013.

Conseil général de Gironde, *Schéma départemental d'organisation sociale et médico-sociale, volet personnes âgées/personnes handicapées 2012/2016, constats et propositions*, Conseil général de Gironde, 2012.

Conseil général de Hautes Alpes, *Schéma gérontologique départemental 2007-2011*, Conseil général de Hautes Alpes, 2007.

Conseil général de la Haute-Garonne, *Le schéma gérontologique départemental 2010-2015*, Conseil général de la Haute-Garonne, 2010.

Conseil général de Haute-Loire, *Le schéma départemental en faveur des personnes âgées 2009-2013*, Conseil général de Haute-Loire, 2009.

Conseil général de la Loire en Rhône-Alpes, *Enquête aide aux aidants, bilan départemental*, Conseil général de la Loire en Rhône-Alpes, 2013.

————, *Schéma départemental en faveur des personnes handicapées 2010-2014*, Conseil général de la Loire en Rhône-Alpes, 2010.

————, *Le schéma départemental 2013-2015 en faveur des personnes âgées, Gérontologie : défis 2015*, Conseil général de la Loire en Rhône-Alpes, 2013.

Conseil général du Pas-de-Calais, *Schéma départemental en faveur des personnes âgées 2008-2012*, Conseil général du Pas-de-Calais, 2008.

Conseil National du Travail, *Avis N. 1876 Avant-projet de loi-aidant proche*, Conseil National du Travail, 26 novembre 2013.

Crédit Agricole Assurances, *Actes du colloque aidants, Université Paris-Dauphine, le 22 mai 2014, regards sur la France qui aide, ni victims, ni héros : quelle aide pour les aidants?* Crédit Agricole Assurances, 2014.

————, *Être aidant : une solidarité en mouvement, la contribution des associations pour soutenir le aidants*, Crédit Agricole Assurances, 2013.

Danièle Fontaine et als, *Accompagnement et prise en charge de la maladie Alzheimer : évaluation et adaptation des dispositifs depuis dix ans*, Fondation Médéric Alzheimer, 2012.

David Ryrne, *Social exclusion : the history and use of a concept*, Routledge, 2008.

Debbie Oudijk and als, *In the spotlight : informal care in the Netherlands*, The Netherlands Institute for Social Research, 2010.

Debbies Verbeek-Oudijk and als, *Who cares in Europe? a comparison of long-term care for the over-50s in sixteen European countries*, The Netherlands Institute for Social Research, 2014.

Denis Bouget et als, *Le prix de la dépendence, comparison des dépenses des personnes âgées selon leur mode d'hébergement*, La Documentation française, 1990.

Departement de Seine-Saint-Denis, *Schéma départemental en faveur des personnes âgées 2013-2017*, Departement de Seine-Saint-Denis, 2013.

Dominic Abrams and als, *Multidisciplinary handbook of social exclusion research*, John Wiley & Sons Ltd, 2007.

Dominique Argoud et als, *L'accueil temporaire des personnes âgées, le droit répit des familles*, Syros, 1994.

Droit Social, N. 11-Novembre 1974, L'Exclusion sociale.

East Sussex Hospitals NHS Trust, *Carers pasports, guidance for GP practice*, East Sussex Hospital NHS Trust, 2014.

Ecole nationale d'administration, *Les politiques sociales et l'entourage des personnes âgées dépendantes*, ENA, 2002.

Ecole supérieur en travail éducative et social de Strasbourg, *Rapport : les aidants familiaux de personnes âgées immigrées : une double invisibilité?* ESTES, 2014.

Elaine Kempson and Calaire Whyley, *Kept out or opted out? understanding and combating financial exclusion*, The Policy Press, 1999.

Elizabeth Becker and Richard Borehame, *Understanding the risk of social exclusion across life course : older age*, Social Exclusion Task Force, Cabinet Office, 2009.

Elisabeth Cozette et als, Qui sont les aidants? *Gérontologie et Société*, n. 89-juin 1999.

Elisabeth Débenay et als, *Commission consultative pour le soutien des proches aidants actifs à domicile 1er rapport intermédiaire*, République et Canton de Genève, Direction générale de la santé service de la population et du réseau de soins, 2012.

Elizabeth Mestheneos and Judy Triantafillou, *Services for supporting family carers of elderly people in Europe : characteristics, coverage and use*, The Eurofamcare consortium, 2006.

Eurocarers, *Carers in Europe : factsheet*, Eurocarers, 2009.

―――, *Enabling carers to care : proposal for a EU-level strategy in support of informal care provision*, Eurocarers, 2013.

European Commission, *European disability strategy 2010-2020 : a renewed commit-*

ment to a barrier-free Europe, COM (2010) 636 final, SEC (2010) 1323 final, European Commission, 2010.

———, *Commission staff working document, long-term care in ageing societies-challenges and policy options*, SWD (2013) 41 final, European Commission, 2013.

European Union, *The European plateform against poverty and social exclusion, a European framework for social and territorial cohesion*, Publication Office of the European Union, 2011.

Familles Rurales Fédération Régional Centre, *Lancement du café des aidants, café des aidants Loire Beauce*, Familles Rurales Fédération Régional Centre, 2012.

Fiona Becker and Saul Becker, *Young adult carers in the UK : experiences, needs and services for carers aged 16-24*, The Princess Royal Trust for Carers, 2008.

Fondation Médéric Alzheimer, *Revue de presse national et international du 25 mars au 16 avril 2010*, Fondation Médéric Alzheimer, 2010.

Forum Européen des Femmes ASBL, *Travail invisible et pauvreté : le rôle des carers ou aidants familiaux, in Foum Europeen des Femmes ASBL*, Forum News, n. 15–Décembre 2010.

France Alzheimer & Maladies Apparentées, *Séjours vacance-répit Alzheimer, catalogue 2015*, France Alzheimer & Maladies Apparentées, 2014.

———, *Séjours vacance-répit Alzheimer, catalogue 2016*, France Alzheimer & Maladies Apparentées, 2015.

Francesca Colombo and als, *Help wanted? : providing and paying for long-term care*, OECD, 2011.

Fréderic Blondel et als, *Accueil temporaire des personnes handicapées*, Centre de Ressources Multihandicap, 2007.

Gérard Roche et Georges Labazee, *Rapport fait au nom de la commission des affaires sociales sur le projet de loi, adapté par l'Assemblée Nationale, relative à l'adaptation de la société au vieillissement, tome I : rapport*, le 4 mars 2015, Direction des Journaux officiels, 2015.

Gilles Ferreol et als, *Intégration & exclusion dans la société française contemporaine*, Presses Universitaire de Lille, 1993.

Gouvernement du Canada, *Quand il faut jongler entre travail et soins, comment les employeurs peuvent soutenir les aidants naturels au sein de leur personnel : rapport du groupe d'employeurs sur la question des aidants naturels*, Gouvernement du Canada, 2015.

Graham Room, *Beyond the threshold, the measurement and analysis of social*

exclusion, The Policy Press, 1995.
Grant Charles et als, *Les jeunes aidant au Canada, les avantages et les coûts cachés des soins prodigués par les jeunes*, Institut Vanier de la Famille, 2012.
―――, *Young carers in Canada, the hidden costs and benefits of youg caregiving*, A Vanier Institute of the Family Publications, 2012.
Hannelore Jani-Le Bris, *Aide aux aidants, prise en charge familiale du grand âge en France*, CLEIRPPA, 1993.
―――, *Prise en charge familiale des dépendants âges dans les pays des communautés européennes*, Fondation européenne pour l'amélioration des conditions de vie et de travail, 1993.
Haute Autorité de Santé, *Maldie d'Alzheimer et maladies apparentées : suivi médical des aidants naturels, recommendation de bonne pratique*, HAS, 2010.
Haute Conseil de la Famille, *La place des familles dans la prise en charge de la dépendance des personnes âgées, note adoptée par le Haut Conseil de la Famille lors de sa séance du 16 juin 2011*, HCF, 2011.
Helen Larerty and Mary Reet, *Planning care for children in respite setting 《hello this is me》*, Jessica Kingsley Publishers, 2001.
Hélène Strohl et als, *Cohésion sociale et prévention de l'exclusion, rapport de la commission*, La Documentation française, 1993.
Hélène Strohl et Martine Xiberras, *Exclus et exclusion, connaitre les populations, comprendre les processus*, La Documentation française, 1992.
Hélène Villard et als, *Évaluation des structures de répit pour le patient de maladie d'Alzheimer (et syndrome apparentés) et son aidant principal : revue de la littérature*, Fondation Médéric Alzheimer, 2010.
Hertfordshire County Council, *The key for carers, a resource pack for G.P.s and primary health care teams, helping you to support those who care at home*, Hertfordshire County Council, 1998.
Hilary Silver, Social exclusion and social solidarity : three paradigms, *International Labour Review*, Vol. 133, No. 5-6, 1994.
H. M. Government, *Carers at the heart of 21st-century families and communities, "a caring system on your side. a life of your own"*, H. M. Government, 2008.
―――, *Caring about carers, a national strategy for arers*, H. M. Government, 1999.
Hugues Feltesse et als, *Lutter contre la pauvreté et l'exclusion en Europe*, Syros, 1996.
Inclusion International, *Hear our voices, people with an intellectual disability and their families speak out on poverty and exclusion*, Inclusion International, 2006.

INSEE, Vacances : les générations se suivent et se ressemblent de plus en plus, INSEE, *Première*, N. 1154, Août 2007.

Jacquat Denis et Alexis Bachelay, *Rapport d'information fait en application de l'article 145 du règlement au nom de la mission d'information sur les immigrés âgés*, Assemblée nationale, 2 juillet 2013.

Jacques Moignard, *Rapport d'information au nom de la Délégation aux Droits des Femmes et à la l'égalité des chances entre les hommes et les femmes sur le projet de loi (n. 1994) relative à l'adaptation de la société au vieillissement*, Assemblée nationale, N. 2111, Direction des journaux officiels, 2014.

Janet Dunbrack, *Respite for family caregivers, an environmental scan of publicly-funded programs in Canada*, Health Canada, 2003.

Janie Percy-Smith, *Policy responses to social exclusion : towards inclusion?* Open University Press, 2000.

Jean Le Garrec et als, *Rapport d'information déposé en application de l'article 145 du règlement par le mission d'information commune sur la prévention et la lutte contre les exclusion sur la loi d'orientation relative à la lutte contre les exclusion*, Assemblée nationale, Direction des Journaux officiels, 1998.

Jean-Pierre Launay, *La France sous développée : 15 millions de pauvres*, Dunod, 1970.

Jens Lind and Iver Hornemann Moller, *Inclusion and exclusion : unemployment and non-standard employment in Europe*, Ashgate, 1999.

Jérôme Ballet, *L'exclusion : définitions et mécanisme*, L'Harmattan, 2001.

Joe Sempik and Saul Becker, *Young adult carers at college and university*, Carers Trust, 2014.

John Hills, Julian Le Grand and David Piachud, *Understanding social exclusion*, Oxford University Press, 2002.

Judy Triantafillou and als, *Informal care in the long-term care system-european overview paper*, Interlinks, 2010.

Julien Damon, *L'exclusion*, Presses Universitaires de France, 2008, 4e édition, 2014.

Kenneth A. Armstrong, *Governing social exclusion : Europeanizing through policy coordination*, Oxford University Press, 2010.

Kirsten Stalker, *Share the care, an evaluation of a family-based respite care service*, Jessica Kingsley Publishers, 1990.

Klanfer Jules, *L'exclusion sociale*, Bureau de Recherches Sociale, 1965.

Kristin Champlain, *Hidden caregivers : a literature review of youg caregivers in the United States*, University of Pittsburgh, 2008.

Learning and Skills Council, *Including carers : towards a framework for meeting the needs of carers in further education and adult learning*, Learning and Skills Council, 2009.

Linda Cusworth and als, *Understanding the risks of social exclusion across the life course : youth and young adulthood, a research report for the Social Exclusion Task Force*, Cabinet Office, 2009.

Luc Brouset, *Dix mesures pour adapter la société française au vieillissement*, Dunod, 2014.

Lynn M. Tepper and John A. Toner, *Respite care programs, problems & solutions*, The Charles Press Publishers, 1993.

M. J. Wrésinski, *Grande pauvreté et précarité économique et sociale*, Journal officiel de la République, Direction des Journaux officiels, 1989.

Maire Sinha, *Portrait des aidants familiaux 2012*, Statistics Canada, 2013.

―――, *Portrait of caregivers 2012 : results from the General Social Survey*, Statistics Canada, September 2013.

Manitoba, *Loi sur la reconnaissance de l'apport des aidants naturels*, Manitoba, 2011.

Marianne Dubois, *Rapport d'information fait au nom de la délégation aux droits des femmes et à l'égalités des chances entre les hommes et les femmes sur le genre et la dépendence*, Assemblée nationale, N. 3920, Direction des Journaux officiels, 2011.

Marie d'Ornellas, *La cinéaste et la psy donnent la parole aux jeunes aidants*, Le Parisien-Jeudi 10 Juillet 2014.

Marika Morris, *Gender-sensitive home and community care and caregiving research : a synthesis paper : final report, commissioned by the Women's Health Bureau*, The Women's Health Bureau, 2001.

Marilyn Howard, *Paying the price : carers, poverty and social exclusion*, Child Poverty Action Group, 2001.

Marine Biseau et als, *Les proches et les aidants des personnes âgées dépendantes, quelles conséquences sur leur vie?* Ecole des Hautes Etudes en Santé Publique, 2011.

Marion Villez et als, *Analyse et revue de la littérature française et international sur l'offre de répit aux aidants des personnes atteintes de la maladie d'Alzheimer ou de maladies apparentées, étude réalisée pour la DGAS dans le cadre de la mesure 1b du plan Alzheimer*, 6 novembre 2008 version 1, Fondation Médéric Alzheimer, 2008.

Marisol Touraine et Laurence Rossignol, *Projet de loi relative à l'adaptation de la société au vieillissement*, Assemblée Nationale, N. 1994, le 3 juin 2014.

Marja Pijl, *Development in the support of carers in Finland, England and the Netherlands 1998-2002*, Socialstyrelsen, 2003.

Martin Turcotte, *Être aidant familial : quelles sont les conséquences ?* Statistique Canada, 2013.

Matt Barnes, *Social exclusion in Great Britain : an empirical investigation and comparison with the EU*, Ashgate, 2005.

Maureen Oswin, *They keep going away, a critical study of shor-term residential care services for children who are mentally handicapped*, Kings Edward's Hospital Fund for London, 1984.

Maxime Bivort et Aude Garelly, *Les enjeux liens à la définition d'un statut pour les aidants proches en Belgique, rapport final : étude à destination de l'asbl Aidants proches*, Agence Alter asbl, 2008.

Mayer Carole, *Les immigrés dépendants issus des pays tiers face à l'épreuve du vieillissement : l'exemple de la communauté turque dans le cadre de la prévention de l'épuisement des aidants*, Université de Strasbourg, 2013.

Melania Rudin et Silvia Strub, *Prestations de soins et d'assistance dispensées par les proches : temps investi et évaluation monétaire pour le compte de l'Association Suisse des services d'aide et de soins à domicile*, Association Suisse des services d'aide et de soins à domicile, le 14 juillet 2014.

Michael N. Danielson, *The Politics of exclusion*, Columbia University Press, 1976.

Michael Parkinson, *Combating social exclusion : lessons from area-based programmes in Europe*, The Policy Press, 1998.

Ministère des Affaires sociales et de la Santé, *Aidant familial*, le guide de référence, La Documentation française, 2013.

———, *Aidant familial, votre guide pratique*, édition 2016, La documentation Française, 2015.

Ministère de l'emploi et de la solidarité, *Circulaire du 16 avril 2002 relative à la mise en œuvre du programme d'actions pour les personnes souffrant de la maladie d'Alzheimer ou de maladies apparantées*, Ministère de l'emploi et de la solidarité, 2002.

Ministère de la Réforme de l'État, de la Décentralisation et de la Fonction publique, *Pour une meilleure articulation entre vie professionnelle et vie familiale, identification des bonnes pratiques des secteurs public et privé en France et l'étranger*, Direction Générale de l'Administration et de la Fonction publique, 2013.

Ministère de la Santé et des Services sociaux, *Chez soi : le premier choix-politique de soutien à domicile*, Gouvernement du Québec, 2003.

Ministère de la Santé et des Sports, *Plan pour l'amélioration de la qualité de vie des personnes atteintes de maladies chroniques 2007-2011 : rapport du groupe de travail n. 2 sur le rôle des aidants et des acteurs de santé*, Ministère de la Santé et des Sports, 2010.

Ministère des Solidarité et de la Cohésion sociale, *Circulaire du 29 novembre 2011 relative aux modarités d'organisation de l'accueil de jour et l'hébergement temporaire*, Ministère des Solidarité et de la Cohésion sociale, 2011.

Ministère des Solidarité, de la Santé et de la Famille, *Circulaire du 30 mars 2005 relative à l'application du Plan Alzheimer et maladies apparantées 2004-2007*, Ministère des Solidarité, de la Santé et de la Famille, 2005.

――――, *Plan Alzheimer et maladies apparentées 2008-2012*, Ministère des Solidarité, de la Santé et de la Famille, 2008.

Mohamadon Oumarou Danni, *Enquête auprès des aidants familiaux des personnes âgées en perte d'autonomie*, Université de Poitiers, 2007.

Le Monde, *Les aidants invisible, le véritable défi de la dépendence*, Le Monde du 29 octobre 2013.

Monique Cerisier-ben Guiga, *L'exclusion sociale dans les communautés françaises à l'étranger : rapport au Premier ministre au Ministre de l'emploi et de la solidarité et au Ministre des affaires étrangers*, La documentation Française, 1999.

Monique Weber et Yves Verollet, *La dépendence des personnes âgées, les avis du Conseil économique, sociale et environnement*, Les éditions des Journaux officiels, 2011.

Moniteur Belge, *12 Mai 2014-Loi relative à la reconnaissance de aidant proche aidant une personne en situation de grande dépendence*, Moniteur Belge, 2014.

Muriel Delporte et Anne-Fleur Mouliere, *Les besoins en accompagnement/formation des aidants naturels de personnes polyhandicapées, étude menée dans le cadre du plan régional des métiers au service des personnes handicapées et de personnes âgées dépendantes*, Région Nord-Pas de Calais, 2010.

Muriel Gerkens et Meyrem Almaci, *Propositions de loi visant à attribuer une reconnaissance légale et un maintien des droits sociaux aux aidants proches*, Chambre des Représentants de Belgique, 2011, Doc 53 1399/001.

Mutualité Française, UNA et Chorum, *Guide des pratiques de l'accompagnement des aidants familiers*, Mutualité Française, UNA et Chorum, 2010.

Nancy R. Hooyman and Judith Gonyea, *Feminist perspectives on family care, policies for gender justice*, Sage Publications, 1995.

The National Alliance for the Caregiving and AARP Public Policy Institute, *Caregiving in the U.S. : 2015 report*, The National Alliance for the Caregiving and AARP Public Policy Institute, 2015.

The National Carer Organisations, *A Guide for carers : understanding how law is made in Scotland*, The National Carers Organisations, 2015.

National Spinsters Pensions Association, The Spinsters' charter, in John Macnicol, *Paying for the old : old age and social welfare provision*, volume 8 : the 1930s and 1940s, Thoemmes Press, 2000.

National Union of Students, *Learning with care, experiences of student carers in the UK*, National Union of Students, 2013.

NHS Education for Scotland, *Review and analysis of existing training and education for NHS and social care staff working with carers and young carers*, NHS Education for Scotland, 2012.

NHS England, *NHS England's commitment to carers*, NHS England, 2014.

Noëmie Soullier, L'aide humaine auprès des adultes à domicile : l'implication des proches et des professionnels, *Études et Résultats*, N. 827, décembre 2012.

———, Aider un proche age à domicile : la charge ressentie, *Études et Résultats*, N. 799, mars 2012.

Noëmie Soullier et Amandin Weber, L'implication de l'entourage et des professionnels auprès des personnes âgées à domicile, *Études et Résultats*, N. 771, août 2011.

Northamptonshire County Council, Adult Social Services, *Assessment and eligibility policy for adult and carers 2015 : adult services*, Northamptonshire County Council, 2015.

Observatoir sur la Responsibilité sociétale des Entreprises et Union Nationale des Associations familiales, *Aidants familiaux : guide à destination des entreprises 2014*, Observatoir sur la Responsibilité sociétale des Entreprises et UNAF, 2014.

OECD, *Caring for frail elderly people ; policies in evolution*, OECD, 1996.

Olga Piou et Marie-Jeanne Vercherat, *Évaluation du dispositif café des aidants programme mis en place par l'Association Française des Aidants Familiaux : étude commanditée et finance par le CPM*, Caisse de retraite Arrco du Groupe Médéric, CLEIRPPA, 2008.

Olivier Mazel, *L'exclusion, le social à la derive*, Le Monde éditions, 1997.

Olivier Veber, *Société et vieillissement, rapport du groupe n. 1*, Ministère des

Solidarité et de la Cohésion sociale, 2011.
Olwen Roland and Gillian Parker, *Informal carers, results on independent study carried out on behalf of the Department of Health as part of the 1995 General Household Survey*, The Stationary Office, 1998.
The Open University Wales, *Extending opportunities for carers, evaluation report of the access to education for carers project*, The Open University Wales, 2014.
Pam Orzeck and als, *Responding creatively to the needs of caregivers*, CLSC René-Cassin, 2001；パム・オルゼック，ナンシー・ガバマン，ルーシー・バリラック編／高橋流里子監訳『家族介護者のサポート――カナダにみる専門職と家族の協働』筒井書房，2005年。
Partnariat éducative Grundtvig, *L'auto-évaluation de leur besoins par les aidants familiaux, un point de départ pour obtenir de l'aide, rapport*, Partnariat éducative Grundtvig, 2013.
Pas-de-Calais, *Schéma départemental des personnes en situation de handicap enfants et adultes 2011-2015*, Pas-de-Calais, 2011.
Pascale Breuil-Genier, Aides aux personnes âgées dépendantes : la famille intervient plus que les professionnels, *Economie et Statistique*, N. 316-317, 1998.
Paul Littlewood and als, *Social exclusion in Europe, problems and paradigms*, Ashgate, 1999.
Peter Townsend, *The family life of old people : an inquiry in East London*, Routledge & Kegan Paul, 1957, Penguin Book, 1963；ピーター・タウンゼント著／服部宏子／一番ケ瀬康子共訳『老人の家族生活――社会問題として』家政教育社，1974年。
――――, *The last refuge, a survey of residential institutions and home for the aged in England and Wales*, Routledge & Kegan Paul, 1962.
――――, *Poverty in the United Kingdom, a survey of household resources and standards of living*, University of California Press, 1979.
Philippe Nasse, Hélène Strohl et Martine Xiberras, *Exclus et exclusion : connaitre les populations, comprendre les processus : rapport du groupe technique*, La Documentation française, 1992.
Premier ministre, *Plan national d'action français contre la pauvreté et l'exclusion sociale*, Premier ministre, 2003.
――――, *Une loi d'orientation et de programmation pour l'adaptation de la société au vieillissement*, Journaux officiels, 29 novembre 2013.
Premier Ministre de Belgique, *Un premier pas décisif vers la reconnaissance des aidants proches, comminique de presse*, Premier Ministre de Belgique, 22 Mars

2013.

Princess Royal Trust for Carers, *Toolkit to identify and support young carers in primary school in Scotland*, Princess Royal Trust for Carers, 2013.

Rana Charafeddine et Stefaan Demarest, *Enquête de santé 2013, rapport : environnement physique et social*, Institut scientifique de Santé Publique, 2015.

Régional de Santé Franche-Comté, *Schéma régional d'organisation médico-sociale 2012-2016*, Régional de Santé Franche-Comté, 2012.

Regroupement des aidants et aidants naturels de Montréal, *Vers la reconnaissance d'un statut légal pour les proches aidants, rapport conjoint*, Institut de Planification des Soins, 2015.

Regroupement des aidants naturels du Québec, *Mémoire du Regroupement des aidants naturels du Québec, présenté lors des consultations particulières de la commission de la santé et des services sociaux 〈〈L'autonomie pour tous Livre blanc sur la création d'un assurance autonomie〉〉*, Regroupement des aidants naturels du Québec, 2013.

René Lenoir, *Les exclus, un Français sur dix*, Éditions du Seuil, 1974.

République et Canton Genève, Departement des affaires régionals de l'économie et de la santé, Direction générale de la santé, *Commission consultative pour le soutien des proches aidants actifs à domicile, rapport intermédiaire*, République et Canton Genève, 2012.

République Française, *Le droit au répit, besoin vital d'un temps à soi pour les familles d'enfants en situation de handicap, libre blanc*, République Française, 2007.

Rhondda Cynon Taff County Borough Council, *Children as carers, the multi-agency response, inter-agency guidelines for practice*, Rhondda Cynon Taff County Borough Council, 1997.

Sabrina Cammisano, *Vers la reconnaissance d'un statut légal pour les proches aidants, rapport conjoint*, Institut de Planification des Soins et Regroupement des aidantes et aidants naturels de Montréal, 2015.

Sako Musterd and als, *Neighbourhoods of poverty : urban social exclusion and integration in Europe*, Palgrave, 2006.

Saul Becker and als, *Young carers in Europe, an exploratory cross-national study in Britain, France, Sweden and Germany*, Loughbourgh University, 1995.

The Scottish Government, *Additional support for learning and young carers : rapport to parliament*, The Scottish Government, 2013.

―――, *Caring together, the carers strategy for Scotland, 2010-2015*, The Scottish

Government, 2010.
――――, *Getting it right for young carers, the young carers strategy for Scotland, 2010-2015*, The Scottish Government, 2010.
――――, *Implementation of the education (additional support for learning) (Scotland) act (as amended), report to parliament*, The Scottish Government, 2014.
――――, *National care standards, short breaks and respite care services for adults*, The Scottish Government, 2005.
――――, *Scotland's carers, an official statistics publication for Scotland*, The Scottish Government, 2015.
Scottish Parliament, *Carers (Scotland) bill : policy memorandum*, Scottish Parliament, 2015.
Sébastien Grand et als, *Soutenir et accompagner les aidants non professionnels de personnes âgées : de l'évaluation des besoins à la structuration des services sur un territoire, rapport final, réalisé pour la CNSA par le Centre de Gestion Scientifique de Mines-Paris Tech*, Centre de Gestion Scientifique Mines-Paris Tech, 2012.
The Secretaries of State for Health, Social Security, Wales and Scotland, *Caring for people, community care in the next decade and beyond*, Cm849, HMSO, 1989.
The Secretary of State for Social security, *Opportunity for all : tackling poverty and social exclusion, first annual report 1999*, Cm4445, The Stationary Office, 1999.
Sénat, *Statut des aidants familiaux*, publiée dans le JO Sénat du 05/08/2010.
The Senate of the United States, *A bill to provide for the establishoment and maintenance of a national family caregiving strategy, and for other purposes*, The Senate of the United States, July 2015.
Serge Paugam et als, *L'exclusion, l'état des saviors*, La Découverte, 1996.
Shona Robison, *Carers (Scotland) bill*, Scottish Parliamentary Corporate Body, 2015.
Sibyl Anthiereus and als, *Support for informal caregivers- an exploratory analysis*, KCE, 2014.
Sir Roy Griffiths, *Community care : agenda for action*, a report to the secretary of state for social services by Sir Roy Griffiths, HMSO, 1988 ; 小田兼三訳『コミュニティ・ケア――行動のための指針　グリフィス報告』海声社，1989年。
Sophie Moraly et als, *Les besoins et l'offre de répit en Rhône-Alpes, pour les proches aidants de personnes en situation de grande dépendance*, Fondation France Répit, 2015.
South London and Maudsley NHS Foundation Trust, *Family and carers strategy 2015 to 2019*, South London and Maudsley NHS Foundation, 2015.

Subcommittee on human services of the select committee on aging, House of Representatives, *Exploding the myths : caregiving in America, a study by the subcommittee on human services of the select committee on aging*, House of Representatives, Comm Pub No. 100-665, U. S. Government Printing Office, 1998.

Suffolk County Council, *Supporting young carers and young adult carers in Suffolk : a multi-agency strategy for Suffolk 2010-2013*, Suffolk County Council, 2010.

Sundstrom Gerdt and als, *Family care for elders in Europe : policie and practices, in caregiving contexts, cultural, familial and social implications*, Springer, 2008.

Surrey Young Carers, *Supporting young carers in school, a manual for school leaders, teachers & support staff*, Surrey Young Carers, 2014.

Sylvia Baago, *Inside the developmental Black Box of Young Carers, a literature review prepared for the young carers initiative Niagara (YCIN)*, The Ontario Trillium Foundation, 2005.

Sylviane Fior et als, *L'aide aux aidants : approche international*, Fondation Médéric Alzheimer, 2003.

Sylvie Riopel, *Vers un statut légal pour les proches aidants*, Regroupement des aidants et aidants naturels de Montréal, 2015.

Tameside M.B.C.'s Research on carers, *Towards a strategy for carers, final report*, Tameside M.B.C. Policy Research Unit, 1991.

Tameside Metropolitan Borough and NHS Tameside and Glossop, *Joint strategy for carers 2011-2014*, Tameside Metropolitan Borough and NHS Tameside and Glossop, 2011.

Tess Rodge, *Childhood poverty and social exclusion*, The Policy Press, 2002；テス・リッジ著／渡辺雅男監訳『子どもの貧困と社会的排除』桜井書店，2010年。

Teppo Kroger, *Comparative research on social care, the state of the art, written for European Commission 5th framework programme improving human potential and socio-economic knowledge base*, European Commission, 2001.

Thomas Scharf and Norah C. Keating, *From exclusion to inclusion in old age, a global challenge*, The Policy Press, 2012.

Tim Blackman and als, *Social care and social exclusion, a comparative study of older people's care in Europe*, Palgrave Publishers, 2001.

Tonio Borg, *Commissioner Borg delivers speech in EU Action for Carers*, Brussels, 2014.

Trinity College Dublin, *Policy on supports for student parents, student carers and students experiencing pregnancy*, Trinity College Dublin, 2013.

UDAF49, *Pour un renforcement du soutien aux aidants : pratiques, valeurs et attentes d'aidants familiaux en Maine et Loire, étude conduit par l'UDAF49*, UDAF49, 2009.

Union Départementale des Associations Familiales du Maine et Loire, *Aidants familiaux : guide à destination des entreprises*, Union Départementale des Associations Familiales du Maine et Loire, 2014.

Union Départementale des Association Familiales des Pyrénées-Atlantiques, *Aide familiale et personne en perte d'autonomie : une approche du ressenti des personnes du département sur les conditions de prise en charge de la dépendance de leur parent*, UDAF Pyrénées-Atlantiques, 2007.

Union Nationale de l'Aide, des Soins et des Services aux domiciles, *L'Accompagnement des aidants familiers par les structures d'aide, de soins et d'accompagnement aux domicile : rapport les recommandations de bonnes pratiques professionnelles*, Union Nationale de l'Aide, des Soins et des Services aux domicile, 2009.

Union Nationale des Associations Familiales, *Aidants familiaux : guide à destination des entreprises 2014*, UNAF, 2014.

―――, *Prise en charge de la dépendence, pour une véritable complémentarité entre solidarité publique et solidarité familiale, état des lieux et position de l'UNAF*, UNAF, 2011.

―――, *Projet de loi : Adaptation de la société au vieillissement, analyse et propositions de l'UNAF*, UNAF, 2014.

―――, *Réalités : revue de l'Union Nationale des Associations Familiales*, N. 106-107-2014, Être aidant familial aujourd'hui, UNAF.

United Nations, *Vienna international plan of action on ageing : world assembly on aging 26 july-6 august 1982 Vienna, Austria*, United Nations, 1983.

United Nations, Commission on the Status of Women, *Follow-up to the fourth world conference on women : emerging issues, trends and new approaches to issues affecting the situation of women or equality between women and men, older women and support systems : new challenges*, UN, Commission on the Status of Women, 1998.

United Nations, Division for the Advancement of Women and als, *Caregiving and older persons-gender dimensions, expert group meeting, report*, UN, Division for the Advancement of Women and als, 1997.

University College London Hospital NHS, *Carers UCLH policy*, University College London Hospital NHS, 2015.

The University of Auckland, *Information and resource for staff and student carers, toolkit for staff carers, toolkit for student carers*, Equity Office, 2014.

University of Glasgow, *Student carers' policy for implementation in session 2011-12*, University of Glasgow, 2011.

Valérie Flohimont et als, *Reconnaissance légale et acces aux droits sociaux pour les aidants proches, étude réalisée à la demande de l'asbl 《Aidants proches》 pour le compte Secrétaire d'État aux Affaires sociales, charge des personnes handicapées*, L'asbl Aidants proches, 2010.

Valérie Luquet, *Les aidants et l'aide aux aidants : dossier documentaire*, CLEIRPPA, 2011.

Vasiliki (Vass) Bednar et als, *Jeunes qui aide les aidants? faire connaitre tranche invisible de la population*, Groupe de Travail Action Canada, 2013.

Victoria Mlyneaux and als, Reconsidering the term 'carer': a critique of the universal adaptation of the term 'carer', *Ageing & Society*, volume 31, part 3, April 2011.

Vincent Sampaoli, *Projet de loi relative à la reconnaissance de l'aidant proche aidant une personne en situation de grande dépendence*, Chambre des Représentants de Belgique, rapport fait au nom de la Commission des affaires sociales, DOC53, 3439/002. 2014, Chambre des Représentants de Belgique.

Virginie Gimbert et als, Quelles mesures de soutien aux aidants des personnes âgées dépendantes? un tour d'horizon international, *Vie Sociale*, 2013, No. 4.

Vriginie Gimbert et Guillaume Malochet, *Les défis de l'accompagnement du grand âge : perspectives internationales pour éclairer le débat national sur la dépendence*, La documentation Française, 2011.

World Health Organization, *Key policy issues in long-term care*, WHO, 2003.

―――, *World report on disability*, WHO, 2011.

索　引

あ行

アメリカ
　——における介護者の表現の変遷　*141*
　——における郊外への排除　*42*
　——の介護者月間の開始時期　*119*
　——の介護者支援政策　*60*
　——の全国家族介護者月間　*141*
アメリカ介護者の表現の公文書記載時期
　193
新たな介護者化　*270*
医学看護学教育への介護者問題の挿入　*220*
イギリス介護者の表現の公文書記載時期
　193
イギリス政府による介護者の定義　*259*
イギリス政府の最初の介護者全国調査実施時期
　203, 204, 233
イギリスにおける
　——介護者国際研究の開始時期　*215*
　——介護者支援政策理念の転換時期　*207*
　——介護者調査研究の最初の総括時期
　　204
　——介護者の定義　*249, 260*
　——介護者の表現の誕生時期　*193*
　——介護者の表現の団体名称への採用時期
　　194
　——介護者の表現の法律への記載時期
　　194
　——学生介護者の発見時期　*198*
　——学生介護者の表現の公文書への記載時期
　　198
　——家族介護者の表現の使用状況　*274*
　——家族介護者の表現への批判　*274*
　——最初の少数民族介護者調査実施時期
　　205, 247
　——少数民族の介護者支援開始時期　*212*
　——少数民族の介護者調査の基盤　*212*
　——世代間連帯の再発見時期　*210*
　——若い成人の介護者表現の誕生時期
　　200
イギリスにおける未成年の介護者
　——国際研究開始時期　*198, 215, 245*
　——支援事業の開始時期　*201, 244*
　——支援政策　*225*
　——の支援政策形成時期　*224*
　——の規模　*245*
　——の発見時期　*197*
　——の表現の法律への記載時期　*194*
イギリスの医療機関による介護者支援の開始時期　*220*
イギリスの介護者
　——運動史　*28*
　——議会　*221*
　——団体による介護者の定義　*258*
　——団体の歴史　*217*
　——手当　*102, 149*
　——手当の給付対象　*226*
　——に関する国際討論会の開催時期　*216*
　——の週介護時間別構成と推移　*162, 163*
イギリスの介護者支援政策
　——と介護者手当　*226, 227*
　——と社会的包摂　*229*
　——と女性の役割論　*225*
　——の開始時期　*159, 206*
　——の歴史　*97*
イギリスの学生介護者に関する最初の全国調査時期　*199*
イギリスの『国勢調査』と介護者　*197, 203*
イギリスの国民保健サービスによる介護者の定義　*258, 261*

イギリスの最初の介護者調査実施時期　195
イギリスの最初の介護者歴史研究の時期
　　196
イギリスの最初の未成年の介護者調査実施時期
　　197, 244
イギリスの社会的排除研究と介護者　19, 29
イギリスの社会的排除研究の特徴　20, 27
イギリスの少数民族介護者研究の開始時期
　　209, 211
イギリスのショートステイの歴史と介護者
　　315
イギリスの女性史研究や老年史研究と介護者
　　196
イギリスの地方自治体による介護者の定義
　　261
イギリスの統計局による介護者の定義　258
イギリスの貧困研究史　31
イギリスの未成年の介護者
　　——研究機関　198
　　——研究の国際的広がり　224
　　——支援計画策定時期　201
　　——の週介護時間別構成と推移　163
イタリア・カルピ市の介護者の日　119
イタリアにおける介護手当の自由な利用
　　155
イタリアにおける介護労働の私的性格　150
イタリアの国家補償手当　102
医療機関による介護者支援の開始時期　220
医療機関の介護者支援と介護者憲章　220
医療社会福祉の革新に関する2002年1月22日法
　　313
医療と福祉分野の職員の役割　311
援助の無償性に着目する介護者の表現　138,
　　139
援助の無償性に着目する未成年の介護者の表現
　　138
オーストラリアの介護者憲章　115
オーラルヒストリーの手法と介護者　196
重い要介護度の要介護者を看る介護者の認知に
　　関する2014年5月12日法　ii, 178, 183,
　　242, 253, 276
主な介護者の構成　162
　　イギリスの——　162
　　スウェーデンの——　162
　　デンマークの——　162
　　ドイツの——　162
オランダ
　　——における介護者への賃金支払い　102
　　——の介護者支援政策　151, 152
　　——の介護者の週介護時間別ストレス比率
　　153
　　——の地方自治体の介護者支援義務　152
　　——の有給介護休暇　149

か行

介護技術訓練の実績　177
介護休暇の諸形態　106
介護計画策定過程への介護者の参画　105
介護計画と介護者のニーズ　182
介護作業の性別格差　84
介護支援に関する2005年法　151
介護者アセスメント　69
　　——の内容　68, 99
　　——の2つの形態　269
介護者化の可能性　108, 264
介護者化の要因　110
介護者カフェ
　　——の効果　100, 271, 315
　　——の紹介　100
　　——の名称　100
介護者議会　115, 116
介護者休暇　106
介護者月間　118, 221
介護者研究と相対的剥奪　238
介護者研究とフェミニスト　vi
介護者研究の中心概念としての負担　211
介護者憲章　113-115
　　——とレスパイトケア　288
　　——の法的な位置付け　113, 115
介護者交流の機会　311

索　引

介護者支援
　──と医師，看護師，教師の役割　119, 120
　──と企業　121
　──と教職員の訓練　270
　──独自計画の採用国　160
　──と労働協約　122
　──の拡充に向けた提言　175
　──の社会環境　93, 97
　──の主体としての医療機関　220
　──の人的環境　91, 93
　──の必要性　174
　──の表現　169
　──と政府や議会　169
　──の方法　15, 58-61, 63, 64, 67-71, 110, 170, 171, 183, 233, 242, 286, 287
　──に関する日本の諸見解　65, 72, 73
　──の目的　268
　──の領域と方法　92
介護者支援基金の設立に関する2009年10月8日法　183
介護者支援計画と未成年の介護者の位置　174
介護者支援コーディネーター　121
介護者支援政策
　──とイタリアの位置　154, 156
　──と介護者の健康　177
　──と介護者の正確な把握　233
　──と家族団体　78
　──と高齢家族政策　165
　──と国際諸機関　iv
　──と支援実施計画　116
　──と社会的排除　17
　──と自立連帯国家基金　172, 175
　──と政府の諸計画　173
　──と男女平等　116, 117, 233
　──と地方自治体の諸計画　173
　──とヨーロッパ連合への報告書　173
　──とワークライフバランス　230
　──に関するアメリカ英語の表現　165

　──に関するイギリス英語の表現　165
　──に関するフランス語の表現　165
　──に寄せるフランスの反省　213
　──の新しい展開　171
　──の拡充　170, 176, 177
　──の課題　176
　──の草分け的な存在としてのイギリス　217
　──の国際的な広がり　286
　──の三類型化　150, 151
　──の諸原則　229
　──の二類型化　148, 149
　──の二類型化の問題性　154
　──の表現　170
　──の目的としての社会的包摂　228, 229
　──の目的の転換　285
　──の理念　207
　──の領域　91
　──の類型化の基準　148, 150
　──の歴史　ii
　──を所轄する専門の部署設置義務　177
　──を巡る共通の特徴　262
　──を巡る提言　110-112
　──を巡るフランスとスウェーデンの相違　164
介護者支援地域計画　242
介護者週間　60, 118, 221
　アイルランドにおける──の創設時期　221
　アメリカにおける──の創設時期　221
　イギリスにおける──の創設時期　221
　オーストラリアにおける──の創設時期　221
　カナダにおける──の創設時期　221
介護者情報の共有　98
介護者団体による介護者の定義　248
介護者団体の設立年次国際比較　218
介護者調査　108, 233
介護者調査研究の総括　203
介護者調査の週介護時間区分　152-154

357

アイルランドの―― 153
アメリカの―― 153
イギリスの―― 152
オーストラリアの―― 152
オランダの―― 152
カナダの―― 153
デンマークの―― 152
ニュージーランドの―― 152, 153
介護者手当 59
　――の水準と最低賃金 227
　――の評価 228
介護者定義とフランス介護者連盟 74
『介護者手帳』 98, 235
介護者でもある学生支援政策 117
介護者登録の内容 98
介護者と教育の機会均等 117
介護者と社会的排除 18, 21, 23, 32-34, 37, 116
介護者と社会的排除研究 1, 31
介護者と障碍者に関する2000年法 207
介護者図書カード 98
介護者とデイサービスの効果 315
介護者と貧困 22
介護者に関する――の表現
　アメリカ i, 140, 143, 144, 147, 185
　イギリス i, 140, 143, 144, 147, 185
　オーストリア 140
　カナダ 137
　スイス 139
　フランス i, 133-135, 139, 143-147, 172, 178-181, 222, 233
　ベルギー 139
介護者に関する政府機関の最初の全国調査 203
介護者に関する世界最初の単独立法 155, 159, 179, 207
介護者に関する多様な定義 247
介護者に関する多様な表現 136
介護者に関する2016年法（スコットランド） 113, 304

介護者に関する歴史研究 196
介護者に親和的な企業主 122
介護者による家事使用人採用と社会保険料の免除 105
介護者による休息や休暇の享受 309
介護者によるバカンス支援の評価 320
介護者によるバカンスの自制 87
介護者による労働時間の調整 88
介護者のアセスメント請求権 29, 98, 202, 207
　――の周知義務 202
介護者の大きな貢献 iii, 33, 78, 79, 109, 111, 149, 169, 177, 213, 234, 262, 263, 282, 287
　イギリスの―― 264
　カナダの―― 264
　スイスの―― 263
　フランスの―― 262
　ベルギーの―― 263
介護者の確認 121
介護者の課税所得階層別バカンス料金 319, 320
介護者の機会均等に関する2004年法 207
介護者の規模 iii, 80
　――と構成の地方自治体間格差 235
介護者の規模と比率 81
　アメリカの―― 81
　イギリスの―― 81
　オランダの―― 81
　フランスの―― 81
　ヨーロッパの介護者の―― 81
介護者の供給源の先細り予測 234
介護者の金銭的な援助 87
介護者の均等な機会に関する2004年法 202
介護者の経済生活 92, 102
介護者の健康 88, 183
　――と社会生活 92
　――と社会生活の享受の領域 100
介護者の健康状態 85
介護者の権利の日 118, 221
介護者の貢献の認知に関する法律 243

索　引

介護者の構成　*250, 251*
介護者の個別支援計画　*99*
介護者の孤立化　*22, 87*
介護者の自己アセスメント　*99*
介護者の地方自治体別人口比率　*42*
介護者の失業率　*88*
介護者の疾病予防　*183*
介護者の死亡率　*85*
介護者の社会職業階層　*21*
介護者の社会職業階層別構成　*80*
介護者の社会生活　*310*
　　――の劣化　*1*
介護者の社会的排除研究への明確な位置付け　*15*
介護者の社会的包摂　*32, 90, 114, 155, 207, 268*
介護者の社会保障の権利　*90*
介護者の週介護時間と健康状態　*86, 163*
介護者の週介護時間別構成　*275, 309, 310*
　　アメリカの――　*310*
　　イギリスの――　*310*
　　イタリアの――　*310*
　　オランダの――　*310*
　　スウェーデンの――　*310*
　　デンマークの――　*310*
　　フランスの――　*310*
介護者の週介護時間別労働力率　*87*
介護者の就業状態別構成　*80*
介護者の受診　*85*
介護者の情報入手状況　*100*
介護者の諸権利　*114*
介護者の生活時間　*310*
介護者の「生活の質」　*vii, 67-69, 114, 268*
　　――と無償労働の補完性　*160, 161*
　　――の国別相違　*160, 162*
　　介護の質と――　*67*
介護者の性別構成　*vii, 81*
介護者の選択（権）　*90, 113*
介護者のための企業主　*122*
介護者の多様な存在　*24, 109, 246*

介護者の地域分析　*235*
介護者の定義　*ii, 74, 76, 178-180, 273*
　　――と家族介護者の位置　*77*
　　――と未成年の介護者　*253*
　　――と民法典の扶養義務規定　*75*
　　――と要介護者の「生活の質」　*255*
　　――とヨーロッパ介護者憲章　*74*
　　――とヨーロッパ介護者連盟　*75*
　　――の構成要件　*250, 252, 254, 256, 257, 260*
　　――の多様性　*259*
　　――を巡る共通認識　*77*
　　――を巡る事情　*248*
介護者のニーズ　*iii, 88-91, 174-176, 181, 268, 270, 311*
　　――と労働時間の調整　*182*
　　――に関する国際的な共通理解　*90, 91*
　　――の多元性　*311*
　　――の定式化　*89*
　　――への対応原則　*267*
　　カナダの――　*267*
　　スイスの――　*267*
　　フランスの――　*266*
　　ベルギーの――　*266*
介護者の日常生活上の援助環境　*93*
介護者の認知とサービスに関する1995年法　*ii, 28, 98, 179, 207, 224*
介護者の認知に関する2010年法　*ii, 115, 179*
介護者の年間無償介護時間　*78*
介護者の年金保険料支払い免除　*159*
介護者の年金保険料支払い猶予制度　*206*
介護者のバカンスの権利　*309*
介護者の発見　*97*
介護者の範囲　*75, 76, 179, 253, 257, 259*
介護者の日　*60, 221*
　　フランスにおける――創設時期　*221*
　　ベルギーにおける――創設時期　*221*
介護者の非自発的引退　*116*
介護者の表現　*i, vi, 172, 180*
　　――とイギリス看護協会　*140*

──とイギリス障碍者団体の見地　194
　　──と家族団体の影響力　275
　　──と女性の役割　142
　　──とフェミニスト　274
　　──とフランス介護者連盟の見地　137
　　──と民法の扶養義務の規定　136
　　──と友人，隣人　138
　　──に関するフランス政府の選択　179
　　──の変遷　139
　　──への批判　137
　　──を巡るフランスの議論　146
介護者の平均介護年数　84
介護者の法的な定義の位置　276
介護者の無償労働
　　──の影響　69
　　──の経済価値　iii, 109, 177, 263-265
　　──の経済価値の算出方法　234
　　──の私的性格　148, 149
　　──の比率　78
　　──の補完性　148, 150
介護者の無償労働比率の国際比較　79
介護者の無償労働比率の算出方法　78
介護者の要介護者との居住形態別構成　83
介護者のレスパイトケアに関する初めての法令　170
介護者のレスパイトケアの権利　182
介護者の労働市場からの排除　24
介護者の労働力状態国際比較　157
　　イギリス──　157
　　イタリア──　157
　　スウェーデン──　157
　　デンマーク──　157
　　ドイツ──　157
　　フランス──　157
　　ベルギー──　157
介護者の労働力率　87
介護者比率の国際比較　82
介護者貧困憲章　115
介護者への革新的なサービス　184
介護者への権利の周知　235

介護者への情報提供　270
介護者への賃金支払い　24, 58, 103, 150, 243
介護者へのバカンス支援　318, 319, 321
介護者問題教育　120
介護者問題の啓発　121
介護者を示す表現の使用の自制　194
介護者を忘れた日本の社会的排除研究　37, 38
介護責任を負う学生　199
介護に関する2014年法（ウェールズ）　180, 194, 202
介護ネットワークと在宅維持に関する2008年6月26日法　267
「介護の社会化」論の負の遺産　iii, 79, 265
介護負担の性別格差　89, 213
介護離職　311
介護労働者に関する──の表現
　　アメリカ　141
　　イギリス　140
　　オーストラリア　140
　　フランス語　135, 146
介護労働者の表現　138
学業と介護の両立　199
学生介護者　24, 198, 200
　　──の表現　198
　　──の比率　199
　　──への奨学金　103
学生介護者憲章　113, 115
学生介護者政策　200
家計管理の性別格差　84
家事援助サービスの適用拡大　167
家族・医療休暇に関する1986年法　61
『家族介護者──企業向けガイド』の内容　121
『家族介護者手帳』　107, 171
家族介護者の定義　113
家族介護者の表現　i, 17, 18, 74, 76-78, 135, 145, 178, 179, 181, 272-274
　　──と家族団体　77, 136
　　──とフェミニスト　vi, 136

索　引

家族介護に関する2006年法　ii
家族支援から介護者支援へ　169
家族支援休暇　106, 171
家族政策と高齢者政策との連携　168
家族政策と在宅サービス　167
家族政策の再構成と介護者　171
家族政策の母国としてのフランスとスウェーデン　18
家族による一時的な受け入れ　316, 317
家族の扶養義務に関する民法規定　11
家族の扶養義務に着目する介護者の表現　75, 76
家族連帯休暇　106, 182
　——の利用状況　177
家族老齢政策　150
学校からの排除と長期失業　13
学校への社会的不適応の表現　4
学校への不適応　13
カナダ
　——における介護者支援政策の開始時期　242
　——における介護者の定義　257
　——における介護者の表現　272
　——における未成年の介護者支援開始時期　244
　——におけるレスパイトケアの歴史　323
　——における若い成人の介護者研究開始時期　244
　——の少数民族介護者支援事業の開始時期　246
　——の介護者週間の開始時期　118
　——の介護者団体による介護者の定義　255
　——の少数民族介護者調査研究の開始時期　246
　——の地方自治体による介護者の定義　256, 257
教育機関による未成年の介護者支援指針の策定　118
教育機関の介護者支援実施計画　117

協力者としての介護者　23
銀行からの排除　12
金銭的な排除　23
勤務時間中の介護関係私用電話の利用　107
金融上の包摂　13
金融排除　13
空間的排除　13, 40
クライアントとしての介護者　23, 269
『グリフィス報告』と介護者支援　59, 60, 119, 120
経済的排除　13
携帯電話の教室内持ち込み認可　107
現金給付に関する日本の議論　61, 62, 64
現金給付の4つの形態　103
高齢アメリカ人に関する1984年修正法　60
高齢化と社会的排除との関連　14
高齢社会への適応に関する2015年12月28日法　76, 101, 106, 183, 251, 276, 321
高齢者政策の問題領域　166
高齢者の社会的排除　7
高齢者を看る介護者支援基金の創設に関する2009年法　178
高齢退職政策　166
高齢労働者の社会的排除　7
国際ショートブレイク会議　305
国民保健サービスとコミュニティケアに関する1990年法　119
国民保健サービスに関する2006年法（ウェールズ）　220
国家基準の貧困化率　41
子どもと家族に関する2014年法　180, 194, 201, 207
子どもに関する1989年法　304
個別自立手当と介護者の保険料納付免除　104
個別自立手当と介護者への賃金支払い　102, 170, 172, 226
個別自立手当の受給基準と検証　155
個別自立手当の評価　182, 227, 228
個別的な支援条件の形成　92

コミュニティケアと健康に関する2002年法（スコットランド）　202, 220

さ行

サービスからの排除　22, 24, 26
最初の介護者支援政策　206
在宅サービスと看護サービス　168
在宅サービスの開始時期と転換　167
ザリットの介護負担尺度　211
仕事と介護との両立　90
仕事と介護，勉学と介護の両立　93
仕事における剥奪　45
仕事を持つ介護者の規模　121
仕事を持つ介護者の就業形態　177
自治体のホームページへの介護者情報の記載　203
失業手当の給付要件と介護者　104
社会サービス給付の性別格差　26
社会サービスと福利に関する2014年法（ウェールズ）　180, 194, 201, 207
社会的排除研究と介護者　iii, 2, 11, 15
社会的排除研究とライフコースの視点　51
社会的排除研究の開始時期　1, 6, 12
社会的排除
　──とジェンダー　11, 13, 25, 26, 30, 39
　──と社会職業階層　13
　──と社会的不適応との関係　5
　──との闘いの方針に関する1998年7月29日法　16, 309, 317
　──と労働の質　46
　──に関する介護者団体の見地　33, 34
　──の4つの次元　20, 21
　──の概念規定　5
　──の概念上の特質　27
　──の規定要因　16
　──の指標　31
　──の社会職業階層分析　9
　──の政策文書と介護者　32
　──の性別格差　11
　──の地域分析　40, 43
　──と介護者　42
　──の開始時期　41
　──の定義　13, 26
　──の表現　42
　──と政府の公式文書　16
　──の誕生時期　35, 36
　──の明瞭な要因　12
社会的不適応
　──と社会階層　2
　──と社会的排除の同時使用　3, 4
　──の規模　2
　──の諸形態　10
　──の表現の歴史　4
社会的包摂戦略による介護者の位置づけ開始時期　17
社会福祉の国際比較　23
週当たり介護時間別介護者比率の地域格差　42
就業状態にある介護者の表現　232
就業中の介護者比率の国際比較　156
週20時間以上の介護者比率の地域格差　42
終末期看守り手当　103
障碍者と高齢者の臨時的な受け入れの定義並びに組織に関する2004年3月17日付け政令　313
障碍者の権利と機会・参加及び市民権の平等に関する2005年2月11日法　74, 76, 77, 172, 194
障碍者の権利に関する条約　287
障碍者のサービスと諮問及び代表性に関する1986年法　194, 207
障碍者の職場からの排除　20
生涯に亘るレスパイトケアに関する2003年法　179
障碍補償手当と介護者への賃金支払い　172, 226
少数民族の介護者　209
　──調査　204, 205, 209, 212, 247
　──と社会的排除　24
　──のサービス利用　211

——の負担　211
ショートステイ
　——と介護者　289, 299, 300, 307, 316
　——と一人暮らしの要介護高齢者　315
　——に関する1989年7月10日法　169
　——の定義　307
　——の日本での開始時期　299
　——の年間利用回数と日数　316
　——の利用理由　317
ショートブレイクの定義　304, 305
ショートブレイクの表現への転換の背景
　　304, 305
諸外国の介護者支援政策へのイギリスの関心
　　214, 215
諸外国の介護者支援政策へのフランスの関心
　　213, 214
職員への介護者問題教育　120
職業活動に就く介護者の表現　232
職業上の排除への特段の関心　12
職業生活と介護者役割の両立に関するフランス
　語表現　232
職場の介護者支援グループ　107
女性介護者の負担　212, 213
女性の介護者比率　88
女性の年金支給開始年齢の繰上げ措置　28
女性の非労働力化率　21
身体介護の性別格差　84
診療所や病院の窓口と介護者の発見　121
スイス
　——における介護者支援政策の開始時期
　　242
　——における介護者の定義　253, 254, 256
　——における介護者の表現　272
スウェーデン
　——における介護者支援政策開始時期
　　243
　——における介護者への賃金支払い　103,
　　228
　——の介護者の週平均介護時間　150
　——の終末期有給介護休暇　149

スコットランド行政府と相対的剝奪　238
成人の介護者を示す表現（アメリカ，イギリ
　ス）　144
政府による介護者の定義　248
世代間の連帯の再発見　210
全国家族介護者支援に関する2000年法　ii
相対的剝奪基準の貧困化率　41
相対的剝奪の概念上の特質　27

た行

第1回家族介護国際会議　216
退院計画策定過程への介護者の参画　70, 71,
　106, 220
退院計画の策定と介護者支援　70
大学の学生介護者支援実施計画　117
　——と学生団体　118
タウンゼント, P
　——と介護者　30, 66
　——と介護者支援政策　29
　——の功績　29-32, 40, 45
地方自治体による介護者の定義　249
長期失業者　12
デイケア，ショートステイと介護者　66, 67,
　100, 101
デイケアと介護者の所得税控除　104
デイサービス
　——施設の推移　314
　——と介護者　30, 289, 299, 300
　——と交通手段　314
　——の受け入れ人数　314
　——の時間帯　314
　——の日本での開始時期　299
　——の年間利用日数　314
　——の利用回数　314
デイサービス，（と）ショートステイ
　——と介護者　58, 68, 89, 112
　——の目的と介護者の位置　313
　——の組織方針に関する2011年11月29日付け
　　通達　315
　——の予算管理等に関する2006年4月7日付け

政令　314
デイサービス，レスパイトケアと要介護者の安全性　182
伝統的な福祉国家と家族の無償労働　20
伝統的な福祉国家と障碍者の権利　20
デンマークにおける介護者への賃金支払い　103
デンマークの介護者の週平均介護時間　150
ドイツにおける介護者の労働災害保険加入　104
ドイツの介護者支援政策の開始時期　158
同居の介護者　21, 22
　　――の週当たり介護時間　83
都市の社会的排除　10

な行

日常生活上の援助の介護者への影響　89
日常生活上の援助網と在宅化に関する2008年6月26日法　242
日本における社会的排除の計量分析と無償の介護　39
日本の社会政策研究と金融排除　44
日本の社会的排除研究
　　――と介護離職　46
　　――と地域分析　40-42
　　――と労働の質　44
　　――研究と住居の範囲　43
日本の貧困研究　42
認知症を患う介護者の為の計画の実施に関する2002年4月16日付け通達　313
ネガティブな含意を持つレスパイトの表現　304
年金保険料の納付免除　104
　　イギリスにおける介護者の――　104
　　オランダにおける介護者の――　104
　　ドイツにおける介護者の――　104
　　ベルギーにおける介護者の――　104
　　ルクセンブルクにおける介護者の――　104
農村に住む未成年の介護者　212

農村の介護者の負担　211, 212
望ましい世代間の関係　167

は行

パートナーとしての介護者　269
排除された人の規模推計　45
排除の市街地区別政策　42
バカンス出発率
　　――の規定要因　318
　　――の社会職業格差　318
　　――の所得格差　318
　　――の推移　318
バカンスと介護者　86
バカンスと社会的排除　317
バカンスの享受とショートステイ　169
バカンスの所得階層別出発率　87
非介護者の労働力状態国際比較　157
東アフリカの未成年の介護者　208
非公式の介護者の表現　75
非常に長期の失業者　12
病院の改革と患者及び保健衛生に関する2009年7月21日法　172
貧困研究と介護者　iii
貧困で殺風景な地域　40
貧困と社会的排除　9, 13, 14, 19
貧困の概念上の特質　27
貧困の性別格差　11
貧困の定義　26, 31
フィンランド
　　――における介護サービス計画策定過程への介護者の参画　151
　　――における介護者への賃金支払い　103
　　――におけるレスパイトケアの義務付け　151
　　――の在宅介護手帳と介護者の休息回数　101
　　――の社会福祉に関する1982年法　151
　　――の地方自治体の介護者支援義務　151
フェミニストの介護者研究の影響　204
複合的あるいは多様な剥奪　31

索引

父母参加休暇　*106*
フランス介護者の表現の公文書記載時期
　193
フランス革命以来の民法規定　*11*
フランス語圏介護者支援政策の開始時期
　243
フランス語圏の介護者の定義　*249*
フランス語圏の未成年の介護者調査研究
　244
フランス政府による介護者の定義　*250, 251*
フランス政府の『介護者手帳』の特徴　*98*
フランス政府の最初の介護者全国調査実施時期
　203, 233
フランスにおける
　――介護者支援政策の開始時期　*158*
　――介護者支援政策の提言　*110*
　――介護者支援政策理念の転換時期　*207*
　――介護者支援の表現の公文書への記載時期
　　206
　――介護者調査研究の最初の総括時期
　　204
　――介護者の定義　*252, 271-273*
　――介護者の表現　*271-275*
　――介護者の表現の誕生時期　*193*
　――介護者の表現の団体名称への採用時期
　　194
　――介護者の表現の法律への記載時期
　　194
　――家族介護者の表現　*275*
　――ショートステイの開始時期　*313*
　――世代間連帯の再発見時期　*210*
　――デイケアの開始時期　*313*
　――未成年の介護者の集いの最初の開催時期
　　243
　――レスパイトケアの遅い出発　*312-314*
フランスの介護者支援政策　*241*
　――と介護者の「生活の質」　*229*
　――と男女平等の視点　*225*
　――と労働基準　*226, 227*
　――の新しい展開　*184*

　――の遅い出発と介護者団体の分立　*223*
　――の遅い出発と家族団体の関心　*223*
　――の遅い出発と民法の扶養義務規定
　　222, 223
　――の開始時期　*164, 174, 175, 183, 184,*
　　206, 241
フランスの介護者団体による介護者の定義
　249, 250
フランスの介護者団体の分立　*223, 224*
フランスの介護者に関する国際討論会の開催時期　*217*
フランスの介護者の週介護時間別構成　*309*
フランスの介護者の日の開始時期　*118*
フランスの家族政策と家族団体の役割　*223*
フランスの高齢者政策と介護者の等閑視
　167
フランスの最初の介護者調査実施時期　*195*
フランスの最初の介護者歴史研究の時期
　196
フランスの若年者支援計画と未成年の介護者
　201
フランスの少数民族介護者調査研究の開始時期
　205, 211, 246
フランスの少数民族に属する要介護者のサービス受給比率　*247*
フランスのショートステイの歴史と介護者
　101, 159, 315
フランスの賃金生活者介護者憲章　*115*
フランスのデイサービスの時間帯と介護者
　312
フランスの未成年の介護者支援事業の開始時期
　201
フランスのヨーロッパで最初の『認知症対応計画』　*117, 158*
ベヴァリジ報告　*ii*
　――と職業訓練給付　*28, 197, 206, 225,*
　　226
　――のフランス語版　*197*
別居の介護者　*21*
ベルギー

365

——における介護者の定義　254
　　——における介護者の表現　272
　　——における未成年の介護者の集いの最初の開催時期　243
　　——の介護者団体による介護者の定義　251
　　——の介護者単独立法の制定　242
　　——の議会による介護者の定義　251
　　——の社会的不適応研究　4
　　——の法律による介護者の定義　253
勉学と介護の両立　106
ホームレス研究とジェンダー視点　38
北欧諸国の介護者支援政策　151

ま行

孫の介護者に関するアメリカ英語の表現　144
見えざる介護者　208
　　——に関するアメリカ英語の表現　210
　　——の仏英比較　209
見えざる未成年の介護者　208
未婚女性たちの運動と年金支給開始年齢の繰上げ措置　206
未婚女性の労働力化　28
未成年の介護者　24, 137
　　——と学校からの排除　33
　　——と社会的排除　25, 38
　　——に関するアメリカ英語の表現　144, 224
　　——に関するイギリス英語の表現　144
　　——に関する最初の調査時期　224
　　——に関する調査研究　197
　　——に関するフランス語の表現　144, 224, 243
　　——に関するフランスの調査研究　200
　　——のアセスメント請求権　202
　　——の家族形態　25
　　——の規模　245
　　——の社会的包摂　202
　　——のニーズ　202

　　——のバカンス享受支援　319
　　——の発見時期　24, 244
　　——の発見と教職員の役割　122
　　——への学習支援　107, 108
未成年の介護者アセスメント　202, 269
未成年の介護者憲章　113, 115
未成年の介護者担当ソーシャル・ワーカー　202
未成年の家族介護者の表現　136
無償の介護者の表現　i, 136, 146
無償の介護と女性の労働力化　150
無償の家族介護者の表現　136
無償労働の性別格差　20
無償労働を介する労働市場からの排除　21

や行

夜間のデイサービス　312, 314
夜間の無償労働と睡眠の中断　22
友人や隣人を含む介護者の表現　138
要介護高齢者憲章とレスパイトケア　288
要介護高齢者の介護と個別自立手当に関する2001年7月20日法　180
要介護高齢者の在宅化　8
要介護高齢者の社会的排除　7, 14
要介護者アセスメントと介護者のニーズ　99
要介護者化の要因　75, 253, 255, 258, 259
要介護者個別支援計画策定過程への介護者の参画　269
要介護者と同居の介護者の重い負担　89
要介護者との親近性に着目する介護者の表現　76, 77, 138, 145, 146, 178-181, 271-273, 276
　　カナダにおける——の採用　183
　　フランスにおける——の採用　183
　　ベルギーにおける——の採用　183
要介護者との親近性を示す介護者の表現　76, 77, 271-273, 276
要介護者との同居比率　83
要介護者の介護者選択権　90
要介護者の在宅化と介護者支援　242
要介護者の社会職業階層別サービス受給の源泉

　　　　　　　83
要介護者の所得階層別サービス受給の源泉
　　　　　　　83
要介護者の所得階層別サービス利用状況　*82*
要介護者の「生活の質」と介護者の「生活の
　　質」　*vii, 114, 308*
要介護者の範囲　*77*
要介護者の看取りと介護者　*iii*
要介護特別手当と介護者への賃金支払い
　　　　170, 226
ヨーロッパ介護者憲章　*250*
ヨーロッパにおける介護者支援政策の提言
　　111
与薬の性別格差　*84*
与薬を手掛ける介護者の週介護時間別比率
　　84

ら行

ラロック・プランと介護者　*197*
ルノアール, R
　　――と介護者　*11*
　　――と高齢者の在宅化　*11*
　　――と高齢者の社会的排除　*7*
　　――と社会的排除の予防　*9*
　　――と社会的不適応の予防　*10*
　　――と貧困，社会的排除　*9*
　　――の功績　*40*
　　――の社会職業階層分析　*9*
　　――の著書を巡る異なる議論　*3*
　　――の分析領域　*10*
レスパイトケア　*30*
　　――と介護者支援政策　*285, 287*
　　――と介護者の「生活の質」　*285*
　　――と家族介護者教室　*303*
　　――と高齢者，障碍者　*301, 302*
　　――とショートブレイク　*304, 324*
　　――と職員の介護技術訓練　*316*

　　――と職員の労働基準　*316*
　　――とデイサービス，ショートステイ
　　302
　　――とバカンス　*317, 318*
　　――の義務付け　*150*
　　――の権利　*171, 182, 276, 277, 321, 322*
　　――の権利の法的な拠り所　*309*
　　――の効果　*177, 320*
　　――の定義　*300-302, 305*
　　――の提供場所　*302, 316*
　　――の定義を含む扱い　*290, 306, 308*
　　――のニーズ　*90*
　　――の日本への登場時期　*289, 306*
　　――の表現の辞典への最初の記載時期
　　300
　　――の目的　*285, 287, 301*
　　――発祥の時期と場所　*289*
レスパイトケアに関する1986年法　*60*
レスパイトケアに関する2015年法　*109*
レスパイトケアに関する2006年法　*287*
レスパイトの概念の起源　*101*
レスパイトのニーズ　*311, 312*
労働市場からの排除　*16, 20-22, 25, 32*
労働市場の社会的側面　*18, 20*

わ行

ワークライフバランスと介護者　*230-232,
　　238*
若い成人の介護者　*24, 99*
　　――に関するアメリカ英語の表現　*144,
　　224*
　　――に関するイギリス英語の表現　*144*
　　――に関するフランス語の表現　*244*
　　――の発見　*244*
若い成人の介護者問題の国際的広がり　*201*
忘れられた人々としての介護者　*207*

《著者紹介》

三富　紀敬（みとみ・きよし）

　1946年 4 月　新潟県長岡市生まれ
　1977年 3 月　立命館大学大学院経済学研究科博士課程単位修得
　1985年 7 月　第 4 回野村平爾賞受賞
　2001年 5 月　第 7 回社会政策学会賞（奨励賞）受賞
　現　　在　静岡大学名誉教授　経済学博士（立命館大学）　博士（社会福祉学，大阪府立大学）博士
　　　　　　（社会学，立命館大学）
　主　　著　『フランスの不安定労働改革』ミネルヴァ書房，1986年
　　　　　　『欧米女性のライフサイクルとパートタイム』ミネルヴァ書房，1992年
　　　　　　『イギリスの在宅介護者』ミネルヴァ書房，2000年
　　　　　　『欧米のケアワーカー』ミネルヴァ書房，2005年
　　　　　　『イギリスのコミュニティケアと介護者』ミネルヴァ書房，2008年
　　　　　　『欧米の介護保障と介護者支援』ミネルヴァ書房，2010年
　　　　　　『介護者の健康と医療機関』ミネルヴァ書房，2013年

MINERVA 社会福祉叢書㉛

介護者支援政策の国際比較
──多様なニーズに対応する支援の実態──

2016年 9 月20日　初版第 1 刷発行　　　　　〈検印省略〉

定価はカバーに
表示しています

　　　著　者　　三　富　紀　敬
　　　発行者　　杉　田　啓　三
　　　印刷者　　藤　森　英　夫

　　　発　行　所　株式会社　ミネルヴァ書房
　　　　　　607-8494 京都市山科区日ノ岡堤谷町 1
　　　　　　　　　電話代表　(075)581-5191
　　　　　　　　　振替口座　01020-0-8076

© 三富紀敬, 2016　　　　　亜細亜印刷・新生製本

ISBN978-4-623-07785-4
Printed in Japan

イギリスのコミュニティケアと介護者

MINERVA社会福祉叢書29

――― 三富紀敬 著　Ａ５判　432頁　本体6,500円

欧米の介護保障と介護者支援

MINERVA社会福祉叢書33

――― 三富紀敬 著　Ａ５判　400頁　本体6,500円

介護者の健康と医療機関

MINERVA社会福祉叢書40

――― 三富紀敬 著　Ａ５判　412頁　本体6,500円

――― ミネルヴァ書房 ―――
http://www.minervashobo.co.jp/